中华现代学术名著丛书

《中华现代学术名著丛书》

【第一辑 四十种】	
马氏文通	马建忠
国故论衡	章太炎
王国维文学论著三种	王国维
吴梅词曲论著四种	吴　梅
中国中古文学史 汉魏六朝专家文研究	刘师培
中国文学批评史（上、下）	郭绍虞
甲骨文字释林	于省吾
中国俗文学史	郑振铎
汉语语音史	王　力
红楼梦辨	俞平伯
中国韵文史	龙榆生
汉魏六朝诗论丛	余冠英
台湾通史（上、下）	连　横
秦汉史	吕思勉
中国史学史	金毓黻
史学要论	李守常
中国通史简编（上、下）	范文澜
国史大纲（上、下）	钱　穆
中国史纲（一、二卷）	翦伯赞
春秋史	童书业
魏晋南北朝史论丛	唐长孺
明清社会经济史论文集	傅衣凌
西夏史稿	吴天墀
中国伦理学史（外一种）	蔡元培
新唯识论	熊十力
东西文化及其哲学	梁漱溟
科学与玄学	罗志希
中国艺术精神	徐复观
论逻辑经验主义	洪　谦
九朝律考	程树德
比较宪法	王世杰　钱端升
中国法律与中国社会	瞿同祖
中国民治论	鲍明钤
中国官僚政治研究	王亚南
通货新论	马寅初
中国经济思想史	唐庆增
中国厘金史	罗玉东
北平生活费之分析	陶孟和
论社会学中国化	吴文藻
第四种国家的出路	吴景超

【第二辑 三十种】	
目录学发微 古书通例	余嘉锡
积微居小学金石论丛	杨树达
现代中国文学史（外一种:明代文学）	钱基博
等韵源流	赵荫棠
诗言志辨 经典常谈	朱自清
话本小说概论（上、下）	胡士莹

司马迁之人格与风格 道教徒的诗人李白及其痛苦	李长之
明清史讲义（上、下）	孟　森
国史要义	柳诒徵
中国南洋交通史	冯承钧
通史新义	何炳松
魏晋清谈思想初论	贺昌群
中国救荒史	邓云特
认识论	张东荪
科学方法论 科学概论	王星拱
中国哲学史大纲	胡　适
知识论（上、下）	金岳霖
法相唯识学	太　虚
陈康：论希腊哲学	陈　康
康德的知识学	齐良骥
中国文化的展望	殷海光
中国道教史	傅勤家
监狱学	孙　雄
中国法制史概要	陈顾远
新政治学大纲	邓初民
财政学	何　廉　李　锐
中国之棉纺织业	方显廷
中国田制史	万国鼎
南洋华侨与闽粤社会	陈　达
文化人类学	林惠祥

【第三辑 三十五种】

中国小说史略 （外一种：汉文学史纲要）	鲁　迅
现代吴语的研究	赵元任
古典新义	闻一多
谈艺录	钱锺书
唐诗综论	林　庚
中古文学史论	王　瑶
中国近三百年学术史（新校本）	梁启超
通鉴胡注表微	陈　垣
隋唐制度渊源略论稿 唐代政治史述论稿	陈寅恪
中国古代社会研究	郭沫若
古史辨自序（上、下）	顾颉刚
安阳	李　济
绿营兵志	罗尔纲
东汉的豪族	杨联陞
佛道散论	蒙文通
中国哲学史（上、下）	冯友兰
艺境	宗白华
西方美学史（上、下）	朱光潜
近代唯心论简释	贺　麟
康德学述	郑　昕
历代刑法考（上、下）	沈家本
中国商事法	刘朗泉
中国近百年政治史	李剑农
中国政治思想史（上、下）	萧公权
中国国民所得（一九三三年） （外一种：国民所得概论）	巫宝三
中国棉纺织史稿	严中平
当代中国社会学	孙本文
乡土中国 生育制度 乡土重建	费孝通
滕固美术史论著三种	滕　固
中国古代服饰研究	沈从文
A GRAMMAR OF SPOKEN CHINESE 中国话的文法	Yuen Ren Chao 赵元任

MODERN DEMOCRACY IN CHINA 中国民治主义	Mingchien Joshua Bau 鲍明钤
THE GOVERNMENT AND POLITICS OF CHINA 中国的政府与政治	Ch'ien Tuan-sheng 钱端升
THE POST-WAR INDUSTRIALIZATION OF CHINA, INDUSTRIAL CAPITAL IN CHINA 战后中国之工业化 中国之工业资本	H. D. Fong 方显廷
LAW AND SOCIETY IN TRADITIONAL CHINA 中国法律与中国社会	T'ung-Tsu Ch'ü 瞿同祖

【第四辑 三十种】

中国旧小说考证	胡　适
文心雕龙札记	黄　侃
卢前曲学论著三种	卢　前
孟姜女故事研究及其他	顾颉刚
中国目录学史	姚名达
校雠学	向宗鲁
唐五代西北方音	罗常培
中国文法要略	吕叔湘
清史探微	郑天挺
中国文化史（上、下）	陈登原
中国文化与中国的兵	雷海宗
佛学研究十八篇（校点本）	梁启超
中国景教	朱谦之
德国古典美学	蒋孔阳
神学四讲	赵紫宸
法律哲学导论	居　正
民国司法志	汪楫宝
国际法大纲	周鲠生
罗马法原论（上、下）	周　枏
马克思的政治思想	吴恩裕
欧美各国现行宪法析要	龚　钺
经济史：历史观与方法论	吴承明
从古典经济学派到马克思	陈岱孙
中国历史上的基本经济区	冀朝鼎
中国教育改造	陶行知
平民教育与乡村建设运动	晏阳初
中国教育制度沿革史	郭秉文
COTTON INDUSTRY AND TRADE IN CHINA 中国之棉纺织业	H. D. Fong 方显廷
KEY ECONOMIC AREAS IN CHINESE HISTORY 中国历史上的基本经济区	Ch'ao-Ting Chi 冀朝鼎
THE CHINESE SYSTEM OF PUBLIC EDUCATION 中国教育制度沿革史	Ping Wen Kuo 郭秉文

【第五辑 三十种】

词史	刘毓盘
元白诗笺证稿	陈寅恪
上古音研究	李方桂
从诗到曲（上、下）	郑　骞
训诂学概论	齐佩瑢
唐代进士行卷与文学 古诗考索	程千帆
南朝文学与北朝文学研究	曹道衡
先秦政治思想史	梁启超
中国史学通论	朱希祖
隋唐史	岑仲勉
中国地理学史（先秦至明代）	王成组
中国妇女生活史	陈东原
基督教与中国文化	吴雷川
中国天主教传教史概论	徐宗泽
道教史	许地山
论道	金岳霖
文化与人生	贺　麟

寄簃文存	沈家本
中国婚姻史	陈顾远
中国法律在东亚诸国之影响	杨鸿烈
孔门理财学	陈焕章
上海工业化研究	刘大钧
乡村建设理论	梁漱溟
中国经济原论	王亚南
金翼	林耀华
幼稚园教材研究　幼稚教育新论	张雪门
近代中国留学史　近代中国教育思想史	舒新城
THE ECONOMIC PRINCIPLES OF CONFUCIUS AND HIS SCHOOL	Chen Huan-Chang
孔门理财学	陈焕章
THE GROWTH AND INDUSTRIALIZATION OF SHANGHAI	D. K. Lieu
上海工业化研究	刘大钧
THE FINANCING OF PUBLIC EDUCATION IN CHINA	Ronald Yu Soong Cheng
中国教育财政之改进	陈友松

【第六辑 四十种】

齐如山国剧论丛	齐如山
先秦文学 中国文学史讲义	游国恩
中国文学批评史（上、下）	罗根泽
中国文学发展史（上、下）	刘大杰
宋元明讲唱文学	叶德均
晚照楼论文集	马茂元
汉书窥管	杨树达
欧化东渐史	张星烺
西域史地考古论集	黄文弼
中国疆域沿革史	顾颉刚　史念海
先秦诸子系年	钱　穆
古器物中的古代文化制度	徐中舒
中国社会之史的分析（外一种：婚姻与家族）	陶希圣
唐代长安与西域文明	向　达
古代神话与民族	丁　山
小屯、龙山与仰韶	梁思永
中国史纲	张荫麟
岳飞传	邓广铭
胡惟庸党案考	吴　晗
等不等观杂录	杨文会
欧阳竟无内外学	欧阳竟无
中国佛教史	蒋维乔
中国宗教思想史大纲	王治心
理学纲要	吕思勉
汉魏两晋南北朝佛教史	汤用彤
两汉经学今古文平议	钱　穆
墨学源流	方授楚
中国哲学大纲	张岱年
中国伶人血缘之研究　明清两代嘉兴的望族	潘光旦
中国乡约制度	杨开道
藏族宗教史之实地研究	李安宅
中国封建社会	瞿同祖
法律教育	孙晓楼
财政学总论	陈启修
社会主义经济论稿	孙冶方
变态心理学派别	朱光潜
旧石器时代之艺术	裴文中
中国教育财政之改进	陈友松
THE SYSTEM OF TAXATION IN CHINA IN THE TSING DYNASTY, 1644-1911	SHAO-KWAN CHEN
清代中国的税收制度	陈兆鲲
VILLAGE AND TOWN LIFE IN CHINA	L.K.Tao Y.K.Leong
中国的乡村与城镇生活	陶孟和　梁宇皋

中华现代学术名著丛书

古器物中的古代文化制度

徐中舒 著
徐亮工 编

商務印書館
创于1897
The Commercial Press

图书在版编目(CIP)数据

古器物中的古代文化制度/徐中舒著;徐亮工编. —北京:商务印书馆,2015(2023.3 重印)
(中华现代学术名著丛书)
ISBN 978-7-100-11734-0

Ⅰ.①古… Ⅱ.①徐… ②徐… Ⅲ.①古器物—研究—中国 Ⅳ.①K875.04

中国版本图书馆 CIP 数据核字(2015)第 262727 号

中华现代学术名著丛书
古器物中的古代文化制度
徐中舒 著
徐亮工 编

商 务 印 书 馆 出 版
(北京王府井大街36号 邮政编码100710)
商 务 印 书 馆 发 行
北 京 冠 中 印 刷 厂 印 刷
ISBN 978-7-100-11734-0

2015 年 12 月第 1 版 开本 880×1240 1/32
2023 年 3 月北京第 3 次印刷 印张 14⅜ 插页 1

定价:98.00 元

徐中舒

(1898—1991)

出版说明

百年前，张之洞尝劝学曰："世运之明晦，人才之盛衰，其表在政，其里在学。"是时，国势颓危，列强环伺，传统频遭质疑，西学新知亟亟而入。一时间，中西学并立，文史哲分家，经济、政治、社会等新学科勃兴，令国人乱花迷眼。然而，淆乱之中，自有元气淋漓之象。中华现代学术之转型正是完成于这一混沌时期，于切磋琢磨、交锋碰撞中不断前行，涌现了一大批学术名家与经典之作。而学术与思想之新变，亦带动了社会各领域的全面转型，为中华复兴奠定了坚实基础。

时至今日，中华现代学术已走过百余年，其间百家林立、论辩蜂起，沉浮消长瞬息万变，情势之复杂自不待言。温故而知新，述往事而思来者。"中华现代学术名著丛书"之编纂，其意正在于此，冀辨章学术，考镜源流，收纳各学科学派名家名作，以展现中华传统文化之新变，探求中华现代学术之根基。

"中华现代学术名著丛书"收录上自晚清下至20世纪80年代末中国大陆及港澳台地区、海外华人学者的原创学术名著（包括外文著作），以人文社会科学为主体兼及其他，涵盖文学、历史、哲学、政治、经济、法律和社会学等众多学科。

出版“中华现代学术名著丛书”，为本馆一大夙愿。自1897年始创起，本馆以“昌明教育，开启民智”为己任，有幸首刊了中华现代学术史上诸多开山之著、扛鼎之作；于中华现代学术之建立与变迁而言，既为参与者，也是见证者。作为对前人出版成绩与文化理念的承续，本馆倾力谋划，经学界通人擘画，并得国家出版基金支持，终以此丛书呈现于读者面前。唯望无论多少年，皆能傲立于书架，并希冀其能与“汉译世界学术名著丛书”共相辉映。如此宏愿，难免汲深绠短之忧，诚盼专家学者和广大读者共襄助之。

商务印书馆编辑部

2010年12月

凡　例

一、"中华现代学术名著丛书"收录晚清以迄20世纪80年代末,为中华学人所著,成就斐然、泽被学林之学术著作。入选著作以名著为主,酌量选录名篇合集。

二、入选著作内容、编次一仍其旧,唯各书卷首冠以作者照片、手迹等。卷末附作者学术年表和题解文章,诚邀专家学者撰写而成,意在介绍作者学术成就,著作成书背景、学术价值及版本流变等情况。

三、入选著作率以原刊或作者修订、校阅本为底本,参校他本,正其讹误。前人引书,时有省略更改,倘不失原意,则不以原书文字改动引文;如确需校改,则出脚注说明版本依据,以"编者注"或"校者注"形式说明。

四、作者自有其文字风格,各时代均有其语言习惯,故不按现行用法、写法及表现手法改动原文;原书专名(人名、地名、术语)及译名与今不统一者,亦不作改动。如确系作者笔误、排印舛误、数据计算与外文拼写错误等,则予径改。

五、原书为直(横)排繁体者,除个别特殊情况,均改作横排简体。其中原书无标点或仅有简单断句者,一律改为新式标点,专名号从略。

六、除特殊情况外,原书篇后注移作脚注,双行夹注改为单行夹注。文献著录则从其原貌,稍加统一。

七、原书因年代久远而字迹模糊或纸页残缺者,据所缺字数用“□”表示;字数难以确定者,则用“(下缺)”表示。

目　　录

耒耜考

我们农业史的开端，向来只有几个传说：

> 神农氏作，斫木为耜，揉木为耒。耒耨之利，以教天下。——《易·系辞下》
>
> 古者垂作耒枱，以振民也。——《说文解字·耒部》
>
> 后稷播时百谷。——《尚书·尧典》
>
> 弃为儿时，屹如巨人之志，其游戏，好种树麻菽，麻菽美。及为成人遂好耕农，相地之宜，宜谷者稼穑焉。民皆法则之。——《史记·周本纪》

如果夏、商以前，我们就有像后来的耒耜耕农，那岂不是我们的农业从最初到现在就没有什么演进？从而我们社会上的一切，也完全在停滞之中。我们的历史，只要有几个帝王卿相的号谥，也就可以表示我们文化之古了？

人类社会的演进，由狩猎，游牧，以至耕稼，应有一定的步骤。社会学家罗列许多事实告诉我们，他们曾举出许多野蛮民族，和许多文明民族，都由一定的步骤演进。我们的社会又何独不然？

我们现在且从一两件农具上面试探农业演进的消息。虽是一两件农具的演进，有时影响所及，也足以改变全社会的经济状况，解决历史上的困难问题。例如秦、汉以来最难解决的蓄积问题。如《王制》所说：

> 国无九年之蓄曰不足，无六年之蓄曰急，无三年之蓄曰国非其国也。三年耕必有一年之食，九年耕必有三年之食。以三十年之通，虽有凶旱、水溢，民无菜色。

我们由此可以想象那时社会上食粮恐慌的程度。不过这样子讲蓄积，在近代有统计有组织的国家，犹且办不到，何况那时？所以从《管子》书到贾谊、晁错，虽天天在那里讨论"十年之蓄"与"积贮"、"贵粟"；但终究是纸上空谈，无裨实际。一直到赵过为搜粟都尉时（汉武帝末年），他开始改良当时的农具，"耕耘下种田器，皆有便巧……用耦犁，二牛三人……用力少而得谷多"。于是那时才"田野益辟，颇有蓄积……百姓安土，岁数丰穰"（均《汉书·食货志》语）。历史上的食粮问题，从此就不像以前那样严重了。

我们不敢过存奢望，我们古代史料如此缺乏。但最近因为甲骨文及有款识的铜器的发见与印行，使古代史料更有地下材料为之证明。关于古代社会的情况，因此也可推测若干；而古文字中由耒耜孳乳之字，又数见不鲜，因取以互相参证，述之如次。

一、文字上的耒

偏旁从耒的字，在甲骨文中有"耤"字，作

诸形。罗振玉《殷虚书契考释》以为“扫”字，未确。铜器《令鼎》云：“王大耤农于諆田。”薛尚功《历代钟鼎彝器款识·𢦏鼎》（王俅《啸堂集古录》同）云：“令女作𤔲土（司徒），官𤔲耤田。”耤作

令鼎　　𢦏鼎　　𢦏鼎　（见王俅《啸堂集古录》）

从昔声，确是耤字，《令鼎》与甲骨文形制尤近，其偏旁昔，仍象足趾形，甲骨文耤字诸条：

己亥卜□令[illegible]□耤臣。——《殷虚书契前编》卷六第十七页

己亥卜贞令[illegible]小耤臣。——同上

缺耤受年。——卷七第十五页

庚子卜贞王其萑耤[illegible]往十二月。——《后编》下第三八页

“耤受年”明是卜农事卜辞。“小耤臣”疑即殷代农奴，亦即《晋语》之隶农。以此及金文互相参证，知此诸文确是耤字，其偏旁耒作

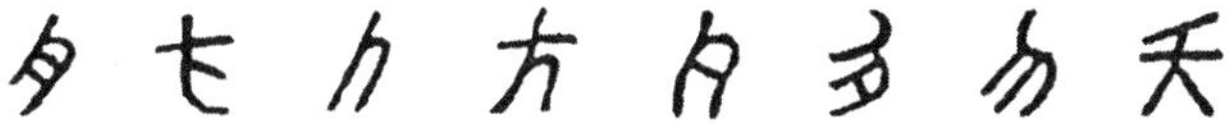

当是象耒之形。铜器又有耒字：

耒彝　　耒作父已彝　　耒敦

象手秉耒之形。敦文形尤完具。小篆耒作,即此形的笔误。《说文》“耒从木推丰”,朱骏声说:“耒非推草之用。”其为误字甚明。此诸形释为耒字,于义甚允,尤与甲骨文字偏旁合。再以从力诸字证之。如“男”甲骨文作

《殷虚书契》卷八第七页
《藏龟》第一三二页
《龟甲兽骨文字》卷二第二二页

男从力田,故力字即象耒形(惟省去下端歧出形),力耒古同来母,于声亦通。甲骨文有劦字:

《龟甲兽骨文字》卷六第六一页　《藏龟》六二页
《后编》上第十九页　《后编》下第三六页
《殷虚书契》卷一第一页　第五页　第七页
第十四页　第十七页　卷四第二页
第三一页　《后编》上第三页

从三力;或从口,从劦声,当读为荔,荔亦来母,铜器亦从口作

己酉方彝　　丁子卣　　戊辰彝

此为殷代祭名(铜器《己酉方彝》、《丁子卣》均见薛书,《戊辰彝》见《殷文存》,均殷人祭器),其义当与协同。当即大合祭之袷,协有合力之意,古文本与合相通。如《诗·江汉》"洽此四国",《礼记·孔子闲居》引作"协此四国";《诗·正月》"洽比其邻",《左传》襄二十九年引作"协比其邻";《书·尧典》"协和万邦"、"协时月正日",《史记·五帝本纪》引作"合和万国"、"合时月正日",皆其明证。

㔿夕为耒,又可以麗字证之。丽或麗,甲骨文与铜器作

 卷五第四七页  《后编》上第十四页  《后编》下第二三页  《后编》下第二五页

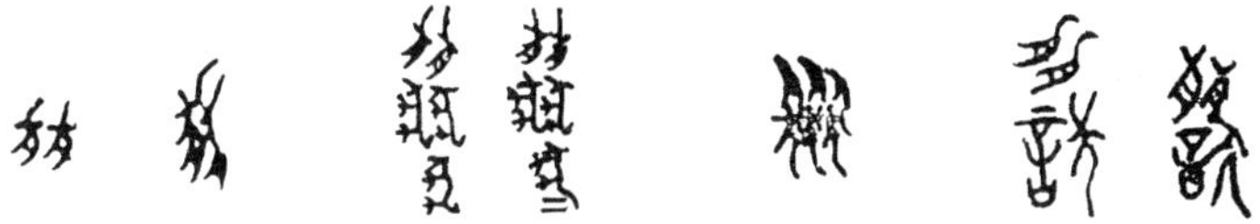

车饰　　舀鼎　　父丁尊　　盄龢钟　　齐侯镈钟

丽从两耒,麗从两耒两犬(金文从三犬,《齐侯镈钟》又变从犾)。其所从耒形,与甲骨文金文耤字合,小篆作丽,古文作丽,即耒形笔误。麗亦来母,即从耒声。薛书《盄龢钟》云:"麗龢万民。"《齐侯镈钟》云:"龢麗而九事。"麗龢、龢麗,即《尧典》之协和。借麗为协,与劦音转为协例同。丽象两耒并耕形,古者耦耕,故丽有耦意,故俪得训为伉俪。《说文》:"丽两耦也,象两两相附之形。"其义则是,其形则非(戾恐即《盄龢钟》麗形之省,从户系形误)。

力象耒形,金文中从力之字,有时即从耒。如男、勒:

叔男父匜　　遣小子敦　　师寰敦　　齐侯敦　　寊侯敦

颂鼎　吴尊　录伯敦　师酉敦　[illegible]侯鼎

或从力，或从爪秉力，即耒之异体。加字作

加爵　虢季子白盘

仍从力；而从加之嘉，则从耒。

齐䥽氏钟　陈侯作嘉姬敦　邾公针钟

王孙钟　沇儿钟　王子申盏盂

又如静字从生从井从耒，象秉耒耕井田中而禾黍孳生之形，当为耕之本字，耕、静古同音字。

静敦　免盘　毛公鼎　国差𦉜　秦公敦

观《静敦》、《免盘》二文，静之为耕确然无疑，耕所从之耒，与男、勒、嘉偏旁形同。即耒力互通之明证。（静偏旁争从耒得形，从青得音，文字孳乳，此例最奇；但亦不仅此字，如郐字分化为予，予即从邑得形，从余得音。）

上文耤、丽、耒三字，其耒形下端皆作歧出形，又可以利、勿、方三字证之。

利，甲骨文金文作

《殷虚书契》卷二第十八页

第三页

第三页

卷五第三二页

卷五第三二页

《菁华》第九页

第十页

《后编》下第十三页

第十八页

第五页

师遽尊

利鼎

宗周钟

利所从之、诸形，即力形之变，象用耒端刺田起土之形，铜器将力旁土移于禾旁，故小篆利或从刀，但古文利，及从利之黎、梨、犁诸字，仍是从，可证从刀，乃是省形。利来母字，自是从力得声。刺地艺禾，故得利义。

利所从之或读为勿。勿，利古韵脂部字，《国语·越语》以一、物、失、利相叶，故得相通。勿之本义当为土色，经传多借物为之。

载师掌任士之法，以物地事，授地职而待其政令。——《周礼》

卝人掌金玉锡石之地，而为之厉禁以守之，则物其地，图而授之。——《周礼》

草人掌土化之法，以物地，相其宜，而为之种。——《周礼》

逸师掌四方之地名，辨其丘陵坟衍遼隰之名，物之可以封邑者。——《周礼》

县师，凡造都邑，量其地，辨其物，而制其域。——《周礼》

冢人物土。——《仪礼·既夕》

先王疆理天下，物土之宜，而布其利。——《左传》成二年

士弥牟营成周……仞沟洫，物土方。——《左传》昭三十二年

此诸物字，皆勿之借字。物地，物土，即相土色，相地色。各家注皆训物为相，惟郑司农注《周礼·载师》云："物色之以知其所宜之事。"《草人》云："以物地占其形色。"《卝人》云："占其形色，知咸啖也。"训物为色，为形色，为不误。物训色，自非一色，引伸之又得为杂，《说文》："旃，旗也。……杂帛为之幅，赤白半。"《周礼·司常》："杂帛为物。"旃为杂帛，则勿为杂土，物为杂毛牛，物训杂毛牛，与犁训"犁杂文"（《论语》何注），"牛不纯色"（《淮南·说山》高注）等义又正相应。可证从勿，从利，义本相通。甲骨文物或作勿，皆谓杂毛牛，无作否定词用者；铜器则全作否定词了。

《殷虚书契》第二二页　第四五页　卷四第三五页　卷五第三九页《后编》上第三页　卷六第四页

第十九页　第十九页　《龟甲兽骨》卷上第六页　第二三页　卷七第十六页

毛公鼎　盂鼎　召伯敦　克鼎　侯鼎

量侯敦　齐镈　师酉敦　师嫠敦

甲骨文及铜器之方，作

《殷虚书契》卷二第十五页　第十六页　卷五第十一页　第十三页

第二三页　《后编》下第四页

俎子鼎　般甗　曾伯簠　兮甲盘

不嫢敦　番生敦　召尊　录伯敦

象耒的形制，尤为完备，故方当训为“一番土谓之坺”之坺，初无方圆之意（古匚即方员字）。方之象耒，上短横（如番生敦等）象柄首横木，下长横即足所蹈履处，旁两短画或即饰文，小篆力作，即其遗形。

古者秉耒而耕，刺土曰推，起土曰方，方或借伐、发、坺等字为之。

直庛则利推（庛即耒下端歧出者）。句庛则利发。——《考工记·车人》

耜广五寸，二耜为耦，一耦之伐，广尺深尺谓之𤰝。——《考工记·匠人》

及籍……王耕一坺，班三之，庶民终于千亩。——《国语·周语》

孙诒让《周礼正义》说“伐”即“坺”之借字，其字又通作“发”，俗作“垡。”盖方、坺、伐、发、垡古皆读重唇音，故得互通。《诗·甫田》“以社以方，我田既臧”；《云汉》“祈年孔夙，方社不莫”；方社当即农家祈年之祭，社为后土，方自为连类而及之事。《月令》“季冬天子乃祈来年于天宗，大割，祠于公社，及门闾”。据此文则社即祠于公社，方即祠于门闾。《诗·楚茨》“祝祭于祊”，《传》“祊，门内也”，《说文》引作鬃云“门内祭”，正与此合。祊、社同为祈年之祭，故字亦可通。《左传》襄二十四年“以守宗祊”，《周语》“今将大泯其宗祊”，宗祊，即宗社。方、社并称；故知方即坺之本字。又诗：

既方既皁，既坚既好。——《大田》

茀厥丰草，种之黄茂，实方实苞，实种实褎，实发实秀，实坚实好，实颖实栗。——《生民》

此两方字次叙均在莳艺之先，亦当为坺土之事。《说文》：“方，并船也，象两舟总头形，从两舟省。”今观甲骨铜器中方字，全无象两舟总头形之意。盖方可训并，而不可训并船，《尔雅·释水》“大夫方舟”，李注：“并两船曰方舟。”《庄子·山木篇》“方舟而济于河”，《释文》司马注：“方，并也。”古者耦耕，故方有并意。又《仪礼》“柄”皆作“枋”，耒为曲柄，故声得转为柄。

二、耒的形制

以上文字上耒，偏旁耒，及从耒形孳乳诸字，其耒形上端钩曲，下端分歧（除力字外），均属一致。以此推测古代耒的形制，当无大谬。武梁祠石室刻神农手执耒耜图，其耒耜形亦与上文所举诸字合。但武梁祠为东汉时刻石，其所刻耒耜，应为东汉时通行的形式。郑玄注《考工记·匠人》云：“古者耜一金两人并发之……今之耜，歧头两金，象古之耦也。”贾公彦疏申其义云：

> 古法耒下惟一金，不歧头，先郑云耒下歧（郑众注《考工记·车人》为耒庛文）据汉法而言。其实古者耜不歧头，后郑（玄）上注亦云“今之耜歧头”，明古者耜无歧头也。

是东汉时确有歧头两金之耜，故我们不能就认为武梁祠石刻是古代耒下端分歧的证据。（武梁祠石刻图版见《国立中央研究院历史语言研究所集刊》第二本十九页）

从甲骨、铜器，到武梁祠刻石，将及千有余年，此千余年中，耒的演变，亦有可征者。

今传世古钱币有圆足布、方足布、尖足布者，即古农具的仿制品。

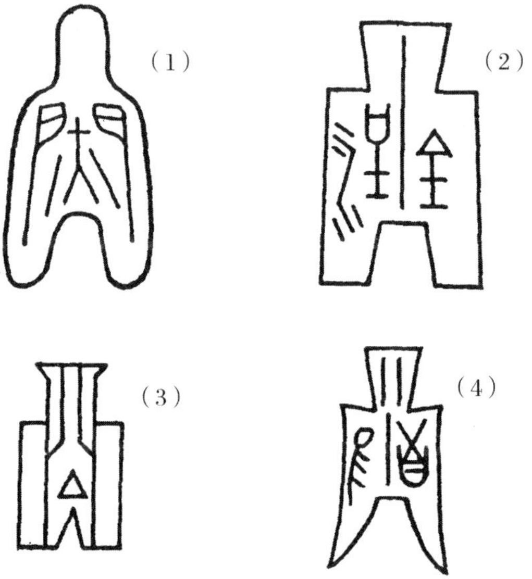

见《货币文字考》

1. 圆足布　　2、3. 方足布　　4. 尖足布

何以知为古农具的仿制品？《清仪阁所藏古器物文》有《宜字犂》，跋（第二册第二六页）云：

> 此器形如古之空首幣，而甚厚重，朱碧鲜好。考《诗·周颂·臣工》“庤乃钱镈”，《毛传》“钱，铫”。陆音钱，子践反。《正义》曰：“《说文》云‘钱，铫也，古田器。’案古空首币，亦泉之属，后世谓泉为钱，当亦因币有钱之形，不必以铢两得名钱也。”今此器一面纯素，当是《释名》所云迫地去草之镈，而形类

古币,则直可以钱名之。(《宜字犁》图版和《王小铁钱》图版见《集刊》二本第一分二一页、二二页)

历史博物馆藏安阳出土《王小铁钱》,形与《宜字犁》同,此均农器而"形如古之空首币"。

《金文存》(卷六第一二六页)有《中山币》,邹安跋云:"制如空首布而厚重,或曰,此非泉。"其后附说云:"《中山泉》模与《金石契》宜字一器(案《金石契》无此器,疑即《清仪阁》之《宜字犁》)相同。故或疑农器,然不当小至如是。"此正是钱币仿农具而制的绝好证据。余藏有帝字空首布二,其厚重似农器,其大小与《中山币》同,右旁二字乃记所值,其空首及下端皆有系贯之孔,确为钱币之制。此均空首币而形与农器之钱同。

空首布有显著的特征,即首端有楔形方孔,可以函柄。《货币文字考》所图空首币(如《周字币》),形制最为完备。观此种形制,更可证明其为农具的仿制品。(五、六、七号空首币图版见《集刊》二本第一分二三页)

空首布与两足布(即圆、方、尖等布)不同之点,有二:

(1)空首布首端有楔形方孔,两足布首端扁平。

(2)空首布下端一刃,两足布下端歧头。

从此两种不同之点上,我们可以寻出其演变的痕迹。

下图为空首币之一种(见 *Catalogue Chinese Coins*,又见《续古泉汇·补遗》下)。其形制即介于两足布与空首币之间。由此形我们即可将两足布与空首布的关系,连络起来。

由空足布(9)图上溯至两足布,其演变应如次:

(9)←(4)←(3)←(2)←(1)

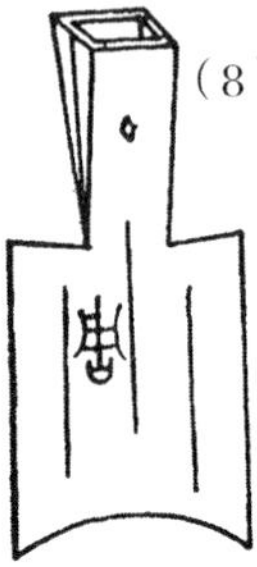

(8)

(9)

由空足布(9)图下溯至平刃空首币，其演变应如次：

(9)→(8)→(7)→(6)→(5)

再就其足形变化绘之如次：

此种变化的次序，何以知不是由空首布变为两足布？即将其次序倒转由(5)→(1)？

两足布为农具的仿制品，其形式可征者，如武梁祠石刻神农所执之耒耜，及禹所执之臿，又后幅画二人执臿，其臿形均与两足布同。《韩非子 · 五蠹篇》说："禹之王天下也，身执耒臿，以为民先。"故知此两刃者为臿。小篆臿作 ，从 ，象臿形，从 疑为从 之误，臿从 ，象两手举臿形，臿头金谓之凿(《说文》"鍪，河内谓臿头金")，两足布谓之布(王莽铸有大布、次布诸品)，又谓之币，币、凿、布，古邦并母，旁纽相通。此两足布为农具仿制品之明证。《说文》："钱，铫也，古田器……亦曰臿，曰鍪。"是臿与鍪，又得称钱。臿、鍪、钱古从清母，亦旁纽相通。是两刃之臿与一刃之钱，同为一种农具之明证。郑玄《考工记 · 注》明说："古者耜一金……今之耜歧头两金。"如郑说，岂不是由空首币变为两足布的绝好证据？

此说有不能成立之理由二。

（甲）与甲骨铜器诸文字不合。甲骨铜器中诸文字耒下歧出，即如上述。是殷、周之间必有两刃的农具。如谓古有两刃；中古（郑所谓古，原意当指汉以前）变为一刃，汉又变为两刃，此种演变，似不可能。如谓耒端歧出者为与相接之庛，而另有所谓一刃之耜，如《考工记》说：

> 车人为耒庛长尺有一寸，中直者三尺有三寸，上句者二尺有二寸。自其庛缘其外以至于首以弦其内，六尺有六寸，与步相中。

郑众注："庛读为'其颡有疵'之疵，谓耒下歧。"孙诒让《周礼正义》申其说云：

> 先郑言此者，以庛耜为一物也。凡庛、耜经典多通言，故《山虞》说耜亦用木材；《易·系辞》亦云："神农氏作，斫木为耜，揉木为耒。"《易·释文》引京房云："耜，耒下耓也。耒，耜上句木也。"此即先郑所本。后郑以耜金、庛木，二者异材，故不从。盖庛为木刺，耜为金刃，柄凿相函，故庛亦可通称耜，而此经所言耜与庛，实异物也。

先郑所谓耒下歧，谓耒，谓耜，原无明文。孙氏谓"先郑言此者，以庛、耜为一物也"，未免有点诬枉，孙氏之意以为庛为车人之事，自是木制（如攻金之工则段氏之事），故庛应从后郑训为棘刺之刺，不得有歧头形。其说似即受了戴震《考工记图》、程瑶田《考工创物小记》的影响。而戴、程两图似又受了宋林希逸《考工记解》的影响。此数家所说,即使另有所谓一刃之耜,其耒端形制亦与文字上的耒不合,可断其为臆造之说,商、周之间虽已入于铜器时代,但以铜铸

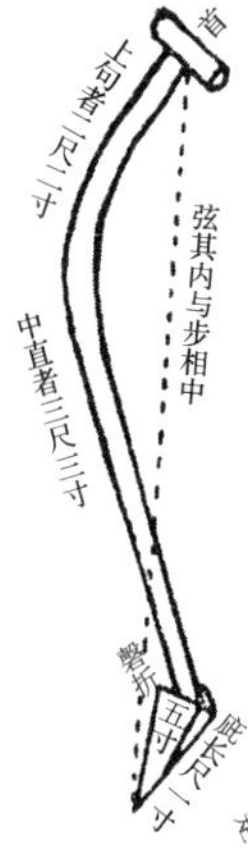

《考工记图》之耒图

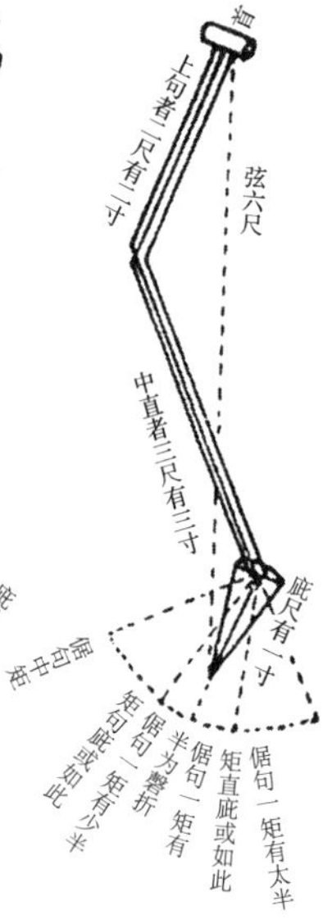

《考工创物小记》之耒图

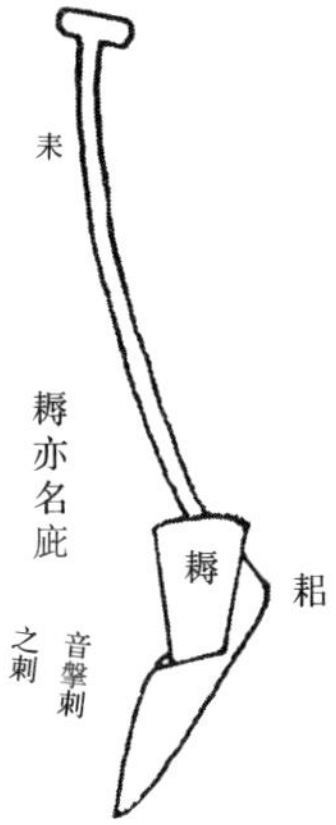

《考工记解》之耒耜图

农器,则为后来之事。今传世古钱币最早者,只能视为春秋时物(春秋以前大概即以斧斤为货贝。《易》之资斧,铜器《居后敦》"贷余一斧,舍余一斧",皆是。)《齐语》:"美金以铸剑戟,试诸狗马;恶金以铸钼夷斤斸,试诸壤土。"(又见《管子·小匡篇》)此以美恶相对言,可见农具之用金属制,必在兵器之后。盖古代社会与禽兽斗,与异族争,日在兵事状态之下,故兵器为其最需要之物。甲骨铜器上耒形诸字,皆似木制的农具。《周礼·地官·山虞》及《易·系辞》说耜亦用木制,知古代确有木制之耒耜。《盐铁论·水旱篇》

说："盐铁价贵，百姓不便，贫民或木耕手耨土櫌。"西汉时锻冶与耕农，都已发展到很高的程度了，而民间还有木耕的风气。则

古者剡耜而耕，摩蜃而耨。——《淮南子·氾论训》

大概也不至于就是捏造的事实。《考工记·车人》下又云："坚地欲直庛，柔地欲句庛；直庛则利推，句庛则利发，倨句磬折谓之中地。"是即用木制之庛，为推发，不必再有接于庛上的耜了。且耕稼初兴，除天然树枝或木棒外，更有何物可供人类利用？甘肃辛店期有牛马胛骨制的鹤嘴锄（见《甘肃考古记》第十四页）；南澳洲土人，亦有利用石斧、石锷、鹿角等物以为耕作者，但此均须掘地，较木耕尤为劳苦，故木制歧头之耒，乃是最自然、最适宜的农具，后来金属制的两刃锹臿，就是模仿这种树枝式木制歧头之耒的形式。铜器中有荆楚之荆字，作

贞敦　　诒伯敦　　㝬敦　　师虎敦

从井从刅（或省井）。古文荆作□，即□形误分为二，象树枝耕井田中。《说文》云："荆，楚木也。"因用树枝耕，故得训为楚木。字又为刱。《说文》："刱，造法刱业也。"用树枝耕，故得为创始之称，稻粱之粱从刅，亦当由耕得义。

（乙）由空首币的空首变为两足布的平首为不自然的演变。从形式上看，空首布形制繁复，较两足布铸作稍难。最初金属制的农具，不过取其刺土的部分较为犀利而已；柄与金相接的部分，本不

是他们所注意的，他们就自然的铸成一种全体扁平的农具，嵌入柄端，外面再加绳束。《夏小正》说“正月农纬厥耒”，注“纬，束也”，正指此种形式。古兵器如戈、戵之类，及较古的斧、钺，其与柲相接处，都作扁平形，其首端之孔，即绳束处，大约与农具同。此种接榫方法，既不牢固，又甚烦难，同时锻冶又渐次进步，所以空首农具，及方銎斧之类，就应运而兴。如谓农具中先有空首，后有平首，则是接榫方法由简易趋于烦难，由牢固趋于不牢固，此种不自然的演变，为事实所不许。

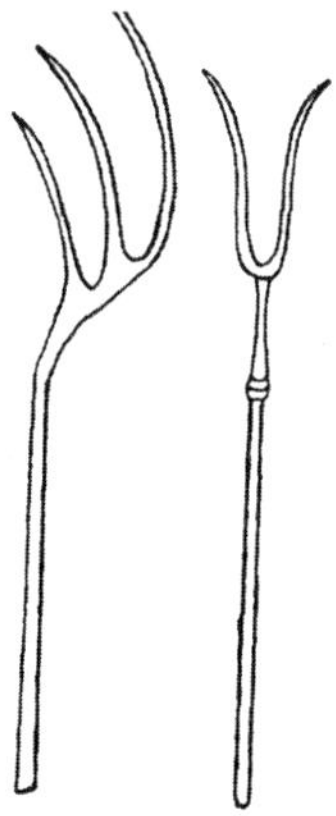
《农书》杈

由此我们可以断定，耒的演变，由木制变为金属制，由歧头变为平刃，由平首变为空首。

元王桢《农书》载有两种杈，疑即古代耒的遗型。

> 杈，箝禾具，揉木为之，通长五尺，上作二股，长可二尺，上一股微短，皆形如弯角，以箝取禾穗也。又有以木为干，以铁为首二其股者，利如戈、戟，唯用叉取禾束，谓之铁禾杈。

此种简单农具，从元到今似乎没有什么变化。木杈今仍通行于河南，铁杈今仍通行于长江流域，盖耒既变为锹、臿，于是此最初形式，即被利用箝取禾穗，或叉取禾束。《说文》“枈，两刃臿也”，字或作铧、鋘、釫，枈、杈，古同在歌部，故得相通。《周礼·天官·龟人》“以时簎鱼鳖龟蜃”，郑司农注谓“以杈刺泥中，搏取之也”。郑以杈释簎，簎耤古字通用，“簎鱼鳖龟蜃”，即以杈刺泥中，与耤田以杈刺地状况正同，故耒亦得称杈，声转为铧、鋘、釫。友人董彦堂（作宾）先生说："今河南通行之杈，揉桑木为之，长可六尺，极坚实，用以耕耤，似无不可。"此可见以木为耒，刺地而耕耤，亦属可能之事。

三、文字上的耜及其形制

耜，异体甚多。小篆作相，或作梠、鈶，籀文作辝，或作枱，经传作耜，《广雅》作鉊。从耒，从木，从金，即表示三种意义：（1）耜之形式与用途近于耒，（2）木制之耜，（3）金属制之耜。从目即耜之本字。目为用具，故古文借为以字。以，用也。铜器以均作目：

当为耜之象形字。甲骨文作

㠯《殷虚书契前编》卷六第六一页　㠯《后编》上第二五页

罗振玉释为私字，但据其文义：

取劦㠯又示缺　方　《前编》卷六第六一页

乙未贞王　□叀□㠯于　　《后编》上第二五页

似无私字之义，仍以释以为是，铜器以或以台为之。

陈侯因资敦

王孙钟

郳公华钟

归父盘

姒姓之姒，或以始为之。

叔向父敦

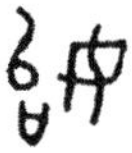
颂鼎

故耜亦得从台。《说文》或作梩者，东齐谓之梩（见《方言》），里耒古同来母，里㠯古同之部，当为耒耜二字的合音。

社会学家说原始的人们，不能有个人财产的观念。他们生活在氏族共产之中，氏族内部，一切属于全体，共同消费，非洲波希曼人若是捕获一条野牛，则分割为许多块数以送于其余的人。旱荒的时候，佛爱奇的少年便沿河而跑，若是运气好，遇着一条死在浅滩上的鲸鱼，他们无论饿得要死也不动手，只是迅速的跑回去告知他们的氏族，于是氏族人员立即跑来，由极年长的人将死鲸平均分割于全体。即是农业发明以后，种族或氏族的共有土地，仍是共同耕作，共同消费的。纪元前四世纪亚历山大王时代，尼雅格大将在印度某几处地方，还目击各种族对于共有土地的共有劳动，及收获物之按照户口分配。我们从原始人们中来找个人财产的物质形式的最初起源。（一）如果要使一件东西成为个人所有，这件东西便应与他体肤成为密切而不可分离的关系，如穿在鼻子、耳朵或嘴唇上的装饰品。（二）日常使用的物件，是物件属于个人的主要条件，因而由个人做出的制造品也只看是否供给自己使用；如果自己使用，才得视为个人所有。一个爱斯基摩人自己只能具两个独木舟，若制造了第三个，便归氏族处置，因为凡自己不使用的物件，便是共同财产。

耜为农具，为个人日常使用的物件，故得认为已有，故耜所从之台，得训为我。

厶与私亦当为耜引伸之字，耜、私、厶，古同在心母（古韵耜在之部，私厶在脂部，之脂古不通用，或由声近相通），厶小篆作形，与铜器中字绝相似，私从禾，即耜之别体，耜为个人所有，故得引申为公私（或作厶）之私，《韩非子·五蠹篇》云："古者苍颉之作书也，自环者谓之私，背私谓之公；公私之相背也，乃苍颉固以知之矣。"（亦见《说文》引）此说与古代社会情况不合。铜器中公作（与小篆公作不同），全无相背之形，可证其为臆说。

耒与耜为两种不同的农具。耒下歧头，耜下一刃，耒为仿效树枝式的农具，耜为仿效木棒式的农具。《说文》："弋，橜也，象折木衺锐者形。"《尔雅·释宫》"樴谓之杙"，注"橜也，盖直一段之木也"，用今语释之，则为木棒。其下端衺锐可用以刺地（《左传》襄十七年"以杙抉其伤而死"，即以杙刺之证）。耜，大概即出此形蜕变，铜器有从弋之妣与必。

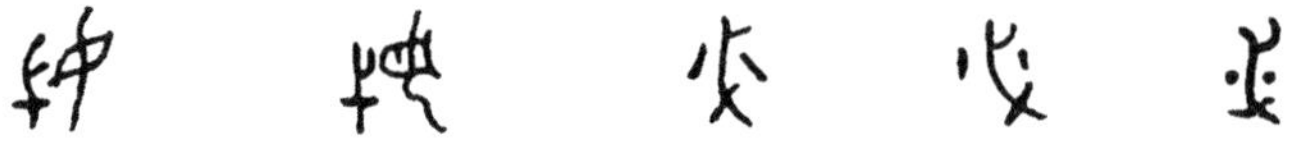

叔妣敦　妣𧻚敦　寰盘　无叀鼎　休盘

弋作十,即象木棒形,中横画与方字同意(说见前),弋目古音同在之部。《左传》定姒,《公》、《穀》作定弋。《桑中》“美孟弋矣”,即孟姒,弋目通用,亦可见弋与目的关系。《说文》必从弋声,《广雅·释器》“柲,柄也”,《方言》“柲,刺也”,柄与刺皆由弋得意,弋为最初农具,利于刺地而不利于发土,所以后来就在弋下增一圆首平叶木板。《易·系辞》云“斫木为耜”,此种木板,即斫木为之,与耒之为揉木者不同。

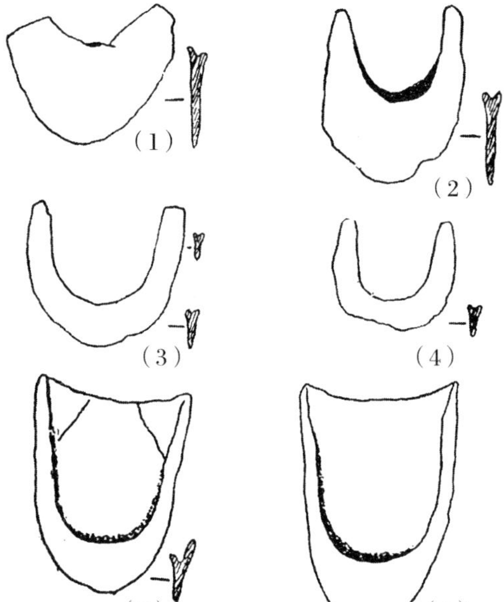

日本古坟中所见之锄

日本奈良正仓院藏有子日手辛锄一柄,乃孝谦女帝为圣武天皇舍入东大寺供养诸佛菩萨之物，长径四尺三寸二分，上有“东大寺子日献天平宝字二年正月”等铭识，天平宝字二年为唐肃宗乾元元年（758 年），当为唐或唐以前输入日本之物。即古代耜之遗制。其木板下又嵌入半圆形之金属制耜，鸟居龙藏氏《人类学上古代文化之我见》书中又载日本古坟中所发见之锄（即古耜形），图中（1）筑前网岛周船寺村古坟发见，（2）后备国双三郡吉金村，（3）筑前国鞍手郡中山村，（4）信浓国下伊那郡乔木村，（5）石见国美浓郡匹见下村。此诸锄，柄及圆木板，均朽，仅余下端金属制之耜（奈良正仓院所藏子日手辛锄图版见《集刊》二本三三页），仍与奈良正仓院所藏者相同。即日本现今使用之锄，其形制仍与此形相近。可见此种形制在日本流传之久。返而求之我国现今使用之锹锄，即与此形绝远，即王祯《农书》所图，亦无如此形制。现今古物出土既富，著录渐广，何以亦不见此种农具？（《仪礼·既夕》说殉葬用器有弓矢、耒耜，出土古物中应有此种农具，或古董家不识此物，遂弃不录。）

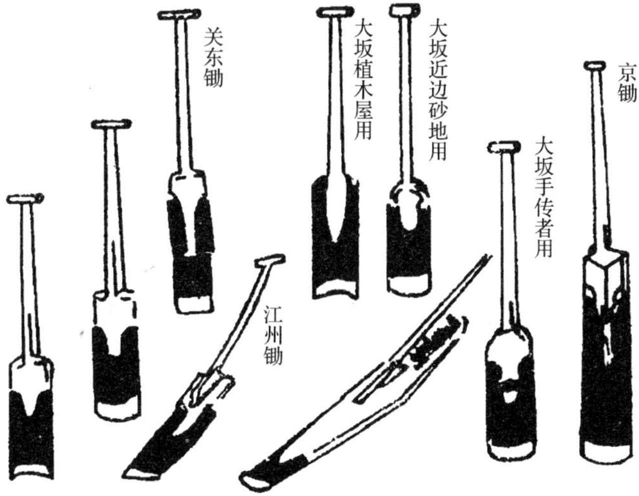

《日本社会事汇》所载现今使用之锄

《金文存》(卷六第一一五页)《梦坡室获古丛编》吴大澂古兵器屏条(商务印书馆石印)载有此器(6),旧皆以为横钺形,未确;当即农具中之犁馆。《尔雅·释乐》郭注“大磬形如犁馆”,犁馆《说文》或称犁冠。《说文》玉部:“瑁,诸侯执珪朝天子,天子执玉以冒之,似犁冠。”此以犁馆譬磬与瑁之形况,犁馆与瑁之形况,今虽不见,我们犹可依磬的样式推度之。

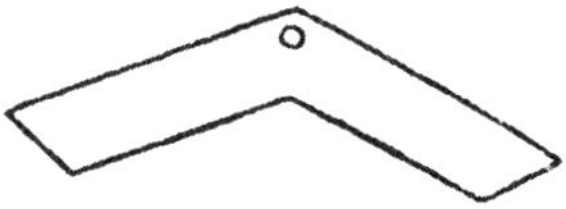

(7)

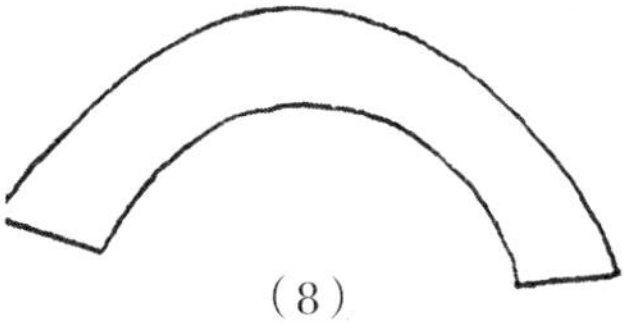

(8)

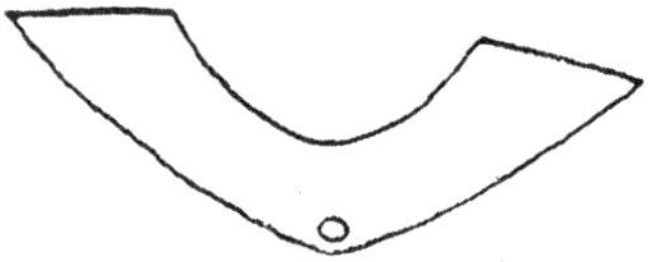

(9)

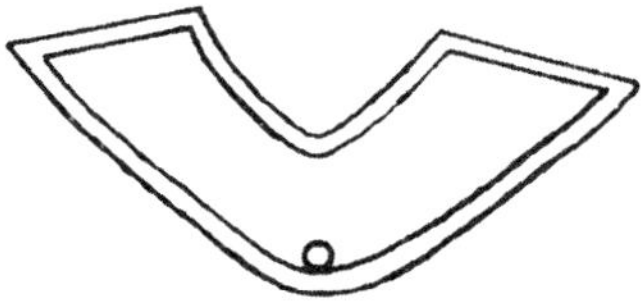

(10)

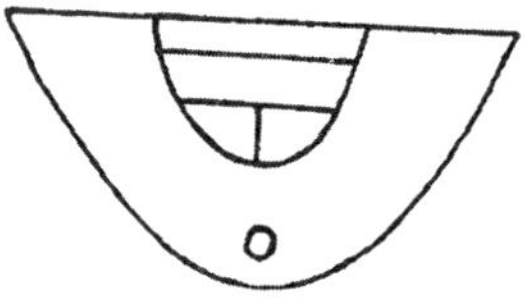

(11)

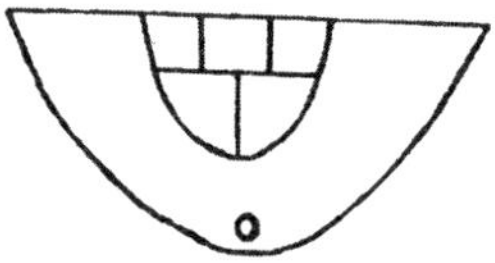

(12)

钱币中有磬币及桥币(或称桥梁币,或称荷叶币,此图见 *Catalogue Chinese Coins*),若倒观之,其形正与日本奈良正仓院子日手辛锄及古坟中发见之锄极相似,亦与犁馆之形相似。此种钱币甚小而薄,向来钱币诸书,仅备此一格,而不知其制之所从出。余近购得此币数枚,有两种(11、12)并为钱币诸书所未载,其中作窗格形丽娄相连,似为由(7、8、9、10)诸形蜕变至(6)之一种过渡形式。

此丽娄相连形，与（6）图中空之柲，皆为便于与木相接者。

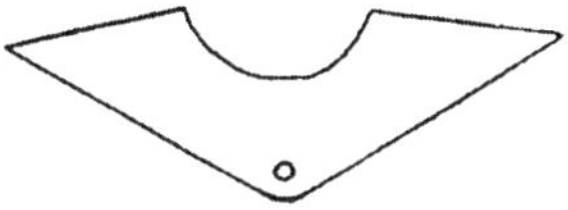
（13）

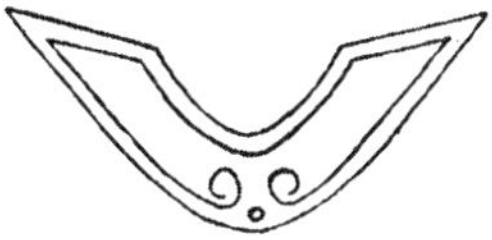
（14）

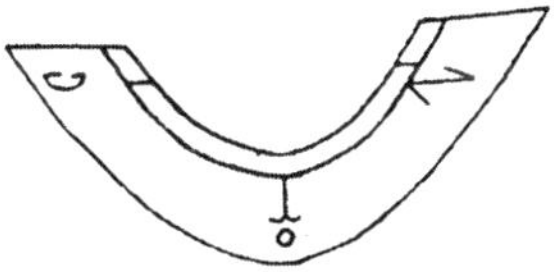
（15）

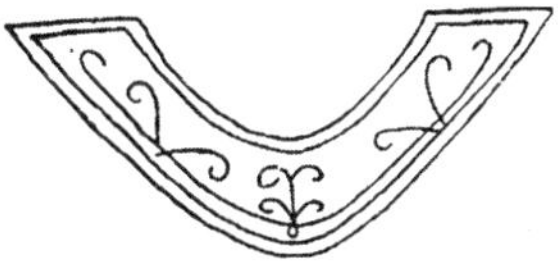
（16）

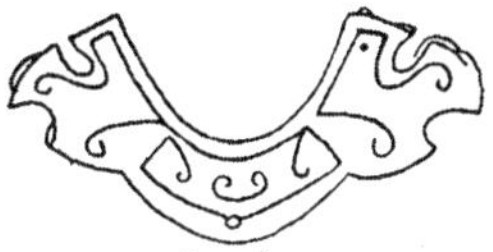
（17）

（18）

李光庭《吉金志存》、孟麟《钱布统志》载有诸币，较上图均较大，且有花纹者（13、15、17，见《吉金志存》；14、16、18，见《钱布统志》）。钱币原为农具的仿制品，但此种花纹，似为钱币特有的饰品，观其种类繁多，大小殊异，亦可想见其流传之久远。《考工记·匠人》云“耜广五寸”，《吕氏春秋·任地篇》云“是以六尺之耜，所以成亩也，其博八寸，所以成甽也”。耜之广博，或说五寸，或说八寸，此种差异，似耜在先秦原有广狭的不同。《考工记》说耒径长六尺（看程瑶田《考工创物小记》，图见前）。《吕氏春秋》亦说“六尺之耜”，凡柄长与人相中，过长、过短，均不适宜于工作。此两书所载，其长即同，则其广博的差异，自不能诿为尺度的不同，今日本奈良正仓院所藏之锄，长四尺三寸二分，以此当周尺六尺，则周时一尺即当今七寸二分，周时耜之广博自五寸至八寸，即当今三寸六分至五寸七分六厘。图13、15、17、18四币，广约四寸左右，即在《考工记》、《吕氏春秋》两耜广相差之中，可证此诸币即耜的仿制品。

最初的犁，即为此种耜形的放大，戴于木上，其形如冠，故称犁冠，字或作错，混言曰犁，析言曰犁冠、犁错，其实仍是一物。此种犁冠的形式，一直流传到西晋时。郭注《尔雅》仍以犁错譬罄的形况，自是当时习见之物。今出土犁及犁范甚多，著录家皆以为唐物，其形制大小均与犁冠之形相近（如上图6广七寸二分。《匋斋吉金录》"原造犁"广七寸五分）。可见近代犁即由汉、晋犁冠演变而来。

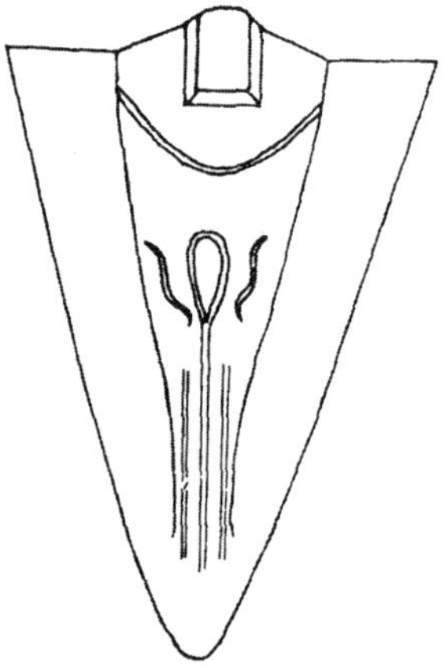

耜及犁冠作半圆形者，乃其演进中最适宜的形式，《易·系辞下》云"斫木为耜"，最初的耜大概就是木制的圆头平叶式的农具。圆头取其刺地深，平叶取其发土多。到了铜器时代，社会上渐次觉得木制的农具不及金属制的犀利，于是就在平叶前端嵌入半圆形的金属制耜，此种半圆形的构成，在古代社会状况之下，实有三种理由：（1）保存原来的形式，与两刃锹臿保存歧头形式同；（2）金与木相接处最初没有凿柄相函的形式（说见前），作半圆形还比较的牢固；（3）铜铁的产量不多，为物力所限，不能作全体金属制的农具。

四、耒耜通行的区域

耒耜为两种不同的农具。由耒变为锹臿，由耜变为耕犁，二者各有其演进的道路，前面已经说得很明白了。现在我们不免要问古代的耒耜，既同为耕作之用，为什么要保存两种形式？当时的农人，是否每人都要备有这两种农具，如《管子》所说：

> 耕者必有一耒，一耜，一铫。——《海王篇》
>
> 一农之事，必有一耜，一铫，一镰，一耨，一椎，一铚，然后成为农。——《轻重乙》

《管子》所说农人必备的农具，前后已不一致，且铫与锹臿，本是一物，《方言》作斛，铫、斛同从兆声字。

> 臿燕之东方，朝鲜洌水之间，谓之斛，宋、魏之间谓之铧，或谓之铧，江、淮、南楚之间谓之臿，沅、湘之间谓之畚，赵、魏之间谓之喿(郭注字亦作锹)，东齐谓之梩。——《方言》五

耒、铫、耜三者，耒、铫只是名称的不同，兆、耜只是形式的殊异，在实际上实无兼备的必要。《管子》书既杂乱，此更眩于古今方俗的名称，而不能辨别其同异，故杂举之。其《禁藏篇》云：

> 缮农具当器械，耕农当攻战，推引铫耨以当剑戟，被蓑以当铠，菹笠以当盾橹，故耕器具则战器备，农事习则战巧矣。

此则只择当时通用之名，故有铫而无耒耜了，《庄子·外物篇》也说：

> 春雨日时，草木怒生，铫耨于是乎始修。

《说文》“垂作耒耜”，而《释文》引《世本》云“垂作铫铧”，亦改从时俗之名。《周礼·乡师·注》引《司马法》云：

> 辇，一斧，一斤，一凿，一梩，一锄。

《司马法》齐人书，故仅举东齐通行之梩名，而不及耒耜。此皆可证《管子》杂举之误。

耒耜两种形式，农人既不须兼备，而终能遵循各自的道路演进者，乃因耒耜二物，各有其通行的领域之故。

今据与此有关之各项材料，观其领域，也有很明显的分限。

耒为殷人习用的农具，殷亡以后，即为东方诸国所承用。

耜为西土习用的农具，东迁以后，仍行于汧、渭之间。兹分述如下。

传世的两足布、空首布、桥梁布、磬布等，即为农器的仿制品，则此种钱布制造之地，或通行之地，即其所仿制农器的领域。出土两足布、空首布其上皆载有地名，除字形奇诡者外，其明白可识者，皆战国时三晋（韩、赵、魏）之地，如图（见下页）中涂▨处皆两足布、空首布通行的地方。

韩——屯留，长子（钱布作伋子），铜鞮（同是），□氏，高都，宜阳，卢氏，平阴。

赵——晋阳，中都，兹氏，离石，邬，祁，邯郸，鄗，中山。

魏——安邑，垣，皮氏，平阳，北屈，山阳，安阳，梁，蒲。

其在三晋以外者，惟有渔阳（钱布作鱼阳，或释鲁阳，未确）之两足布，两周（西周、东周）与宋之空首布而已。

从大量的估计，战国时三晋通行两足布、空首布，燕、齐通行刀布（出土齐即墨、莒等刀布，燕地易水附近出土有明刀布）。两周在三晋之中，郑并于韩，宋、卫地近魏，燕之北土近于赵，故此诸地风尚，仍与三晋同。此诸两足布、空首布通行的地域，即耒通行的地域。

燕、齐通行刀布，不足以证其地通行的农具作何种形式。但从别方面，我们确知齐地在战国及东汉时均用耒为农具。

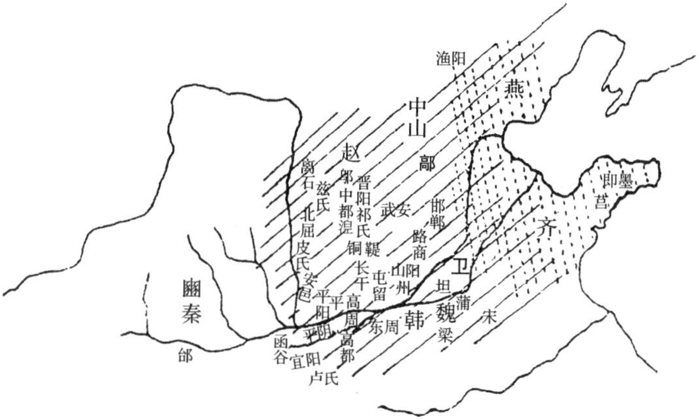

《管子·乘马篇》云：“丈夫二犁，童五尺一犁。”此犁即耒之借字（犁耒古同来母），与后来所称之犁不同。郝懿行《证俗文》云：“古者人耕，二犁为一耦。”故知此二犁即二耒，犁或以梩为之。《孟子·滕文公上》“盖归反虆梩而掩之”，赵岐注“虆、梩，笼插之属”；以笼释虆，以臿释梩。《方言》亦谓臿，东齐谓之梩（见前）。臿即耒之异名，《孟子》屡言耒耜，此或用齐之方言，如称“虽有镃基，不如待时”同。武梁祠在今山东嘉祥县，即战国时齐地，其所绘神农所执耒耜，仍作歧头形。郑玄，高密人，亦战国时齐地，其注《考工记·

匠人》云；“古者耜一金……今之耜歧头两金”；郑氏齐人只见“今之耜歧头两金”，亦可证东方通行农器为歧头之耒。其一金之耜行于西方，为郑氏所不见，遂诿为古制。《方言》的作者，《容斋三笔》卷十五“别国方言”条，疑非扬雄作，戴震也疑为依托之书。此两家所持理由有八：

（一）雄自序所为文，初无所谓《方言》。

（二）《汉书·艺文志》亦不载《方言》。

（三）雄答刘歆书言蜀人严君平，与《法言》称蜀庄不合。汉显帝讳庄，雄不应为显帝讳。

（四）既云成帝时与子骏书，乃云孝成皇帝，反复抵牾。

（五）书中称汝、颍之间，先汉人无此语。必汉、魏之际，好事者为之（以上见《容斋随笔》）。

（六）《说文》引雄说，皆不见于《方言》。

（七）《说文》义训用《方言》，又不言扬雄。

（八）后汉应劭始称雄作，其时代去雄远（以上见《四库提要》戴震说）。

近林语堂先生也说：

（九）《方言》作者虽为蜀人，而书中言蜀语者绝少（见《西汉方言区域考》，《贡献》旬刊第三期）。

现在我们看：

（十）《方言》中有歧头的斛、铧、铈、臿、畚、臬、梩诸称，而独无一金之耜，似亦与作者籍贯有关。

合此诸证，我们也可断定《方言》作者当是三晋以东之人。《方言》所说臿的异名，及其通行的区域，燕之东北，朝鲜洌水之间，宋、魏之间，江、淮、南楚之间，沅、湘之间，赵、魏之同及东齐，都可视为耒所通行的区域。(《貔子窝报告》有两足布与刀布同时出土。)

桥梁币、磬币,出土地不明,币又无文字,殊难断定其为何地之物。故耜的通行区域,今惟由传说方面测之。(出土桥梁币、磬币铜锈极少,似非出西北高地者,无此干净。)

夏都安邑,《史记·匈奴传》谓匈奴之先淳维即夏后之后。从地理及传说两方面看,都可视为西方民族,周起豳、岐,秦起西垂,更在安邑之西,此诸西方民族关系如何,今且不论。所可注意者,即此诸民族的兴起,皆与农业有关。

夏为姒姓国,铜器姒从女,从㠯。以㠯为其民族的标帜,可见夏民族有史以来,就已跨入农业时代。从来传说谓"信彼南山,维禹甸之"、"奕奕梁山,维禹甸之"、"禹敷下土方"等,虽是指治水言,似亦与农业有关。《论语·宪问篇》云:"禹、稷躬稼,而有天下";《御览》引《世本》云:"鲧作耒耜"(《御览》又引《世本》云"咎繇作耒耜",繇与鲧字形相近,后人误鲧为繇,因增咎);此为传说中夏民族显与农事有关者。

周民族与农业的关系,更为密切。他们所讴歌的始祖,就是教民稼穑的后稷,后稷国于有邰,《诗·生民》"诞后稷之穑……即有邰家室",《毛传》云"邰,姜嫄之国也,尧见天因邰而生后稷,故国后稷于邰",《说文·邑部》:"邰,炎帝之后,姜姓所封,周弃外家,国右扶风斄县是也。"此可注意者二事:(1)近人多谓后稷无父而生,当为母系时代人物,即姜姓之后,姜为炎帝后,炎帝在传说中为中国农业的创始者。(2)邰从邑从台,台㠯同字,以㠯名国。自是其地以㠯耕作的特征。

秦似乎是游牧民族了,《史记·秦本纪》说秦之先大费佐舜调驯鸟兽,造父以善御幸于周穆王,非子居犬丘好马及畜,周孝王召使主马于汧、渭之间，马大蕃息，此皆秦为游牧民族的征验；及周室东迁；秦襄公、文公渐启岐、丰、汧、渭之地，《史记·秦本纪》云：

> 平王封襄公为诸侯，赐之岐以西之地，曰：“戎无道侵夺我岐、丰之地，秦能攻逐戎，即有其地”；与誓，封爵之。襄公……十二年伐戎而至岐，卒，生文公；文公元年居西垂宫，三年文公以兵七百人东猎，四年至汧、渭之会，曰昔周邑我先秦嬴于此，后卒获为诸侯，乃卜居之，占曰“吉”，即营邑之。

汧、渭之会地本称秦，《师酉敦》云“秦夷”疑即指此，后秦人攘有其地，因袭用其名，观《史》云“昔周邑我先秦嬴于此”，嬴之称秦由地得名，意极显然。秦甲骨铜器作

《后编》下第三七页

史秦鬲

师酉敦

鄦子簠

秦公敦

象抱杵舂禾之形，观其地名，即可想见其农业的状况。

总之，西方农业，决不在东方之后。所以他们的农器也不至摹仿东方的形式。

甲骨文从耒及从耒得音、得义诸字甚多；而目字仅两见，从目

之字绝不见。从数字上看，也可晓得耜非殷人常用之物，而上文所述耒的通行区域，又尽是殷人散布的地方；卫为殷畿内之地，周为殷顽民迁地，郑与商人同出自周（旧解均谓商人为商贾，非是），宋为殷后，鲁公之封因子商奄，朝鲜相传为箕子逊地，此均殷人散布之地，明白可考者。惟晋本为夏之故地，《左传》定四年："分唐叔以……怀姓九宗……命以唐诰而封于夏虚，启以夏政。"怀姓据王静安先生说即鬼方、匈奴姓氏（说见《观堂集林·鬼方昆夷玁狁考》）。其人，其地，与夏的关系密切如此，他们的农具，为什么不用耜而用耒？此中原因，大约有四：(1)东迁以后，晋与东方诸侯会盟聘享，来往频繁，故与东方的习俗，易于接近。(2)晋在春秋国力日形膨涨，必须招徕异国之民以实其地，如《孟子·梁惠王章》云"邻国之民不加少，寡人之民不加多"，即其证。(3)春秋时晋为诸侯盟主，垂百余年，城濮、鄢陵、邲、巩诸战，师之所经，使东方农具得有传播的机会。(4)晋为盟主，各国均有贡献，物力雄厚，为商贾所必趋，而交易之货币，即为农具，此尤为易于传播之原因。

日本小岛佑马先生《殷代之产业》一文（见《支那学》三卷十号），曾就罗氏《殷虚书契考释》一书，统计甲骨文中关于农事的记载，有：

卜年岁丰凶的二二次，

卜风雨的数次（共七七次，内中大部分与出入田猎有关）。

关于农事的文字，有农、啬、圃、畯、禾、黍、麦、米、糠、桑、年诸字；今再检甲骨文还有耤、丽、麗、男、甽、疆、甾、甶、季、秦、稷、穌诸字，可补小岛先生所不及。此诸字自一二见，至数十见不等，还有偏旁与农事有关而字不可识者，尚未写入，从数量上看，都足以表示殷代农业之盛。王静安先生说殷代饮酒之风极盛，传世酒器尊、卣、爵之类，十之七八为殷代物，武庚既灭，周公以殷民封康叔于卫，作《酒诰》以殷为戒；微子也说："我用沉酗于酒。"又说："殷邦方兴，沉酗于酒。"他们饮酒的风气，甚至于亡国，即此一点，已可证明其农产物的丰富了。小岛先生也说甲骨文记载田猎虽多至一二三次，但应视为特权阶级间（天子或诸侯）的礼仪，或娱乐，并不能视为一般的产业。那时民间的生产，只是农业与畜牧。

殷代的农业，既如上述。而从耒及耒来得音、得义诸字，又屡见于甲骨文中，可见耒为殷人所习用的农具。我们也可以说因为殷人有了较好的农具，所以他们才能离开渔猎生活，而跨入农业与畜牧的社会中。同样我们也可以说，因为西方民族有了较好的农具，所以他们才有自创的、独立发展的农业。

五、耒耜名称的混淆

耒、耜二物，在实际上本有明显的分别，但其名称则极混淆。向来注家都以耒为耜上句木，耜为耒下入土的耓或金。

> 耜，耒下耓也，耒，耜上句木也。——《易·系辞》京房注
>
> 耒，耜之上曲也，耜，耒之金也。——《月令》郑注
>
> 耒，耕曲木也，枱，耒耑也。——《说文解字》
>
> 耜，耒端木，所以施金也。——《汉书·食货志》颜师古注

入土曰耜。——《周语》韦注

耜，耒头铁也。——《庄子释文》引《三苍》

此种名称的混淆，本不创于汉人，《孟子》书以耒耜、镃基、藁梩、铁耕并举，其界限已不易明。三百篇中虽有耜无耒，但《臣工》一章又有"庤乃钱镈"之语，其混淆似又不在战国时了。铜器中㠯及从㠯诸字，或有从ㄋ者。

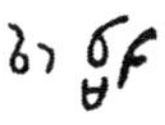
口以鼎

郘伯达敦

齐[illegible]氏钟

邓公敦

余[illegible]钲

夻敦

郤王锚

陈侯因資敦

隶书㠯作以，从人，即ㄋ形之讹。ㄋ即耒之倒文。何以知为耒之倒文？铜器嫠、厘、釐、犛诸字作

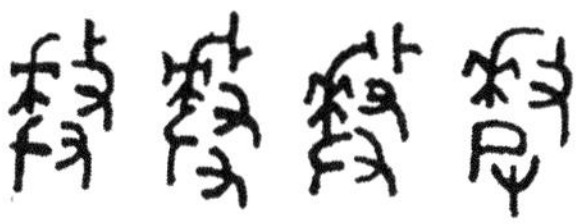
师嫠敦

善夫克鼎

师兑敦

𢿢编钟

芮伯壶

无曩敦

秦公敦

师酉敦　录伯敦　釐鼎　师眆敦

克鼎　辛鼎　师寰敦器文从贝　师寰敦盖　叔向敦

甤、贅、孷，均从来、从𠂆二声，从来来讹为未（如《秦公敦》、《辛鼎》、《师寰敦》等），𠂆讹为厂（《师酉敦》），为𠂇（《录伯敦》），为冂（《陈眆敦》），于孷字得声之故，既已迷失，故又从里声，作厘（𠂆ㄱ古文反正不分），孷从𠂆声，故知ㄱ为未之倒文。嗣铜器《盂鼎》作𤔲，亦有从力者，作

善夫克鼎　克鼎　叔氏钟　𦮮伯敦　叔向敦

番生敦

此字阮（元）、吴（大澂）诸家，都释为龢字，未确。铜器中龢钟之龢，从不用此字，分别甚明。《玉篇》剢之古文作劚，从刀，即从力之讹；释剢，亦未确。薛尚功《钟鼎彝器款识·微栾鼎》云："用锡康勫鲁休，屯右眉寿永命霝终。"薛氏释勫为嗣。此与《克鼎》"用匃康勫屯右，眉寿永命霝终"，同为祝嘏之辞，当为古之成语。观以下诸文，应以释嗣之义为长。

不显皇祖考穆穆克誓厥德，严在上，广启厥孙子于下，勵于大服。——《番生敦》

丕念厥圣保祖，师华父勵克王服，出内王命。——《克鼎》

广启禹身，勵于永命。——《叔向敦》

用广启士父身，勵于永命。——《叔氏钟》

此诸勵字于文义皆当释嗣。"嗣于大服"，"嗣克王服"。与《尚书·大诰》"嗣无疆大历服"，《诗·下武》"昭哉嗣服"，《武》"允文文王，克开厥后，嗣武受之"等语例相同。上称祖考，下述继事，文意相承。嗣于永命，亦继世于万年之意，祝嘏之辞，正当如此。此诸嗣字，若释为龢，不但字形不类，即辞意亦扞格难通。嗣或从力，即力ㅋ相通之明证。力本象耒形，故耒形又得作ㅋ。

铜器又有爵字，作

丹匜　　父丁觯　　父癸尊　　爵文

从两耦（或省从一耦）从册，《说文》爵之古文作，从一耦从册，与铜器中诸形相同（从一耦与爵文同，两耒倒立与《父癸尊》同）。疑古代爵秩之爵，与彝器之爵，各有专字。此即爵秩本字。铜器中述王册命之词，大略相同。兹举《望敦》为例：

王在周康新宫，旦，王格太室，即位，宰倗父右望入门，位中廷北乡，王呼史佚册命望。

此王与史为耦，朢与宰倗父为耦，两耦相向，以行册命之事，情形正与铜器诸文合。古文爵及《父癸尊》所从之耒，均作倒文形，又可证嗣所从之𠃌，确为耒形了。（又封建时代世族柄政，爵禄之颁，仍是父子相续，疑嗣之得形，或由爵秩之爵字省变而来。）

从𠃌之字，甲骨文有后[illegible]二字（见《后编》下第九页），其意义不明。铜器从𠃌者，司字作

毛公鼎　宗周钟　者女觥　叔向敦　扬敦

嗣字作

盂鼎　颂敦　免簠　无叀鼎　卯敦

毛公鼎　舀鼎　师酉敦　召叔山父簠　子仲匜

铜器中司、嗣二字之用，分别甚别。如：

保余小子，朕猷有成亡竞，我隹司配皇天。——《宗周钟》

余小子司朕皇考，肇帅井先文祖收明德，秉威义。——《叔向敦》

司余小子。——《毛公鼎》

此诸司字均当作嗣解。《诗·江汉》云:“无曰予小子,召公是似。”《诗》嗣字多用似,文意与铜器诸文同。《尚书·高宗肜日》“王司敬民”,《史记·殷本纪》作“王嗣敬民”,是司嗣古多通用。《䚄敦》“司锡女赤韍市竈旂”,又一器司作史,是司又与史通。至有司之司,司徒司工司马之司,铜器中均作𤔲(《说文》以𤔲为籀文辞),从无作司者。(《叔向敦》“司余小子”以司为嗣,“𤔲于永命”以𤔲为嗣,同一器而嗣字前后殊异,铜器自有此例。)

㠯作以,从ㄱ,与经典耜形义无别,当为耜之异文。耜,以从耒,ㄱ,即耒耜相混淆之证。经典耜字始于何时,今不可考。铜器以或从以诸字,则为春秋或春秋稍前时之物。在文字上可见其混淆之久。又耒、耜同为耕田刺土之具,其形式的不同,本不是当时人所注意的。且其通行的地域不同,一般人亦无互相比较的机会。所以东方人以为耒即西方之耜,西方人以为耜即东方之耒,于是此耒、耜二名,就渐次形成一物,铸成一个成语——耒耜。耒耜并称的由来,当是如此。

上面的猜想如果不错,我们更进一步问注家为什么以耜上句木为耒,耒下耓或金为耜?我想只有下面的解释较为合理:古代社会用金属制的农器总在兵器之后(说前见);而甲骨文、铜器中耒及从耒诸字,又都像是木制。两足布、空首布的铸作,从文字上都属于春秋后期与战国时代之物,可见其起源甚晚。殷商末期,周兴西方,其物力与文化当均在殷人之后;但其农具用金属制,则似较早于东方。《诗经》中说耜的,前面都附有锐利的形容词,如“覃耜”,“有略其耜”,“畟畟良耜”,《毛传》“覃,剡也”,“略,利也”,“畟畟犹测测也”,似均为金属制者。且桥梁式、磬式的农具,形式极简单,即在圆木端嵌一半圆式的金属片,较两足式的农具,易于制作。如此则在东方还没有金属制的农具时，耜的特点，即所以异于耒者，自是其下端之金。因而谓耒为木，谓耜为金。后来东方的耒，也采用金属制了，耒、耜又混为一名，于是就以耜上句木为耒，耒下金（或钌）为耜。此事看来虽是一两个名称含义的演变，而实是古代社会生产上一大改革。周人有了这两种金属制的农具，才能发展他们所讴歌的"如茨如梁""如坻如京"的新农业。我们要晓得凡是历史上有价值的文化，决不产生于悬鹑悬貆的社会中。丰富的文化，必建筑在丰富的物质上。我们文化上的黄金时代——春秋战国时代——必有"千斯仓""万斯箱"为其产生的基件。

六、古代耕作状况

耒、耜的形制，已如上述，今更进而探寻其耕作之状况。

《诗·七月》云："三之日于耜，四之日举趾。"《毛传》述其义云："民无不举足而耕矣。"

举足而耕，乃是耕作时最自然的现象。耒、方二字歧头上之横画，即举足所加之处。即利用全身重量，将刃压入土中。今用锹掘土者，仍是如此。甲骨、铜器中之耤字，就象人侧立推耒，举足刺地之形。故耤之本义，应释为蹈，为履。

> 籍，蹈也，言亲自蹈履于田而耕之也。——《后汉书·明帝纪注》引《五经要义》
>
> 藉谓蹈藉也。——颜师古《汉书·文帝纪注》引臣瓒说

籍、藉、耤,古通用字,或转为蹠。

> 一人跖耒而耕,不过十晦。——《淮南子·主术训》
>
> 修胫者使之跖镬。(镬《太平御览》引作铧)——《淮南子·齐俗训》
>
> 从容房闱之间,垂拱持案食者,不知蹠耒躬耕者之勤也。——《盐铁论·取下篇》
>
> 民蹠耒而耕,负担而行,劳罢而寡功。——《盐铁论·未通篇》

跖、蹠古通用,《淮南》高诱《注》“跖,蹈也”。此可证蹈履为耤字正解(《论语》民无所措手足,即从此义引伸)。后来耤字为借义所夺。

> 籍之言借也,借民力治之,故谓之籍田。——《诗·载芟·序》郑笺
>
> 古者使民如借,故曰籍田。——《风俗通·祀典》

因别造一踖字,以为蹈履之踖。

耤为蹈履,故得引申为荐于他物之意。如冯藉(成语),“藉用白茅”(《易·大过》初六)之类是。声转为苴,如《汉书·郊祀志》云“江、淮间一茅三脊为神藉”,而《终军传》则云“苴以白茅于江、淮”,《曲礼》云“凡以弓剑苞苴箪笥问人者”,郑注:“苴,藉也。”又转为助,如《孟子·滕文公上》云:“助者藉也。”又转为锄,为组,如:

商人七十而锄，锄，耤税也。——《说文》引《孟子》

杜子春云："蒩读为钼，钼耤也。"玄曰："蒩之言耤也，祭食有当耤者。"——《周礼·春官·司巫》注

凡且声字，多与耤相通。租税之称，钼锄之名，当即由耤转变而来。

耕稼之事必须手足共作，蹈履之外，同时仍须用手推发。《考工记·车人》云：

坚地欲直庛，柔地欲句庛，直庛则利推，句庛则利发，倨句磬折谓之中地。

推即推之入土，与蹈履是同时并作之事。《月令·孟春》：

天子亲载耒耜，措之于参保介之御间，帅三公九卿诸侯大夫躬耕帝耤，天子三推，三公五推，卿诸侯九推。

推之多少，大概与入土之浅深有关。入土深则发时土之坟起者多。《孟子》所谓深耕，即指此言。坚地欲直庛，亦是入土易深之意。发与墢、坺、伐、方字同（说见前）。即耒耜入土以后，斜抑其柄，使土坟起。《说文》一臿土谓之坺，即指此坟起之土言。句庛则利发，亦土易坟起之意，《周语》云：

王耕一坺，班三之，庶民终于千亩。

合而观之，正是三推当一坺，亦可见推难而坺易。古代耕作，即反

复的推发，使田中土皆坺起为止。《诗·生民》传“方极亩也”，意即极亩尽是发过之土。

此种反复的推发，在战国以前，大都是两人共作，谓之耦耕。

> 亦服尔耕，十千维耦。——《诗·噫嘻》
>
> 千耦其耘。——《诗·载芟》
>
> 庸次比耦，以刈杀此地。——《左传》昭十六年
>
> 譬如农夫作耦，以刈杀四方之蓬蒿。——《国语·吴语》
>
> 长沮桀溺耦而耕。——《论语·微子》
>
> 禹见耕者耦立而式。——《荀子·大略》

且须事先筹备，免得临时乱了秩叙。

> 命农计耦耕事，修耒耜，具田器。——《月令·季冬月》
>
> 以岁时合耦于锄，以治稼穑，趋其耕耨，行其秩叙，以待有司之政令。——《周礼·地官·里宰》

曰比（《齐语》“比其耒耜枷芟”），曰比耦，曰次，曰秩叙，曰有司之政令，可见其有一定的秩叙。甲骨、铜器中的丽字（见前），两耒并列，正象其比耦之形。古代所以必须耦耕者，大约有两种原因。程瑶田说：

> 一人之力，能任一耜，而不能以一人胜一耜之耕，何也？无佐助之者，力不得出也。故必二人并二耜而耦耕之，合力同奋，刺土得势，以终长亩不难也。

此固是耦耕的重要原因，但“相人偶”亦古代一种习惯。

> 郑注《公食大夫礼》宾入三揖曰，相人偶；注《中庸》仁者人也曰，读如相人偶之人，盖古有是语，以相人偶为耦俱貌合之意。——朱骏声《说文通训定声》偶字注

相人偶至东汉时尚为通行的成语，可见二人为耦，在古代极为普遍。不独耦耕是如此，射法亦两人相对，以决胜负（《礼记·曲礼》下君使士射疏语）。如《左传》所说“射者三耦”（襄二十九年），《仪礼·大射仪》则记耦射之事甚详。

> 遂比三耦，三耦俟于次北，西面北上；司射命上射曰，某御于子，命下射曰，子与某子射。卒，遂命三耦，取弓矢于次。……上射先升三等，下射从之中等，上射升堂少左，下射升，上射揖，并行，皆当其物，北面揖，及物揖，皆左足履物，还，视侯中，合足而俟。……上射即发，挟矢，而后下射射……

此全是古代习惯使然，实与合力同奋无关；当是耦耕之另一重要原因。

在封建社会里，世族与平民截然成两个阶级，所以农之子恒为农（《齐语》管仲之言），耦耕制在这种社会里，是不会有什么改变的。到了战国以后，世族有时也降为皂隶，白屋之士或至公卿，农之子于是也不必恒为农了，那时首先受影响的，自是耦耕秩序的破坏。我们看：

> 一人跖耒而耕，不过十畮。——《淮南子·主术训》

古者耜一金两人并发之……今之耜歧头两金,象古之耦也。——《考工记·匠人》郑《注》

两汉时人的著作说当时的农事,已经不是耦耕了。

虽然,耦耕之制,沿习既久,亦不至骤然衰歇。如汉武帝时赵过教民耦犁二牛三人,耦犁自是就当时的耦耕略加改革的一种耕作。

七、牛耕的兴起与耒耜的遗存

牛耕或用他种家畜耕,在世界农业史上,都属后起之事。《世本》云"胲作服牛",《吕氏春秋·勿躬篇》"王仌作服牛",王静安先生谓胲及王仌即殷之先王王亥(说见《观堂集林·殷先王先公考》)。又《世本》云"相土作乘马",相土亦殷代先王。《世本》所载多属传说,但甲骨文中已有两马或牛所驾之车。故古谓服牛,亦仅指驾车而言,籀文驾即从牛作牿。

肇牵车牛,远服贾用。——《尚书·酒诰》

见舆曳,其牛掣。——《易·睽》六三

睆彼牵牛,不以服箱。(《毛传》箱大车之箱也)——《诗·大东》

天下乘马服牛,而任之轻重有制;有一宿之行,道之远近有数矣。——《管子·乘马》

今夫商……负任担荷,服牛辂马,以周四方。——《管子·

小匡》

揉轮建舆，驾马服牛，民以致远而不劳。——《淮南子·氾论训》

今夫僦载者，救一车之任，极一牛之力。——《淮南子·氾论训》

剥牛皮鞹以为鼓，以正三军之众，然为牛计者，不若服于轭也。——《淮南子·氾论训》

古代服牛乘马，似由战争而起。古书中载周武王的故事有一段说：

税马于华山，税牛于桃林，马弗复乘，牛弗复服，衅鼓旗甲兵，藏之府库，终身不复用，此武王之德也。——《吕氏春秋·慎大览》

此故事起源必甚早（又见《乐记》、《韩诗外传》、《史记》诸书）。《伪古文尚书·武成篇》亦有此语。孔疏云：

华山之旁，尤乏水草，非长养牛马之地，欲使自生自死。此是战时牛马，故放之，示天下不复乘用。

据此文我们可以猜想当此传说发生时，牛马除了战争时乘载外，是没有别的用途的。要表表不打战，只有将这些牛马放之华山、桃林，使之自生自死。那时民间不但没有牛耕的习惯，连服牛乘马，也不多见。不然，这些牛马何必放之自生自死？《周礼·地官》备载牛之用途，而独无耕稼之事。

> 牛人掌养国之公牛，以待国之政令。凡祭祀共其享牛求牛，以授职人而刍之；凡宾客之事，共其牢礼积膳之牛，飨食宾射，共其膳羞之牛。军事共其槁牛，丧事共其奠牛。凡会同军旅行役，共其兵车之牛，与其牵徬，以载公任器。凡祭祀共其牛牲之互，与其盆簝以待事。

可见作《周礼》时尚无牛耕之事，后魏贾思勰《齐民要术·序》云：

> 故赵过始为牛耕，实胜耒耜之利。

唐贾公彦《周礼·里宰》疏也说：

> 周时未有牛耦，至汉时搜粟都尉赵过始教民牛耕。今郑云合牛耦可知者（郑玄注《里宰》语），或周末兼有牛耦，至汉赵过乃绝人耦，专用牛耦，故郑兼云焉。

牛耕始于赵过，似觉太晚。古代交通不便，地方情况各有不同，汉时就有些地方不宜牛马：

> 内郡人众，水泉荐草，不能相赡，地势温湿，不宜牛马。——《盐铁论·未通篇》

赵过推行耦犁时，民间“或苦少牛”的就逃亡到泽中做“盗贼”去了（见《汉书·食货志》）。《汉书》说“九真、庐江不知牛耕，每致困乏，任延、王景乃令铸作田器，教之垦辟”（用《齐民要术序》

语)。观此种记载,我们可以猜想在赵过时必有些地方已经施行牛耕了。赵过不过使这种耕作方法,推行到各地去。《汉书·食货志》说:

> 民或苦少牛,亡以趋泽,平都令光教过以人輓犁。

此必平都有用人輓犁的方法,所以平都令得举以教过。宋叶梦得也说(见《汉书·校刊记》齐召南引):

> 古耕而不犁,后世变为犁法,耦用人,犁用牛,过特为增损其数耳,非用牛自过始也。

周必大泰和《曾氏农器谱序》并举出几个证据来讨论牛耕不始于赵过:

> 《山海经》曰,后稷之孙叔均始作牛耕,世以为起于三代。厥后王弼传《易》,以为稼穑之资。宋景文公辟之曰:"古者牛唯服车",《书》"肇牵车牛",《易》"服牛乘马",汉赵过始教牛耕;盖本贾思勰《齐民要术》。予谓辅嗣固失矣,贾氏、景文亦未为得也。窃疑牛耕起于春秋之间。故孔子有犁牛之言,而弟子冉耕亦字伯牛。彼《礼记·月令》季冬出土牛,示农耕早晚。贾谊《新书》、刘向《新序》俱载邹穆公曰"百姓饱牛而耕,暴背而耘";大率在秦、汉之际,何待赵过?

周氏所举的证据:(1)《山海经》有后稷之孙叔均始作牛耕之说,

(2)孔子有犁牛之言,(3)冉耕字伯牛,(4)《月令》季冬出土牛示农耕早晚,(5)《新书》、《新序》载邹穆公饱牛而耕之言。此五说宜分别论之:

(1)《山海经》有后稷之孙叔均始作牛耕之说。此文出于《山海经·海内经》中。《海内经》多汉郡县名,书最晚出,只能视为汉代的传说,即只能认为汉代实有牛耕的证据,汉以前有无牛耕,则须待他事证明。

(2)孔子有犁牛之言。此出《论语·雍也篇》。何晏注"犁,杂文也",《淮南·说山训》"貤屯犁牛,既科以椭",高注"犁牛不纯色",杂文或不纯色之牛为犁牛,与农耕无关。

(3)冉耕字伯牛。此出《史记·孔子弟子列传》。《论语》只云冉伯牛不传其名,春秋时名耕字牛者,尚有宋司马牛。《说文》犂下引《春秋传》宋司马犂字牛。段注云:"按《仲尼弟子列传》宋司马耕字牛,《左传》哀十四年两书司马牛不称其名。许云司马犂,岂即司马耕与?外此昭二十年、二十一年宋有华犂。《孟子》书有宋犂,皆不传其字。"此两名耕字牛者,皆出《史记》。汉人之说,恐不足据。《论语》孔注说,司马牛一名犁,陶宗仪《辍耕录》载张孟兼《弟子章句》又作司马犁耕,可见后人展转附益的痕迹。王引之《春秋名字解诂》更从字义上反对名耕字牛者与牛耕有关。他说:"古者耕以人耦,不用牛力,作耕非本义也。耕当为䘿,《说文》'犂,牛膝下骨也',引《春秋传》曰'宋司马犂字牛'即司马耕也。……冉耕亦当为冉犂,古字假借耳。"

(4)《月令》季冬出土牛示农耕早晚。《月令》原文云"命有司大难,旁磔,出土牛,以送寒气",并无"出土牛示农耕早晚"之言。高诱《注》:"出土牛令之,乡县得立春节出劝耕土牛于东门外，是也。”高氏东汉人，所言即汉时习俗，如《盐铁论·授时篇》云：“发春而后，悬青幡而策土牛，殆非明主劝耕稼之意，而春令之所谓也？”明是汉代之事。高氏见汉人以土牛劝耕，因误认《月令》送寒气之土牛，亦为劝耕之用，其不足据甚明。

（5）《新书》、《新序》载邹穆公饱牛而耕之言。《新书》、《新序》都是汉人所著书。以汉人述古代事，自然要加上许多汉人色彩。此饱牛而耕，自是汉人色彩，不能就视为邹穆公时事。

以上五说，都不足为牛耕始于春秋的论证。

牛耕的开始，今惟于古代遗物中求之，如犁馆形图（见前），其上黄人（或释元）二字，确是先秦以前物。此种大农具，决非人力所能胜任，故由此物即可推知先秦以前已有牛耕。但亦不得在战国初期以前。《史记》载：

> 魏有李悝尽地力之教。——《孟子荀卿列传》
>
> 当魏文侯时李克务尽地力。——《货殖传》

李悝即李克，悝、克古同来母，故得相通。（《汉书·艺文志》李克七篇在儒家，李悝三十二篇在法家，乃后人误分，王应麟《困学纪闻》据此以悝、克为二人，非是。）魏文侯时的李克只能做到尽地力之教。《汉书·食货志》云：“李悝为魏文侯作尽地力之教……治田勤谨，则亩益三升，不勤则损亦如之。”其要点只在勤谨与不勤谨，可见其时的农具还没有什么改革。

牛耕盛行以后，耒耜退居于辅助农具的地位，亦未至全然绝迹。其可征者，略举如下：

枕　贾公彦《考工记》疏云:"耒状若今之曲柄枕也。"

铧锹　颜师古《急就篇》注:"耒今之曲把茉(铧)锹,其遗制也。"

长镵　王桢《农书》云:"长镵,踏田器也,镵比犁镵颇狭,制为长柄,谓之长镵,杜工部《同谷歌》曰'长镵长镵白木柄'即谓此也。柄长三尺余,后偃而曲,上有横木如拐,以两手按之,用足踏镵柄后跟,其锋入土,乃捩柄以起垅也。在园圃区田,皆可代耕,比于蠼斸,省力,得土又多,古谓之蹠铧,今谓之踏犁,亦耒耜之遗制也。"

锋与耩　王桢《农书》云:"锋,古农器也,其金比犁镵小而加锐,其柄如耒,首如刃锋,故名锋,取其铦利也。地若坚垎,锋而后耕,牛乃省力,又不乏刃,《古农法》云:'锋地宜深,锋苗宜浅。'《齐民要术》云:'速锋之地,恒润泽而不硬';注曰:'刈谷之后,即锋发下,令突起,则润泽易耕。'《种谷篇》云:'苗高一尺,则锋之。'《黍穄篇》云:'苗生垅平,锋而不耩。'《农书》云:'无鐴而耕曰耩。'既锋矣,固不必耩。盖锋与耩相类,今耩多用歧头,若易锋为耩,亦可代也。近世农家不识此器,亦不知名,兹特录其功用,知不可废也。"

以上枕、铧、锹、耩,为耒的遗制。长镵、锋及前述之日本子日手辛锄,为耜的遗制。王桢云"长镵……今谓之踏犁",又云"今耩多用歧头",足证长镵与耩尚存于元代。至于锋,则元代已"不识此器,亦不知名",观此亦可知宋、元以后的耒耜,在农事上已无足重轻了。

《农书》之镵

《农书》之锋

（原载《国立中央研究院历史语言研究所集刊》第二本第一分）

殷人服象及象之南迁

曩者余友余永梁先生在《甲骨文例后记》中，谓商代文化颇受外来影响。其所持之理由，多本于安得生之《甘肃考古记》。更由安氏之言，推及甲骨文字，认为：

> 最初似从索米特克。索米特克为东方文字之源，巴比伦、埃及、阿利安、希伯来、阿拉伯文字，均自此来。甲骨文与索米特克相似者颇多，如鸟、人、山、水、囲等，均似，与甘肃辛店期彩色陶瓮花纹之鸟、人，亦复相似；而上帝之帝，与甲骨文帝字，绝无二致，形谊全同，然则疑中国文字外来，亦非绝无理也。

余先生所举诸证，以余观之，适得其反。代表甘肃辛店期者，为彩色陶瓮，而在安阳出土者则绝无着色之器（此文草成时，适李济之先生由安阳来平，携有殷虚出土之惟一的彩色陶片一块。疑非殷虚所产，当由他处携来者，或即东西两地已有交通之证。李先生于此陶片，将著为论文，谨先介绍于此），其形式亦复不类。而《甘肃考古记》中之鸟、人等，又与铜器、甲骨中字形迥殊。其最显著易见者，即铜器、甲骨中画鸟兽形，多作侧式，两足之鸟，皆作一足，四足之兽，皆作两足。此不但与《甘肃考古记》之鸟，作两足者不同，即求之巴比伦、埃及古物中，亦罕见此形。即此一端，已可证明东西风尚之不同，而甲骨文字，尤不得与辛店、仰韶之文化，混为一谈。

余疑古代环渤海湾而居之民族，即为中原文化之创始者，而商民族即起于此。史称商代建都之地，前八而后五。就其迁徙之迹观之，似有由东西渐之势。与周人之由西东渐者，适处于相反之地位。盖辛店、仰韶之文化，本为西方民族之遗迹。及商民族西渐时，此文化在东方遂失传播之机会。周兴西方，其文化本在商民族之下，及入据中原以后，挟其新兴民族之势力，承用商人旧文化，而稍加改革，如王静安先生《殷周制度论》所云者，自为意中之事。后来辽、金、元、清四代，与此若出一辙。当此时商民族经周人追逐，离析为数部。

其留居故都朝歌者则周人徙之洛邑，及分与卫侯七族，鲁侯六族（见《左传》定四年）。其东徙者，或留居于宋，或随箕子逊居朝鲜。其最后与周人抵抗者，则驱其所服之象，迁于江南。

余作此说，有简短之理由数则：

（一）殷、周显然为两种民族。（说详拙著《从古书中推测之殷周民族》，载《国学论丛》第一卷第一号）

（二）铜器中之周器，不见周成王以前之物。传世“周公作文王尊彝”诸器，皆伪作。故周初有无文字，实为一个有趣味之问题。

（三）文化之进展，应有一定之次第，层累而上。春秋、战国间，邹、鲁、宋、齐之文化，必有历史上之凭藉，决非骤然兴起者。

兹再就殷人服象，及象之南迁，详述如次。

一、殷代河南实为产象之区

殷虚甲骨文“获象”、“来象”之文凡三见：

> 今月其两隻(获)象——《殷虚书契前编》卷三，第三一页。
>
> (缺)象(缺)隻(获)象——《殷虚书契前编》卷四，第四四页。
>
> □□其来象三——《殷虚书契后编下》，第五页。

此获象、来象之象，必殷虚产物，与后来驯象之由他处贡献者不同，罗振玉《殷虚书契考释》云：

> 象为南越大兽，此后世事。古代则黄河南北亦有之。为字从手牵象(说详后)，则象为寻常服御之物。今殷虚遗物，有镂象牙礼器，又有象齿，甚多。卜用之骨，有绝大者，殆亦象骨，又卜辞卜田猎有“获象”之语，知古者中原象，至殷世尚盛也。王徵君(静安先生)曰：“《吕氏春秋·古乐篇》：‘商人服象，为虐于东夷，周公遂以师逐之，至于江南。’此殷代有象之确证矣。”(王先生说见《观堂别集·敹卣跋》)

古代传说，本多缘饰之词，但亦当有若干事实，为其素地。此若干事实，如在传说中澄滤而出，即与信史无二。而传说之可信与否，即视此澄滤而出之事实之多寡而定。殷虚产象，既由甲骨文为之证明，则殷人服象之说，经此次澄滤，实已取得信史之价值。而殷代河南产象之说，又因此传说，为两重之证明。

《禹贡》豫州之豫，为象、邑二字之合文。《说文》“豫，从象予声”，从予乃从邑之讹。予为晚出之字，不见于甲骨、铜器，及较古之书籍。

（一）训我之予。甲骨、铜器，皆作，作余；《三体石经》予，古文作舍。

（二）经典虽余、予并用，而《仪礼》、《礼记》、《左传》皆作余，不作予。

（三）铜器《羌鼎》之，阮氏释为序，未确；此字又见《格仲尊》，作，乃寡字。

（四）《尚书》中从予之字，如《金縢》“王不豫”，《说文》引作悆；《多方》“洪舒于民”，《困学纪闻》云“古文作洪荼”；《顾命》东序西序之序，《大传》作杼，《一切经音义》九云“序古文阡同”，疑即除字之讹，除为阶除，序为东西墙，义实相近。

邑，铜器作：

师酉敦　鬲攸比鼎　齐侯壶　散盘　曶鼎

两足布则变为：

安邑币　梁邑币

与予字形极相似。汉碑中豫作：

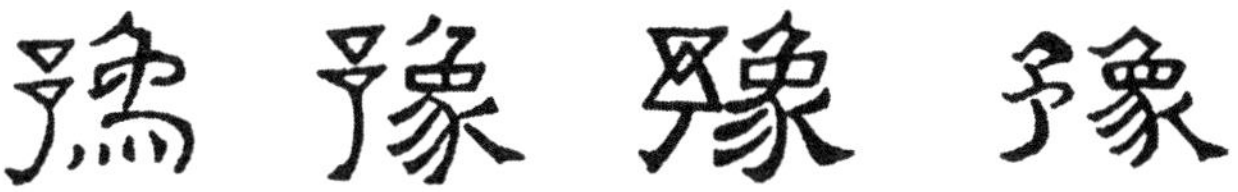

郭旻碑　　校官碑　　陈寔残碑　　韩勑碑阴

《郭旻》、《校官》两碑，豫之偏旁予，直与梁邑币之邑字无别。再征之铜器中从邑诸字，如邦、郾：

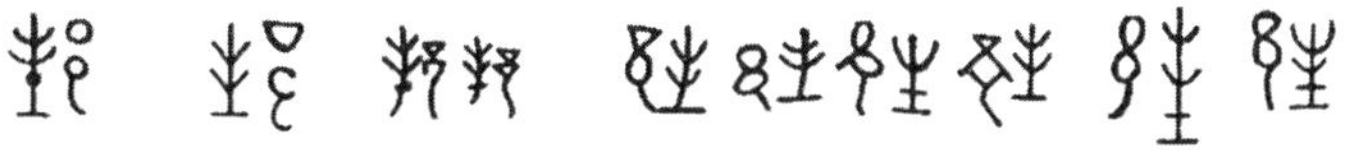

陈侯午敦　封敦　晋公盒　齐迋邦刀

郾侯戈　郾王戈　郾王詈戈　古钵文

其偏旁邑均与予形相近。盖予字之得形，即由邑字讹变而成。其得音，与义，则由舒字为之介。《春秋》僖三年“徐人取舒”，舒，《玉篇》引作郐。《说文》“郐，从邑舍声”，形声至为明显。自后人误郐为舒，于是此偏旁予，遂成一新字，而夺其左旁舍之音义，为其音义。《墨子·耕柱篇》云：“见人之作饼，则还然窃之，曰：‘舍余食。’”舍余食，即予余食，舍当读予。铜器《居道敦》“君舍余三镛”；舍作舍，与《三体石经》中予之古文舍同，是其证。颜师古《匡谬正俗》谓予无余音，强为分别，徒增疑谬。

豫为象、邑二字合文，不但予、邑二字字形相同，并与古代地名从邑之例相合。《说文》中从邑之字，如郜、邠、郁、扈、酆、郑……十九为地名。《禹贡》之徐州，字亦从邑，从彳乃误字。铜器徐作：

沇儿钟　徐王鼎　徐王义楚耑　徐王耑　冡桐盂　余□钲　郐口句鑃

其邑旁均在左，故讹为彳。《禹贡》豫州、徐州二地，字均从邑。其命名之义，徐为国名，豫当以产象得名，与秦时之象郡以产象得名者相同。此又为古代河南产象之一证。

二、甲骨文为字从又牵象为殷人服象之证

甲骨文为字作：

《殷虚书契》卷五第三十页　同左　《后编》下第十页　同左　同左　同左

从又（即手形）牵象，罗振玉说：

> 意古者役象以助劳，其事或尚在服牛乘马以前？——《殷虚书契考释》

殷人以牵象为作为，更可证象为其日常服用之物。入周以后，服象之事，虽渐次绝迹于中原，但文字相承，如铜器及石鼓中之为字，仍作牵象之形。

匋孟妫毂女匜　叔男父匜　鄀嫛鼎　邵钟　陈侯因资敦　邾公华钟　石鼓

从爪与从又同意。暨战国时，黄河流域居民，已不见生象。

白骨疑象。——《战国策·魏策》

人希见生象也，而得死象之骨，按其图以想其生也，故诸人之所以意想者，皆谓之象也。——《韩非子·解老篇》

生象既非其所习见，服象之事当更非其所知。观铜器中时代较后之器，其为字形多讹失。

舀鼎　召伯敦　姞氏敦　为觯　自敦　雝伯鼎　弘敦

周寏鼎　　归父盘　　散盘　　司寇良父壶　郳讨鼎

“郳讨鼎”并将偏旁爪省去，全失作为之意。《说文》至以为为母猴，云：“其为禽好爪……古文为，象两母猴相对形。”时代愈后，则讹谬愈甚。吾人于此，更得一消极之论证，即《吕氏春秋·古乐篇》所载殷人服象之事，及《孟子》卷十三所云：

> 周公相武王，诛纣伐奄，三年，讨其君，驱飞廉于海隅而戮之，灭国者五十，驱虎豹犀象而远之，天下大悦。

必为古代相传之信史。《吕氏春秋》与《孟子》并为战国末年之书，其时服象之事，早已轶出黄河流域居民记忆之外，必不能臆造此种传说也。

三、陈民族与象之传说

殷人服象之事，疑亦受他民族之影响。史称陈为舜后，妫姓。妫字从为，显为服象之民族。传说中有象为舜耕之事：

> 舜葬苍梧下，群象常为之耕。——皇甫谧《帝王世纪》
>
> 传书言舜葬于苍梧，象为之耕；禹葬会稽，鸟为之田。盖

以圣德所致，天使鸟兽报佑之也，世莫不然。考实之，殆虚言也。……实者，苍梧多象之地，会稽众鸟所居……象自蹈土，鸟自食苹，土蹶草尽，若耕田状，壤靡泥易，人随种之，世俗则请为舜、禹田。海陵麋田，若象耕状，何尝帝王葬海陵者邪？——《论衡·书虚篇》

《帝王世纪》似即本于《论衡》。《论衡》之说，其误有二：（一）舜耕历山，不在苍梧。（二）古代服象，象为舜耕。不必即如海陵麋田之状。陆龟蒙《象耕鸟耘辨》云：

世谓舜之在下也，田于历山，象为之耕，鸟为之耘。

正谓象为舜耕于历山。《史记·五帝本纪》云：

舜，冀州之人也。舜耕历山，渔雷泽，陶河滨，作什器于寿邱，就时于负夏。

此为极古之传说，又见于《韩非子·难解》，《淮南子·原道训》，《说苑·杂言》、《反质》等篇，均言舜耕于历山。《史记·集解》引郑玄说："历山在河东，雷夏、兖州泽，今属济阴，负夏卫地。"又引皇甫谧说："济阴，定陶西南陶邱亭是也，寿邱在鲁东门之北。"此诸地皆在黄河流域，而历山在河东，即春秋时之虞地。《尚书·尧典》云："釐降二女于妫汭。"《伪孔传》云："于所居妫水之汭。"而不言其所在。《汉书·律历志》云："帝舜处虞之妫汭。"孔颖达《尚书疏》云："虞与妫汭为一地。……妫水在河东虞乡县历山西，西流至蒲阪县南入于河。”《史记》张守节《正义》云：“《括地志》云：‘妫州有妫水，源出城中。（《耆旧传》云：“即舜釐降二女于妫汭之所。”）外城中有舜井，城北有历山，山上有舜庙，未详。’按妫州亦冀州城是也。”此皆以春秋之虞，臯度虞舜之虞所在。在各说中，如《史记正义》所引《括地志》云，历山、舜井所在多有者：

> 越州余姚县有历山、舜井，濮州雷泽县有历山、舜井二所，又有姚墟，云生舜处也；又妫州历山、舜井，皆云舜所耕处，未详也。

则吾人毋宁认历山在河东为可靠。河东产象，在殷商以前，或为事实。瑞典学者阿尔纳（Arne）在其所著《河南石器时代之着色陶器》中，述1923年法国教士桑志华及德日进氏所组织之科学探险队，曾游华北及蒙古等地，在宁夏东部黄土中之粘土层，检出旧石器时代之器物多件，其化石有马、犀牛、鬣狗、鸵鸟及数种家畜之骨，在斯加拉阿梭果尔河成层之最下部，又发现旧石器时代遗物多种，此层与黄土中之粘土层相当，器物之形式与宁夏无甚差异，其化石有犀、象，羚羊、卷角羚羊、水鹿、野牛、狼、鬣狗、野豕、骆驼、驼鸟之属，在油坊头亦获旧石器时代之器物数种，及犀、野牛、驼鸟之化石。凡此新发见之事实，已明告吾人旧石器时代，中国北部，曾为犀、象长养之地。此种生长中国北部之犀、象，如环境无激烈之变迁，决不能骤然绝迹。如是，则由旧石器时代绵延至于殷商以前（或虞、夏时），仍生息于黄河流域，实为意中之事。

传说又有舜弟象封于有庳，或作有鼻。庳、鼻，古实一字。象与鼻有显著之联想关系，疑此传说，即由服象之事附会而起。

有鼻之封，事既玄虚，而注家务欲质实其地。顾炎武《日知录》云："舜都蒲阪而封象于道州鼻亭。"自注云：

> 《水经注》："王隐曰：'应阳县本泉陵之北部，东五里有鼻墟，象所封也，山下有象庙。'"《后汉书·东平王苍传》注："有鼻国名，在今永州营道县北。"《袁谭传》注："今犹谓之鼻亭。"

又引阎若璩《释地续》云：

> 《孟子》："欲常常而见之，故源源而来。"兄居蒲阪，弟居零陵，陆阻太行，水绝洞庭，往返万里，亲爱弟者，固如是乎？有庳之封，必近在帝都，而今不可考尔。零陵之传有是名者，《括地志》云"鼻亭神在营道县北六十里。故老传言舜葬九疑，象来至此，后人立祠，名为鼻亭神。"此为得之。

凡此云云，适足证明舜弟象之传说，实由服象之事附会而起。《水经注》卷三十八：

> 溱水出桂阳临武县……又西邪阶水注之，水出县东南邪阶山，水有别源曰巢头，重岭衿泷，湍奔相属，祖源双注，合为一川，水侧有鼻天子城，鼻天子，所未闻也。

鼻天子城，郦道元之所未闻，而梁玉绳《古今人表考》卷八，则以为象之封地。《路史》又以巨鹿郡之象城当之：

象城汉县，属巨鹿，今赵之临城昭庆镇西北，古象城，舜弟象居。

象城，《汉书·地理志》作象氏。总之，凡地名之以象、鼻等为名者，疑皆象曾经栖息之地。如秦之象郡，《明一统志》思明州（即厦门）东之逐象山，汀州府武平县南之象洞，其尤著者。

舜居妫汭，当亦以服象得名。春秋时陈国于宛丘，在《禹贡》豫州东部，而郑有苏、邾两地。《左传》隐十一年，"王取邬、刘、苏、芋之田于郑"；又襄七年，"公会晋侯……于邾"，杜注："邾，郑地。"郑地正当河东与宛丘之间，此两地似即陈民族由妫汭东南迁中曾经寄顿之遗迹。传说中陈民族立国于东方者，《左传》昭八年云："舜重之以明德，寘德于遂，遂世守之，及胡公不淫，故周赐之姓，使祀虞帝。"杜注："遂，舜之后，国在济北蛇丘东北。"（见庄二十三年注）其地正在齐、鲁之间，此与传说中舜渔雷泽，陶河滨，作什器于寿邱，就时于负夏诸地，合而观之，其渐次东南迁之趋势，尤为显然。

以上由姓氏、地名、传说各方面，推测陈民族与象之关系如此。所可疑者，即春秋以来，史之所载，陈民族绝无服象之遗迹。此或陈迁宛丘以后，地方逼隘，不足以资其蕃息，如《吕氏春秋·古乐篇》所云，"商人服象，为虐于东夷"；盖此时象之蕃息，足以为虐于人，象之绝迹于陈，或以此欤？

四、周代象之南迁

周起西方，挟其新兴民族之势力，牧野之役，一战胜殷，立武庚置三监而去，未能抚有东土也。武庚未叛以前，不但据有殷土，即王之虚号，亦未贬损。《尚书·多士》云："惟三月，周公初于新邑洛，用告商王士。"此商王即指武庚而言。盖商之享国，自成汤以来，已六百余年，汤以前之世次可考者，如相土、季、王亥、王恒、上甲、报丁、报丙、报乙、主壬、主癸等（见《观堂集林·殷先王先公考》），皆无年代可纪，其不可考者，尚不知凡几。其民族之历史，悠远如此，而论其末世之政，如何紊乱，决不能因一战之故，遂亡其国。如春秋时齐之灭纪，宋之灭曹，郑之灭许，楚之县陈、蔡，皆经营累世，而后始有其地。而郑之入许，既使许大夫百里奉许叔以处许东偏，又使公孙获处许西偏，以为之监，其事与武王立武庚、置三监，绝相似。史又称武王追思先圣王，乃褒封神农之后于焦，黄帝之后于祝，帝尧之后于蓟，帝舜之后于陈，大禹之后于杞（见《史记·周本纪》，《乐记》与此大致相同），此自新王之怀柔政策。但诸侯亦当各有其土，以是武王从而封之。焦、祝、蓟、杞入春秋后，皆微甚，其事不彰，陈或较大，武王以元女大姬妻之，厚结之，以分殷人之势，其事载于《左传》、《国语》：

> 昔虞阏父为周陶正，以服事我先王，我先王赖其利器用也，与其神明之后也，庸以元女大姬，配胡公而封诸陈，以备三恪，则我周之自出，至于今是赖。——《左传》襄二十五年
>
> 陈，我大姬之后也。——《周语中》
>
> 昔武王克商……肃慎氏贡楛矢石砮……以分大姬，配虞胡公而封诸陈。——《鲁语下》

所谓赖其利器与其神明之胄，全为后来掩饰之词。

武庚既灭，殷民族遂分崩离析，一蹶不振。周人更经营洛邑以迁殷民，封建齐、鲁、卫，以镇抚东方。《竹书纪年》载："成王八年春正月，王初莅阼，亲政，命鲁侯禽父、齐侯伋迁庶殷于鲁。"《竹书》之八年，乃成王莅阼亲政改元之年，今文家说，即以此为成王元年，《汉书·律历志》引《三统历》云："成王元年正月乙巳朔，此命伯禽俾侯于鲁之岁也。"其事明在武庚既灭、成王亲政之后，象之南迁，当自此始。

春秋、战国之时，象尚生息于长江流域，其可征者：

巴浦之犀、犛、兕、象，其可尽乎？——《楚语上》

（楚昭）王使执燧象以奔吴师。——《左传》定四年

楚之所宝者……又有薮曰云连徒洲，金木竹箭之所生也，龟、珠、角、齿、皮革、羽毛，所以备赋，以戒不虞者也。——《楚语下》

巴浦当即汉益州地。《山海经·海内南经》云："巴蛇食象，三岁而出其骨。"《中山经》云："岷山，江水出焉……其兽多犀、象，多夔牛。"此皆益州产象之证。楚王奔随，使子期执燧象，此必随地产象，不然仓卒之间，何从得此？云连徒州，据韦《注》即楚之云梦。《诗·泮水》："憬彼淮夷，来献其琛，元龟、象齿，大赂南金。"淮夷所献为象齿，其地必产象。《楚语》之齿，当亦为象齿。淮夷与云梦所产，并在江、淮流域。《禹贡》荆、扬之贡，羽旄、齿革。《禹贡》荆、扬之地，最南部分，仍去长江流域不远。

其时黄河流域仍为犀生息之地。《唐书·地理志》载澧、郎、道、邵、黔、锦、施、叙、夷、溪诸州（今鄂、川、湘、黔诸地），皆贡犀角，而岭南道（今两粤）则贡象、犀。日南郡（两粤及越南）则贡象

齿、犀角。《宋史·地理志》载衡州(在今湖南)贡犀,宝庆府(在今湖南)贡犀角,而广南路则有犀、象、瑇瑁、珠玑之产,其情形正与此同。

章鸿钊先生曾撰《中国北方有史后无犀象考》,载于1926年北京大学研究所《国学门周刊》第二卷第八期。章先生述所以作此文之缘起云:

> 农商部顾问安特生博士(Dr. J. G. Andersson),一日录示《大亚细亚杂志》(*Journal of the North China Branch of the Royal Asiatic Society*, 1877, p. 20)所载,《中国北方古产犀象说》云:"西元前六百年,中国河南实产犀、象。《左传》宣公二年称其物尚多,皮可为甲,且用之者非利其皮,乃假其威也(见僖公十三年)。时楚国(今湖广)亦甚产象齿、犀皮,晋居黄河以北,乃由他处得之。《禹贡》称扬州、荆州(江北、湖广)贡象齿及犀,梁州黄狐皮及熊。《孟子》称周公驱虎豹犀象,是当在鲁(今山东),然则西历纪元以前数百年之间,中国北方,固尚有犀、象也。"安氏以此质予所见,乃书此答之。

章先生谓:"《左传》宣二年(前606)宋城城者讴'弃甲而复',华元使其骖乘谓之曰:'牛则有皮,犀兕尚多,弃甲则那?'案此当从杜《注》,言时尚多犀兕皮,可为甲,非谓宋产犀兕也。"章先生欲建立其中国北方有史后无犀象说,故曲解《左传》之犀兕为犀兕皮;其实古代黄河流域产犀,尚有其他证据:

> 发彼小豝,殪此大兕。——《诗·吉日》

匪兕匪虎，率彼旷野。——《诗·何草不黄》

陆行不遇兕虎。——《老子》

两虎不斗于伏兕之旁。——《淮南子》

故记曰："杀随兕者不出三月。"——《吕氏春秋》

昔我先君唐叔，射兕于徒林，殪以为大甲，以封于晋。——《晋语》

嶓冢之山，其兽多兕。——《说文》

《说文》："兕如野牛，青色，皮坚厚，可以为铠。"《本草》陈藏器曰："兕是犀之雌者。"并称曰犀兕，单称曰兕，仍是一物。通观上列诸证之兕，决不能释为兕皮，《老子》、《淮南》作者在淮水流域，《吕氏春秋》之随兕在汉水流域，均可认为黄河流域以南之事。《晋语》及《说文》所载则为黄河流域北部之事。《诗·吉日》、《何草不黄》为西周镐京之诗，正在黄河流域，由此可见古代北方产兕区域之广。

《说文》："犀徼外牛……从牛尾声。"案犀从尾声，兼从其义。许氏说："尾，微也，从倒毛在尸后，古人或饰系尾，西南夷皆然。"从倒毛在尸后，语殊难解。铜器犀作：

犀伯鼎

其尾形所从之尸正作人形。古尸与人互通。屑古文作俏，犀铜器作侔。

竞卣　伯颜父鼎　屖尊　郡公盂　王孙钟

《说文》:“尸,陈也,象卧之形。”亦谓人卧。尾从人,则人下所从之尒,即象人所饰系尾之形。甲骨文马、豕、象诸字,其尾形分张,正与此形相似。《说文》谓为毛字倒文者误。《后汉书·南蛮西南夷传》:“衣服制裁,皆有尾形。”尾所以从人者,盖人饰系尾,则尾意显然。疑古代系尾之人,必与犀共同生存于同一地域,故犀即从尾得声,得义。

上述古代犀既生存于黄河流域,则此西南夷,或即黄河流域之民族,而役属于殷人者?

五、秦象郡之位置

秦、汉以来,中原民族渐次向南开拓,象于是益有南迁之势。《史记·秦始皇本纪》云:

> 三十三年发诸尝逋亡人、赘婿、贾人,略取陆梁地,为桂林、象郡、南海,以适遣戍。

象郡即以产象得名。韦昭云:“今日南。”(汉日南即今越南)《晋书·地理志》谓:“日南郡秦置。象郡,汉武帝改名焉,卢容(县名)象郡所居。”说较详而其误与韦昭同。秦、汉时之象郡,不得远至越

南。《淮南子·泰族训》云:“赵政……留戍五岭以备越,筑修城(即长城)以守胡。”其《人间训》更详述此留戍五岭之军:

> 秦皇……又利越之犀角、象齿、翡翠、珠玑,仍使尉屠睢发卒五十万,为五军:一军塞镡成之岭,一军守九嶷之塞,一军处番禺之都,一军守南野之界,一军结余干之水,三年不解甲弛弩。

高诱《注》:“镡成在武陵西,南接郁林,九嶷在零陵,番禺在南海,南野在豫章,余干在豫章。”南海以南之日南,实非秦皇兵力所及,日本佐伯义明先生有《考秦象郡之位置》一文,载于1928年之《史学杂志》。其论象郡之位置云:

> 向以为汉以后之日南,此则欲以今广西省宾阳县为中心,而比拟其地域。(见《史林》第十四卷第四号《昨年之史学考古学地理学界》及《北海图书馆月刊》第二卷第六号《去年度之东瀛史界》)

此说亦未确。考秦、汉时之象郡,其地尚在宾阳县之北。《汉书·昭帝纪》:“元凤五年秋,罢象郡,分属郁林、牂牁。”《通鉴地理通释》云:“按武帝初置无象郡,《昭纪》元凤五年罢象郡,而史不书建置之始,盖阙文也。考象郡之建置,当在武帝初平南粤之时,《史记·南越尉佗列传》云:‘南越已平,遂以其地为九郡。’《汉书·两粤列传》举此九郡之名云‘儋耳、珠崖、南海、苍梧、郁林、合浦、交趾、九真、日南’,亦无象郡之名,盖象郡建置,为时甚暂,故班氏于武帝建置之初,不列其名,即以元凤五年以后改置之九郡当之。"《史记·南越尉佗列传》又云:"立佗为南越王……与长沙接境。"《汉书·两粤列传》亦云:"高皇帝所以介长沙地,朕不得擅变焉。"汉与南粤以长沙为界,而班氏所举之九郡,则无与长沙接境者。故知此九郡,已非汉武建置之旧,观汉昭罢象郡分属郁林、牂牁,则象郡之地,必与郁林、牂牁为近。《山海经·海内东经》云:"沅水出象郡镡城西。"镡城《汉书·地理志》作镡成,属武陵郡。《晋书·地理志》同。郝懿行《山海经》疏云:"此经言象郡镡城,则知秦时镡城属象郡矣。"《海内东经》又云:"郁水出象郡而西南注南海。"郝氏《疏》云:"案即豚水也。《地理志》云:'牂牁郡夜郎豚水东至广郁入郁。'"考象郡为南粤故地,不得远至牂牁夜郎,疑象郡之郁水,即镡成之潭水。《汉书·地理志》镡成县下注云:"玉山潭水所出,东至阿林入郁,过郡二,行七百二十里(南入海)。"由此可知秦、汉时之象郡,必在长沙以南,牂牁以东,郁林以北,其地在今湖南之西南。《论衡·书虚篇》云:"苍梧多象之地。"苍梧在零陵之南,去武陵不远。东汉时之象,既生息于湘、桂之间,东汉以前之象,何至遽迁日南?《水经·泿水篇》:"泿水出武陵镡城县北界沅水谷。"注云:"《山海经》曰:'祷过之山,泿水出焉,而南流注于海,是也,下入郁林潭中。"泿水,钱坫、吴卓信并云即镡成之康谷水。是祷过之山,亦当在镡城。《山海经·南山经》云:"祷过之山……其下多犀、兕,多象。"是其地产象之证。

六、南迁后中国之象

五世纪至十世纪之间,象仍生息于荆南、闽、粤各地。群书所载如：

伊水口（今广东曲江）有洲，洲广十里，平林蔚然，有野象群生。——王韶之《始兴记》

广之属郡潮、循州多野象，潮、循人或捕得象，争食其鼻，云肥脆，尤堪作炙。……楚、越之间象皆青黑，惟西方拂林、大食国即多白象，余有亲旧曾奉使云南，见彼中豪族，各家养象，负重致远，若中夏之畜牛马也。——刘恂《岭表录异》（以上见《太平御览》引）

广之属城循州、雷州皆产黑象，牙小而红，土人捕之，争食其鼻，云肥脆，堪为炙。——段公路《北户录》

今荆地象，色黑，两牙，江猪也。——段成式《酉阳杂俎》

漳州漳浦县地连潮阳，素多象，往往十数为群，然不为害。惟独象，遇之逐人，蹂践至骨肉糜碎乃去。盖独象乃众象中最犷悍者，不为群象所容，故遇之则蹂而害人。——彭乘《墨客挥犀》

昌龄（知广州）淳化二年代还……为枢密直学士。昌龄上言："雷、化、新、白、惠、恩等州，山林有群象，民能取其牙，官禁不得卖，自今宜令送官，以半价偿之，有敢隐匿及私市人者，论如法。"诏皆从之。——《宋史·李昌龄传》

乾道七年，潮州野象数百，食稼；农设穽田间，象不得食，率其群围行道车马，敛谷食之，乃去。——《宋史·五行志》

野象多至数百（《宋史·五行志》），可见其繁殖之盛。云南服象，或即西南夷旧俗。

此时之象，虽生息于荆南、闽、粤诸地，但仍不时出现于江、淮流域，踯躅于其祖先之故居：

宋顺帝升明元年(477年)，象三头渡蔡州，暴稻谷及园野。——《宋书·五行志》

攸之为镇西将军、荆州刺史……时有象三头至江陵城北数里，攸之自出格杀之。——《南史·沈攸之传》

永明十一年(493年)，白象九头见武昌。——《南齐书·祥瑞志》

天平四年(537年)八月，有巨象至于南兖州，砀郡民陈天爱以告，送京师，大赦改元。——《魏书·灵征志》(《孝静纪》：元象元年[538年]春正月，有巨象自至砀郡陂，南兖州获送于邺，丁卯大赦改元；当系一事，而所传略异。)

承圣元年(552年)，吴郡、淮南有野象百，坏人室庐。——《南史·梁元纪》

建隆三年(962年)，有象至黄陂县，匿林中，食民苗稼，又至安、复、襄、唐州践民田，遣使捕之；明年十二月，于南阳县获之，献其齿革。——《宋史·五行志》

乾德二年(964年)春正月，有象入南阳，虞人杀之，以齿革来献。——《宋史·太祖纪》

乾德二年五月，有象至澧阳、安乡等县；又有象涉江入华容县，直过阛阓门；又有象至澧州澧阳县城北。——《宋史·五行志》

此自象南迁中应有之过程。

象绝迹于中国（指自然生存之象言），似为最近二百年来之事。清初永历帝、吴三桂均有象军。中央研究院历史语言研究所清理明、清内阁大库档案，有顺治十二年李栖凤揭帖云：

旧年征剿西逆（案即指永历帝言），阵获象只。

刘献廷《广阳杂记》亦云：

吴三桂之来湖南有象军焉，有四十五只，曾一用之，故长沙人多曾见之。

永历帝及吴三桂相继用象军，象自为其所在地黔、滇、桂、粤之产，李栖凤揭帖又云：

随查前后塘报，一在新会城获象十三只，实存十一只；又在广西横州获象二只；又据巡海道副使徐炟呈报，外海被风打来香山澳彝人解到小象一只，前后共大小象十四只。

此清初桂、粤产象之明征。自后海禁大开，广州、香港、澳门为南方委输之总汇，生齿日繁，土地益辟，野生之象，即幸而不为人所捕杀，亦无以资其生存。于是此三千年来由北而南辗转迁徙之象，除我云南省西双版纳地区尚有遗存外，就中国全域说实已趋于绝灭。

（原载《国立中央研究院历史语言研究所集刊》
第二本第一分，1930 年 5 月）

古代狩猎图象考

第一　导言

(一)本文之范围

铜器年代之断定,为研究铜器最先决之问题。向来学者对此问题,惟据文字以为推断。此具有狩猎图象之铜器,以少有文字之故,前此著录或属之商(如《艺术类征》以四耳猎盂为商彝),或属之周与汉(如《博古图》、《西清古鉴》、《续鉴》、《宁寿鉴古》诸书),于年代之划分,全无确定标准。盖自商至汉,前后相差千有余年。此千余年中国文化乃自金石并用时代,铜器时代,以入于铁器时代:其变迁至为繁剧。即关于铜器之形制、纹饰、图象、款识,经长时间之演变,每个时代均显有其特殊之现象。此狩猎图,即为特殊现象之一,当视为同一时代或时代相去不远之物。

最近欧陆学者见此猎器,及其他具有鸟兽图、连续的涡纹、细密虺龙纹诸器,其形制及兽面(旧称饕餮)几何纹饰,介于周、汉之间，与黑海东岸斯克泰（Scythian）遗物颇有类似之点，因名此类铜器为秦器。据彼等意见，以为秦居西方，最与斯克泰接近，故此类铜器乃受斯克泰文化之影响，而复由秦人为之介，以传布于中国全境。此就东西两方之遗物，指出当时文化之动向，无论其说之当否，固不失为一有价值之假设。

中国铜器有千余年之历史，在每个时代中，虽各有其特殊现象，然其自身之演化应自成一系统。在此系统中而有素不经见之形制或纹样发生，且在异文化中寻得其渊源者，则此种素不经见之形制或纹样必受外来影响无疑。中国铜器中何者为其自身之演化，何者为受外来影响，实为一繁复而不易解决之问题。

今以猎器为主要材料，分两方面加以探检：（1）猎器年代之推断；（2）中国铜器自身之演化与所受外来之影响。以下所论，即以此两点为归宿。至先秦文化，以如何机缘，而达于春秋、战国以来之最高阶段？此一问题向来所认为文献不足征者，今亦可利用此种新的材料以为讨论之资。

（二）春秋战国时代之背景

周室自东迁之后，王室威力不足以捍蔽中原，于是北方之群狄，乃深入中原之境内。顾栋高《春秋大事表·赤狄白狄论》云：

> 以予考之，闵、僖之世（公元前661—公元前627年）狄尤横……其疆域自晋蒲、屈以东，与齐、鲁、卫为界，盖自平阳、潞安以及山东之境，杂居山谷，绵地千里；故当日邢、卫、宋、鲁、齐、晋、郑诸国，胥被其患。

此时中原民族惟覆亡是惧，故齐桓、管仲即利用此种形势，乃以尊王攘夷相号召，使当时诸侯同集于此霸主的旗帜之下。《论语·宪问章》云：

> 管仲相桓公，霸诸侯，一匡天下，民到于今受其赐；微管仲，吾其被发左衽矣！

孔子去齐桓不远，尚及见当时中原阽危之状。汉代学者对此亦有明了之认识。《汉书·韦玄成传》载王舜、刘歆等议曰：

> 臣闻周室既衰，四夷并侵，猃狁最强，于今匈奴是也。至宣王而伐之……故称中兴。及至幽王，犬戎来伐，杀幽王，取宗器。自是之后，南夷与北夷交侵，中国不绝如线。《春秋》纪齐桓南伐楚，北伐山戎；孔子曰："微管仲，吾其被发左衽矣！"是故弃桓之过，而录其功，以为霸首。

歆等此议盖本于公羊家之说。《公羊》僖四年《传》云：

> 南夷与北夷交，中国不绝若线。桓公救中国而攘夷狄，卒怗荆。

《毛诗·六月序》亦云：

> 小雅尽废，则四夷交侵，中国微矣。

凡此齐、鲁学者屡代相传之绪言，亦可使吾人了然于当时霸业之真正的价值。

中原民族，经此一度之刺激，自不免接受若干外来影响。而内部更因会盟征伐之频繁，使各国旧有之地方文化，得以互相融合，而为加速之推进。于是我国史上所谓先秦文化，即涵濡泳育于此霸主的小康时代。

战国以来，秦、楚、燕、齐三晋诸国，以兼并之故，战伐日亟，交通益繁，而国力亦因之大为增进，王公贵人，得以其余财争相养士，而学者尤受当世之尊礼。《史记·魏世家》云：

> 惠王数被于军旅，卑礼厚币以招贤者，邹衍、淳于髡、孟轲皆至梁。

又同书《孟子荀卿列传》云：

> 邹衍……重于齐，适梁，惠王郊迎，执宾主之礼；适赵，平原君侧行撇席；如燕，昭王拥彗先驱，请列弟子之座而受业，筑碣石宫，身亲往师之。

其时学者见尊礼如此。即身怀一艺之长，亦得以巧食一国（说见后）。因此之故，使当时之文物遂益趋于发达。而秦、燕、赵以居边陲，开斥疆土，益远与外族相接，所受外来影响亦较深。

秦、汉统一以后，与匈奴、西域交涉益趋频繁，所受外来影响，尤为显著。顾其时儒家独尊，学术思想已无春秋、战国时期之盛，而铁器代兴之后，铜器于衰歇之余，更无足观。故此期叙述，概从省略。

(三)铜器所受外来影响

猎器中如欧陆学者所称薄制器形，及车马狩猎图绘，涡纹细密的虺龙纹饰种种，依本文之研究，虽大部分均为中国文化上自身之演进，然其中之浮雕、镶嵌、兽之飞跃、倦息与羽人、飞兽、操蛇、践蛇等图象，仍具有强烈的外来色彩。此外如印玺、带钩、剑、镜诸物，亦殆由外来。

印玺、带钩之输入，说详拙著《厵氏编钟考释》。

剑为短兵，为步卒利器，当与步卒制同时输入(《左传》襄二十三年载范鞅用剑帅卒，是卒用剑之证)。

镜自战国晚期始入中国。古代鉴为盛水器，字或作监，出土有《吴王夫差监》。又作滥，《墨子·节葬篇》以钟、鼎、壶、滥并言；《庄子·则阳篇》云"同滥而浴"，又以滥为浴器。古代无镜，唯鉴于水，其见于记载者如：

> 古人有言曰："人无于水监，当于民监。"——《书·酒诰》
>
> 王其盍亦鉴于人，无鉴于水。——《国语·吴语》
>
> 古者有语曰："君子不镜于水，而镜于人。"——《墨子·非攻中》
>
> 仲尼曰："人莫鉴于流水，而鉴于止水。"——《庄子·德充符》

此可为古代无镜之证。镜之见于著录，始于战国末年之书：

> 邹忌修八尺有余，身体昳丽，朝服衣冠窥镜。——《战国

策·齐策》

古之人目短于自见，故以镜观面。——《韩非子·观行篇》

淮南出土之镜，为现存镜之最古者，亦楚末遗物。此皆镜为战国末年新发见之证。

总之，此印玺、带钩、剑、镜诸物，在西方或斯克泰遗物中，发见之年代，至迟皆在公元前五六世纪以前，远较发见于中国者为早。故此诸物之为外来，均可无疑。

（四）学术思想所受外来影响

中国铜器既受有显著之外来影响，在学术思想方面，亦不能全无关系。战国以来所谓阴阳、五行、长生久视诸说，疑亦由外族输入。

《庄子·天下篇》谓《易》以道阴阳；其实《易》乃卜筮之书，《卦》、《爻辞》中全无阴阳五行之说，至《彖辞》始以刚柔说《易》，而《象》、《文言》、《说卦》，乃畅论阴阳。旧说以《十翼》，即《彖》、《象》、《文言》、《系辞》、《说卦》等，为孔子所作，由今观之，恐此诸篇之作者，尚远在孔子以后，以与本文无关，故不多赘。

五行之说见于《书·甘誓》及《洪范》，此皆春秋、战国时晚出之书（参看《清华学报》第六卷第一期顾颉刚《五德终始说下的政治和历史》七十一至七十七面，及《东方杂志》第二十卷第十号刘节《洪范疏证》）。顾颉刚先生谓《左氏》文七年《传》以水火金木土谷释夏书之六府，是此时只有六府而无五行，盖此时之五行说尚在创造途中。至《荀子·非十二子篇》及以五行为子思、孟轲案往旧之造说，其文云：

略法先王而不知其统，犹然而材剧志大，闻见杂博，案往旧造说，谓之五行。……子思唱之，孟轲和之。

据此可见五行为战国时人，依旧有之知识而加以改造之学说。此旧有知识，疑即受希腊或印度之地、水、风、火四大说之影响。《易·象辞》以天、地、风、雷、水、火、山、泽释八卦，亦于地、水、风、火之外，配以天、雷、山、泽，以凑成八卦之数。

至所谓长生久视之说，初见于《老子》，其五十九章云：

重积德则无不克，无不克则莫知其极。……是谓深根固柢，长生久视之道。

《老子》书自梁任公先生认为战国时书以后（见《讲演集》及《古书真伪及其年代讲义》），最近顾颉刚先生在其《从〈吕氏春秋〉推测〈老子〉之成书年代》一文中，阐说更加透辟（见《史学年报》第四期）。顾先生更单独指出长生久视是一甚后起之词（见原文十三面）。此长生久视之说，盖缘战国时燕、齐方士求神仙不死之药而起。

燕、齐之方士源出于阴阳，《史记·封禅书》云：

驺衍以阴阳《主运》，显于诸侯，而燕、齐海上之方士，传其术。

汉代阴阳家所掌为历数，《史记·自叙》载太史公《论六家要旨》云：

尝窃观阴阳之术，大祥而众忌讳，使人拘而多所畏；然其序四时之大顺，不可失也。

《汉书·艺文志》关于此事，叙述尤详。其文云：

阴阳家者流，盖出于羲和之官，敬顺昊天，历象日月星辰，敬授民时，此其所长也；及拘者为之，则牵于禁忌，泥于小数，舍人事而任鬼神。

中国历法自唐以来无不与西方有关，其见于记载者，唐代有瞿昙罗、瞿昙悉达（瞿昙为佛姓，即天竺人），瞿昙悉达并于开元六年受诏释《梵天九执术》（见《唐书·历志》），元代有西域人札玛鲁鼎进《万年历》，造西域仪象，至明、清之际利玛窦、汤若望、南怀仁辈接踵东来，历法上受西方影响，尤为显著。

秦、汉以前中国历法之渊源虽不详，然《史记·孟子荀卿列传》载驺衍之学说云：

驺衍……乃深观阴阳消息，而作怪迂之变，《终始》、《大圣》之篇，十余万言；其语闳大不经，必先验小物，推而大之，至于无垠。先序今以上至黄帝，学者所共术，大并世盛衰，因载其机祥度制，推而远之，至天地未生，窈冥不可考而原也。

驺衍为战国时率先倡导阴阳之人，其术先验小物，然后推而大之至于无垠，又先序今以上至黄帝，然后推而远之至天地未生；此种治学方式及宇宙观，颇与西方学者为近，或非中国学者所有。又其所谓大九州说，苟非习于海上交通，亦不能凭空臆撰。据此可见阴阳家说,必受外来影响甚深。从而历数之学,或亦与西方有关。

《史记·自叙》言太史公学天官于唐都,唐都为西汉方士,而天官为阴阳家所掌,是方士出于阴阳家之证。至神仙不死之术,自公元前三四千年以来,即为埃及、巴比伦尼亚、腓尼基人所盛行倡导之事,至是当亦与阴阳之说,同时输入中国。观淮南出土之镜,及汉画中仙人,皆高鼻生羽;高鼻明为伊兰以西之人种,其为外来,尤为显然。

(五)东西交通之道路

春秋、战国之际,中国文化既多受外来影响,则此两方之交通,必有其所循之道路。

春秋时中国与外族之交通,盖以晋为中心(参看拙著《驫氏编钟考释》)。当时晋之四境,皆群狄所居。自献公以来,攘地益广,所得于群狄之地尤多。顾栋高《春秋大事表·四裔表叙》云:

> 春秋时戎狄之为中国患,甚矣,而狄为最,诸狄之中,赤狄为最,赤狄诸种族,潞氏为最。晋之灭潞也,其君臣用全力以胜之:荀林父败赤狄于曲梁,遂灭潞,而晋侯身自治兵于稷,以略狄土,稷在河东之闻喜,而曲梁在广平之鸡泽,绵地七百余里;旋复得留吁之属,晋之疆土益远;狄所攘卫之故地,如朝歌、邯郸、百泉,其后悉为晋邑。

晋与群狄,战争既繁,故亦受群狄影响最深。当时用剑帅卒,毁车为卒,皆由晋人率先输入。胡服所用之犀比,亦以晋制著称(说见

《厵氏编钟考释》)。

此时居中国北垂者,晋以外惟秦与燕。秦则以僻远不与中国会盟,燕又微甚,左传所载燕事,极为罕见。晋为诸侯盟主,垂百余年,征伐会盟,政令之所自出,《左氏》襄二十二年《传》云:

晋人征朝于郑,郑人使少正公孙侨对曰:"在晋先君悼公九年,我寡君于是即位,即位八月,而我先大夫子驷从寡君以朝于执事,执事不礼于寡君……我四年三月……寡君尽其土实,重之以宗器,以受齐盟,遂率群臣随于执事,以会岁终……湨梁之明年,子蟜老矣,公孙夏从寡君以朝于君,见于尝酎,与执燔焉。间二年闻君将靖东夏,四月又朝,以听事期:不朝之间,无岁不聘,无役不从。以大国政令之无常,国家罢病,不虞荐至,无日不惕,岂敢忘职!"

此时晋与东方诸国间,朝聘频繁如此。又《国语·晋语八》云:

夫绛之富商,韦藩木楗以过于朝,惟其功庸少也,而能金玉其车,文错其服,能行诸侯之贿,而无寻尺之禄。

此晋之富商,或更随晋国之霸权,而遍及于东方诸国。故晋于此时,实为东西交通之枢纽。此时中国文化如受外来影响,自当由晋输入,而复由晋人为之介,以传布于东方诸国。

战国以来,晋分为三,而赵最居北方,秦、燕亦并与赵争为雄长。当时北方各族,亦沿阴山山脉南下,为中原患;此可由秦、赵、燕所筑长城证之。《史记·匈奴传》云:

> （追赵、韩、魏分晋）赵有代、句注以北，魏有河西、上郡，以与戎界边。（后秦伐魏）尽入西河、上郡于秦，（至秦昭王起兵灭）义渠，于是秦有陇西、北地、上郡，筑长城以御胡。而赵武灵王亦变俗胡服，习骑射，北破林胡、楼烦，筑长城，自代并阴山下，至高阙为塞，而置云中、雁门、代郡。其后燕将秦开……袭破走东胡，东胡却千余里……燕亦筑长城，自造阳至襄平，置上谷、渔阳、右北平、辽西、辽东郡以拒胡。……后秦灭六国，而始皇帝使蒙恬将十万之众，北击胡，悉收河南地，因河为塞，筑四十四县城临河，徙适戍以充之，而通直道自九原至云阳，因边山险，堑溪谷，可缮者治之，自临洮至辽东万余里。

此长城所在之地，吾人皆可认为当时北方各族踪迹所及之地，亦即中原与北族交通之通道。

此时中外交通，或不限于北方。据《史记·六国表》载秦之取蜀在慎靓王五年（即公元前316年），其时印度著作中，已谓有中国丝之输入。其后当公元前第一世纪之顷，张骞在大夏又见有由印度输出之蜀布邛竹杖，此皆公元前四世纪至一世纪间，中国与印度已有交通之证。

其在东方之海上，亦有交通可征。《孟子·梁惠王章下》载齐景公欲观于转附、朝儛，遵海而南，放于琅邪；此转附、朝儛，旧注均不能详其所在，然景公欲由此遵海，则必为滨海之地，故焦循《孟子正义》即以之罘与成山当之，其说之当否，姑不必论。《史记·秦始皇本纪》载二十八年始皇上泰山并渤海以东，过黄、腄，穷成山，登之罘，立石颂秦德而去；南登琅邪，大乐之，留三月，乃徙黔首三万户琅邪台下，复十二岁作琅邪台，刻石颂秦德；二十九年登之罘，刻石，遂之琅邪；三十七年上会稽，还过吴，并海上，北至琅邪，自琅邪北至荣成山，至之罘，遂并海，西至平原津。又《汉书·郊祀志下》载汉武太初三年，东幸琅邪，礼日成山，登之罘，浮大海。据此，之罘、成山、琅邪诸地，当秦、汉间，海上确有交通。考春秋时之琅邪，曾为越都：今本《竹书纪年》于贞定王元年（即勾践二十五年，公元前468年），载于越徙都琅邪；《吴越春秋》卷六亦载勾践二十五年，霸于闽东，从琅邪起观台，周七里，以望东海；《汉书·地理志》于琅邪郡琅邪县下注云："越王勾践尝治此，起馆台"；此诸书所载，当属可信。琅邪既为越都，且有周七里之馆台，其后秦始皇巡幸所及，曾三至其地，又于初至之时大乐之，留滞至三月之久，其繁盛可以想见。此古代海上之最大都会，其所以繁盛之故，犹之隋、唐之扬州，或现代之上海，必与西方之海上交通有关。而燕、齐海上方士所以独盛者，亦可因此而得一正解。

（六）中国文化与斯克泰之关系

春秋、战国以来东西之交通，既有多途，则此期中国文化上所受外来之影响，亦必有多源。欧陆学者谓此期中国铜器为受斯克泰文化影响，其说未免过于简单。此期中国铜器上所认为有外来影响者，虽皆见于斯克泰遗物中；然斯克泰遗物固全受希腊之影响者。希腊文化，上承埃及、米诺、苏末、巴比伦、腓尼基，与此所谓外来者，实同一源。此外来影响，既可由希腊输入斯克泰，亦可由希腊输入印度、波斯，或由海道以输入燕、齐之海上。

《左传》载公元前四五世纪与中原接近之北戎群狄等，皆无骑射习惯：

北戎侵郑，郑伯御之，患戎师，曰："彼徒我车，惧其侵轶我也。"——隐九年

晋中行穆子败无终及群狄于大原，崇卒也。将战，魏舒曰："彼徒我车，所遇又阨，以什共车，必克，困诸阨，又克，请皆卒，自我始。"——昭元年

是此时与中原接近之北族，只有徒卒而无骑射。胡服骑射之出现，为公元前三世纪赵武灵王时事，中国边境之有骑射民族，似即始于此时。

斯克泰最早期遗物，即公元前六七世纪时，已有陶制或铜制之骑士，是此民族，在公元前六七世纪时，即已为一骑射民族。据此，当公元前三世纪以前，中国边境尚无斯克泰人之踪迹。此时中国文化如受有斯克泰文化影响，亦当由其他民族为之间接输入。

第二　具有狩猎图象之铜器

(一)猎器即古代之弄器

现存猎器，均有白色物质之镶嵌。此白色物质现尚未经化学分析，不能断为何种合金。此镶嵌之铜器，即古代上层阶级或王公贵人之弄器。杕氏壶为猎器之惟一有文字者，其铭云："𪊨(余)以为弄壶"；太原出土之鸟尊云："作弄鸟"；此两器皆以弄为名(太原《鸟尊》现存纽约，图见《艺术类征》及 *Chinesische Kunst*)。弄即玩

赏之意。《说文》“弄,玩也”;《左氏》僖九年传云“夷吾弱不好弄”;又定四年《传》云“君以弄马之故”;此皆以玩赏为弄。盖古代制器有以为重器者(如《左氏》襄十九《传》云“季武子以所得于齐之兵作林钟而铭鲁功焉”,及《周礼·司约》云“凡大约剂书于宗彝”之类);有以为祭器、养器者(《曲礼》云“凡家造,祭器为先,牺赋为次,养器为后”);而弄器最为工巧。据战国时之记述,当时王公贵人豢养此种特殊机巧之工人,有制一器需三年之久者:

> 客有为周君画筴者,三年而成。君观之与髹筴者同状。周君大怒。画筴者曰:“筑十版之墙,凿八尺之牖,而以日始出时加之其上而观。”周君为之,望见其状尽成龙蛇禽兽车马,万物之状备具。周君大悦。——《韩非子·外储说左上》
>
> 宋人有为其君以象(象牙)为楮叶者,三年而成。丰杀茎柯,毫芒繁泽,乱之楮叶之中而不可别也。此人遂以功(《列子·说符》作巧)食禄于宋邦。——《韩非子·喻老》

在上述之记事中,有可注意者三事:(1)此特殊食客遍于各国,为古代工艺进展之最大原力。(2)此时漆器渐盛,其绘饰仍采用猎图(髹筴即漆器,所谓龙蛇禽兽车马疑即猎图),可见此为当时最风行之作风。(3)弄器为古代工艺中最高级作品。据此三点言之,此古代弄器具有共同之风尚与最高技巧,自当视为当时之代表作品,亦即研究古代文化最适宜之资料。

(二)现存猎器

《杕氏猎壶》 此器有盖及提梁,器形介于周代卣与汉代钟之间。上镌鸟兽奔腾与人持戈矛剑盾追逐刺击之形。图均有白色物质之镶嵌，中间间以带纹。上镌四十二字，释之如次：

杕氏福我，岁□鲜于，□是□□，虘台为弄壶。曰颂既好，多寡不讦。虘台匽饮西，于我室家。罔□毋后，穽在我车。

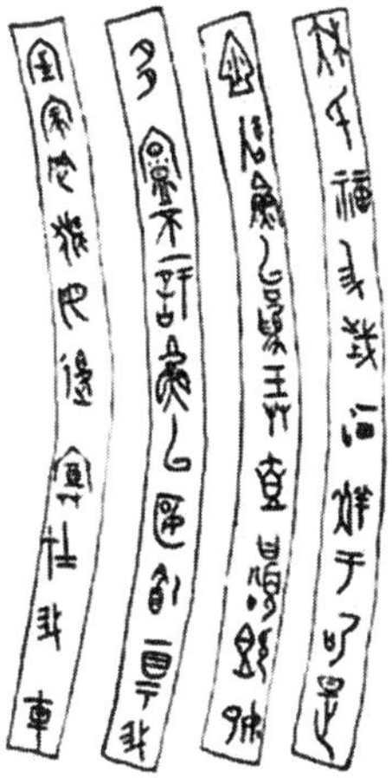

杕氏壶铭文

此以于、壶、讦、家、车为韵，为猎器之仅有文字者。原器现藏柏林博物院。影本见柏林东方协会出版之 *Chinesische Bronzen* 中，惟不甚清晰。

《采桑猎壶》 此器颈之两旁，各有兽面穿鼻环一。在兽环之同列镌一人攀条作采桑形，兽环之下，镌鸟兽奔腾及人持戈矛剑盾追逐刺击之形。图均以白色物质镶嵌之。原器现为巴黎 Curtis 所藏。

《采桑猎钫》 此器四面图象，除二面具有兽面穿鼻环外，其余均相同：上镌双凤及屋宇人物之形，中镌车马徒搏射猎之状，下镌采桑图。采桑图桑树可辨者二,旁各着数人作攀条及相见揖让之形,一树旁更着一犬,俨然一幅《豳风》之图。此器图象均作阳文,盖以此为纹饰,而以白色物质之镶嵌为素地。此为镶嵌法之进步者;但此镶嵌,今均剥落。原器现藏北平故宫博物院。《宁寿鉴古》卷九之汉兽环方壶四,即此器之摹本,错误极多;若非细校,几不知其为一器。

《四耳猎盂》 此器具兽面连环之耳四,四周饰车马徒搏弋射之图象,口缘上饰飞鸟走兽形,均以白色物质镶嵌之。腹内间以浮雕之凫鱼龟形。此在猎器中,纹饰最为繁缛。现藏美国华盛顿Freer陈列馆。日本梅原末治曾为此器专著一文,揭于桑原骘藏《还历纪念论文》中。又广仓学窘印行之《艺术类征》及Sirén所著之*A History of Early Chinese Art*第二册中,均有此器影本。

《羽人猎壶》 此器图饰,合纵剖三段同样之图象而成。原器影本见《宝蕴楼彝器图录》,墨本仅拓其一段。上腹左右各有兽面穿鼻环一,上镌羽人戴蛇操蛇践蛇及凤鹤衔蛇践蛇负蛇形,中镌人持剑释盾徒搏之状,下镌一鸟喙人身之人引弓而射,一鸟喙四足之兽张翼而立,旁有两龙宛曲相向,最下又镌鹄践蛇形。图全镌成阳文,其镶嵌之装饰亦已剥落。原器旧存沈阳故宫,现藏北平古物陈列所之宝蕴楼。

《双凤猎壶》 此器与《羽人猎壶》形制相似,可称为姊妹二壶。其图饰亦由纵剖三段图象合成。上镌两蛇相交,旁着双凤峙立飞翔之形,中镌人持剑盾徒搏射猎之状,下镌一鸟,长尾长冠人立,迎日而行。图亦为阳文,其镶嵌之物已全部剥落。原器旧存热河行宫,现藏北平古物陈列所之武英殿。

《凫鱼猎壶》 此器上腹有兽面小耳二而无环,环似为后来脱落者。器范铸较劣,上中均镌持剑搏兽之状,下镌凫鱼形。图均作阳文,镶嵌之物亦已剥落。原器为比利时不鲁舍尔 Stoclet 所藏。影本见 Otto Kümmel 所著 *Chinesische Kunst* 及 Sirén 所著之 *A History of Early Chinese Art* 第一册中。又《周汉彝宝》载日本帝室博物馆藏一器全与此同,而有盖。

《小猎壶》 此器特小,无耳。中镌阳文搏兽之状,其镶嵌物亦剥落。器为法国巴黎 Stonborough 所藏,影本见 Otto Kümmel 所著 *Chinesische Kunst* 中。

第三 最近发现之铜器及其与猎器之关系

(一)最近三次发现之铜器

最近八九年中关于铜器有三次重要发现,及学者对此遗物之研究,于此猎器颇多启示之处,今依次陈述如下:

民国十三年(1924)归化城北发现铜器一群,由王尼克(M. L. Wanieck)携至巴黎。其中有鼎、鬲、釜、盘、壶及柄上饰以绿松石之长剑。欧陆学者对于此类铜器,颇感兴趣。彼等由此类铜器上一种细密的连续的虬状虺龙纹样,及带状的涡纹绳纹的配布,更由其他方面所见之以金银镶嵌之器物,与车马虎鹿犬兔禽鱼等驰骋狩猎之绘饰,见出其共通之特点。彼等以为此类铜器上之鸟兽狩猎之图样,在古伊兰民族或斯克泰遗物中,尤为盛行。故此类铜器,当受斯克泰文化之影响,而自成一集团。其质地匀薄,既与汉器为近，而鼎足兽面之装饰，又与周器相似，其年代当在周、汉之间。同时彼等复采取当地(归化)人士之传说，以为此乃秦始皇二十八年巡狩其地，祭祀山川时所遗留之祭器，因谓此类铜器为秦器。盖彼等以为此类铜器既受外来影响，而秦又适为之介，因以之传布于东方之诸国。

当归化铜器发现之时，同时或稍前，在安徽寿县，淮水流域附近，亦发现铜器一群。此类铜器多为居留于蚌埠之瑞典工程师喀尔拔喀(Oscar Karlbeck)所得，复由彼手中而散入于欧、美之博物院，或收藏家。此次发现多为小型铜器，如铜镜、带钩、车马饰具及兵器等。其较大者，仅鼎、壶、段数器。关于此次发现之铜镜，喀尔拔喀曾有一文揭于1926年之《中国科学美术杂志》第四卷第一期中。彼以为此类铜器出土之地，在一世纪内曾两次建为国都。第一次系公元前248年，楚考烈王自陈徙都于此；但二十年后楚并于秦，此地遂失其重要地位。迄公元前197年，淮南王英布又都于此，其后百年内淮南王刘长、刘安仍之不改。故此类铜器，如不属于楚，即属淮南。据喀尔拔喀之意见，由铜镜之纹样与文字言之，断为楚国遗物。

在此两次发现之外，民国十二年即归化铜器出土之前一年，河南新郑亦发现铜器一群。当时在国内曾哄传一时，因此得全部保存于今之开封河南博物馆。然据民国十八年出版之《新郑古器图录》所载，当时已遗失五器而事后始行搜获。则此次发现，仍恐不能无所散佚。至此次发现，重大铜器尤多，有钟、鼎、鬲、甗、段、鍑、壶、罍、簠、舟、盘、匜等计百余件。自来出土之器，似此宏富巨丽之物尚不多见。其中有文字之器，仅得其二。其一文字不甚可辨，其一即《王子婴次卢》。王静安先生跋云(见《学衡》杂志及《王忠悫公遗书》之《观堂集林》本)：

> 婴次二字，即婴齐无疑。古人以婴齐名者不止一人，独楚令尹子重为庄王弟，故《春秋》书公子婴齐。自楚人言之，则为王子婴齐矣。子重之器，何以出于新郑？盖鄢陵之役，楚师宵遁，故遗是器于郑地。此器品质制作，与同时所出他器不类，亦其一证。然则新郑之墓，当葬于鲁成十六年(公元前575年)鄢陵战役后，乃成公以下之坟墓矣。

据此新郑铜器之年代，当在公元前五、六世纪间。日本梅原末治以此为早期之秦器。彼因此对于欧陆学者秦器之说，加以相当之修订。彼认此所谓秦器，乃代表一种新型之名称。此种新型，盖受外来影响，而秦人为之介，以传布于中国全境，其年代介于周、汉之间，固不必限于专指统一以后之秦。彼盖认此为一种铜器上之学名，凡晚周铜器受有显著之外来影响者，皆当以此名之。

(二)重行估定之年代

此三次发现，就学术方面言之，固多遗憾。但大部分材料今均得保存，且有记录图象公之于世，在研究上使吾人尚能利用此大量资料，以为考定此类铜器年代之尺度，此实可为庆幸之事。关于此类铜器之年代，兹就其出土地及遗物相互关系，重为估定如次。

淮南遗物铜镜之纹样，为汉镜所自出，而具有文字之二镜，亦显然为汉以前之书体，故喀尔拔喀以此为公元前248至公元前228

年楚都遗物,最为允当。新郑为郑都所在,郑灭于韩,在公元前375年,韩继郑后,复由平阳都此。然此决非韩墓,以其文字纹样,断非战国时期之物。故此亦当为郑器,即公元前575至公元前375年间之遗物。至归化遗物,传说以为秦始皇祭器者,绝不可信。《史记·秦始皇本纪》载始皇巡行所经甚详,并不及于云中(即归化)。而秦所开通道,亦仅自甘泉直达云阳,蒙恬将三十万众居上郡,其地皆远在云中之南。是秦人于此,似无遗迹可言。且归化遗物之形制纹样,约在新郑以后,淮南以前,当秦人尚未统一之时,其地远在秦疆以外。则所谓秦器之说,显然已失其依据。《史记·赵世家》载武灵王二十六年(公元前300年)复攻中山,攘地北至燕、代,西至云中、九原,其地盖公元前300年始入中国版图。武灵王取得此地后,即视为边疆重镇。

> 武灵王自号为主父……欲令子主治国,而身胡服,将士大夫西北略胡地,而欲从云中、九原直南袭秦。——《史记·赵世家》
>
> 主父生传其邦,此离其辎重者也。故虽有代、云中之乐,超然已无赵矣。——《韩非子·喻老》

以此观之,武灵王禅位其子后,即身居胡地,以为图袭胡、秦之根据。故归化铜器,当视为赵器,或即公元前三世纪赵武灵王之遗物。

此三次发现之遗物,其地域如以新郑为中心,北至归化,南至寿春作一圆周,适包括东方诸国(即春秋齐、楚、晋、宋或战国时之六国)之全境。其遗物年代自春秋以迄战国之末,约在公元前五世纪以至二世纪,其时秦尚僻处西陲,不与中国会盟。《史记·秦本纪》云:

> 周室微，诸侯力政，争相并，秦僻在雍州，不与中国诸侯之会盟，夷狄遇之。

故以年代及地域言，谓之秦器，实不足据。

（三）猎器年代之比定

此猎器出土地全属不明，除《杕氏壶》外，又全无文字款识，苟非此三次出土之铜器为之互相比定，则此最重要而当先决之年代问题，除《杕氏壶》外，其他盖皆无从藉手。

《杕氏壶》之文字及语句，多与《徐沇儿钟》、《仆儿钟》、《楚王孙钟》、《许子斨簠》相似。又以𪊨为余（此用为主格，《齐子仲姜镈》则用为领格），亦与《沇儿钟》同。在猎器中，此器年代当属最早。《徐沇儿钟》、《仆儿钟》、《楚王孙钟》、《齐子仲姜镈》皆春秋末年物，《仆儿钟》有义楚名，义楚即徐仪楚，见《左氏》昭六年《传》，故此器年代亦当相去不远，即与新郑诸器相当，或稍后。

四耳盂与采桑壶，其涡纹互相似，而四耳盂腹内凫鱼龟形之浮雕，又与归化出土之铜盘相似，其年代当与归化器同时。

采桑钫、羽人壶、双凤壶、凫鱼壶、小猎壶，就镶嵌之状况言之，较上述诸器已为晚出，当出归化遗物之后。然其鸟兽龙蛇羽人之图象，仍当立于淮南遗物之前期。惟小猎壶之带状纹样，有与汉代铜器极相似者。此小猎壶及与其最相似之凫鱼壶，或出汉代，亦未可知。

总之，此粗略之推度，固不能视为精凿之论断。然有此大量铜器为之比定，其绝对之年代，亦当不至过于悬远，而以下之推论，即以此为范围，亦不至于漫无限断。

第四　猎器形制之演化

(一)猎壶之形制与穿鼻环饰

此猎图八器,除四耳盂之外,六器为壶,一器为钫,而钫亦壶之属。又与猎器相似之鸟兽纹饰之铜器,其见于著录者如次:

《博古图录》卷十二有周三螭壶,汉双鹿壶。

《西清古鉴》之周云螭罍(卷十二),周蟠螭壶第一及第二(卷十九),周瓠壶(卷二十),汉云螭壶,周百兽豆,汉螭鹿壶第一及第二,汉鹤鹿壶(以上卷二十一),周蟠夔盘(卷三十二),汉夔龙卮(卷三十五)。

《西清续鉴甲编》之周夔鹿壶(卷八),汉蟠虺壶(卷九),汉夔纹壶第一及第三(卷九)。

《宝蕴楼彝器图录》有周鸟兽壶两器。

《武英殿彝器图录》亦有周鸟兽壶两器(此书容希白先生编撰,有稿本,未印行)。

此诸器之纹饰亦多施白色物质之镶嵌或银错,当与猎器为同时之物。此所载者计二十器,除罍、豆、盘、卮各一见外,余十六器仍为壶。可见壶为此时最普遍最盛行之器。此种风尚亦可于战国以来之遗文中见之:

> 以锥飡壶也(谓以锥代箸也)。——《荀子·劝学篇》
>
> 晋文公出亡,箕郑挈壶餐而从。——《韩非子·外储说

左下》

狐父之盗曰丘,见而下壶餐以餔之。——《吕氏春秋·诚廉篇》

君下壶飡臣父。——《战国策·中山策》

此时贮食以壶,故多称壶飡。《左传》所载僖负羁馈晋文公盘飡之故事云:

僖负羁……乃馈盘餐,寘璧焉,公子受飧反璧。——《左传》僖二十三年

此所载之盘飡,至战国末年及汉人著作中,乃改为壶餐壶馂:

釐(僖同)负羁……盛黄金于壶,充之以餐,加璧其上。——《韩非子·十过篇》

僖负羁以壶飧表其闾。——《淮南子·缪称训》

僖负羁之壶飧。——《淮南子·齐俗训》

釐负羁遗之壶馂而加璧焉,重耳受其馂而反其璧。——《淮南子·道应训》

此当时之风尚,正可由遗文遗物相互证明之。

此猎壶及鸟兽壶之形制,在当时完全为一新样。其两耳饰以兽面紧贴器上,兽鼻突起,贯之以环,象穿牛鼻形。此与新郑或新郑前期之壶,形制既殊,而耳饰尤截然不同。新郑或新郑前期之壶,如《颂壶》(武英殿藏器),《虞司寇壶》(见《艺术类征》),齐侯

二壶(见《两罍轩》),《韩中多壶》、《郑楙叔宾父壶》(均见《恒轩》),《曾伯陭壶》(故宫藏器),其两耳皆隆起,上饰兽面,吐舌作衔环形。此衔环与穿鼻环之演化,实为一至有趣味之事。

春秋以前系牛以牿,绝无穿牛鼻之事。《易·大畜》云"童牛之牿",《书·费誓》云"今惟淫舍牿牛马",牿,《说文》作告,云"牛触人,角着横木所以告人也";字又作桷,《说文》云:"桷,角械也。"着木于角,故谓之牿,谓之桷,牿、角古见母字,桷溪母字,即见母之声转,故得相通。甲骨文牛字角旁着一短画或二画,正象角着横木之形。角着横木,正为系牛之用。东汉时此风既歇,故许氏乃误为告人及角械之说。牿为横木,故又谓之楅衡(衡、横古同字)。《周礼·地官·封人》云:

> 凡祭祀:饰其牛牲,设其楅衡,置其絼,共其水槀。

《周易集解》引虞翻《注》云"牿谓以木楅其角,绳缚小木横着牛角";又引侯果云"牿福也,以木为之,横施于角上,止其觝之威也";此皆以牿为楅。《说文》亦云:"楅牛触横大木。"《周礼》一书,其著作年代最为不明,其时系牛用楅衡,则尚无穿牛鼻之事。《诗·閟宫》云:

> 夏而楅衡,白牡骍刚。

此诗当作于公元前六七世纪之间(《诗》言"周公之孙,庄公之子",则当作于闵、僖之世,又言"新庙奕奕,奚斯所作",奚斯见于《左传》闵二年,即公元前 660 年),其时亦无穿牛鼻之事。考牛之穿鼻，当起于公元前六世纪。铜器中之《国差罎》（现存古物陈列所，图见《宝蕴楼彝器图录》）具穿鼻环四，为此类耳饰中年代之最早者。许瀚、吴大澂以国差即齐之国佐（见《攈古录》及《愙斋集古录》），差、佐古同属歌部字，差即左之繁文，“同敦”左右之左作差，故差、佐得相通。国差始见于《左传》宣十年（公元前 599 年），至成十八年见杀（公元前 573 年），即公元前六世纪人。容希白先生以为此《国差罎》当为晚周之器，国差亦非春秋时之国佐，其《宝蕴楼彝器图录·国差罎跋》云：

> 齐器纪年，皆云唯王某月，至《陈侯午敦》云：“隹十又四年”，《陈侯因資敦》云：“隹正六月”，不复冠以王字。此三器（《国差罎》，《子禾子釜》，《陈猷釜》）皆云某某立事岁，与平常纪年异，当同属晚周之器。昔人以为差、佐古通，国差即国佐，字宾媚人，见《左氏》成二年《传》，亦非是。

容氏此说仅据纪年一事为证，于当时史事盖未深考。盖《国差罎》、《子禾子釜》、《陈猷釜》同为齐器，故其纪年之词若出一律。且以事纪年，在西周时即已盛行。如《翻卣》云“唯明僳殷成周年”，《克鼎》云“遹征八目之年”，《南宫方鼎》云“王命南宫伐反虎方之年”，若此之类，由来已久。至立事一名，汉代仍沿用之。《淮南子·泰族训》云“立事者贱，贱者劳，而贵者逸”，其文义与铜器同，何至仅晚周如此？且此为姜齐时代之物，尤为显然，兹更设四证以明之：

（1）国氏为姜齐正卿，代执国柄，《史记·田敬仲完世家》载田常专政之后，尽诛鲍、晏、阚止及公族之强者，此国氏如在田齐时，必不见容。

（2）铜器有陈侯午及陈侯因資两敦，午即齐桓公，因資即齐威王，乃田氏篡齐后第二第三两代国君，其自作之器称陈而不称齐；又此两器，齐作，《陈曼簠》（亦田齐时器，铜器陈蔡之陈作陳，田陈之陈作墬）作，此器作，以字形论之，其年代亦在田齐以前。

（3）此器与《齐子中姜镈》称侯氏，皆春秋以前称君之词（《韩奕》云“侯氏燕胥”，《仪礼·觐礼》云“侯氏亦皮弁迎于帷门之外”），至战国诸侯皆称王，不得再称侯氏。

（4）《齐侯匜》、《夆叔匜》均为姜齐时物，其鼻环已与《国差䄀》同。

据此四证言之，此国差断即春秋时之国佐无疑。故穿牛鼻之事，至迟当创始于此时。然同时或稍后之新郑遗物，仍无穿鼻环之耳饰。疑穿牛鼻之事，最初创始于齐，故早期有鼻环之铜器，如《国差䄀》、《齐侯匜》、《夆叔匜》皆齐器，其后乃渐传播于各国，至战国时此耳饰乃盛行一时，而穿牛鼻事亦于此时始见记载：

> 牛马四足是谓天，落马首，穿牛鼻，是谓人。——《庄子·秋水篇》
>
> 使乌获疾引牛，尾绝力勯而牛不可行，逆也；使五尺竖子引其棬，而牛恣所以之，顺也。——《吕氏春秋·重己篇》

穿牛鼻用棬，《说文》作桊，云“牛鼻环也”，盖屈桑条为之：

> 今使乌获、藉番（皆多力人）从后牵牛尾，尾绝而不从者，逆也；若指之桑条以贯其鼻，则五尺童子牵而周四海者，顺也。——《淮南子·主术训》

《博古图》卷十六有牺首杯，及近时出土之土制牛车，牛鼻端均贯以环索，其形制与铜器上之鼻环，全属一致。故此虽仅一耳形之装饰，而实为铜器断代之标准，并可以考见当时文化递嬗之状况。

（二）薄制之铜器

铜器之薄制，为此期铜器之特点，此欧陆学者所启示者。此种薄制，似受陶器之影响所致。盖冶铸之铜范，即属陶制，故冶铸之精粗，与制陶技术，关系至切。

古代黄河流域之陶器，依最近之发现，可得三种显然之差别。

自民国十年至十三年，安特生（Andersson）在中国之北部，辽宁之沙锅屯，河南之仰韶，以及甘肃境内，发现一种互相仿佛之彩色陶器。后来山西西阴村，旅顺之貔子窝，亦有此类同样陶器发现。安氏以仰韶为中心，而将此类陶器分为六期。然此种区别，在寻常讨论中需用甚少。吾人不妨即名此类陶器为仰韶陶器，其特征为红地，彩画，无刻文。

安阳出土之甲骨文，在三十年前即已著闻，但正式发掘，乃距今五年前事。依此数年之发掘，吾人乃知殷虚遗物，于甲骨文外，乃有极丰富之陶器、铜范、骨刻、矢镞等物。此殷虚期之陶器，有白陶、灰陶及带釉陶种种，其质地均厚，而白陶刻纹形制，尤与铜器为近。

龙山陶器，发现最晚，而吾人所得于此期遗物之知识亦最少（此为本所最近两年内之工作，报告正在编纂中）。此期之陶器，极黑，极薄（有较现代极薄之磁器更薄者），器面圆整光泽，间有刻文。

此三种陶器，各代表一种文化。约略言之，彩陶分布于中国之东北、西北各处，刻纹之白陶分布于中部，黑陶分布于东方。吾人如为名称上之整齐起见，亦不妨称此三种文化为彩陶文化、白陶文化、黑陶文化。

最有兴趣者，此三种文化之相互的关系，又因吾人最近在安阳之工作，而得一确切之解答。即此三种文化遗址，同在安阳之后冈及侯家庄发现。此种发现，最下层为仰韶，龙山次之，小屯则在最上层，显示在安阳之仰韶早于龙山，而龙山又早于小屯（参看本刊梁思永先生《小屯龙山与仰韶》）。

中国最早期之铜器，依吾人现有之知识，仅能溯及殷代而止。西周一代，其冶铸技术全受殷代影响。故此最早期，殷及西周之铜器，其形制全与小屯之陶器相似（参看《安阳发掘报告》第一期李济之《殷商陶器初论》），小屯陶器之质地厚，故此期铜器之质地亦厚。东周以后，东方各国之地方文化，渐形发达，铜器之制造亦日盛。古代东方之黑陶工艺，就其往日分布之区，其技术或有仍为各地所保存者，至是乃与西周传来之冶铸工艺相溶和，而形成此晚期薄制之铜器；此不但其薄制与黑陶相似，即其器面圆整光泽，亦与黑陶无异。且此期所盛行之猎壶，其形制除兽环为黑陶所无外，在黑陶期中，亦有类似之物。凡此诸端，其事必非偶然符合。吾人据此可以断言，此薄制之铜器，绝非外来。盖此为中国铜器，自当由中国固有之工艺中，寻其演变之迹；故此类薄制铜器，如谓由于外来，毋宁谓其为中国所固有。

（三）镶嵌工艺

殷虚遗物中雕镂之骨器铜器上，多嵌以绿色宝石。《殷虚古器图录》第三十九图附说云：

> 古彝器断耳，以铜为之，花纹至工，而嵌以宝石，绿如翠玉，不知为何物？

此绿色宝石，即绿松石，或称土耳其玉。本所在殷虚发掘所得，亦有此物。此即中国最早期之镶嵌工艺。

西周铜器常有涂金之绘饰，沈括《梦溪笔谈·器用门》云：

> 礼书所载黄彝，乃画人目为饰，谓之黄目。予游关中得古铜黄彝，殊不然。其刻画甚繁，大体似缪篆，又如栏盾间所画之回波曲水之文，中间有二目，大如弹丸突起，煌煌然，所谓黄目也。视其文，仿佛有牙角口吻之象。

此黄目即《周礼·司尊彝》所谓黄彝，《礼记·明堂位》所谓黄目尊。中间二目突起，有牙角口吻之象，当即铜器中最常见之兽面图案，旧称此为饕餮。铜器上之镶嵌与涂金，绚烂夺目，实具同一意义。此时铜器或即以涂金代替镶嵌，然濬县出土之蚌器饰物，仍为镶嵌之一种（濬县出土铜器，亦为本所近两年所得，其年代现尚未能确定，约为西周时物，《周汉彝宝》载辉县出土物与此极相似）。知镶嵌工艺，在周代并未绝迹。

春秋、战国时镶嵌工艺又复盛行，其白色物质之镶嵌，或即《诗·小戎》之鋈。毛传"鋈白金也"，鋈从沃，沃有白意；《淮南·地形训》"西方曰沃野"，高诱《注》："沃犹白也。"《山海经·大荒西经》"有沃之国，沃民是处"，沃民即白民。《小戎》之鋈，乃车具马具之饰。此与出土车具

马具多饰以白色物质者正合。鋈又谓之镣,《尔雅·释器》云:

白金为之银,其美者谓之镣。

郝懿行、段玉裁均谓镣、鋈通用。容希白先生藏一银壶,其壶之银质表面已受氧化,略发黑色,而镶嵌之白色物质,则鲜洁如新,此或即古代所谓银之美者之镣。

此猎器白色物质之镶嵌,就其形制又可分为二类。

(甲)图象为阴文,而以白色物质嵌入为饰,如《四耳盂》、《杕氏壶》、《采桑壶》之类。

(乙)图象为阳文,而以镶嵌物质为地,如《采桑钫》、《羽人壶》、《双凤壶》、《皃鱼壶》、《小猎壶》之类。

此甲类之镶嵌,与殷虚遗物镶嵌绿松石者同一方式,此为最原始之镶嵌法。至乙类镶嵌,其制作已较繁难,显然由甲类镶嵌演化而成。或即受浮雕影响,亦未可知。故此亦为鉴定猎器相互年代绝好之标准。

至金银错饰与此两种镶嵌,又略有不同。《太平御览·器物部》引《通俗文》云:

金银镂饰器谓之错。

金银错乃以镂饰(《说文》:"镂,线也。"),或谓钔器,《后汉书·邓皇后纪》注云:

钔以金银缘器也。

或谓银黄。《韩非子·解老》云:

> 隋侯之珠,不饰以银黄。

此皆金银错之异名。出土金银错器,如阳陵虎符、汉虎符、错刀、带钩等,皆钿以金银线。此金银错及上述甲乙两类镶嵌,在春秋、战国时,又自成一演进之阶段。其金错或涂金之带钩上有镶以绿松石者,则与殷代镶嵌仍有密切之关系。

其在西方,镶嵌工艺发达尤早。埃及向来为人所认为此类工艺之发源地。米诺、腓尼基、叙利亚、米索波达米亚、小亚细亚、阿美尼亚、波斯亦均有此种工艺。据俄人罗斯道夫瑟夫(M. Rostovtzeff)所述,现存苏末利亚遗物中有银错铜碗,腓尼基遗物中有金错竖琴,约为公元前十五世纪及十三世纪物。至公元前四世纪时,此类工艺在波斯犹未衰歇(今尚有镶嵌之铜制山羊,存于柏林博物院,以上所述均见 *Inlaid Bronzes of the Han Dynasty*)。关于古代东西两方之交通,据希罗多德(Herodotos)所著《历史》,谓公元前七世纪左右,希腊人往东方经商之路,由波脱斯(Pontos)海曲,即今黑海东北角顿河(Don)口起,过乌拉尔(Ural)岭,经额尔齐(Irtysh)河之上流,而出于天山与阿尔泰山山脉之间。其后当公元前六世纪末五世纪初,波斯大流士大王(Darius)开始在伊兰高原建立大帝国,其东部疆域达于粟特(Sogdia),及公元前四世纪末,亚历山大大王(Alexander)东征,其规模之大,可谓空前大业,亚历山大殁后,其部将乃于古大夏地建拔克托利亚(Bactria)王国。凡此与东方之文化,亦不能无相当之影响。又当亚历山大大王时,有裴洛斯床塔斯(Philostratus)者,在其所著《亚波罗尼斯传记》(*Life of Apollonius*)

中，曾述及当亚历山大军队入印度以前（公元前 326 年），或在波斯统治印度时代，此种镶嵌工艺，在远东之印度已甚普遍。据此可见公元前四世纪时，西方之镶嵌工艺，已盛行流布于中亚细亚或亚洲之西南。

《小戎》诗为最早之述及镶嵌者，至迟当为春秋时期，即公元前七世纪之著作。《左传》载当时列国大夫赋诗，皆本于此，知此为《诗经》结集之最迟年代。《小戎》序以为美秦襄公之诗，则其年代尚在东周之初。此时东西交通之途既启，又适当西方镶嵌工艺盛行流布于波斯、印度之际（据上述公元前四世纪波斯、印度已有镶嵌工艺，其传布当远在此时以前），此时中国镶嵌，一方面当由中国固有之工艺而演进，一方面更受西方之影响而倍形发达。其所受西方影响，或即由印度或波斯输入。同时中国之丝亦已输入西方，《旧约·以西结》第十六章第十节及十三节之丝衣，即中国产物。则此时东西两方之文化交互影响，自为意中之事。

又当公元前三四世纪至一世纪之间，中国与印度亦有贸易之事。公元前 320—315 年间，印度旃陀罗笈多王（King Can Dragupta）在位时，其臣某尝著《考铁利亚》（*Kautiliya*）书中载有支那（Cina）之名，而公元前四世纪时，中国丝亦贩运至印度（见张星烺《中西交通史料汇编》第二册《附录支那名号考》）。又《史记·西南夷传》云：

> 元狩元年（公元前 122 年）博望侯张骞使大夏来言，居大夏时，见蜀布邛竹杖，使问所从来，曰："从东南身毒（即印度）国可数千里，得蜀贾人市。"

此由蜀布邛竹杖见出四川与印度之交通，其说当可信。且汉时金银错器，又以蜀广汉为最著：

> 雕镌釦器，百伎千工。——扬雄《蜀都赋》（见《太平御览博物部》引）
>
> 其蜀汉釦器，九带佩刀，并不复调。——《后汉书·邓皇后纪》

此蜀、广汉之以釦器著称，或即受印度之影响，亦未可知。

第五　关于鸟兽之作风

（一）侧视之鸟兽足

在中国画中常以简笔摹写人物，神情生动，一望而知为某人某物。此在猎器中，亦具此作风。惟当时或停滞于一种初期程途中。故每画一鸟一兽，必具一定之形式，直与古代之象形字相似。

在甲骨文及铜器中，关于鸟兽之象形字，恒作侧视形，两足之鸟例作一足，四足之兽例作两足。此在甲骨文及铜器中除一二特殊之字外，几不见有例外者（说见拙著《再论小屯与仰韶》，见《安阳报告》第三期）。在此猎图中，鸟形作两足者已渐多，但兽形仍严格遵守两足之作风（在同时之鸟兽壶中，间亦有作三足者）。至汉代遗物，如镜、盘、盂、墓砖、石刻等，则无不作四足形；而作两足者，乃成例外之事。故猎器或鸟兽纹饰之器，具有侧视之鸟兽足形者，多可视为汉代以前之物。

（二）兽之蹄与爪

因蹄与爪之不同，可以分兽为两大类：角兽，食草之兽则有蹄；猛兽，食肉之兽则有爪。此在古代象形字中，亦有显明之分别。凡蹄兽其足形仅作一直画，而爪兽则绘三歧形。在猎器中，蹄形或仍作一直画，或直肖其形，而爪形则一致作两相向之半规形。此在早期之铜器中，如牺形尊、牺形毁、虎毁，皆西周时物，已肇其端。至此期中此类作风，尤为普遍。至汉代于此则全异其趣，其爪形则仅作向前伸展之势，无复狰狞猛挚之意。

（三）虎之变态及其传说

中国古代无狮子，故虎最为猛兽。此猎器中侈口而有爪者，皆当为虎。此虎之变态，实具一悠远之历史。在鸟兽壶中，或全以此为饰。吾人如骤见此形，几不能辨其为虎。牺形毁所画之虎，尚不失为一躯干修伟之兽。其后此修伟之躯干，竟逐渐演化而成一修长而委蜿之形。其竖立之耳，亦逐渐演化而成一丰长而蜷曲之冠。以长期之演化逐渐失其自然之形态。当时或就其修长而委婉之状，名之曰委蛇。因而对此委蛇之兽，发生种种传说。委蛇之义，据《诗·君子偕老传》云“委委者行可委曲踪迹也”，又《羔羊传》云“委蛇行可从迹也”郑氏《笺》云：“委蛇，委曲自得貌。”盖委蛇之本义为委曲，故凡修长委婉之物亦得名为委蛇。字或作威夷，《尔雅·

释兽》云“威夷长脊而泥”,郝氏《笺》云:

> 《说文》“委虒,虎之有角者也”,委威声近,虒有夷音,如“周道倭迟”,《韩诗》作威夷,是威夷即委虒矣。

谓之长脊,即谓此修长委蜿之躯干,谓虎有角,即谓此图象中变态之耳形。盖虎不能有角,虎而有角,必此图象中虚之构形。《庄子·达生篇》关于委蛇之传说云:

> 桓公田于泽,管仲御,见鬼焉。公抚管仲之手曰:“仲父何见?”对曰:“臣无所见。”公反,诶诒为病,数日不出。齐士有皇子告敖者曰:“公则自伤,鬼恶能伤公?……”桓公曰:“然则有鬼乎?”曰:“有。……水有罔象,丘有峷,山有夔,野有彷徨,泽有委蛇。”公曰:“请问委蛇之状何如?”皇子曰:“委蛇其大如毂,其长如辕,紫衣而朱冠,其为物也,恶闻雷车之声,则捧其首而立,见之者殆乎霸。”桓公辴然而笑曰:“此寡人之所见也。”

此在《山海经》谓之延维,延维即威夷二字倒转之音。《海内经》云:

> 有神焉,人首蛇身,长如辕,左右有首,衣紫衣,冠旃冠,名曰延维,人主得而飨食之,伯天下。

此延维,郭璞注即据齐桓公事解之。盖此两种传说,其母题当即此虚构之兽形。至于汉代更就此虚构之兽形而极端扩大之,以为长至百寻。《子虚赋》郭璞《注》云“蝫蜒大兽,似狸长百寻”;此即据张衡《西京赋》而言(《西京赋》云“巨兽百寻,是为曼延”)。蝘蜓或作曼衍,并叠韵字。《庄子·齐物论》释文引司马《注》云:“曼衍,无极也。”长大百寻,可谓无极。盖时代愈后,则此虚构之兽形,在人类意识中,遂愈渐扩大。吾人但观委蛇、曼衍之命名,亦可见其演进之次第。此猎壶及鸟兽壶只作修长委蜿之形,亦正与《庄子》、《山海经》(即战国)时传说相应。

(四)飞跃之兽

在极度奔驰中之兽,其足形常取向前后充分伸张之姿势,此即所谓飞跃。在猎器中惟《四耳盂》、《采桑钫》、《双凤壶》中之犬兔作此状。及汉代此种作风遂盛行一时,犬兔之外,如虎如马,凡奔驰迅捷之兽,无不作此式;而其伸张之度,尤为亢进。多数欧陆学者,每以此种作风在中国始于汉时,然在此诸猎器中,已完全证明其不当。

据罗斯道夫瑟夫(M. Rostovtzeff)述莱纳其(So Reinach)之言,谓此飞跃之作风,在墨辛尼亚(Mycenaean)遗物中,有与此极似者。而埃及、巴比伦、希腊、罗马,则此种作风绝少。墨辛尼亚此种作风似由米诺输入。米诺之年代,远在公元前3000年至公元前1500年,与此猎器时代不能谓有若何之关系。然在公元前四世纪南俄及中亚发现希腊之波斯宝石上之图象,阿姆(Oxus)河发见之剑鞘,及南俄发见之波斯剑柄,其上所镌之马及他兽,已近于此式(以上均见 *Inlaid Bronzes of the Han Dynasty*,五九页)。以年代言,此猎器中飞跃之作风,或由中亚南俄经伊兰高原及蒙古以输入中国。此种作风,在中国逐渐演进,与当时文学家之观感,亦正相应。《诗·巧

言》云:“趯趯毚兔,遇犬获之。”《战国策·齐策》云:

> 韩子卢者天下之疾犬也,东郭逡者天下之狡兔也。韩子卢逐东郭逡,环山者三,腾山者五。

此皆形容犬兔之飞跃,与画家之观感全同。此时中国之良犬多自北方输入,《荀子·王制篇》云:

> 北海则有走马吠犬焉,然而中国得而畜使之。

《史记·赵世家》载苏厉《遗赵王书》亦云:

> 代马胡犬不东下,昆山之玉不出,此三宝者亦非王之有已。(《战国策·赵策》作代马胡驹,驹乃误字,驹即马,与所谓三宝不合。)

此皆可认为此飞跃之作风,由于外来之旁证。

(五)倦息之兽

倦息之兽,其足形恒相向踠曲,与飞跃适成一相反之恣态。《羽人壶》徒搏图旁著一鹿,正作此形。

司马相如《上林赋》摹写狩猎时兽之倦息状态云:

> 徒车之所辚轹,骑之所蹂若,人之所蹈籍,与其穷极倦𠜱,

惊惮詟伏。不被创刃而死者,他他籍籍。

此《羽人壶》之鹿,正象其穷极倦𠟈、惊惮詟伏之状。《羽人壶》在猎器中年代较晚,所受外来影响亦最深(如羽人操蛇等象,皆受外来影响,说见后),而此种足形之作风,尤与公元前五六世纪斯克泰遗物相似。

铜器中有绘牛形两足相向踠曲或一足踠曲者,其年代或在春秋之前。此虽亦作倦息之姿态,然与《羽人壶》之作风相去甚远。故《羽人壶》倦息之兽,似即受斯克泰文化之影响,而与此类铜器无关。

(六)飞翔与飞走之鸟形

古代象形字中,惟燕字籥口布翅枝尾,象飞翔形;其余则概作侧立栖息状态。春秋以来铜器中之猎图或鸟兽图,如《四耳盂》、《双凤壶》及《百兽豆》(《百兽豆》见《西清古鉴》卷二九)始绘有飞翔与飞走之鸟形。此种作风,在西方发达既远在此时以前,而《百兽豆》所图飞走之鸟形,尤与斯克泰遗物相似。是此种作风,或亦受外来影响。

(七)凫鱼龟形之浮雕

《四耳盂》之内面有凫鱼龟之浮雕形,此凫鱼龟形,在盂之周侧共分三层。上层最近缘边处,以伸足游泳之凫与正立静止之凫,相间配置,下层以龟颠倒配置,均七度而成一周;中层以大鱼小鱼并列为一单位,三周而毕。此三者均薄肉刻铸成,依等距离配列整齐。此与《博古图》卷二十一所载之《两龟鱼盘》,《西清古鉴》卷二十一所载之《凫鱼壶》,及《西清续鉴甲编》卷十五所载之《鱼藻盘》所图凫鱼龟形,均为浮雕纹饰,形极近似。梅原末治谓在巴黎见王尼克所藏归化出土之铜盘,其内面亦具此类凫鱼龟之浮雕。铜器之具有浮雕纹者,大致尽此。

此浮雕纹就器之形制及其作风言,亦可分为三期。即仅作龟鱼形之盘年代最早,作凫鱼龟形之《四耳盂》、归化盘、《凫鱼壶》次之,作凫鱼形之《鱼藻盘》,及猎器中之《凫鱼猎壶》,又次之。归化盘为公元前三世纪物。是此诸器之年代,必在公元前三世纪之前后。汉代浮雕之石刻,如武梁祠亦渊源于此。

此浮雕形惟见于公元前三世纪前后之物,在早期铜器中,全无踪迹可寻。反之,吾人如自西方遗物中求之,则斯克泰之初期,即公元前六世纪时,即已具此作风。斯克泰出土公元前六世纪之金盂,其内面鸟兽形之浮雕及配列,与此凫鱼龟形之纹饰,尤为逼似。故此种浮雕纹,似亦为斯克泰输入之物。

第六　带状纹样

(一)涡纹

在狩猎图象之铜器中常附有多种之带状纹样。此种纹样虽属简单,但在每器上常有两种或两种以上者同时并见。此必为当时之一种作风,或非偶然凑合之事。故在一器上有此种纹样两种或两种以上者，自可视为同时之物。是此类简单纹样，亦为考定铜器年代中可贵之资料。

此涡纹在小屯遗物及其他铜器中，均有与此类似之图案。《楚公钟》、《己侯钟》、《叡钟》尤与此形相似。其不同者，即早期铜器，如《楚公钟》仍可辨为凤形或鸟形图案；此作涡纹，则直成几何形之纹饰。又殷虚出土之龙山期陶器有压花连环纹，颇与此涡纹相近，是此涡纹或承袭小屯、龙山两期纹饰而成。此涡纹在《四耳猎盂》及淮南遗物车马饰具中，皆与绳纹并见。惟《采桑壶》仅此类纹样一种。

（二）绳纹

殷虚陶器常有绳纹样之装饰。惟铜器则直至此期中，始见普遍的采用。《太平御览》引《通俗文》云：

> 合绳曰纠，单展曰纫，织绳曰辫。

此见于凫鱼壶者为纠，见于四耳盂者为辫，其单展之纫亦见于新郑遗物中。

（三）菱纹

此为最简单之几何图形。但用为铜器内之装饰，则直至此期始著。殷虚陶器上刻纹，及铜器器中之百乳纹，亦有缀以菱形者；但与此期纹样，均有显然之区别。此期菱纹，共分四种：

（甲）为最简单之阴文菱纹，其菱纹多镂空以银质镶嵌之。

（乙）为连续的阳文菱纹，即合多数阴文工字纹，而成连续的阳文菱形。

（丙）为连续的阴文之菱纹，即合多数阳文工字纹，而成连续的镂空之菱纹。

（丁）为用直线界划之菱纹。

此四种菱纹，甲为最原始之纹饰，乙、丙或为镶嵌法演进时所生之变样（即镶嵌工艺中，由甲种演为乙种），丁为介于乙、丙间之形态。《羽人壶》以丙类工字纹单独的竖立为饰，已全失菱纹之意，在菱纹中，当最为晚出。

（四）桓纹

此实一种不连续之回纹。桓为华表（《说文》“桓亭邮表也”），《周礼·大宗伯》“公执桓圭”，《注》“桓圭盖亦以桓为瑑饰”，桓为瑑（篆同）饰之名，即此不连续之回纹。铜器中从亘之字，如宣、趄、洹，其偏旁亘作，与此纹正相似。其不同者偏旁亘之两端作方形，此两端皆作旋涡纹。玉器中之圭璧，此饰亦不少，当定名为桓圭、桓璧。

（五）蟠虺纹

蟠虺纹种类极多，此仅就狩猎图象中所有者，显示其一例。在殷虚刻石及早期铜器中，均有单独的蟠屈虺纹图案。至新郑遗物中始作纠结之形；但仍疏落，不似此之密接。此等差别，似亦由时代演进使然。《韩非子·说林上》云：

泽涸蛇将徙,有小蛇谓大蛇曰:“子行而我随之,人以为蛇之行者耳,必有杀子;不如相衔负我以行,人以我为神君。”乃相衔负以越公道,人皆避之曰:“神君也!”

蛇相衔负以行,当即此蟠屈纠结之形。韩非为战国末年人,正当此种纹样盛行之时。此种纹样当时所以盛行者,或以当时社会上奉之为神君之故。

(六)繁复之桓纹与回纹

《羽人壶》第五层之纹饰,为一种繁复之桓纹,似为倒置鸟形图案之演变,其足喙与冠仍可辨识。又《双凤壶》、《采桑钫》亦有一种繁复之回纹,似为蟠虺纹之演变。此皆以早期简单几何形纹饰,改变当时盛行之动物形图案,而使之繁复。此亦为晚出之一证。

(七)变形涡纹及三出花瓣纹饰

《小猎壶》中有两种涡纹,一在壶口,一在圈足,皆属早期涡纹之变形。此两种涡纹,与波士顿博物院及 The Lucy Maud Buckingham Memorial 收藏两方口壶极相似(见 *Bulletin of the Art Institute of Chicago*, Vol. XXVI)。此两方口壶,形制在壶与钫之间。其上所绘车马骑乘兽戏之图,与武梁祠、孝堂山之作风颇相似,断为汉代或即东汉时物。此两种涡纹,虽两方口壶更较繁复(即《小猎壶》单线之涡纹,方口壶乃变为复线),然其形态之逼似,使吾人不能不信其时代之接近。且此《小猎壶》中,又有三出花瓣纹饰,亦与汉镜中之纹饰相似。故猎壶中,此器年代最为晚出,或即汉代之物。因之与此器中徒搏形似之皃鱼壶,其年代亦当与此器相去不远。

第七　狩猎用之兵器

(一)弓矢

此图象中之弓矢,均作引满欲发之形,其弓形之弣(即弧之中央手所握处),向内微曲,而成双弧形。此为东方式之弓形,在斯克泰遗物中亦常见之。

(二)矛

矛为刺兵,《考工记·庐人》云:

> 凡兵,句兵欲无弹,刺兵欲无蜎,是故句兵椑,刺兵搏。

注云:"句兵,戈戟属;刺兵,矛属。"此句、刺之分,乃就其使用之状况而言。句谓横击,刺谓直伤。在《四耳盂》、《采桑壶》、《杕氏壶》中有两手持长柲作直前刺兽之形者,皆当为矛。矛为直刺,其形制在古代盖无甚改变。小屯遗物中有两矛,其銎之左右各有一耳,耳所以系英,《诗·清人》所谓"二矛重英"即此。《采桑壶》第三层有一矛,銎与柲之间更著一画,即所谓英饰。

(三)戈

戈为中原特有之兵器,汉代匈奴尚无此物。《盐铁论·论功篇》云:

> 匈奴无……修戟强弩之用。

戈与戟在形制上大体仍是一物。在古代兵器中,为最具有时代性之物。李济之先生曾就其穿与胡之不同,而将戈之演化列为一表(见《安阳报告》第三期《俯身葬》一七一页,及原文图版五)。今录之如下:

1.无穿无胡的石戈——石器时代

2.无穿无胡的铜戈 ⎫
3.单穿带胡的铜戈 ⎭ 商周

4.双穿带胡的戈 ⎫
5.三穿带胡的戈 ⎭ 春秋

5.三穿带胡的戈 ⎫
6.四穿带胡的戈 ⎭ 《考工记》时代

盖时代愈后,则胡愈长,穿愈多,戈与柲相接处愈牢,而横击愈加便利。此《采桑壶》第三层右方有人持戈倒置,其胡甚长,当在三穿四穿之间。故就穿与胡言之,可断其为春秋、战国时物。若更就戈戟之演化言之,戈为句兵,其刃横出;戟兼句、刺之用,横刃之外复有直刃。本所近在河南濬县发掘卫墓,得铜戟数件,其形与梁伯伐鬼方戈同（见《周金文存》卷六）。古代戈戟之名称混言则不别，《方言》九云“戟……吴扬之间谓之戈”，《广雅·释器》云“戈，戟也”，盖戈、戟原为一物所演化，故可互训。古代戈多而戟少，至汉代则有戟而无戈。《淮南子·汜论训》云“古之兵……修戟无刺”；戟而无刺，与戈何殊。出土战国晚年之戈，其刃咸斜出，至东汉孝堂山、武梁祠画像中，则有戟而无戈，其刃咸直立有枝（参看马叔平先生《戈戟之研究》，见《燕京学报》第五期）。凡此名称形制之差异，无不随时代之演进而改变。此所见之戈，其刃仍作横出形，亦可断为春秋、战国时物。

（四）弩

弩，在未有火器以前，实为最进步之武器。《汉书·吾丘寿王传》云“十贼彍弩，百吏不敢前”；此可以见出弩之威力。《说文》“弩，弓有臂者”；有臂以为设机之用（机亦称弩牙）。弩以有机与臂，故在较后之记载中，或以机臂称之：

> 若将有大寇乱，盗贼将作，若机辟将发也。——《墨子·非儒下》
>
> 中于机辟，死于罔罟。——《庄子·逍遥游》
>
> 然且不免于罔罗机辟之患。——《庄子·山木》
>
> 外迫胁于机臂兮，上牵联于矰谁。——《楚辞·哀时命》

辟为臂之借字。《庄子·释文》引司马云：“辟罔（网同）也。”《尔雅·释器》：“檿谓之罿。”罿亦网也。是《释文》以辟为檿之借字。《庄子》以机辟与罔罟、罔罗并举，故辟不当复为罔。《墨子》“若机辟将发”，若释辟为罔，亦与将发之意不合，故此所称机辟，即弩之异名。今出土铜制弩机，其弓及臂均已朽腐不存，机上间有文字，多汉、晋物，亦间有先秦之物。载籍中所谓机，多指此物。《礼记·缁衣》引《逸书》云：

> 太甲云：“若虞机张，往省括于厥度，则释。”

郑玄《注》：“虞，主田猎之地者也，机，弩牙也，度谓所以射也；虞人之射禽，弩已张，从机间视括，与所射参相得，乃后释弦发矢。”郑以弩牙释机，则作此书时，已有弩机可知。此为《商书》逸文，与《汤誓》同为后出伪作，吾人不能因此推断商代已有弩机。《易·屯》之六三云：

> 即鹿无虞，惟入于林中，君子几，不如舍，往吝。

此以虞与机并言，故郑玄《注》亦以弩牙释机。又《小过》六五云“公弋，取彼在穴”；虞翻《注》：“弋矰缴射。”所谓矰缴射者，即加矰缴于弩上。此皆《易·爻辞》语。《爻辞》述殷周革命之事，为西周初期作品。如郑、虞所释不误，则弩之为物，在中国当有极悠远之历史。

古代之弩，惟用于弋射。郑玄《月令》注：“弋射飞也。”盖鸟飞至高，非弩之力不能达。《管子·轻重甲》云：

> 管子曰：“鹅鹜之舍近，鹍鸡鹄鸨之通远。……鹄鸨之所在，君式璧而聘之；菹泽之民闻之，越平而射远，非十钧之弩不能中鹍鸡鹄鸨。”

弩之及远，自非寻常弓矢所能及；更因时代之进展，而逐渐加以改善，至春秋、战国之际，遂用之于战阵。《墨子·备城门》云“二步一木弩”，《备高临》云“备临以连弩之车”，观其种类之多，知其使用之广。战国时以韩之所制为最著。苏秦历说当时诸侯，独称韩曰：

天下之强弓劲弩，皆自韩出，谿子、少府、时力、距来皆射六百步之外；韩卒超足而射，百发不暇止，远者达胸，近者掩心。——《战国策·韩策一》，又《史记·苏秦传》

弩射远力强，故多以足踏，《史记·苏秦传》注云：

超足谓超腾用势，盖起足踏之而射也，故下云“蹠劲努”是也。——《索隐》

超足齐足也，夫欲放弩，皆坐举足踏弩，两手引揍机，然始发之。——《正义》

弩用足踏者，武梁祠刻石有其图，绘二人坐地踏弩，汉代谓之蹶张。《史记·申屠嘉传》云：“申屠丞相嘉者……以材官蹶张，从高帝击项籍。”《集解》引如淳曰：

材官之多力，能脚踏强弩张之，故曰蹶张，《律》有蹶张士。

其用手开弩者，唐人谓之擘张。《汉书·申屠嘉传》师古《注》云：

今之弩以手张者曰擘张，以足踏者曰蹶张。

此猎孟所见者似即擘张。盖弋射实无须于足踏之蹶张。

弩之起原，东汉人皆以为出于南方。苏秦所称谿子，注家或以为即南方之蛮夷：

许慎云："南方谿子蛮夷柘弩，皆善材。"——《史记·苏秦传·集解》

许慎注《淮南子》，以为南方蛮出柘弩及竹弩。——《史记·苏秦传·索隐》

《集解》、《索隐》所引许慎《淮南子注》已佚，今高诱《淮南子·俶真训》注云：

棨子为弩所出国名也。或曰，棨子蛮夷也，以柘桑为弩，因曰棨子之弩也。

高《注》所引或曰，当是檃括许氏注文。故此以谿子为南方蛮夷之说，当出一源。许氏东汉时人，其时关于弩之传说，皆以为南方产物，如东汉所作《吴越春秋》卷九云：

臣闻弩生于弓，弓生于弹，弹起古之孝子。……古者人民朴质，饥食鸟兽，渴饮雾露，死则裹以白茅，投于中野。孝子不忍见父母为禽兽所食，故作弹以守之，绝鸟兽之害，故歌曰，"断竹续竹，飞土逐肉"之谓也。于是神农、皇（黄）帝弦木为弧，剡木为矢，弧矢之利，以威四方。黄帝之后，楚有弧父。弧父者生于楚之荆山，生不见父母，为儿之时，习用弓矢，所射无脱，以其道传于羿，羿传逢蒙，逢蒙传于楚琴氏。琴氏以为弓矢不足以威天下，当是之时，诸侯相伐，兵刃交错，弓矢之威不能制服。琴氏乃横弓着臂，施机设枢，加之以力，然后诸侯可服。琴氏传之楚之三侯，所谓句亶、鄂、章，人号麋侯、翼侯、魏侯也。自楚之三侯传至灵王，自称之楚累世，盖以桃弓棘矢而备邻国也。

此种传说，虽未必可信；然汉代之弩，尤盛行于南方，则为当时之事实。《盐铁论 · 论勇篇》云：

以吴楚之士，舞利剑，蹶强弩，以与貉虏骋于中原，一人当百，不足道也。

史载汉以来南方蛮夷亦多用弩：

板楯蛮夷者，秦昭襄王时有一白虎，常从群虎数游秦、蜀、巴、汉之境，伤害千余人。昭王乃重募国中有能杀虎者，赏邑万家，金百镒。时有巴郡阆中夷人，能作白竹之弩，乃登楼射杀白虎。——《后汉书 · 南蛮传》

蛮俗……兵器以金银为饰，虎皮衣楯，便弩射。——《南齐书 · 蛮传》

以竹为弩，傅毒于矢。——《隋书 · 林邑传》

汉代西北各族，则尚无此武器：

郅支单于虽所在绝远，蛮夷无金城强弩之守。——《汉书 ·

陈汤传》

羌戎弓矛之兵耳,器不犀利。——《汉书·冯奉世传》

匈奴无城郭之守,沟池之固,修戟强弩之用。——《盐铁论·论功篇》

后来虽有仿效,仍不及中国之犀利:

夫胡五兵而当汉兵一,何者?兵刃朴钝,弓弩不利,今闻颇得汉巧,然犹三而当一。——《汉书·陈汤传》

印度之有弩,始见于公元前四世纪之记载,据日人藤田丰八《支那刻石之由来》(见《东洋学报》十六卷二号)云:"Curtius Rufus 之《亚历山大大王传》,叙 Porus 战争时,印度所用之矢云,此等武器实长且重,射者张弦颇非易事,必置于地,然易滑,从而有妨碍其努力之时;而敌人在彼发射之前,遂得有射彼等之余裕。此说殊为暧昧,依 Arrian《印度记》(*Indika*)云,印度步兵所携之弓,长与身等,彼等置弓于地上,以左足蹈之,再于后方控弦放箭使远,其箭干约长三码,必较楯与胸甲更为巩固者,始足以防御此印度之强箭。"藤田以此与中国古代之蹶张,全属相同。而梵言弓为 dhanu,又与弩之名称相似。《苏秦传》"谿子",《史记集解》、《索隐》俱引许慎说以为南方蛮夷。韩之劲弩出于南方蛮夷,当由印度传入南方蛮夷,复由韩以广播于诸国云。案藤田此说,显有错误。中国之有弩远在战国以前。弩之外有弋、矰弋、机、机臂、矰缴、矰弋机诸称。称弩始见于《墨子》、《管子》、《战国策》诸书,皆战国时著作。亚历山大之东征在公元前四世纪末(Curtius 为公元一世纪时人,Arrian 为二世纪时人,其所述多本之于亚历山大东征将士或使臣之所记),适与战国时代相当。此时中国弩之名称,或即由印度输入。然中国之有弋与机,至迟已见于西周时书,如《诗》、《书》、《易》等。印度之有弩,虽不始于亚历山大东征之时,然果前于亚历山大东征若干时,则全无记载可据。故中国之有弩,绝不能遽断其由印度输入。吾人如据现有之记载,或可断言:"中国之有弩尚在印度之前,中国之南方或即弩之产生地,其在中国发展之途径,当由江淮流域而渐次传布于黄河南北诸地。"

(五)剑

剑在古代兵器中,较为晚出。古代乘车以战,长兵则弓矢,短兵则戈矛。及春秋、战国之际,步卒代兴,于是刀剑之为用始著。《左传》襄二十三年(公元前550年)载晋范鞅用剑以帅卒,所谓卒即步兵。卒始用剑,古代车战,实无需乎此。中国之毁车崇卒,乃效法于北狄。《左氏》昭元年《传》云:

> 晋中行穆子败无终及群狄于大原,崇卒也。将战,魏舒曰:"彼徒我车,所遇又阨,以什共车,必克,困诸阨,又克,请皆卒,自我始。"

卒利短兵,故剑为北狄习用之物。《史记·匈奴传》云:

> 其长兵则弓矢,短兵则刀铤。(《集解》引韦昭《注》云"铤形似矛"。)

出土之剑,与出于斯克泰及希腊者尤相似。此图象中之佩有剑鞘者,则其所持者必为剑。如《四耳盂》《羽人壶》、《双凤壶》、《凫鱼壶》、《小猎壶》有在人身后绘一长画者,皆剑鞘之形。山东图书馆藏汉代刻石,其中有带剑而趋者,正与此无异。《史记·秦本纪》载简公六年(公元前409年)令吏初带剑,是秦国于此时始有佩剑之风,出土之剑,亦无春秋以前之物,其为后起之事,甚为显然。《老子》有"带利剑"语,亦可因此证明其为晚出之书。古代金锡产于汝、汉,故战国之名剑,多出于汝、汉近地之楚、韩、吴、越。苏秦说韩王曰:

> 韩卒之剑戟,皆出于冥山。棠溪、墨阳、合膊、邓师、宛冯、龙渊、太阿皆陆断马牛,水截鹄雁,当敌即斩坚甲盾。——《战国策·韩策》,又《史记·苏秦传》

《晋太康地理记》亦云:

> 天下之宝剑韩为众:一曰棠溪,二曰墨阳,三曰合膊,四曰邓师,五曰宛冯,六曰龙泉(即龙渊,避唐高祖讳改),七曰太阿,八曰莫邪,九曰干将也。

吴、越所产亦较他地为优,《考工记》云:

> 吴、越之剑……迁乎其地而弗能为良。

汉代于楚剑尤为重视,《淮南子·修务训》云:

今剑或绝侧赢文，啮缺卷铤，而称以顷襄之剑，则贵人争带之。

东汉以还，楚、郑之剑，仍负盛名：

世言强楚劲郑有犀兕之甲，棠溪之铤也。——《盐铁论·论勇篇》

楚、郑之棠溪、墨阳，非不利也。——同上

战国时郑并于韩，言郑即与称韩无异。此种地方工艺之养成，乃因其地产金锡之故，并非谓剑即源出于南方。

（六）盾

盾或谓之干，见于《书·牧誓》《费誓》、《诗·笃公刘》。又谓之伐，见于《诗·小戎》。伐或作瞂，见于《方言》。此种名称上之差异，实由于方言之不同。《方言》卷九云：

盾自关而东或谓之瞂，或谓之干，关西谓之盾。

盾之种类亦甚繁复，《释名·释兵》云：

盾遁也，跪其后，避刃以隐遁也。大而平者曰吴魁，本出于吴，为魁帅所持者也。隆者曰滇盾（此据毕沅《疏证》本），本出于蜀，蜀，滇所持也。或曰羌盾，言出于羌也。约胁而趋者曰陷虏，言可以陷破虏敌也，今谓之曰露见是也。狭而长者曰步盾，步兵所持，与刀相配者也。狭而短者曰孑盾，车上所持者也，孑小称也。以缝编版谓之木络，以犀皮作之曰犀盾，以木作之曰木盾，皆因所用为名也。

此图象中持盾者，多与刀或剑相配。《羽人壶》、《双凤壶》、《小猎壶》有持剑释盾而搏兽者，其盾形狭而长，尤为明晰，与所谓步盾之说正合。其他则概作一直线形，当由侧视所致。惟《四耳盂》中层一人左持盾，右持剑，其盾隆起作形，或即所谓滇盾欤？

盾除与刀或剑相配之外，亦得与戈并用。《左氏》昭二十五年传：

臧氏使五人以戈楯(盾同)伏诸桐、汝之间。

《采桑壶》一人左手持戈倒置，其右手中一直画，亦当为盾。

第八　古代狩猎

(一)车猎

古代兵车田车皆立乘。此《四耳盂》及《采桑钫》所图，皆立乘之象。因其立乘，故乘者必须素习。《左氏》襄三十一年《传》云：

譬如田猎射御贯，则能获禽；若未尝登车射御，则败绩厌覆是惧，何暇思获？

车猎既须素习,同时更有从旁驱禽,以待乘者之发射:

虞人翼五豝,以待公之发。——《毛诗·驺虞传》

驱禽之左右,以安待天子。凡田猎,必卑者驰逐,尊者乃发射。——《毛诗·吉日传》

《四耳盂》有乘者与徒者共搏一兽,此徒者当即从旁驱兽之人。古代无骑射之事,故田猎必乘车。《韩非子·外储说右上》云:

夫猎者托车舆之安,用六马之足,使王良佐辔,则身不劳而易及轻兽矣。今释车舆之利,捐六马之足与王良之御,而下走逐兽,则虽楼季之足无时及兽矣。

汉代骑射既盛,而贵人田猎犹多乘车。司马相如《子虚赋》述楚使对齐王之言曰:

不若大王终日驰骋,曾不下舆,脟割轮焠,自以为娱。

此或因车猎较为安逸之故。此猎器之年代多出骑射输入之后,亦无骑射图象;疑即当时王公贵人,即制器之主人,自绘其狩猎状况。或当时初有骑射,只用于战阵,故田猎尚未受骑射影响。

《四耳盂》、《采桑钫》所图,车猎与徒搏走犬并见,《四耳盂》更绘有弋射形,此与《诗·大叔于田》及《子虚》、《上林》、《长杨》、《羽猎》、《两都》、《两京》诸赋,所咏正合,自非王公贵人,不能有此盛况。

此猎图中所见之车马,大致均同,均两轮车系四马,或两马。四马者,两马之足向上,两马之足向下。两马者,一马之足向上,一马之足向下。似御者居中左右视马之形。此与全幅图象,极不和谐。盖此时图绘,尚无隐显层见之画法,故每兽必须将其全形绘出。此亦惟战国或战国以前作风如此。至汉代绘画,则无论其为四马、六马,无不隐显互见。故由此等朴拙之作风言之,亦可断其为汉代以前之物。

(二)弋射

弋射原为射鸟而设,又谓之缴射。《诗·卢令序》疏云:

> 出绳系矢而射,谓之缴射也。

缴为系矢之丝。《西京赋》薛综《注》云:"缴射矢长八寸,其丝名缴。"班固《西都赋》云:

> 鸟惊触丝,兽骇值锋。

触丝亦指缴射言。缴射之矢短,谓之矰。《淮南·俶真训》注:"矰弋射,身短矢也。"矰系以缴,故又称矰缴。《战国策·楚策》云"治其矰缴",《史记·留侯世家》云"虽有矰缴",皆矰缴连称。其发以机,故又称矰缴机、矰弋机:

> 矰缴机而在下。——《淮南子·俶真训》

> 矰弋机而在上。——《楚辞·惜诵》

亦有省称矰弋者。《淮南·修务训》云:“衔芦而翔,以避矰弋。”以上种种,名虽不同,总为一物。

弋射所以异于寻常弩矢者,以矢短有缴。缴一端系矢,一端系石上。此系缴之石,古谓之碆磻。《战国策·楚策》云:

> 黄鹄因是以游于江海……不知夫猎者方将修其苻卢,治其矰缴,将加己乎百仞之上,被碆磻,引微缴,折清风而抎矣。

此碆磻或省称磻,字又作碆:

> 若王之于弋,诚好而不厌,则出宝弓,碆新缴。——《史记·楚世家》
>
> 磻不特挂,往必加双。——张衡《西京赋》

《说文》“磻以石箸惟缴也”,《史记·楚世家》集解引徐广云“以石傅弋缴曰碆”,磻碆与磐并邦母字,得相通。磐为大石,磻碆即大石之意。碆为砺石,碆碆仍指石言。《淮南子·原道训》以为获鸟则矢不若缴,缴不若网。此即古代弋射所以盛行之故。

《四耳洗》镌有弋射形,为各器所无。上镌三雁,其一作伸足张翅飞翔之形,其二之翅仍张,而足已缩,矰矢萦其颈,而下系于磻,皆示适已受创之形。此三雁之下,镌三人与三雁相对,其一作张弩欲发形,其二作俯伏持弩注视之形。张弩者矢尚未发,故其上之雁仍伸足飞翔自如(其实鸟飞不能伸足,惟下坠则足垂,此古代观察未精之故)。持弩者其矢适发,而雁适受创,故翅虽张而足已缩。此三人之下复镌二人,一人俯伏拾取既下之雁,一人带剑植发,持磻与缴。此于弋射之形,摹写极为周到。东汉孝堂山、两城山石刻,其弋射则仅绘负弩之形。

(三)徒搏

徒搏乃人与猛兽角力之争,此可充分表现古代尚武之风。《诗·大叔于田》云:

> 叔在薮,火烈具举,襢裼暴虎,献于公所,将叔无狃,戒其伤汝!

此春秋时徒搏之诗,至战国时,此风尤盛,当时即以此形容古代勇士:

> 推哆大戏,生列(裂)兕虎。——《墨子·明鬼下》
> 推侈大戏……足走千里,手裂兕虎。——《晏子春秋·谏上》
> 陆行不避兕虎者,猎夫之勇也。——《庄子·秋水篇》
> 孟贲水行不避蛟龙,陆行不避虎兕。——《尸子》
> 中黄伯曰:"余左执泰行之獶,而右搏雕虎。"——同上
> 飞廉恶来,力角犀兕,勇搏熊犀。

由以上之记载,自可窥见当时之风尚。此猎器中徒搏之兽,非犀即虎,亦与当时之记载相应。两汉盛时,此徒搏之事,仍与战国时代无异。《汉书·李陵传》云:

臣所将屯边者，皆荆楚勇士奇材剑客也，力扼虎，射命中。

此可见当时此种材士之众。汉成帝元延二年（公元前11年），校猎长杨，并以胡客徒搏。扬雄《长杨赋·序》云：

上将大夸胡人以多禽兽……捕熊罴、豪猪、虎豹、狖玃、狐兔、麋鹿，载以槛车，输长杨射熊馆。以罔为周阹，纵禽兽其中，令胡人手搏之，自取其获。上亲临观焉。

以此夸示胡客，亦当时徒搏盛行之证。至东汉张衡作《西京赋》，写徒搏之状云：

及其猛毅髬髵，隅目高匡，威慑兕虎，莫之敢伉（《注》云“皆谓猛兽作怒可畏者”）。乃使中黄之士，育、获之俦，朱鬘鬊髽，植发如竿（《注》引《说文》曰“鬘带髻头饰也”，《通俗文》曰“露髻曰鬊”）。袒裼戟手，奎踽（《注》云“开足也”）盘桓，鼻赤象，圈巨狿，揸狒猬，批窳狻。

此谓徒搏之士“朱鬘鬊髽，植发如竿”，亦正此猎器中所见之形。建安中，此风犹未衰歇，曹植《孟冬篇》云：

庆忌孟贲，蹈谷超峦，张目决眦，发怒穿冠，顿熊扼虎，蹴豹搏貙，气有余势，负象而趋。

此与猎器所图，仍复相似。此云“负象而趋”似出夸张之词（《采桑钫》有人负兽之形,则狩猎时所有事)。

徒搏虽娱乐之事,然亦可借此以锻炼体力。惜吾民族对此不甚注意。及风尚既移,贵游子弟,乃窳懦不堪,王符《潜夫论·浮侈篇》云:

> 或丁夫世不传犁锄,怀丸挟弹,携手遨游,或取好土作丸,卖之于弹……群竖小子,接而持之,妄弹鸟雀,百发不得一,而反中面目?

东汉之末,即已如此!此后徒搏之事,如武松打虎,乃为小说上之奇迹。此亦民族体力日趋衰弱之一证。

第九　其他图象

(一)采桑图

《采桑壶》及《采桑钫》有人立树下作伸手撷取之形,当即采桑图。《采桑钫》所绘,尤为清晰。图中共着两树,树旁人物熙攘,一树旁更着一犬,俨然一幅《豳风》行乐之图。古代蚕桑,惟中国有之,故此图亦充满浓厚的东方色彩。

此图中所绘之人,皆褒衣而裳,裳有褶叠纹,亦全然为东方之衣饰。此在《采桑钫》屋宇图中之人,及《四耳洗》车上之御者射者,所着皆同。此褶叠纹在汉画中已不见,此亦为鉴定年代之一助。

（二）屋宇

此屋宇之形惟《采桑钫》中有之。图作上下两层，屋之檐际，即就钫之两侧斜出形绘之，下层有三柱，柱之上端之枓拱形，在汉代石刻中，仍全作此式，乃中国式建筑中最常见者。上下四门相向，门旁及廊各着一人。其左上一门半阖，一人身出户外，与右门旁一人作揖攘之形。此门之作风，正象甲骨及铜器中门字之形，与汉墓门之饰，门左右各着一兽环形者，全殊其趣。由此门形观之，亦可证此器出于汉代以前。

（三）羽人及飞兽

傅翼形于人或兽之图象，在中国古代遗物中，最初见于《杕氏壶》及《羽人壶》。淮南出土之镜，亦有羽人形。此绝非中国民族固有之思想。《杕氏壶》在此诸器中年代最早，其同时或较后之记载，如《管子·戒篇》云：

> 无翼而飞者声也。

又《庄子·人间世》云：

> 绝迹易，无行地难。……闻以有翼飞者矣，未闻以无翼飞者也。

由此种理论推之，古代中国民族似尚不能想象以无翼之人或兽，而可以有翼，可以飞，可以无行地。《易》之“乾”，曰“潜龙”，曰“龙在田”，曰“或跃在渊”，曰“亢龙”，惟九五曰“飞龙在天”。中国民族对于龙本有一种神秘思想，龙或即中国民族想象中之惟一能飞者。然《淮南子·说林训》云：

人不见龙之飞举，而能高者，风雨奉之。

此言龙之能高，由于风雨奉之，则龙之在汉代人想象中，仍未必能以翼飞。《广雅·释鱼》乃言龙有翼：

有鳞曰蛟龙，有翼曰应龙，有角曰蘢（虬）龙，无角曰䖮（螭）龙。龙，能高，能下，能大，能小，能巨，能幽，能明，能短，能长，渊深是藏，敷和其光。

此惟云应龙有翼，应龙之外仍无有翼之龙。应龙见于《楚辞·天问》及《山海经·大荒东经》，然此二书，亦不言其有翼。《逸周书·寤儆解》云：

无（为）虎傅翼，将飞入邑，择人而食。

此文引见《韩非子·难势》及《韩诗外传》卷四，其年代至迟当作于战国末年以前。然此乃譬况之词，其想象中，固未必有能飞之兽。战国时人谓能飞之蛇曰螣蛇，螣有升腾之意，升腾则不必有翼。《尔雅·释鱼》云“螣，螣蛇”，郭璞《注》云：“龙类，能兴云雾而游其中。”此可见中国民族想象中之能飞者，亦未必有翼。《大雅》之诗言“文王陟降，在帝左右”，诗人以文王配天，亦仅云陟降，陟降仍是以步行，是古人想象中之神，亦不能有翼。《礼记·曲礼》云“天子崩告丧曰，天王登假”，登假即登遐，登升也，遐远也，言登遐，则亦不能有翼。《墨子·节葬下》云：

> 秦之西有仪渠之国者，其亲戚（指父母）死，聚柴薪而焚之，熏上，谓之登遐。

此登遐与《汉书·郊祀志》所云“世有仙人，登遐倒景”，皆就中国旧有之词，释新由外来之想象，故不甚切合。

羽人之名，见于《吕氏春秋》（《求人篇》）、《山海经》（见后）、《楚辞》（《远游》），皆战国、秦、汉间书。此猎壶中之羽人，即当时所图仙人之形。《论衡·无形篇》云：

> 图仙人之形，体生毛，臂变为翼，行于云，则年增矣，千岁不死，此虚图也。

《论衡》东汉前期书，此仙人作风，在当时既盛行，然图雷公，仍不作翼。《论衡·雷虚篇》云：

> 画仙人之形为之作翼，如雷公与仙人同，宜复著翼。使雷公不飞，图雷家言其飞，非也，使实飞，不为着翼，又非也。

此雷公必为中国固有之像，故相沿不为着翼。《论衡·雷虚篇》又云：

> 图画之工，图雷之状累累如连鼓之形，又图一人若力士之容，谓之雷公，使之左手引连鼓，右手推椎若击之状。

此累累连鼓之形，正中国早期图雷之形，铜器中从畾之字，皆作连鼓之形（与武梁祠所绘极似）。由此论之，画仙人着翼形，必非中国民族固有之想象作风。

《山海经》本有图，图六朝时尚存，郭璞有《山海经图赞》，陶潜有“流观《山海图》”之言。经本为图而作，除解释图之形状及方位外，又多载当时传说。其时中国传说与绘画，已多受外来影响。兹将《山海经》所载关于羽人与飞兽之形与传说，备列如次：

> 羽民国……其为人长头，身生羽。——《海外南经》
>
> 有羽民之国，其民皆生毛羽。——《大荒南经》
>
> 讙头国……其为人人面，有翼，鸟喙，方捕鱼。——《海外南经》
>
> 讙头人面、鸟喙、有翼，食海中鱼，杖翼而行。——《大荒南经》

以上羽人

> 其七神皆人面、牛身、四足而一臂，操杖以行，是为飞兽之神。——《西山经》
>
> 有兽焉，其状如白犬而黑头，见人则飞，其名曰天马。——《北山经》
>
> 穷奇状如虎有翼。——《海内北经》

以上飞兽

此《山海经》多载秦、汉以来郡县名，即战国、秦、汉间书。据此可见当时此种图绘及传说之盛行。

此羽人飞兽之形，在埃及、米诺、巴比伦、希腊、罗马之遗物中，素极普遍。其传至中亚阿姆河流域时，当在公元前五世纪前后（阿姆河流域出土金制飞兽，为公元前五世纪物，见 *Inlaid Bronzes of the Han Dynasty*）。其由此以入中国，亦正与《杕氏壶》年代相当。

《羽人壶》之羽人，两翼上耸，身作鸟尾形，虽与《论衡》所云体生毛，臂变为翼之说合，然其作风，实与淮南遗物或汉器所图仙人不同。盖画羽之形，亦可分为三期：最早之作风，如《杕氏壶》，即象翼之钩勒形；次即《羽人壶》画两翮上耸，翮之两旁作羽毛形；最晚如淮南镜饰及汉器之仙人，多在臂上向上弯曲作三画或数画，以为羽形，亦有在腋下作毛羽形者。就此种作风言，《羽人壶》之年代，亦当在淮南遗物以前。

（四）操蛇之神

此《羽人壶》之羽人尤可注意者，其首戴蛇，两手操蛇，足践蛇。此戴蛇、操蛇、践蛇之事，在《山海经》中本为极常见之记载：

> 夫夫之山……神于儿居之，其状人身而身操两蛇。
>
> 洞庭之山……是多怪神，状如人而载（戴）蛇，左右手操蛇。——以上《中山经》
>
> 巫咸国在女丑北，右手操青蛇，左手操赤蛇。——《海外

西经》

博父国……其为人大，右手操青蛇，左手操黄蛇。

北方禺彊，人面鸟身，珥两青蛇，践两青蛇。——以上《海外北经》

奢比之尸……兽身、人面、大耳，珥两青蛇。——《海外东经》

东海之渚中，有神人面鸟身，珥两黄蛇，践两黄蛇，名曰禺虢。

有神人面、犬耳、兽身，珥两青蛇，名曰奢比尸。——以上《大荒东经》

南海渚中，有神人面，珥两青蛇，践两赤蛇，曰不廷胡余。——《大荒南经》

西海陼中，有神人面鸟身，珥两青蛇，践两赤蛇，名曰弇兹。

西南海之外，赤水之南，流沙之西，有人珥两青蛇，乘两龙，名曰夏后开。——以上《大荒西经》

北海之渚中，有神人面鸟身，珥两青蛇，践两赤蛇，名曰禺彊。

大荒之中，有山名曰北极天柜，海水北注焉……又有神衔蛇操蛇。

大荒之中，有山名曰成都载天，有人珥两黄蛇，把两黄蛇，名曰夸父。——以上《大荒北经》

此操蛇之神，在西方传说中，极为普遍。米诺遗物中，有陶制操蛇之神，戴蛇珥蛇（即环于耳上）践蛇，与《山海经》所载无殊。此为公元前三千年之物，可见此种传说，在西方流传之早。其在中国，除《山海经》外，则仅在《列子》中见之。《列子·汤问篇》述愚公故事云：

> 操蛇之神闻之，告之于帝。

《列子》书虽不可信，然此种隽永之故事之传述，必有所本。观《山海经》所载及《羽人壶》所图，知此种传说必与羽人飞兽同由中亚输入。新郑遗物中有铜制操蛇之神，作戴蛇、操蛇、践蛇之形，古或以为镇墓之用。《新郑古器图录》以为残丰（见原书四十三图），盖不足信。此操蛇之神在中国虽曾盛行一时，但未久即行消绝。《易林》云：

> 履蛇蹑虺，与鬼相视，惊恐失气，如骑虎尾。

《易林》东汉时作，其时对践蛇之观感如此，可见操蛇之传说，已不复在时人之记忆中。

《羽人壶》又绘凤与鹤衔蛇践蛇负蛇之形。《双凤壶》绘两凤对舞，其颔下两蛇相交，亦似为衔蛇之形（《西清古鉴》卷二十一汉螭鹿壶三，亦有凤践蛇形）。《山海经·海内西经》云：

> 开明西有凤皇鸾鸟，皆载（戴）蛇践蛇，膺有赤蛇。

此类记载，亦与《羽人壶》合（戴蛇即衔蛇，膺有赤蛇即负蛇）。此凤鹤衔蛇践蛇负蛇之形，与操蛇之神，当同由西方输入。战国时人对于此种图象，已不尽识，《韩非子·十过篇》云：

昔者黄帝合鬼神于泰山之上，驾象车而六蛟龙，毕方并辖，蚩尤居前，风伯进扫，雨师洒道，虎狼在前，鬼神在后，腾（螣）蛇伏地，凤皇覆上，大合鬼神，作为清角。

此云“螣蛇伏地，凤皇覆上”，即凤皇践蛇之形。此在当时虽不能辨其为践蛇形，必曾见有此图。至《论衡·纪妖篇》引用《韩非》此文，乃将“螣蛇伏地，凤皇覆上”，改为“虫蛇覆地，白云覆上”，则并其图亦不复见。故由此诸图象传说观之，亦可藉以考见其时代演进之迹。

（五）鸟首人身

《羽人壶》绘有鸟首人身之人及兽：一操弓注矢作欲射之状，一张翅舞爪作欲避之形。此两者之中，上着一黑点，似象日形，下着二龙宛转颠倒相向，而此龙形正可以汉瓦灶上所图者证之。《双凤壶》亦绘一鸟长冠长尾张翼，迎日而立。此两器所绘之故事均不详。

关于鸟首人身之记载，亦见于《山海经》之《海内经》：

有盐长之国，有人焉，鸟首，名曰鸟氏。

古代传说中又有人面鸟身之神：

禹亲把天之瑞令以征有苗，四电诱祇，有神人面鸟身，若瑾（孙诒让疑若瑾为奉珪之误）以侍。——《墨子·非攻下》

昔者郑穆公当昼日中处乎庙，有神入门而左，鸟身素服三绝，面状正方……曰："予为句芒。"——《墨子·明鬼下》

有神人面鸟身，降而福之。——《随巢子》(《艺文类聚·符命部》引)

东方句芒，鸟身人面。——《山海经·海外东经》

《史记·秦本纪》载大廉实鸟俗氏，《索隐》云"以仲衍鸟身人言，故为鸟俗氏"，仲衍即大廉。《史记·赵世家》云"仲衍人面鸟喙"，即《索隐》所本。以鸟为祖先，乃东方民族最普遍之传说。如玄鸟生商及秦、赵、徐偃、朱蒙朱果天女之传说，皆是。句芒为东方神，故此或系就东方民族固有之传说而作之图象。

第十　总结

综上所述可以为断定猎器年代之标准有八：

1.《杕氏壶》之款识。

2. 新郑、归化及淮南出土之铜器。

3. 穿鼻兽环之耳饰。

4. 白色物质之镶嵌。

5. 铜器内面凫鱼龟形之浮雕。

6. 猎图中所绘戈形。

7. 带状纹饰。

8. 羽人飞兽之翼形。

据此八种标准，吾人可再将此猎器年代估算如下：

器名	年代	估算标准
《杕氏猎壶》	公元前五——前四世纪	铭文镶嵌及飞兽之翼形
《采桑猎壶》	公元前五——前四世纪	兽环镶嵌及戈形
《四耳猎盂》	公元前三世纪	归化铜器之浮雕
《采桑猎钫》	公元前三——前二世纪	镶嵌及《四耳猎盂》之猎图
《羽人猎壶》	公元前三——前二世纪	镶嵌羽人翼形及带状纹饰
《双凤猎壶》	公元前三——前二世纪	除羽人外大致与《羽人猎壶》同
《凫鱼猎壶》	公元前二世纪至世纪初	镶嵌猎图及凫鱼饰
《小猎壶》	公元前二世纪至世纪初	镶嵌猎图及带状纹饰

是此诸器为公元前五世纪至二世纪或世纪初，即自春秋末期以至秦、汉之际或东、西汉之际，五百年或三百年间之遗物。

殷虚年代，约在公元前十四世纪至十二世纪之间。由猎器上溯至殷虚，前后千有余年，此千余年，中国文化之演进如何？吾人就此两方面，即殷虚遗物与猎器，及两者之间铜器，加以比较，亦可得一梗概。

兹将猎器，与殷虚遗物，及铜器中之花纹文字足资比较者，列表如下：

	殷虚遗物及铜器之花纹文字	猎器
鸟兽足	鸟兽足仅绘其一侧	仍作侧视形，鸟或绘二足，兽或绘三足
爪	爪作三画，铜器有作半规形者	皆作半规形
虎	作委婉修长形	修长之度加甚
弓	弣向内屈，作双弧形	同
戈	横出无胡，西周戈已有胡	胡加长
蚕丝	甲骨文丝或从糸之字屡见	有采桑图

	殷虚遗物及铜器之花纹文字	猎器
屋宇人物	门字人字与绘画同	绘门与人之形与文字同，又有裳之褶纹

凡此由殷代至于春秋、战国之际，经千余年之演进，而其蜕变之迹尚极为迂缓。以较秦、汉以来之遗物，其蜕变之繁剧，实不可相提并论。此其故，当于下文中言之。

人类文化演进，不外两途：其一由于文化自身之继续发展，其又一则由于接受外来文化之影响。此二者实相互为用。历史上固无全然孤立之文化，亦无全然受外来文化支配之民族。中国文化之受有外来影响，远在殷虚以前。安特生《中华远古之文化》及李济之《殷商铜器五种及其相关之问题》对此均有讨论，以与本文无关，姑置不论。

春秋、战国之际，中国与北东西三垂之外族，接触渐多，如晋之启土、和戎，秦、赵、燕之筑长城，及东方海上之交通，由战争及和平贸易中所输入之外来文化，其见于猎器而显然可征者，兹再综述如次。

猎器中所见之镶嵌，在殷虚遗物中已寻出其渊源；但此期西方之金银错亦向东方输入，故此期之镶嵌，或因受西方影响而益趋发达。

出土剑，多为春秋、战国期以后之物，其形制与斯克泰在西伯利亚出土者绝相似；但斯克泰较早之剑均在此时以前，据《左传》所载，剑在公元前五六世纪与步卒之制同时由外族输入。

浮雕纹在西方发达甚早，埃及、巴比伦遗物中皆有此类雕刻。其在东方，则尚初见于此期铜器中。此后汉代之浮雕刻石，似即渊源于此。

关于兽之飞跃与倦息之姿态，斯克泰遗物上所见与此尤为相似，其在斯克泰发见之年代，亦在此期以前。

羽人、飞兽及操蛇之神，皆为西方最早期，即公元前三四千年来，埃及、米诺、巴比伦、希腊、印度等地盛行之雕刻、造象或传说。

中国之有此类图象传说,则始于此时。

据此而言,先秦文化受有外来影响,实为不可否认之事。不过其所受影响尚浅,远不及秦、汉以来之显著。如骑射与狮,在汉画中皆极常见之物,而在猎器则绝不见。考骑射之输入,自公元前三世纪初赵武灵王始,而猎器之出于此时以后者,其中则仅有车猎而无骑射。又狮为西方产物,猎器中仅有虎无狮。凡此皆为此期文化所受外来影响尚浅之证,此不徒见于遗物为然,历史所载秦、汉以来与西域之关系,亦远较先秦为深切。据此可见先秦遗物蜕变之迹,所以不及秦、汉间之繁剧者,即其所受外来影响尚浅之故。

以上所述,使吾人对于先秦文化所以演进之故,已可得一结论,即先秦文化虽受有些许外来影响,而大部分仍为中国文化自身继续发展之结果。

继此吾人当问先秦文化何以独盛于春秋、战国之际?而春秋、战国之际,齐、鲁文化又何以独盛?

关于此问之解答,兹据上文所述,分释如次:

东迁以前,中国文化大抵集中于王室。殷代遗物除殷虚外即不见有大量发见,铜器中可认为殷代遗物者,其花纹文字亦与殷虚遗物相似,殷虚为殷人旧都,即殷代文化集中王室之证。周人继殷,迁殷民于成周,故殷虚文化即随周人而西。出土西周铜器多王室或王室卿士之物,列国之器,数量极少;可见当时之地方文化,尚无足观。东迁之后,王室陵迟,齐、宋、秦、晋,蔚为大国,狎主齐盟,征伐会盟,交通频仍;同时以吴、楚之兴起,使江、淮流域亦渐次向化,因而更促进中原地方文化之发展。先秦文化所以勃兴于春秋、战国之际者,盖以此故。

至于齐、鲁文化,在东方尤有悠远之历史。自龙山、安阳次第发见黑陶遗址后,此遗址之年代,在安阳发见者已确实证明早于殷虚;而龙山之黑陶,据梁思永先生之研究,或较安阳期为尤早(见所著《小屯、龙山与仰韶》)。此黑陶文化以出土遗址年代而言,大致即以齐、鲁为中心,而渐次向西传播。及晚周之际,此黑陶文化在东方仍可见出其遗留之痕迹,如山东出土之瓦豆,在黑陶文化中,已有其范型。据此齐、鲁文化乃以早于殷虚之黑陶文化为基础。及春秋、战国之际,因国力之膨胀,及交通之频仍,复与殷、周以来之王室文化,及江、淮流域之文化相结合,而同时复受海上外来文化之影响。齐、鲁文化盖以此种优惠之环境为其孕育之摇床,其所以独盛之故,实非偶然。

以上所据之材料,既限于猎器一方面,而牵涉之范围过广,疏漏纰缪,知所不免,惟读者教正为幸!其东西两土遗物之出土者,数十年后当日益丰富,拾遗补阙,容俟之他日。

此文图版多取材于北平图书馆,又 Mr Otto Kümmel 远道惠赠《杕氏壶》照片拓片,陈寅恪先生为此文校读一过,并此深致谢意!

1932 年 12 月脱稿,在北平北海

(原载《国立中央研究院历史语言研究所集刊外编第一种·庆祝蔡元培先生六十五岁论文集》下册,1933 年)

弋射与弩之溯原及关于此类名物之考释

一、叙言

人类在旧石器时代，即已利用弓矢。现存西班牙洞壁刻画，有持弓矢战斗及狩猎诸图，大约皆一万五千年以前所遗。此可见人类利用弓矢，由来极远。即现代未开化之民族，亦无有不以弓矢为武器者。弋射与弩，不过就弓矢上略加简单机械，以增加其威力。其效果：(1)使射愈远，(2)中的较准确。故在未有火器以前，此实为最进步之利器。

弋射与弩在人类文明中，当然不若弓矢由来之悠远，亦不若弓矢流传之普遍。其事盖创始于东方。商代甲骨文中已有象弓弩矰缴形之文字。汉以后史书载南方民族未与中原文化融合以前，即已有弩。据此而言，弋射与弩其在东方，或尚在殷商以前。中华民族当三千年前，即已能利用此种最进步之利器，实可惊异。近代学者对于东方蚕丝、瓷器、造纸、印刷、火药等物之发明，无不盛为称道；独于此则尚不详其所由来。拙著《古代狩猎图象考》曾对此加以详细之讨论，既付梓后，浏览所及，续有所得，复参以北平市上所售之弩，对于前说有足资补正者，因再为此文以述之。

二、关于矰缴之文字

弋射所用矢，与寻常矢不同。《淮南·说山》云“好弋者先具缴与矰”，高诱《注》：

> 缴大纶(《说文》“纶，青丝绶也”，“缴，生丝缕也”，《诗·采绿》传“纶，钓缴也”，知纶缴均是细丝绳)，矰短矢，缴所以系者，缴射之注飞鸟。

此说弋射所用矢，最为详明。《周礼·司弓矢》云“田弋，充笼箙矢，共矰矢”，《注》云：

> 笼，竹箙也，矰矢不在箙者，为其相绕乱，将用乃共之。

此谓矰矢系缴，故不在箙中，亦明其与寻常矢异。铜器四耳盂所绘弋射形，矢皆系长缴。甲骨文有弗、叔、吊及从夷之雉、陕诸字。弗、叔、吊、夷疑即象将矰矢系缴形。茀原为弋射所用矢名，《周礼·司弓矢》云：“矰矢弗矢，用诸弋射。”甲骨文茀又从矢倒置，更为此说旁证。吊与镝本同音字，疑吊即锋镝之本字。吊，至也，至铜器作，象矢镞倒立着地形，义亦相因。叔，善也，即至引申之义。古叔、吊二字多通用，甲骨文弗叔连文，弗叔即不淑，《诗·节南山》“不吊昊天”，《瞻卬》“不吊不祥”，《左氏·昭二十六年·传》“率群不吊之人”，《哀十六年传》“昊天不吊”，凡此不吊诸文，均当作不淑。据此知叔、吊形近义通，故得通用。雉，甲骨文从夷，夷象矰缴形(《说文》：

夷从大从弓，说误），古代弋原为射飞而设，郑玄《月令注》“弋，射飞也”，《诗·女曰鸡鸣》“弋凫与雁”，《论语·述而》“弋不射宿”，皆射飞之证，故雉字从夷。陕，甲骨文人名，义不详。以上诸字，其缴形作己，尤与四耳盂所绘缴形相似。比合而观，其为缴形已甚显然。又铜器兄弟之弟从弋从己。（《说文》：“弟，韦束之次弟也，从古文之象……古文弟从古文韦省。”已不知弟字所从之形。）凡弋射之缴，必有条理次弟而后始能及远，故凡从己之字，皆有条理次弟义，如纪纲、记述皆是；弟从己，故亦有次弟义。弟引伸为兄弟字（《释名》：“弟，弟也，相次弟而生也。”）与叔引申为叔为伯字，义亦全同。高诱《注》“缴大纶”，从仑之字亦有条理次弟义，如伦理、经纶皆是。

陕		前七·三二		齐镈
雉		后下六		应公鼎
吊		后下一三		
叔		前三·三二		豦毁
叔		前五·一七		
弗		前六·一一		殳季良父壶
弗		前二·三七		

据此而言,甲骨文中从己诸字,皆当象缴之形。弟又从弋,是己为弋射之缴更可无疑。从而商之有弋射,已可由文字上完全证明之。

前一·四七　后下二二　后下二一　后下二九　续一·一

前二·四　前六·一四　前六·三六　前六·三六　前五·四　前一·三〇

又前四·四三

弗 1　郲 2　吊 3—7

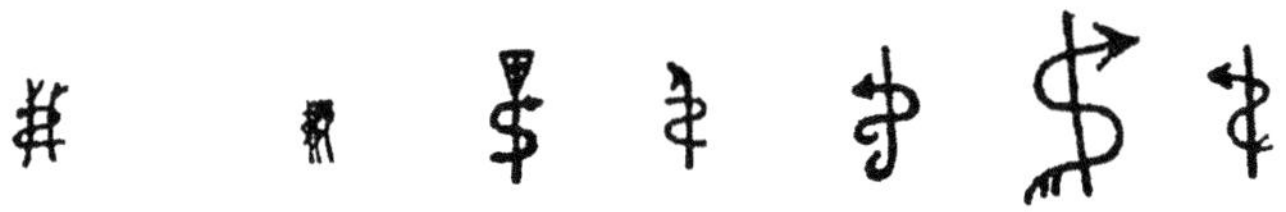

叔皮父𣪘　玺文　吊龟爵　吊龟𣪘　𣪘文　觚文　吊父辛觚

叔 8—10　夷 11—12　陕 13

叔仓父盨　𢼸叔𣪘　㽙鼎　仲夷尊　守𣪘　父辛盘

前七·四〇　前三·二四　前三·六　前三·六

前三·四　　前三·三　　前二·二七　　前一·五

甲骨文又有从诸字，其字今皆不可识。其偏旁亦象矰缴形。此诸字中有从弓者，如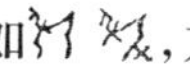，尤象弋射形。有从犬者()，有从毕者()，亦皆田弋所有事。

弗、吊、叔、夷、陕诸字亦见于铜器中。弗从弋甚明，又觚文及《吊父辛觚》，两吊字已形之末作三歧或两歧形，尤与绳形相似。《说文》"徽一曰三纠绳也"，《易》"系用徽纆"，刘表曰"三股曰徽，两股曰纆"，《御览》引《通俗文》云"合绳曰纠"，此三歧两歧，即象绳三合或两合之形。甲骨文申字，其两端亦象绳两合之形(铜器申形同，从略)。古申在真部，绳在蒸部，蒸、真古可通协，如《诗·文王》末章"躬与天协"是，申盖即绳之本字。故由申之本义言之，上举诸字之象矰缴形，更为显然。

三、北平市上流行之弩

弩弓之机

图版一

弋射之与寻常弓矢不同者，不但其所用之矢不同，即所用之弓亦异。弋射所用之弓，有臂有机，当名为弩，已详拙著《古代狩猎图象考》(见《集刊外编第一种·庆祝蔡元培先生六十五岁论文集》下册)。此有臂机之弩，现在北平市上仍有售者。其制可别为两种，一为发弹用之弩，俗名弩弓(图版一)。一为连续发十弹或十矢之弩，俗名弹弩或连珠弩(图版二)。

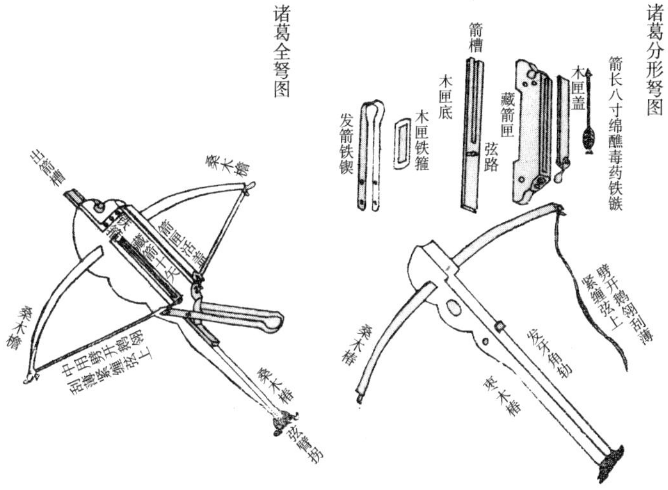

图版二

弩弓具一曲臂,臂上有弓与机。弓与机外,弓之前端有粗铁丝制长方形架,架上横系一线,线上系一小珠,架俗名星架,珠曰准星。又机之后端立一竹牌,牌中凿一小孔,牌俗名斗牌,又名星牌。准星之地位,先可上下左右移动,待至由斗牌小孔中以窥准星,与所射成一直线,发即命中时,即固定之,以为射击标准。机用铜制,分上下两段,上与古弩机之牙相当,用以钩弦,下与古弩机之悬刀相当,用以发机。弦用牛筋制,中有斗,斗前端用以衔弹,后端用以钩于机牙上。

弹弩或连珠弩,直臂,臂上置一匣,以盛弹或矢(如匣增大,则发弹或矢之数亦可增多),匣近臂处留一弦道,弦道之后端向下微凹,以为衔弦之用,机牙系一长方形小骨片,即置于此凹处,可自上向下移动。匣与臂相连之关键,一端藉弦通过弦道之力,一端别有一柄,俗称为拐子(古当称曰枢),夹于匣与臂之两旁,两键贯之,一键在匣,一键在臂。用此弩时,先置弹或矢于匣中,然后将拐子向前转动,待弦落于弦道后端凹处，则将拐子向后转动，当转动时，匣之后端与臂并不紧接，待匣与臂紧接时，则牙为臂所阻而上升，因而将弦挤出凹处以发弹或矢，如此往复转动，则弹与矢即连续发射不已。明茅元仪《武备志》载诸葛弩形制全与此同，兹并将原图，移录于此，以为参考。

以上两种弩制，虽为现今北平市上流行之物，但其来源有极古者，下文当就文字方面为证明之。

四、关于弋射之文字

铜器弋及偏旁从弋者，有弋、妣、杙、必、叔、铗、庚、宓诸字，据此诸字以与弩之形制相较，知卡为最初象形字，弋为渐次讹变之形。卡中直象弩臂，长横象弛弓形，短横疑与弩弓上准星之用相当，疑古名此为式，或度，亦谓之仪表。

曾宓伯鼎　玺文　陈侯午殷　大克鼎　吴尊

寰盘　生杙姜殷　叔妣殷　农卣

古弩射有参连法，其见于记载者如：

大黄参连弩。——《六韬·军用篇》

夫射之道，从分望敌，合以参连。——《吴越春秋》九《勾践阴谋外传》

不知公子王孙，左把弹，右摄丸，定操持，审参连。——《新序·杂事》

五射……二曰参连。——《周礼·保氏》注

宠射，其秘法以天覆地载，参连为奇；又有三微三小，三微为经，三小为纬，经纬相将，万胜之方，然要在机牙。——《后汉书·孝明八王(陈王宠)传》注引华峤书

此参连法注家多不解，今但取弩弓之制观之，则此法乃极易晓。据前所述用弩弓时，由斗牌或星牌之小孔中以窥准星，与所射，三点相速成一直线时，则发射即可命中，是参连者即射击瞄准之法。参古多借为三，华峤书三微三小，当即释参连之参。所谓微小者，如弩弓斗牌之孔，及准星之珠，皆极微小。又"三微为经，三小为纬"者，如以准星之珠为经，则悬珠之线即纬，同例则斗牌亦有一经一纬，其他一经一纬，当谓所射之物。《后汉书·孝明八王传》谓陈王宠善弩射，十发十中，中皆同处，盖必有此精密之瞄准法，而后始能如此。

以上所引诸书皆出东汉以后(《六韬》题太公作，胡应麟《四部正讹》云"《六韬》称太公，厥伪了然，考《汉志》有《六韬》，初不云出太公，盖其书亡于东京之末，魏、晋下谈兵之士，掇拾剩余为此，即《隋志·六韬》")，但参连法之兴起，或远在此时以前。《礼记·缁衣》引《逸书·太甲》云："若虞机张，往省栝于厥度，则释。"郑玄释之云：

虞主田猎之地者也，机弩牙也，度谓所拟射也，虞人之射

> 禽，弩已张，从机间视栝，与所射参相得，乃后释弦发矢。

所谓参相得者，即栝、度与所射三者相得。《释名》：“矢末曰栝。”从矢末视度，则古弩射仅有与准星相当之度，而无斗牌，故以栝代斗牌之用。度者法度，盖准星即射之法度，亦谓之仪表。《吴越春秋》卷九云“愿闻望敌仪表，投分飞矢之道”，仪有法度之意，表，《晋语八》韦《注》云“立木以为表，表其位也”，立木表位，正象弋字右旁之短画。

仪表又名式，仪为法度，式亦有法度意，式又从弋声，疑即其本字。《诗·楚茨》云“如几如式”，《传》云“几，期；式，法也”，古譬况辞多举易见之事，易晓之物，如云“如匪行迈”、“如彼筑室于道谋”、“如履薄冰”、“其人如玉”、“如茨如梁”等是，此“如几如式”，若如毛释“如期如法”，则说极难晓。余疑几即弩机之机，式即与准星相当之度或仪表，下文云：“既齐既稷，既匡既敕”；齐、稷有疾速意，匡、敕有正中意，如几故疾，如式故正，义实相因。

度之为式，更有旁证二：《说文》“轼，车前也”，轼在车前，式亦在弩前。旁证一。《史记·日者传》云：“旋式正棊”，《索隐》云：

> 式即栻也，旋转也，栻之形上圆象天，下方法地，用之则转天纲，加地之辰，故云“旋式”。

卜用之栻，今乐浪有出土者，其制合方圆二者而成。弩弓之星架形方，准星形圆，合之亦当名式。华峤书谓宠射，其秘法以天覆、地载、参连为奇，古谓天圆地方，所谓天覆地载，或即指此。旁证二。

甲骨文有于字而无弋及从弋之字，于甲骨文作于，亦有作[illegible]者

（早期铜器于亦作弙）。余疑于与弋同，均象弩形，特于所象之式更较弋为长。于又作弙者，于既象弓臂与式，亐更示其为曲臂。爰从于从𠬪，《说文》："𠬪，上下相付也"。谓象两手上下相付之形，余疑爰之从𠬪，乃象两手引弓弩形，故爰得训为引。又古谓张弓、引弓曰扜弓（扜或作弙）：

后下·四三　后下·四一　菁一一·二〇　前八·六　前八·一一

前八·一四　前二·二　前一·五三　前一·四三　前一·四四

弙，满弓有所乡也。——《说文》

管仲扜弓射公子小白中钩。——《吕氏春秋·贵卒》

扜弓而射之。——《吕氏春秋·壅塞》

鸿鹄在上，扜弓鞟弩以待之。——《艺文类聚》引《尸子》

有人方扜弓射黄蛇。——《山海经·大荒南经》

射者扜乌号之弓。——《淮南·原道》

弩臂亦谓扜：

惠子曰："羿执鞅持扜，操弓关机，越人争为持的。"——《韩非子·说林下》

鞅、扜、弓、机，四者皆弩所有事。（《春秋》赵鞅字志父，志者，《盘庚上》云“若射之有志”，名鞅字志，疑鞅即弦之中央处，故得与志义相应。）扜可持，故知为弩臂。又弩臂曲，故从于之字如纡、迂，有迂曲义。以上所述于之为弩，说如不误，则殷商之世已用弩射，而弩射之兴，必尚在殷商以前。

铜器从弋者尚有必、叔、鉠、庚、宅数字。宅为人名，义不详。叔与伯叔之叔，在铜器截然有别。铜器从弋之叔如：

> 易锡女汝叔市芾参冋苇心蒽——《大克鼎》
>
> 易女叔市金黄。——《师嫠毁》
>
> 册命吴嗣旂众叔金。——《吴尊》

市为蔽膝，《诗》作芾或韠，《礼记 · 玉藻》作韨。《玉藻》“一命缊韨幽衡，再命赤韨幽衡，三命赤韨葱衡”，据此知叔市，即指市之颜色言，或与《玉藻》之缊韨相当。《吴尊》“叔金”亦指颜色言（《师嫠毁》“叔市金黄”，叔金皆指颜色言，黄衡同字，又作珩），此皆与弋射无关。

必从弋，余旧以为象耒形（见《耒耜考》），说误。必者当为柲之本字。《考工记 · 庐人》“戈柲六尺有六寸”，《注》“柲犹柄也”。柲之为柄，当为弩臂引申之义。《仪礼 · 既夕礼》明器之弓“有柲”，《注》以为即《诗 · 小戎》“竹闭绲縢”之闭（《注》引闭作柲）：

> 柲，弓檠，弛则缚之于弓里，备损伤，以竹为之；诗云“竹柲绲縢”，古文柲作柴。

又《考工记·弓人》："辟如终绁。"《注》以绁为闭（《注》引作柲）：

> 绁，弓柲……弓有柲者，为发弦时备顿伤。《诗》云："竹柲绲縢。"

注并以柲、绁为弓檠，檠正弓弩之器，又有排檠、榜檠、辅檠诸称：

> 繁弱钜黍，古之良弓也，然而不得排檄，则不能自正。——《荀子·性恶》
>
> 彼十钧之弩不得棐檄，不能自正。——《管子·轻重甲》
>
> 乌号之弓虽良，不得排檄，不能自正。——《说苑·建本》
>
> 榜檄者，所以矫不直也。——《韩非子·外储说右下》
>
> 若隐栝辅檄之正弧剌也。——《盐铁论·申韩》

柲、闭、排、榜、辅古邦滂并母，同为唇音字，故得相通。弓檄名柲，当亦由有柄得名。

铗、庾之偏旁臾，古与曳无别（说详拙著《陈侯四器考释》）；《说文》于臾、曳字形并失，而释之云：

> 臾，束缚捽抴为臾曳（曳从段《注》补）。
>
> 曳，臾曳也。

臾曳字从弋，故弓弩得名庾（字又作臾）。《周礼·司弓矢》：六弓四弩，有夹、庾、唐、大诸称。《考工记·弓人》"夹臾之属利射侯与弋"，皆弓名臾之证。许谓束缚捽抴者，臾曳从弋从⊖，⊖疑即象束缚弓弩形。又弓弩可以引张，故臾曳有捽抴义。又从曳之字多与从世之字通用，如拽或作抴，栧或作枻，洩或作泄，绁或作绁，故绁（或枻）之为弓檠，当即由曳通假得义。

五、弩机与枢机

弩所用机可别为两类：（1）弩机，（2）枢机。

弩机铜制，今出土者极多，其构造大致均相同。《释名·释兵》云：

> 弩怒也，有埶（势）怒也；其柄曰臂，似人臂也；钩弦者曰牙，似齿牙也；牙外曰郭，为牙之规郭也；下曰县刀，其形然也；合名之曰机，言如机之巧也；亦言如门户之枢机，开阖有节也。

此文论机之结构特详（自钩弦以下皆谓机）。茅元仪《武备志》载有《法古制铜弩机散图》，其各部分名称，据同书《法古制铜弩机散图》说云：

> 今曰机钩，古曰牙；今曰照门，古曰规；今曰匣，古曰郭；今曰拨机，古曰悬刀；今曰垫机，古无名。

规，《释名》统谓规郭，《文选》潘岳《射雉赋》云"良游呃喔，引之规里"，徐爰注"诱引令人可射之规内"，即此所谓规，沈括《梦溪笔谈》

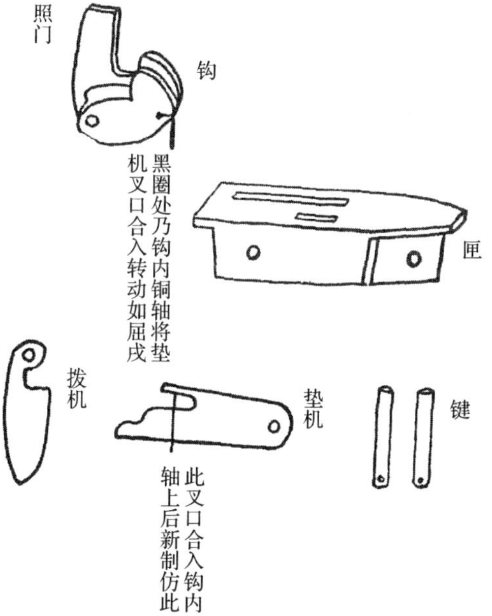

法古制铜弩机散图

卷十九称之为望山。此诸名称，与《吴越春秋》所载又互有同异。《吴越春秋·勾践阴谋外传》云：

> 越王曰："弩之状何法焉？"陈音曰："郭为方城，守臣子也；教为人君，命所起也；牙为执法，守吏卒也；牛为中将，主内里也；关为守御，检去止也；锜为侍从，听人主也；臂为道路，通所使也；弓为将军，主重负也；弦为军师，御战士也；矢为飞客，主教使也；金为实敌，往不止也；卫为副使，正道里也；又为受教，知可否也；缥为都尉，执左右也；敌为百死，不得骇也，鸟不及飞，兽不暇走，弩之所向，无不死也。臣之愚劣，道悉如此。"

此举弩及矢之各部分名称极详，曰臂，曰弦，曰郭，曰牙，与《释名》同。曰教即《武备志》所谓照门，古所谓规。此文言教者三：(1)教为人君，命所起也；(2)矢为飞客，主教使也；(3)叉为受教，知可否也。此与前述《礼记·缁衣》郑《注》"机间视栝……参相得乃后释弦发矢"语，可互为证明。郑谓机间即教，郑谓栝即叉。(《释名·释兵》云："栝会也，与弦会也，栝旁曰叉，形似叉也。")由教视叉，然后发矢，故教为人君，叉为受教，矢为教使。关，《释名》谓之悬刀。牛疑即《武备志》之键，机必有键，始可转动开阖，键者内部之枢纽。牛古之部字，纽古幽部字，汉人韵文之幽部字多通协，又十二支之丑为牛，故牛纽得相通。锜，张衡《西京赋》云："武库禁兵，设在兰锜。"李善《注》：

> 锜架也，武库天子主兵器之官也，善曰："刘逵《魏都赋》注曰，受他兵曰兰，受弩曰锜。"

锜为架弩之用，故为侍从。矢为飞客以下统皆谓矢。金为镞。卫为羽，《释名》："矢其旁曰羽，齐人曰卫。"缥疑即干，《释名》："矢其体曰干，言挺干也。"干又名槀，《周礼·夏官叙官·槀人》郑《注》："箭干谓之槀。"古缥、槀同为宵部字，故得相通；缥为干，故可执以左右。据此所述，弩机之用，大致即与今平市所售之弩弓同。弩弓所用之机有牙与悬刀，其郭即就臂镂空为之，其规即以斗牌代之，其主要部分无不与古弩机同。余疑此即原始弩之遗存者。出土弩机所以无战国以前物者，其故亦可推知；即此种简单弩机，易为人所忽略，或此期弩机尚无用铜制者。《说文》："橛，弋也。"朱骏声《注》云："凡竖木而短者皆得曰橛；谓竖木而短，正象机在臂上之形，疑即木制之机。或以角为之，字又作厥，《说文》：‘厥角有所触发也。’谓有所触发，正象发机时之动作。”茅元仪《武备志》载明代弩机，仍多以鹿角为之：

> 今四方擅弩之地，而皆不用古机，惟以鹿角为机。

此当即因仍原始弩机之旧习。《释名》谓机牙似齿牙，盖原始弩机以角骨为之，角骨似齿牙，故谓之牙。及战国之末，竞为争战，弩机之制渐趋完善，然狩猎所用，或仍保存原始形制。唐、宋以来古战阵用之弩机既已不传，而此狩猎用之弩机如今之弩弓者，或得保存于今。盖现代人类用具之保存数千年以前之形制者，所在多有，如近代火车轮船盛行之后，而大车帆船仍沿用不废，其制亦与数千年前无异。

枢机之构造，全与弩机不同。前人皆知有弩机，而不知有枢机。古书言枢机者，注家多释枢为户枢：

> 言行君子之枢机，枢机之发，荣辱之主也。——《易·系辞》。《释文》“枢，门臼”，又引王廙《注》“枢，户枢”。
>
> 言如门户之枢机，开阖有节也。——《释名·释兵》

此因历来注家仅知有户枢，而不知有枢机，故凡言枢机者皆误谓户枢。《易·系辞》云“枢机之发”，凡言发者，绝不能指为户枢。古谓发或发机，皆指弩射言，如：

> 若将有大寇乱，盗贼将作，若机辟将发也。——《墨子·非儒下》

其发若机栝。——《庄子·齐物论》

势如彍弩，节如发机。——《孙子·势篇》

鸿鹄在上，扜弓鞞弩以待之，若发若否。——《尸子》(《艺文类聚》引)

其用之也若发机。——《淮南·原道》

《说文》"机，主发谓之机"，亦指弩射言。段《注》谓机为织具。织具不能主发，其说误。《新序·善谋》云："枢机之发，间不及旋踵。"此枢机决不能释为户枢，释为织具。《吴越春秋》卷九陈音论弩之原起云：

琴氏以为弓矢不足以威天下……乃横弓着臂，施机设枢，加之以力。

此枢机明指弩射而言。《鬼谷子·飞箝》云："料气势为之枢机以迎之随之。"枢机可迎可随，亦当指弩射言。余以今平市所售之弹弩，或连珠弩，即古枢机之遗制。《管子·枢言》注云：

枢者，居中以动外，动而不穷者也。

此谓枢犹如几何学上之作圆。凡作圆必取一中点以为圆心，凡圆必可转动不穷，故枢有中枢义，有户枢义。今弹弩所用之拐子，于臂上取一中点，而向前后转动之，其作用与枢之含义全同。故此常名为枢，合匣上之机牙言之，则当名为枢机。枢机之名称，据上所述，见于《易·系辞》、《新序》、《吴越春秋》、《鬼谷子》诸书，皆为汉人所作(东汉末年,《释名》之作者刘熙,已不识枢机)。《系辞》旧称孔子作(见《史记》、《汉书》、《论衡》诸书,其说全不足据,参看《古史辨》第三册),余意此书当出汉人手笔,兹取两事论之:(1)西晋时出土之汲冢书,有《周易》上下篇(即卦爻辞)而无《系辞》:

> (汲冢书)《周易》及《纪年》最为分了,《周易》上下篇与今正同,别有《阴阳说》而无《彖》、《象》、《文言》、《系辞》。——杜预《春秋经传集解后序》
>
> 其《易经》二篇与《周易》上下经同,《易繇》、《阴阳卦》二篇,与《周易》略同,《繇辞》则异,卦下《易经》一篇,似《说卦》而异。——《晋书·束皙传》

汲冢书之《纪年》迄于今王之二十年,今王即魏哀王(说见拙著《陈侯四器考释》),是汲冢书当为魏哀王时物(即公元前三世纪)。据此可见《系辞》必出于此时以后。(2)先秦人著作中常称引《周易》,但无引用《系辞》之文句。引用《系辞》者多见于西汉人书中,如《史记·太史公自序》,《汉书》武帝诏,刘向、歆书、表,王莽《诏书》,《韩诗外传》,《盐铁论》,桓谭《新论》等(《新语》、《新书》亦引《系辞》,疑非陆贾、贾生书),据此则《系辞》当出于战国以后、西汉中叶之时。《系辞》既为西汉时书,《新序》旧题刘向作,向亦西汉人。《吴越春秋》旧称赵晔作,晔,东汉人,《鬼谷子》亦汉人伪书,是枢机或即兴于西汉之际。惟今之弹弩可连续发十矢或十弹者,或出于后来损益增改而成。明人谓弹弩为诸葛弩,俗称诸葛皆指诸葛亮言。《三国志·诸葛亮传》注引《魏氏春秋》云:

亮……又损益连弩，谓之元戎，以铁为矢，长八寸，一弩十矢俱发。（《艺文类聚·弩部》引《战国策》曰："苏秦为楚合从，元戎以铁为矢，长八寸，一弩十矢俱发。"其文全袭用《魏氏春秋》，今本《战国策》亦无此语，当系误引。）

今之弹弩是否即诸葛遗制？据《魏氏春秋》所述，有可疑者二：（1）古之连弩，似不用枢机，《墨子·备高临篇》述连弩之车，有"以弦钩弦至于大弦"之语；《淮南·汜论训》注："连弩通一弦，以牛挽之。"《文选·闲居赋》引《汉书音义》张晏云："连弩三十絭共一臂。"似连弩者，通许多弓弦于一大弦，而以牛或人挽之。亮所损益者，如为古连弩，则非枢机可知。（2）一弩十矢俱发，应解为一发十矢，而非连续发十矢，此亦与枢机之发射不同。据此诸葛弩之名，或后人据《魏氏春秋》十矢俱发之文，傅会而成。此弹弩虽非诸葛遗制，然其钩弦发矢，极见机巧，"即懦夫闺妇，皆可执以环守其城"（本《武备志·诸葛弩图说》语）。此必非原始之枢机，其为后来损益增改而成，盖可无疑。

六、弩之名称及其由来

藤田丰八《支那刻石之由来》（见《东洋学报》十六卷二号，又《东西交涉史·南海篇》），疑中国之弩源出印度。据藤田之意见，以为当公元前四世纪时，印度人已用弩从事于战争，其用弩之方法，与中国古代所谓蹶张相同。又梵言弓为 dhanu，亦与弩之名称相似。《史记·苏秦传》:韩国所产之名弩谿子,注家以为谿子即南方蛮夷;故中国之弩当由印度传入南方蛮夷,复由南方蛮夷以传入中国。拙著《古代狩猎图象考》曾就两方之记载加以比较,以为中国之有弩远在公元前四世纪以前,绝不能遽断其由印度输入;至弩之名称,始见于战国时人著作中,即公元前四世纪之记载,两方年代适不相先后,或即由印度输入。此说前者谓中国之弩不能断其由印度输入,由上文所述诸端观之,已可证明其说之不误。至于后者谓弩之名称或由印度输入,立论未免疏忽。今并当于下文中详论之。

弩之名称曾见于西周铜器中。兹将此器铭文揭载于此,并释之云:

隹惟正月甲午,王才在缚应居,王窥令命白偣曰:"毋卑俾农弋,吏使氒厥友妻农。"乃稟氒佫,氒小子小大吏事毋又田。农

三拜䭫首，敢对阳扬王休从。

此器铭文及器形，曾载于《周金文存》卷五中。由其铭文之字体及器之形制纹样观之，可断为西周中叶时物。铭文以弋𢍰田并言，𢍰又从弋（拓本偏旁弋左上一小横画，不甚清晰），知为弋射之弩。㐭者仓廪，仓廪所以藏谷，疑㐭有藏义。（《说文》："䉵惟射所蔽者也。"段《注》："此即射雉之翳也，亦谓之廪，《广雅》廪作䅽。"按《韩非子·外储说右上》有弋者谨廪之言，其义均与此异。）曰毋俾农弋，曰藏其弩，曰毋又田，文义正相承。据此在西周时即已有弩之名称；是中国关于弩之记载，亦远在印度以前。

古之称弩，似不限于有臂之弓。石矢镞亦得名砮。《国语·鲁语》云：

仲尼在陈，有隼集于陈侯之庭而死，楛矢贯之，石砮，其长尺有咫。陈惠公使人以隼如仲尼之馆问之，仲尼曰："隼之来也远矣，此肃慎氏之矢也。昔武王克商，通道于九夷百蛮，使各以其贿来贡，使无忘职业，于是肃慎氏贡楛矢，石砮，其长尺有咫。先王欲昭其令德之致远也，以示后人，使永监焉，故铭其栝曰：'肃慎氏之贡矢'，以分大姬配虞胡公而封诸陈。古者分同姓以珍玉，展亲也，分异姓以远方之职贡，使无忘服也；故分陈以肃慎氏之贡。君若使有司求诸故府，其可得也。"使求，得之金椟，如之。

东夷用石镞，至魏晋时犹然。《魏志·东夷传》云："挹娄……矢用楛，长尺八寸，青石为镞，古之肃慎之国也。"据此《鲁语》所载虽属传说，然其谓东夷用石镞，则为事实。又《禹贡》载梁州贡砮磬，荆州贡砮丹，《伪孔传》云：“砮石中矢镞。”是东夷及梁荆并有石镞，而皆名砮（今蒙语弓为nomo，音亦近弩，当为古语之遗）。又《禹贡》荆州贡箘簬楛；《说文》：“箘簬竹也。”《广雅·释草》：“箘簬卫箭也。”古竹箭皆可为矢，疑箘簬本为矢名，因名竹箭可以为矢者为箘簬。《战国策·赵策一》：

> 赵襄子召张孟谈而告之曰：“……无矢奈何？”张孟谈曰：“臣闻董子之治晋阳也，公宫之垣，皆以狄蒿苫楚廧之，其高至丈余，君发而用之。”于是发而试之，其坚则箘簬之劲，不能过也。

此即谓为矢，《禹贡》之楛，《伪孔传》谓中矢干，则当明指为矢干之用。箘簬产于南方，故为荆州之贡。《吕氏春秋·本味篇》云“越骆之箘”，注谓箘笋也，即箘簬之笋，箘产越骆，越骆亦南方国。《说文》箘，段《注》云：

> 箘簬二字一竹名，《吴都赋》之射筒也，刘逵曰：“射筒竹细小，通长，长丈余，无节，可以为矢笴，名射筒，及由梧竹，皆出交趾、九真。”

段以箘簬为射筒，射筒出交趾、九真即今之安南，当更在越骆之南。据此数事观之，弩、砮、簬古音同在鱼部，弩、砮并从奴声，泥母字，簬从路声，来母字，泥、来母字长江流域之人多不别，故弩、砮、簬三字当同出一源。《史记·武帝纪》“路弓乘矢”，路弓即弩弓。疑名弓或干或镞之为弩、为砮、为簵者，当为古亚洲民族之通语。其通行区域，北起肃慎，南迄荆、梁、交趾、九真及印度各地，故 dhanu 一名，决不能视为印度所独有。

弩古又通名为弓，如：

> 一心以为有鸿鹄将至，思援弓缴而射之。——《孟子·告子上》
>
> 善弋者下鸟乎百仞之上，弓良也。——《吕氏春秋·功名》
>
> 蒲且子之弋也，弱弓纤缴，乘风而振之，连双鸧于青云之际。——《列子·汤问》
>
> 若王之于弋，诚好而不厌，则出宝弓，碆新缴。——《史记·楚世家》
>
> 楚靬臂字子弓。——《史记·仲尼弟子列传》

此所谓弓皆指弩言，甲骨文及铜器又有弘字，象弛弓有臂形，当为

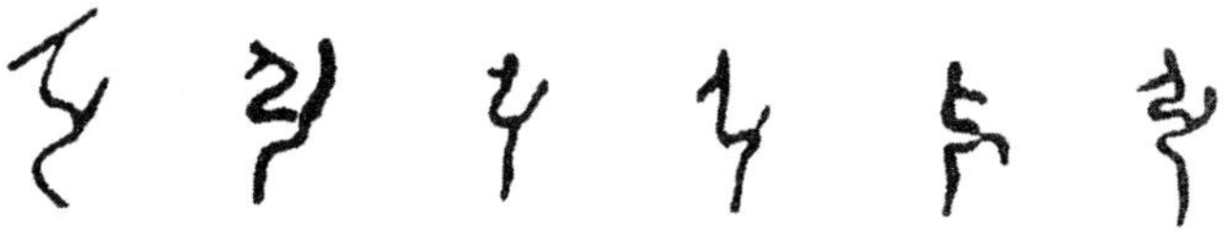

賁弘匜　守𣪕　毛公旅鼎　颂　颂壶　秦公𣪕

毛公鼎　前五·一五　前五·一五　前五·一五　前五·六

弩之本字。弘之偏旁厶，篆书多从又，作厷。《说文》“厷，臂上也”，厷为臂上，当由象弩臂之弘引申得义。王引之《春秋名字解诂》下云：

楚轩臂字子弓,弓读为肱,古字弓与弘通。《乡射礼》"侯道五十弓",郑注云:"今文弓为肱。"昭三十一年《春秋》"邾黑肱以滥来奔",《公羊》作黑弓(又郑公孙黑肱字白张,肱亦谓弓)。

据此弘之象弩形,似可无疑。弘见于甲骨文及西周铜器,故据现有之史料言,中国之有弋射与弩,当远在殷、周以前,史载中国之南方民族,多用弩,其最早之记载如《汉书·地理志》云:

粤地……自合浦徐闻南入海,得大州,东西南北方千里,武帝元封元年略以为儋耳、珠崖郡,民皆服布如单被,穿中央为贯头。男子耕农,种禾稻纻麻,女子桑蚕纤绩。亡马与虎,民有五畜,山多麈麖。兵则矛、盾、刀、木弓弩、竹矢,或骨为镞。自初为郡县,吏卒中国人,多侵陵之,故率数岁壹反。元帝时,遂罢弃之。……自夫甘都卢国船行可二月余,有黄支国,民俗略与珠崖相类。

汉之儋耳、珠崖郡,即今之海南岛。《汉书》所述其地习俗,如服布如单被穿中央为贯头,绝非中原所有。其地又无马与虎,知尚未受中原文化影响。又黄支国民俗略与珠崖相类,黄支国之所在,据藤田丰八《前汉关于西南海上交通之记录》(见《艺文》第五年十及十一号,又《东西交涉史南海篇》)以为即《新唐书·南蛮传》之千支佛,并以今印度之 Conjeveram 拟其地。其俗略与珠崖相类者,当指服饰用具言,《后汉书·南蛮传》云:

凡交趾所统,虽置郡县,而言语各异,重译乃通,人如禽

> 兽，长幼无别，项髻徒跣，以布贯头而着之。

此以布贯头之习惯，大概即为自黄支以东以至儋耳、珠崖等南方民族所同有者。珠崖用弩，当即南方民族素来所习用者。故弩之在南方，亦当有极悠远之历史。吾人如据此两方之史料论之，实不能断定此最初使用弩之民族之为汉族，抑为印度或其他南方民族。虽然，弩之为用，在中原不独用之发矢，且可用以发弹。吾人如就弹之使用言之，关于此问题当不难得一解决之途。《吴越春秋》卷九谓："弩生于弓，弓生于弹。"此说虽属臆测，然弓之有臂，实于弹为尤便。盖弹之发射必斜引之，其丸射出时所行之道，适与臂之位置相同。有臂以发弹，使初习射者，可不至有自弹之危险。至于矢之发射，则无此种顾虑。故弓之有臂，最初当为弹而设。而弹则中原所独有。史载中国南方民族，皆有弓弩而无弹；北族亦无弹，见发弹射鸟，则以为引空弓而落飞鸟，《魏书·始祖神元帝纪》云：

> 始祖闻（文）帝归，大悦，使诸部大人诣阴馆迎之，酒酣，帝仰视飞鸟，请诸大人曰："我为汝曹取之。"援弹飞丸，应弹而落。时国俗无弹，众咸大惊。……始祖问曰："我子（文帝）既历他国，进德何如？"皆对曰："太子才艺非常，引空弓而落飞鸟，是似得晋人异法怪术，乱国害民之兆，惟愿察之！"

此可见南北各民族均无弹。印度亦无弹。至中国之有弹，亦远在殷商以前。甲骨文有弹字，象弹之形。《说文》弹或作弓，从弓持丸，与甲骨文弹字形同。又殷虚有红土所作弹丸甚多，其大小形制与现今平市所售之弹丸无殊，当即商代弹弓用之弹。又弋射所用之缴系丝制，丝亦中原所产。据此而言，最初用弩之民族，当即居住黄河流域之中原民族。南方民族及印度之用弩，疑当由中国输入。

前五·八　前五·八　前五·八　前五·九　前五·八

七、关于弋射之事物及弋射衰歇之故

弋射盛于魏、晋以前，关于弋射之事物，其为上文及拙著《古代狩猎图象考》所未及者，兹再述之如次。

古代弋射除具矰缴、弓弩、磻磻之外，又有所谓廪者，如：

> 桓公明日弋在廪，管仲、隰朋朝，公望二子弛弓脱靬（疑当作靬即杆字）而迎之。——《管子·戒篇》
>
> 田子方问唐易鞠曰："弋者何慎？"对曰："鸟以数百目视子，子以二目御之，子谨周子廪。"田子方曰："善！子加之弋，我加之国。"郑长者闻之曰："田子方知欲为廪，而未得所以为廪，夫虚无无见者廪也。"一曰齐宣王问弋于唐易子曰："弋者奚贵？"唐易子曰："在于谨廪。"王曰："何谓谨廪？"对曰："鸟以数十目视人，人以二目视鸟，奈何其不谨廪也，故曰在于谨廪也。"王曰："然则为天下何以异此廪？今人主以二目视一国，一国以万目视人主，将何以自为廪乎？"对曰："郑长者有

言曰：‘夫虚静无为而无见也，其可以为此廪乎！’”——《韩非子·外储说右上》

《文选·射雉赋》徐爰《注》：“廪翳中盛饮食处，今俗呼翳名曰仓也。”字又作籯；《说文》：“籯惟堆射所蔽者也。”段《注》：“此即射雉之翳也，亦谓之廪。”《广雅》廪作箖（案《广雅·释器》云“籯籞箖翳也”）；是翳为总名，而廪为翳中盛饮食处，析言则异，统言则不别。翳之制，据《文选·射雉赋》：“尔乃擎场拄翳，停僮葱翠。”徐爰《注》云：

擎者开除之名也，今伧人通有此语；射者闻有雉声，便除地为场，拄翳于草；停僮，翳貌也，葱翠，翳色也。

据此翳当以竹制，故其色葱翠而籯箖字并从竹。《新序·杂事篇》云：“不知弋者选其弓弩，修其防翳，加矰缴其颈。”《新序》此文，乃取于《战国策·楚策》而略异其文，防翳，《楚策》作莽卢，古或以莽卢为之（《左传》昭二十年：“郑国多盗，取人于萑苻之泽。”莽苻同，《说文》从艸之字，籀文多从茻，苻卢萑苻葭苇之属）。

《说文》又有“觟、觽”字，说解并云：“惟射收缴具。”段《注》云：

按两字同义，盖其物名觟觽，上字当云觟觽惟射收缴具也，下字当云觟觽也。

觟觽字仅见于此，东汉当有其物。

战国有佐弋之官，《韩非子·外储说左上》云：

> 卫人有佐弋者，鸟至，因先以其褸麾之，鸟惊而不射也。

汉武更名左弋为佽飞，《汉书·百官公卿表》云：

> 武帝太初元年更名……左弋为佽飞……佽飞掌弋射，有九丞两尉。

佽飞之义，据《汉书·宣纪》注云：

> 服虔曰："周时度江，越人在船下负船，将覆之，佽飞入水杀之，汉因以材力名官。"如淳曰："《吕氏春秋》：荆有兹非，得宝剑于干将，度江中流，两蛟绕舟，兹非拔宝剑刺两蛟，杀之，荆王闻之，任以执圭，后世以为勇力之官。兹佽音相近。"臣瓒曰："本秦左弋官也，武帝改曰佽飞，官有一令九丞，在上林苑中，结矰缴，弋凫雁，岁万头，以供祀宗庙。"许慎曰："佽便利也，便利矰缴，以弋凫雁，故曰佽飞，《诗》曰'抉拾既佽'者也。"师古曰："取古勇力人以名官，熊渠之类是也，亦因取其便利轻疾差飞，故号佽飞，弋凫雁事自使佽飞为之，非取飞鸟为名，瓒说失之。"

此《注》服虔、如淳、师古并以为人名，即取古勇人以名官。瓒说佽为便利，飞为飞鸟，谓便利矰缴以弋凫雁，故曰佽飞。余意弋以射飞为主，佐弋名佽飞，则飞自当指飞鸟言。古人有以事为名者，如长沮、桀溺、荷蒉、接舆之类皆是，荆之兹非其初或由佐弋得名，亦未可知。师古谓瓒说失之，未允。

弋射之事至东晋以后乃渐趋衰歇，潘岳《射雉赋序》云：

余徙家于琅邪，其俗实善射，聊以讲肄之余暇，而习媒翳之事，遂乐而赋之也。

徐爰《注》云：

媒者，少养雉子，至长狎人，能招引野雉，因名曰媒。翳者，所隐以射者也。晋邦过江，斯艺乃废，历代迄今，寡能厥事；尝览兹赋，昧而莫晓，聊记所闻，以备遗忘。

潘岳西晋时人（约公元三世纪末），徐爰刘宋时人（约五世纪中），相去仅百有余年。而此弋射之事，在潘岳作赋时，称其俗实善射，则其时之盛行可知。及徐爰作注乃云“历代迄今寡能厥事”，则其废似又甚久。此数千年来相传之旧俗，何以在此百余年间骤然衰歇？此其故乍观似不易索解，然据上文推之，则亦不难擿发其覆。

余于上文曾断定弋射原于黄河流域之中原民族，北族及南蛮均无此习惯。此种状况迄至魏、晋时代，当仍无改变。西晋之末，胡、羯、鲜卑迭主中原，骑射为胡俗所长，自不屑效华人为弋射；而华人舍其旧习，沾染胡风，亦为此时之风尚。《颜氏家训·教子篇》云：

齐朝有一士大夫，尝谓吾曰：“我有一儿，年已十七，颇晓书疏，教其鲜卑语及弹琵琶，稍欲通解，欲以此伏事公卿，无不宠爱，亦要事也。”

此可见当时风尚之一斑。至于随晋室以南渡者，多属中原士族，雅尚清谈，于弋射原所不娴，以故此中原之旧俗，终不能随晋人而移植于江南。弋射之风遂于此百余年间，骤然销歇。今欧风东渐，新旧之消长又不啻什伯于此，比例以观，则弋射销歇于此时，适为当然之事。

八、弩之强弱及其他相关之事

弩之强弱，以钧石计。《管子·轻重甲》有十钧之弩，出土汉弩机所镌有四石、六石、七石、八石者（参看容庚《汉金文录》卷六）。《礼记·月令》郑玄注云：三十斤曰钧，百二十斤曰石，是十钧之弩仅得汉弩之二石半。古弩力之悬殊如此者，当由于开弩时所用之方法而异。弩以足开者曰蹶张，以手开者曰擘张。蹶张力较强。又有以腰开者，乃系绳于腰，以增加蹶张之力。明茅元仪《武备志》云：

> 弩之力腰开者可十石，蹶张者可二、三石，古所云弓之强者，不及也。晋马隆平树机能犹藉腰开弩，至宋而其法不传。……近世程宗猷得古铜机，斟酌竹弩而为古弩，然皆蹶张弩也。宗猷又自以其意，合古人之说而为腰开弩，强者可十石，下者亦可七石，比千载久废之器，复启于斯人。

此所谓蹶张，乃系绳于弩臂之一端，而以足踹而张之，与汉武梁祠画像所镌之蹶张不同。武梁所绘一人坐地，两足分置臂之两旁，前抵弓，两手钩弦，向后引之，与《武备志》所图腰上弩弦之形较，惟不系绳于腰，余大致相同。疑《武备志》所谓蹶张，即古之擘张，而汉弩机自四石以至八石者，当即所谓蹶张。腰开之法其力仅略胜蹶张，不必即出汉代以后，《晋书·马隆传》云：

隆限募腰引弩三十六钧，弓四钧，立标简试，自旦至中得三千五百人。……于是西渡温水。虏树机能等以众万计，或乘险以过隆，或设伏以截隆，后隆……且战且前，弓矢所及，应弦而倒。

此腰引即《武备志》之腰开。三十六钧计得九石，四钧计得一石。据此及上文，知古代弓弩强弱相差之数。此谓腰引弩九石，《武备志》谓腰开强者十石，下者七石，与汉代蹶张之七石八石者，直无若何差别。或汉代七石八石弩，已用腰开，亦未可知。又《吕氏春秋·壅塞篇》载：

齐宣王好射，说人之谓己能用强弓也，其尝所用不过三石，以示左右，左右皆试引之，中关而止，皆曰："此不下九石，非王其孰能用是！"

此所谓三石之弓非弩不能当之。古弩亦通称弓，说已见前。至九石乃与马隆腰引弩之力同，尤非寻常强弓所能及。疑战国之末年，即作《吕氏春秋》时，或已有腰开弩，故当时传说，得以此为誉（古今度量虽不一，但亦不能相差过远）。

出土弩机，大致均可视为蹶张之弩上所用者。此种弩机，就其所镌之文字观之，其年代约自战国之末，迄于魏、晋之际，千有余年。疑此期即为蹶张盛行之时。至唐代则盛行擘张。《唐六典》载弩制有七，而擘张居第一。《通典》弩部云：

> 弩古有黄连、百竹、八担、双弓之号，今有绞车弩中七百步，攻城垒用；擘张弩中三百步，步战用之；马弩中二百步，马战用之。

此所述诸弩，黄连即大黄参连弩之省称，百竹即积竹以为弩担（参看《武备志·造弩担用竹说》，此所谓担，即弓），八担或指用竹之数，双弓当即《武备志》之合蝉弩（谓两弓相合如蝉形），绞车弩或即古连弩车之类。据此所述，当时步兵所用仅擘张，知其时之蹶张，业已式微。擘张中三百步，仅及蹶张之半（《史记·苏秦传》谓韩有谿子、少府、时力、距来，皆射六百步之外），其力既弱，机之构造当不须如蹶张之复杂。故出土遗物中无晋以后之弩机。晋以后蹶张所以式微而擘张代兴者，亦有故。《通典》弩部又云：

> 弩之张迟不过一二发，所以战阵，不便于弩。

蹶张力虽强而张迟，不便于战阵，故力弱之擘张，得以代之。宋代盛行之神臂弓，亦擘张之遗制。

汉以来弩有名大黄者，其力最强。《六韬·军用》云："陷坚陈，败强敌，用大黄参连弩。"《史记·李广传》云："广身自以大黄射其裨将。"《集解》引郑德曰："黄肩弩渊中黄朱之。"又引韦昭曰："角弩色黄而体大也。"《索隐》案云："大黄，黄间，弩名，韦昭说是也。"

此谓大黄即黄间，间又作肩，黄谓弩渊中之色（渊即弣之两旁曲处），张衡《西京赋》云："黄间机张"，潘岳《射雉赋》云："奉黄间以密彀"，皆谓此。黄间之外，又有紫间、赤黑间之名。陆机《七导》云："操紫间之神机。"《积古斋钟鼎彝器款识》卷十有中郎将曹悦赤黑问弩机，似皆就其色之不同而异其名者。《武备志·诸弩图说》云：

> 古人自踏张者，其饰有黑漆、黄白桦、雌黄桦，稍小则有跳镫弩、木弩，跳镫弩，亦曰小黄，其用尤利。

此诸弩名称，皆就其饰言（桦，木名，可以饰弓，《汉书》司马相如《上林赋》"华枫枰栌"《注》，师古曰："华即今之皮贴弓者也"），小黄或即大黄而小者。

张弩古称曰彀，其字本当作钩，亦作句，音转为彀。《释名》云"钩弦者曰牙"，《仪礼·大射仪》云"右巨指钩弦"，《诗·大雅·行苇》"敦弓既句"，张衡《东京赋》易之曰"彫弓既彀"。王引之《春秋名字解诂》上云：

> 楚王子钩字发，成十六年《左传》囚楚公子茷，《正义》曰："《晋语》谓之王子发钩，盖一名一字也。"……钩读为彀，《尔雅·释诂·释文》："彀古豆反，一音古侯反"，古侯反则音钩矣。颜师古注《汉书·冯唐传》曰："彀音沟"，沟与钩同音。

此称张弩曰钩、曰彀，意指钩弦，仍与张弓无异。战国以来，弩力渐强，彀不足以尽张弩之义，乃易彀而为彉，字又作彍、作韝。《方言》

一:“张小使大谓之廓。”钱绎《笺疏》云:

《说文》:“彉弩满也,读若郭。”《广雅》“彉张也;”曹宪音廓,《淮南·兵略训》云“疾若彉弩”,《孙子·兵势篇》云“势如彍弩”,《汉书·吾邱寿王传》“十贼彍弩,百吏不敢前”,张晏音郭,颜师古注“引满曰彍”,《太平御览》引《尸子》云“扜弓鞹弩”,彍鞹并与彉同。《公孙丑篇》“知皆扩而充之矣”,赵岐注“扩廓也”,孙奭《音义》引丁公著云“扩张大也”,义并与廓同。

此释彉最为详尽,此虽一字之改易,而弩力之加强,亦可因此而窥见其消息。

九、余论

弋射与弩,在中国文化上虽占一重要地位,但历来学者从未注意及此,因由此而起之若干名物,在旧注中均失其正解。余于此乃冥行探索,积思如痗,所得虽至仅,然据此以推论殷商以前东方文化之来源,亦不无一隙之明。

安特生于其《中华远古之文化》及《甘肃考古记》两文中,以戈鬲(或鼎)及粟鉴为起于东方之物。最古之弋射与弩,虽无遗物留存于今,然据甲骨文之象形字言之,殷代确已有矰缴与弩之存在。是殷商或其以前,东方所特有者,戈鬲粟鉴之外,又当有矰缴与弩。戈鬲与粟鋻,分布之地,今所知者,仅限于辽宁之貔子窝沙锅屯及黄河流域两岸之地。至黄河流域以南,则概无所闻。近代学者由人种方面,及言语方面,谓中原华族与西藏、缅甸、暹罗诸族关系至近,独于古物方面,则犹缺然无征。

南方民族及印度之用弩,在公元前或公元前四世纪以前,虽无可征,然观其传播之广,则史前之中国,与南方民族及印度诸地,其关系或较有史以后尤为密切。汉以前,中原政权势力,虽未深达于长江流域以南,然不能谓与此方即无交通可言。

上文据弹及弋射之缴断定最初用弩者,当为居住黄河流域之华族,此说之当否,姑不必论,但观使用弩之区域,遍于亚洲之东南,而漠北则绝无此种影响,此种分布状况,必非有史以后之事。盖有史以后,中原华族与漠北之关系,远在南方民族之上;故弩在南方之传播,必在有史以前。从而殷商以前之文化,必受有若干南方文化之影响,其消息不难于此中求之。

此文所据者既为古代之象形字及绘画,固与实物无殊。又今平市现存之弩,与数千年前者相较,其构造容有若干变迁,然就载籍中关于此类之名物言之,大致仍无若何差异。吾先民日常习用之物,如舟车屋宇兵器农具之类,其形制仍保存迄今者,所在多有,其有裨于考古如此类者,必不少。近来外货益深入内地,此类遗物日就湮灭,若不及时搜集,数十年后将无从征考。间尝与友人裘子元、梁思永两先生谈,欲设一博物馆搜集现代地面一切用具之实物或模型。荏苒数载,此愿犹虚。为此文竟,因并及之。总之,此文固以征实为主。其论式与枢机参连,或足以正昔人之误,发千载之覆。其论弗、吊、叔、夷、弟、己、申、弋、弘、必、臾诸字之形体,亦与实物无间,当不至于大误。至于臆测之谈,如于之象弩,秘之为檠榜,弩、砮、簬、路之名称,钩、彀、彉、鞟之意义,弩之原起与弋射衰歇之故，及古蹶张之用腰引，虽不易于征实，然亦不失为有理解之假设。余为此文，用力至勤，故为道其甘苦如此；惟博雅君子，有以教之。

1934 年 2 月 19 日写完，在北平北海静心斋

（原载《国立中央研究院历史语言研究所集刊》
第四本第四分，1934 年）

古代灌溉工程原起考

一、叙言

翁咏霓先生近撰《古代灌溉工程发展史之一解》(见《庆祝蔡元培先生六十五岁论文集》下册),谓大规模人工灌溉因而发展农业者,似出于战国时代。翁先生本其地质学上之经验,及实地之考察,以为:“古代灌溉工程之经验,乃先发生于华北平原西部之太行山麓。初因各国分立,少相往来,故传播未广,嗣因政治作用,偶而传入关中,而效乃大著。复因秦人政治力量,挟以外传,南入四川,西暨宁夏。秦、汉一统之后,传播更广。以农立国之汉族文化,亦于是确定不拔。最后因汉人势力侵入中亚细亚,于是灌溉经验,亦随之俱西。虽篇段记载不甚完全,而蛛丝马迹,隐约可见。故昔人以为中国文化之由来,自西而东,而吾则以为中国水利知识之传布,实由东而西。”此锐敏之观察,实为研究中国古代文化,提供一最重要之实例。

虽然,大规模灌溉工程,如仅为开渠引水,互相回注,则其事或不难凭地形之便利,及人类之灵感,因应创建而成。无如事实并不如是简单。其工程巨大,既须统筹兼顾,先为严密之计划。而开渠引水，又不仅水流就湿，且须激下向高。堤防闸堰之设置，在在须有多种充分之经验。此类复合多种经验之“独立发明，原非易事”。此如印刷术不发生于西方，而发生于中土者，实以社会周遭种种因缘有足以助成其发生之理由。盖中国雕刻当殷、周之世，已极发达。其时遗物，如骨器铜器等，纹制精美，而甲骨文字及铜器铭文之刻铸，尤其铜范上反镌之字，与印刷之雕版，其形制几无差异。秦、汉而后印刷用之纸张，既已发明于中国，而石刻碑碣，又日增月盛，汉、魏石经，一再勒于太学，又与书有雕版何异？以如是宜于发生印刷之环境，历如是悠久之岁月，而印刷术犹不能立即发生。必待隋、唐而后，石刻渐有毡拓，如今碑帖之打本，其与印刷相差只一间，以此为前导，而后印刷术乃继之而起。其事之发生，实非一朝一夕之故。以此例彼，则大规模灌溉工程之发生，或别有其繁复之原因在。余意欲究其原因，当有四事须注意者：

第一，堤防为防止水患最自然之设置。中国文化导源于黄河流域，而黄河泛滥，迄于今未已，其下游兖、豫一带，受祸尤烈。先秦之世，中国文化即以此一带为中心。当时对于水患之预防，必已有大规模之堤防。

第二，中国以农立国，而稻之出产尤为大宗。产稻之区，虽以荆、扬为盛，而黄河流域，分布亦广。稻之种植，需水较多，非有较进步之水利建设，则此种作物必不能发达。

第三，运河之开凿，实兼有灌溉之利。《史记·河渠书》所载汉以前中国境内之运河，已遍于江河流域，其中惟蜀之渠道，由战国末年秦所置郡守李冰为之兴修，明由中原输入；其潼关以东之运河，皆有较悠远之历史。

第四，春秋、战国之世，因堤防漕渠之发达，于是权谋之士，乃利用此新起之知识，防山壅泉，使邻敌受水旱浸沉之患。此于大规模灌溉工程之发生，实有交相推进之功。

据此言之，中国境内大规模灌溉工程之发生，实合多种经验逐渐推演而成。翁先生此文，惟以问题昭示读者，不屑屑于琐细之考证，其大规模灌溉工程之传布，由东而西之说，实为不勘之论，余故乐为推阐之，俾究心中国文化者，有所征信。惟此文仅就现存之文籍加以钩稽而成，于实地之考察，则有未遑。尚望翁先生及读者，有以教之。

二、堤防之发生

中国历史，肇端于洪水之传说。《汉书·沟洫志》引《周谱》云，定王五年(公元前464年)河徙。由此言之，古代河患之烈，信有征矣。中国文化导源于黄河流域。当河道多次改易，或泛滥之后，不能任其人畜室庐，长此漂没，而最自然之防患方法，则莫先于堤防。《禹贡》所载导河之事，出于传说，今由学者实地观察，知非人力所能。而堤防则为古今所不废，《礼记·经解》云“犹坊(防)止水之所自来也，故以旧坊为无所用而坏之者，必有水败”，是古代利用堤防以防水患之证。《左传》昭二十六年(即公元前516年)载“召伯逆王于尸，及刘子、单子盟，遂军圉泽，次于堤上”，此尸及圉泽，皆去河甚近，所谓堤上即河堤无疑。据此黄河之有堤，必尚在此时以前。《尔雅·释地》有“坟莫大于河坟”之言，同书《释丘》及《诗·汝坟》传，均谓坟为大防，即堤防，盖古代河堤规模之大，彰彰在人耳目。《国语·周语》云：

厉王虐,国人谤王。……王怒,得卫巫,使监谤者,以告,则杀之。国人莫敢言,道路以目。王喜,告邵公曰:"吾能弭谤矣,乃不敢言。"邵公曰:"是障之也。防民之口,甚于防川。川壅而溃,伤人必多;民亦如之。是故为川者,决之使导;为民者,宣之使言。"

《国语》成书当在战国之世,虽不能认为厉王时已有堤防之证,但此由堤防而演为比喻之词,其间必有悠远之历史。《左传》襄三十一年亦有同样之记载:

郑人游于乡校,以论执政。然明谓子产曰:"毁乡校何如?"子产曰:"何为? ……我闻忠善以损怨,不闻作威以防怨。岂不遽止? 然犹防川,大决所犯,伤人必多,吾不克救也;不如小决使导。"

《汉书·沟洫志》载贾让《疏》,亦有防川之喻:

夫土之有川,犹人之有口也。治土而防其川,犹止儿啼而塞其口。岂不遽止? 然其死可立而待也。

此一比喻词,流传广远如此;则堤防之作,决不起于引用此语之时代。吾人如认《左传》所载,至少春秋时事全为实录,则堤防之作,必尚在子产以前,即公元前六世纪以前。

此说尚有他证。当春秋之世,不但河有堤,汝亦有堤。《诗经》结集之年代,至迟当在春秋中叶。《诗》有《汝坟》,坟或作汶,《尔雅·释水》云“汝有濆”,以濆为汝之别出,则误。《诗》言遵彼汝坟,伐其条枚,伐其条肄。坟可遵行,且有条枚条肄可伐,其为堤防甚明。其时晋之大泽亦有堤。《左传》昭元年载子产对叔向之言曰:

> 昔金天氏有裔子曰昧,为玄冥师,生允格台骀。台骀能业其官,宣汾洮,障大泽,以处太原。帝用嘉之,封诸汾川。沈、姒、蓐、黄,实守其祀。

障即堤防。此虽述古代传说,然至迟当子产之世,晋之大泽已有堤。又《墨子·兼爱中》载原泒、嘑池、孟诸亦有堤:

> 古者禹治天下,西为西河渔窦,以泄渠孙皇之水,北为防原泒,注后之邸,嘑池之窦,洒为底柱,凿为龙门,以利燕、代、胡、貉与西河之民。东方漏之陆,防孟诸之泽,洒为九浍,以楗东土之水,以利冀州之民。

此虽传述禹之故事,而实即显示当墨子世,原泒、嘑池之窦,孟诸之泽,皆有堤。又《吕氏春秋》载宋、荆亦有堤:

> 楚庄王使文无畏于齐,过于宋,不先假道。还反,华元言于宋昭公曰:“往不假道,来不假道,是以宋为野鄙也。……请诛之。”乃杀文无畏于扬梁之堤。——《行论》
>
> (魏)文侯可谓好礼士矣,好礼士,故南胜荆于连堤。——《下贤》

此堤皆当释为堤防。或以连堤为长城者,非是。据此,知春秋战国之世,各国堤防之发达。观其传播之普遍,亦足证明堤防之作,远在春秋以前。

战国之时,对于堤防之溃决,更有一深厚之经验。《吕氏春秋·慎小篇》云:

> 巨防容蝼,而漂邑杀人。

又《韩非子·喻老篇》云:

> 千丈之堤,以蝼蚁之穴溃……故曰:“白圭之行堤也,塞其穴。”

此种经验,亦非短期中观察所得。

总上所述,春秋战国之世,各国堤防,实有长足之发展。而灌溉工程之发生,亦不能与此无关。盖堤防之作,其初虽为低地阻止外水而设,然同时实有蓄水之功。《礼记·郊特牲》“祭坊与水庸”,《注》云“坊者所以蓄水,亦以障水”,此所云障水即止外水,而蓄水则为灌溉之用。《管子·立政篇·省官》云:

> 决水潦,通沟渎,修障防,安水藏,使时水虽过度,无害于五谷,岁虽凶旱,有所秎获,司空之事也。

《荀子·王制篇》有一段与此可以互观:

修堤梁,通沟浍,利行潦,安水藏,以时决塞,岁虽凶败水旱,使民有所耘艾,司空之事也。

此谓堤梁沟浍以时决塞,实兼止水与蓄水之功;故岁虽凶旱水败,无患。盖既有堤防之后,灌溉工程,即自然随之发生;惟大规模之灌溉,则须有待耳。

三、稻与水利建设

稻之种植,宜于水泽洿下之地。《周礼·载师》贾《疏》引《孝经·援神契》云:"洿泉宜种稻。"《说苑·辨物篇》云"高者黍,中者稷,下者秔",秔即稻。《史记·滑稽传》云"瓯窭满篝,污邪满车",《说苑·复恩篇》云"下田污邪,得谷百车",污邪即下地,下地所宜惟稻,稻之收获,数倍他谷,满篝满车百车,皆言其多。《礼记·内则》又有陆稻,《管子·地员篇》谓之陵稻,《齐民要术》谓之旱稻,其耐旱不及黍稷,而收获则远逊下田,故其种不盛。稻以宜于下田,故宜稻之区,水利建设,必有相当之发达。《周礼·地官·稻人》云:

稻人掌稼下地,以猪畜水,以防止水,以沟荡水,以遂均水,以列舍水,以浍写水,以涉扬其芟,作田。

郑玄《注》云:

偃猪者畜流水之陂也;防,猪旁堤也;遂,田首受水小沟也;列,田之畦畤也;浍,田尾去水大沟也;作,犹治也。开遂舍水于列中,因涉之,扬去前年所芟之草,而治田种稻。

程瑶田《通艺录·沟洫疆理小记·稻人沟浍记》更释之云:

稻人掌稼下地,即所云稼泽也。盖水泽下隰之地,一遇淫雨,漫没随之,内水难出,外水易入,无减水之法,斯不得与水争地。于是豬以畜之,使其出者有所归。防以止之,使易入者不内泛。夫然后疆理其地为遂,于是每夫之田首,则水之偏钟于最下之地者,今皆以共遂分而受之,所谓均水也。其水之在百亩中者,则为甽以居之,甽必成列,是谓以列舍水。遂中之水,受之以沟,沟深于遂,水乃流行无所滞,是曰荡水。而浍又深于沟,其承沟水也,随纳随消,是曰写水。如此则以浍承沟,以沟承遂,以遂承列,递相受焉,水乃不为田害;而因以涉扬其芟,以作田也。此治沟浍,亦专为除水害。盖芒种虽资于水,而大浸亦必伤其稼。故稻人之治之也,既先有事于豬防,以去其漫没之大患。而后为沟浍,使水尽由地中行。水由地中,田乃可作。涉扬其芟,盖治沟浍之余事,顺而摭者也。

《周礼》一书,虽不可信,然此类记载,必本于当时种稻之经验而言。据程氏所释,则古代水利建设已甚完备。如以《周礼》为战国时书(恐尚在战国以前),则战国以前关于水利之事,已饶有丰厚之经验。

古代宜稻之地,据《周礼·职方氏》载,扬州、荆州其谷宜稻,青州宜稻麦，豫州、并州宜五种，兖州宜四种，幽州宜三种，雍州、冀州宜黍稷。是宜稻之地，莫过于荆、扬二州，青宜稻麦，仅次之，豫、并、兖、幽宜五种、四种、三种，据郑《注》皆有稻在内。盖黄河流域，古代产稻区域颇广。出土周时铜器，每有用盛稻粱之语，而米粒亦有留痕于铜器簠簋之内者。《诗·唐风》《豳风》《小雅》《鲁颂》均有稻，《周颂》稌亦稻之属，是古代产稻区域普遍之证。据此言之，黄河流域稻之种植，必远在有史以前。因此关于水利建设，亦不能以历史记载为限。

虽然，史前之事，茫昧难稽，姑不置论。荆、扬之地既最宜稻，征之春秋之世，《左传》襄二十五年云：

> 楚蒍掩为司马，子木使庀赋……甲午，蒍掩书土田，度山林，鸠薮泽，辨京陵，表淳卤，数疆潦，规偃猪，町原防，牧隰皋，井衍沃，量入修赋。

此偃猪、原防，皆春秋时楚之水利建设。又《淮南·人间篇》载：

> 孙叔敖作期思之陂，而灌雩娄之野，庄王知其可以为令尹也。

其事又载《后汉书·王景传》：

> （庐江）郡界有楚相孙叔敖所起芍陂稻田（注：陂在今寿州安丰县东，陂经百里，灌田万顷）。景乃驱率吏民，修起芜废，教用犁耕。由是垦辟倍多，境内丰给。

此事记载皆出汉以后，虽不能遽认为孙叔敖所为，但在淮南王安时，其地已有陂。后汉时王景“修起芜废”，明有所因袭。故此陂至迟当出于秦汉以前。

秦汉以前，楚地文化，远在中原之下。即以农作而言：东汉初年庐江郡尚不知牛耕（亦见《王景传》），其农作技术之幼稚如此。苟非其地水利发达，则其地何能宜稻？据此言之，楚地之有偃猪、原防及芍陂，皆为其地自然发展之结果，绝非由中原输入。从而大规模灌溉工程之发生于东方，亦不能断言与楚无关也。

四、运河与灌溉

运河之开凿，其初固不必计及灌溉之利。但漕渠既成之后，灌溉之利即随之发生。《史记·河渠书》载漕渠所经之地，无不蒙灌溉之利：

> 自是（指禹）之后，荥阳下引河，东南为鸿沟，以通宋、郑、陈、蔡、曹、卫，与济、汝、淮、泗会。于楚，西方则通渠汉水云梦之野，东方则通鸿（鸿衍字）沟江、淮之间。于吴，则通渠三江五湖。于齐，则通菑、济之间。于蜀，（则）蜀守（李）冰凿离碓，解沫水之害，穿二江成都之中。此渠皆可行舟，有余则用溉浸，百姓飨其利。至于所过，往往引其水，益用溉田畴之渠以万亿计，然莫足数也。

据此知大规模灌溉工程，实不能置运河而不论。

中国之有运河,颇有悠远之历史。上文所引《史记·河渠书》所载之漕渠,皆汉以前之运河。其荥阳鸿沟之渠,通宋、郑、陈、蔡、曹、卫与济、汝、淮、泗会,犹为赵宋以前最重要之干渠。其渠道辽远,当非一时所能完成。据《水经·济水注》引刘成国《徐州地理志》云:

> 偃王治国,仁义著闻,欲舟行上国,乃通沟陈、蔡之间。

此故事出于后来传说,虽不能视为公元前十世纪之史迹(徐偃与周穆同时,约当公元前十世纪顷),但亦不能过晚,因战国时其邻近之郑地已有渠道,据《水经·渠水注》云:

> (圃田)泽在中牟县西,西限长城,东极官渡,北佩渠水,东西四十许里,南北二十许里(《元和郡县志》云"东西五十里,南北二十六里"),中有沙冈,上下二十四浦,津流径通,渊潭相接,各有名焉。……浦水盛则北注,渠溢则南播。故《竹书纪年》梁惠成王十年,入河水于甫田,又为大沟而引甫水者也(下文又引《竹书》梁惠成王三十一年三月为大沟于北郛,以行圃田之水,与此恐即一事)。又有一渎自酸枣受河,导自濮渎,历酸枣,径阳武县南出,世谓之十字沟,而属于渠。或谓是渎为梁惠之年所开,而不能详也。斯浦乃水泽之所钟,为郑隰之渊薮矣。

据此知圃田渠道至迟当作于梁惠之世。此渠道汉代由菑、济入海,亦与淮、泗通,即后世之汴渠。据《后汉书·王景传》云:

初平帝时河、汴决坏，未及得修。建武十年，阳武令张汜上言："河决积久，日月侵毁，济渠所漂，数十许县，修理之费，其功不难，宜改修堤防，以安百姓。"……后汴渠东侵，日月弥广，而水门故处，皆在河中。兖、豫百姓怨叹，以为县官恒兴他役，不先民急。永平十二年议修汴渠……遣景与王吴修渠筑堤，自荥阳东至千乘入海口千余里。

此渠之堤防水门，皆汉代溃决以前情况。至迟亦成于梁惠之世。当时并已通漕运，故《孟子·梁惠王章》有移民移粟之语，《战国策·魏策一》亦云：

（魏）地四平，诸侯四通，条达辐辏，无有名山大川之阻……粟粮漕庾，不下十万。

魏有漕庾，不下十万，是其地已通漕粟之证。堤防水门，实为漕运所必需之建设。汉以后长安、洛阳、许昌、汴、邺叠为国都，皆赖此渠为转输东南粮粟，此陈、蔡间之通渠，与郑地既近，而且皆为汉以前所成，故亦不能晚于战国之世。

吴、楚之运河，原较他处发达。就现存之记载言，亦以吴、楚境内之运河为最早。其江、淮之沟通，据《左传》哀九年（前483年）载"吴城邗，沟通江、淮"，其事在公元前五世纪之初。《国语·吴语》载其事尤较详：

吴王夫差既杀申胥，不稔于岁。乃起师北征，阙为深沟，通于商、鲁之间，北属之沂，西属之济，以会晋公午于黄池。……夫差既退于黄池，乃使王孙苟告劳于周曰："……余沿江泝淮，阙沟深水，出于商、鲁之间，以彻于兄弟之国。夫差克有成事，敢使苟告于下执事。"

此运河沟通江、淮以达商（即宋）、鲁之间，今苏、鲁境之运河，即肇端于此。吴王夫差以与晋争霸之故而举行此巨大工程，苟非其地已有富有经验之水工，为之经营擘画，虽以夫差之雄图，亦不能成此伟迹。此工程据《吴语》有"阙沟深水"之言，所谓阙沟即新开之渠道；所谓深水则就已有之河流而浚之。《春秋》庄九年（前685年）冬浚洙，《公羊传》释之云：

洙者何？水也。浚之者何？深之也。曷为深之？畏齐也。曷为畏齐也？辞杀子纠也。

鲁人浚洙以增厚国防，其事前于夫差约二百年。是知夫差运河工程，必有所受。是运河之肇端，至迟已可溯至公元前七世纪矣。

三江五湖之渠，据明高淳韩邦宪作《广通坝考》，谓荆溪震泽中有三五里颇高阜，春秋时吴王阖庐伐楚，用伍员计，开渠运粮，今尚名胥溪，及旁有伍牙山云。此以胥溪及伍牙山名，附会为伍员事，其说虽无征，然春秋之世，三江五湖之间，已有舟楫可通。《国语·越语》载子胥之言曰：

夫吴之与越也，仇雠敌战之国也，三江环之，民无所移。……夫上党之国我攻而胜之，吾不能居其地，不能乘其车；夫越国吾攻而胜之，吾能居其地，吾能乘其舟。

据此知吴得越能居其地,能乘其舟,则三江五湖之间,宜有渠道可通。此解如信,则其地之有渠道,必尚在夫差沟通江、淮以前。

楚西方之渠,据《皇览》载孙叔敖激沮水作云梦大泽之地,沮水盖即汉水,其地古当有渠;但后人附会为孙叔敖所为,则未必是。《国语·吴语》云:

> 昔楚灵王不君,其臣箴谏以不入,乃筑台于章华之上,阙为石郭,陂汉以象帝舜。

韦昭注:"陂壅也,舜葬九嶷,其山体水旋其丘,故壅汉水使旋石郭,以象之也。"此亦就汉水云梦之渠而傅会为楚灵王时事。但因此知汉水云梦之通渠,必为《国语》成书以前之事。

蜀守李冰凿离碓,《华阳国志》以为秦孝文王时事。孝文即位仅三日薨,不能置守。蜀之入秦在公元前316年,故此道之开凿必在此时以后。与以前诸渠较,此最晚出,明由秦人输入。

据上所述,中国之有运河,虽不能遽断其最初发生于何地,其足以影响于灌溉工程,则无疑也。

五、曲防与水攻

春秋战国之世,因堤防漕渠之发达,于是权谋之士,乃渐利用之以为政争或战争之工具。

《孟子·告子下》载齐桓葵邱之会,五命曰:"毋曲防。"此事各书记载略异,《管子·大匡》《霸形》两篇,"曲防"均作"曲堤";《公羊传》僖三年作"毋障谷";《穀梁传》僖九年作"毋壅泉"。据以上诸异文,防堤同义,障谷壅川,并须筑堤,故焦循《孟子正义》解曲防之义云"谓曲设堤防,以障遏水泉,使邻国受水旱之害",其说可信(赵注误)。案葵丘之会在僖九年,即公元前651年,《左传》载其盟书,仅有"凡我同盟之人,既盟之后,言归于好"数语。《孟子》系此数语于五命之下,是知《孟子》所载,至少已有一部分可信。至诸书所记五命之辞,详略互异,其年代皆出战国以后,易杂入后来传说,故此尚不能遂定为齐桓时事。然此有一旁证,即齐西地势卑下,最易受曲防之患。《汉书·沟洫志》引贾让疏云:

> 盖堤防之作,近起战国,雍防百川,各以自利。齐与赵、魏以河为竟。赵、魏濒山,齐地卑下,作堤,去河二十五里。河水东抵齐堤,则西泛赵、魏。赵、魏亦为堤,去河二十五里,虽非其正,水尚有所游荡。时至而去,则填淤肥美,民耕田之,或可无害,稍筑室宅,遂成聚落。大水时至,漂没,则更起堤防以自救,稍去其城郭,排水泽而居之,湛溺自其宜也。

此贾氏就当时河堤形势观察所得。其谓河堤肇始于齐,虽无依据,但齐西易受曲防之害,则为事实。黄河之有堤防,最迟亦在春秋之前期,贾疏谓近起战国者,实误。齐桓时河既已有堤,其河堤两岸上下游之利害,往往相反。如《后汉书·明帝纪》载永平十三年诏书云:

> 或以为河流入汴,幽、冀蒙利。故曰:"左堤强则右堤伤,左右俱强则下方伤。"

又《汉书·沟洫志》载：

孝武元光中，河决于瓠子，东南注巨野，通于淮、泗。上使汲黯、郑当时兴人徒塞之，辄复坏。是时武安侯田蚡为丞相，其奉邑食鄃，鄃居河北，河决而南，则鄃无水灾，邑收入多。

由此言之，葵丘盟书有曲防之禁，衡以当时之情势，实有发生之可能。

战争之利用堤防者，其最早之记载，亦在春秋之世。《左传》昭三十年云：

吴子执钟吾子遂伐徐，防山以水之，己卯，灭徐。

此为战争利用堤防见于记载之始（其事当前512年）。其后六十年，当贞定王之十六年（前453年），晋荀瑶又利用之以灌晋阳。《战国策·秦策四》云：

昔者六晋之时，智氏最强，灭破范、中行，帅韩、魏以围赵襄子于晋阳，决晋水以灌晋阳，城不沉者三版耳。智伯出行水，韩康子御，魏桓子骖乘，智伯曰："始吾不知水之可以亡人之国，乃今知之：汾水利以灌安邑，绛水利以灌平阳。"

此水攻战术初传入三晋时，智伯踌躇满志之言。同时或稍后，《墨子》书有《备水篇》，专论防水攻之方，有"观水可决，以临轒辒，决外堤"语。自是以后，以水攻者，史不绝书。如：

梁惠成王十二年，楚师出河水以水长垣之外。——《水经·河水注》引《竹书纪年》

（赵肃侯）十八年，齐、魏伐我，我决河水灌之，兵去。——《史记·赵世家》

先是中山负齐之强，侵暴吾地，系累吾民，引水灌鄗，微社稷神灵，则鄗几于不守。——《战国策·赵策》

（赵）王再之卫东阳，决河水伐魏。——《史记·赵世家》

秦正告魏曰："我……决荥口，魏无大梁；决白马之口，魏无外黄济阳；决宿胥之口，魏无虚顿丘。陆攻则击河内，水攻则击大梁。"——《史记·苏秦传》苏代《与燕王书》

太史公曰："吾适故大梁之墟，墟中人曰，秦之破梁，引河沟而灌大梁，三月，城坏，王请降，遂灭魏。"——《史记·魏世家》

此水攻皆在三晋境内，而以魏之受祸为最烈。盖其地地势低下，易受水患，故最不利于在境内作战。《孟子·告子下》云：

白圭曰："丹之治水也，愈于禹。"孟子曰："子过矣！禹之治水，水之道也。是故禹以四海为壑；今吾子以邻国为壑。水逆行谓之洚水，洚水者洪水也，仁人之所恶也！吾子过矣！"

白圭又见于《战国策·魏策四》，当昭王之世。《吕氏春秋·先识篇》谓白圭及见中山亡于赵，及齐湣王为燕所破杀。又《不屈》、《应言》、《举难》诸篇，载白圭与惠施、孟尝君问答。凡此皆与孟子时代相当。《韩非·内储说下》载白圭相魏。《魏策》及《吕氏春秋·应言篇》有白圭谓魏王及与惠施论难。《汉书·邹阳传》谓魏文侯赐白圭以夜光之璧。此皆圭仕魏之证(《邹阳传》时代略为参差,盖由传说致误,或以此白圭与《史记·货殖传》之白圭,为另一白圭,非是)。孟子之见白圭亦当在其游梁之时。据此言之,白圭之治水,即其仕魏时事。观以邻国为壑,则其境内堤防之高峻可知。汉代河决瓠子,其地几全被淹没。《盐铁论·申韩篇》云:

> 大河之始决于瓠子也,涓涓尔。及其卒,泛滥为中国害,菑梁、楚,破曹、卫,城郭坏沮,稸积漂流,百姓木栖,千里无庐。

因此春秋战国之世,魏地之灌溉事业,亦因之大为发达。韩及二周,与魏接壤,亦受影响。关中郑国渠,即成于韩之水工。而《战国策·东周策》载西周壅遏水泉之事云:

> 东周欲为稻,西周不下水,东周患之。苏子谓东周君曰:"臣请使西周下水,可乎?"乃往见西周之君曰:"君之谋过矣。今不下水,所以富东周也。今其民皆种麦,无他种矣。君若欲害之,不若一为下水以病其所种,下水,东周必复种稻,种稻而复夺之,若是则东周之民,可令一仰西周而受命于君矣。"西周君曰善,遂下水。苏子亦得两国之金也。

凡此与灌溉之事,皆有交相促进之功。

六、郑及韩梁灌溉工程之发达

灌溉之事,原以人力补救天时地利之不足,必其地得天较薄,数被水旱之灾，而后始有发达之望。楚地虽宜稻，又原防陂障发生甚早；但以地广饶财，得天独厚，故其民呰窳偷生，火耕水耨，灌溉之事，转无足观。《史记·货殖传》云：

楚、越之地，地广人希，饭稻羹鱼，或火耕而水耨，果隋蠃蛤，不待贾而足，地势饶食，无饥馑之患，以故呰窳偷生，无积聚而多贫。是故江、淮以南，无冻饿之人，亦无千金之家。

至于沂、泗以北，其情形则全与此相反。同书云：

沂、泗水以北，宜五谷桑麻六畜，地小人众，数被水旱之害，民好畜藏，故秦、夏、梁、鲁，好农而重民，三河、宛、陈亦然。

《盐铁论·通有篇》亦云：

宋、卫、韩、梁好本稼穑，编户齐民，无不家衍人给。

据上所述，此诸地均易被水旱之害，且宜五谷，则非不宜稻之地。稻之收获，较之他谷，不啻倍蓰。苟得灌溉之利，则其民无不弃故种以艺此。《汉书·沟洫志》贾让疏云：

若有渠溉，则盐卤下湿，填淤加肥，故种禾麦，更为秔稻，高田五倍，下田十倍。

故灌溉事业之发达，必以此诸地为最宜。

大规模灌溉工程，据现有之记载，当以郑地发生为最早。《左传》襄十年（前563年）载：

> 郑子驷为田洫，司氏、堵氏、侯氏、子师氏，皆丧田焉。

郑之田洫，其规模制度，虽无可考；但司氏、堵氏、侯氏、子师氏皆因此丧其田，则其规模之大亦可想见。《左传》襄三十年（前543年）又载：

> 子产使都鄙有章，上下有服；田有封洫，庐井有伍。……从政一年，舆人诵之曰："取我衣冠而褚之，取我田畴而伍之；孰杀子产，吾其与之。"及三年，又诵之曰："我有子弟，子产诲之；我有田畴，子产殖之；子产而死，谁其嗣之！"（《吕氏春秋·乐成篇》所载与此同，仅字句略异）

子产之政绩有二，其一使都鄙有章，上下有服；其二使田有封洫，庐井有伍。前者与此无关，姑不置论。后者必为踵行子驷之遗规。子驷为田洫，诸丧田之人因以作乱，而杀子驷。此舆人初时亦欲杀子产。所谓取我田畴而伍之者，即丧田人之辞，及行之三年，大得灌溉之利，乃更其辞曰："我有田畴，子产殖之。"其事之经过，与史起引漳水，灌邺田，先后如出一辙。《吕氏春秋·乐成篇》云：

> 魏襄王与群臣饮酒。……明日，召史起而问焉，曰："漳水犹可以灌邺田乎？"史起对曰："可。"王曰："子何不为寡人为

> 之?”史起曰:“臣恐王之不能为也。”王曰:“子诚能为寡人为之,寡人尽听子矣。”史起敬诺,言之于王曰:“臣为之,民必大怨臣,大者死,其次乃藉臣,臣虽死藉,愿王使他人遂之也。”王曰:“诺。”使之为邺令。史起因往为之,邺民大怨,欲藉史起。史起不敢出而避之。王乃使他人遂为之。水已行,民大得其利,相与歌之曰:“邺有圣令,时为史公。决漳水,灌邺旁。终古斥卤,生之稻粱。”

子驷、子产之事,以左氏记载简略,向为学者所忽略,兹以史起(史起《史记·河渠书》及褚先生《封禅书补》皆以为西门豹)二事相拟,则《左氏》所载当可了然。战国之世,郑灭于韩,其东部沃壤,皆入于魏。故韩、魏灌溉工程之发达,当系由郑传来。盖沂、泗以北,灌溉事业之发达,实非偶然也。

七、结论

春秋战国之世,华北灌溉工程,实由郑国导入。郑处黄河下游,壤地与吴、楚、齐、鲁诸国相接。齐、鲁为中国古文化之摇床,其水利事业之发达,当有悠远之历史。《周礼·职方氏》谓青州宜稻麦,《春秋》庄九年鲁浚洙,《孟子》载齐桓有曲防之禁,《管子》书虽非公元前七世纪时管子所作,但不能不认为齐地作品,其《度地篇》载立水官,及作堤之方甚详,其论激水行高之法,非有较进步之灌溉知识不能,《汉书·沟洫志》载关中引渭穿渠,由水工齐人徐伯主其事，其后齐人延年上书，欲开大河上领，出之胡中，既免水患又便国防：观其敢作诞言，亦可觇其地水利事业之发达。至如吴、楚尤为水利事业最适宜之发达区域。稻之种植，既为吴、楚主要农产品，而运河之开凿，尤与吴、楚为宜。盖江、淮之间，土地平衍，水流宽广，无惊涛激浪之险，无壅遏阻塞之祸，其地最宜行舟，故春秋时，吴、楚并有舟师，《左传》襄二十四年（前549年）载楚子为舟师以伐吴，其后哀十年（前485年）吴徐承帅舟师将自海入齐，当公元前五世纪顷，中国舟师已出现于黄海之上，其时东南舟运之发达亦可概见。因舟运之发达，乃引致运河之开凿，其事实有相因之势。观公元前六世纪之末，吴王夫差已能利用水攻以灭徐，则其时吴地水利事业之发达，亦可推知。故大规模灌溉工程，如不导源于齐、鲁，即当肇端于吴、楚。沂、泗以北郑及韩、魏，以与此接壤之故，首先受其影响。又以地势低下，及人民勤力稼穑之故，更使此项工程益为发达。今就仅存之记载言，其传播之途径，犹历历可指。往者法国伯希和教授，以为今新疆南北道之有所谓卡儿水者，即井渠，与波斯地下水道相似，疑此法自波斯传来。王静安先生因之为《西域井渠考》（见《观堂集林卷》十三），据《史记·河渠书》所载，证明井渠原发生于中土，西域本无此法。其言汉通西域，塞外乏水，故以井渠法施之塞下。波斯乏水，与葱岭以东略同，刘郁《西使记》言锡穆地无水，土人隔岭凿井，相沿数十里，下通流以溉田，所言与汉井渠之法无异；盖东来胡贾以此土之法传之彼国，非由彼土传来也。此种论断，虽仅据《史记》一方面之记载，但若综观中国古代灌溉之发达，则知井渠发生于中土，即以此种悠远之灌溉经验为其潜在之原因，从而井渠法之由东而西之说,益足证其为确然不拔之论矣。

1935年3月12日在北平北海静心斋

(原载《国立中央研究院历史语言研究所集刊》

第五本第二分,1935年12月)

说尊彝

尊彝二名，各有广狭二义。自其广义言之，则尊为饮器中盛酒器之共名，而彝则为宗庙器之共名，或一切贵重之饮饲器之大共名。

自其狭义言之，则此二名又未始不可代表饮器中一部分之器物。往时著录家对此广狭二义既无严格的划分，而于器之形制又无精密之比勘，名称混淆，莫此为甚。兹就鄙见所及，分别论之。

一、尊（甎）

古代饮酒之具，就其用途言，可别为三类：一曰盛酒之器，二曰斞酒之器，三曰实酒之器。盖古代酒皆酿造，所含之酒精甚少，故盛酒之器皆较现今所用者为巨。又其盛酒之器多无喙，故必藉勺或斗斞而实之。若今之饮具，则仅备盛酒之壶与实酒之杯足矣。

尊为古代盛酒器之共名，凌廷堪《礼经释例》卷十一云：

> 盛酒之器见于《礼经》者，曰甒，曰壶，曰方壶，曰瓦大，曰圜壶，尊其统名也。

尊为盛酒之器，容量必巨。故宋人以饮器之较大而又无别名可称者，皆统名之曰尊。已著录之铜器中，尊之形制最为复杂，大别之可得五类：

（甲）圜而直上，口侈，无盖，下有圈足，中间间有较突出的圆周形，其铜范之接榫处，亦间有觚稜之饰，亦有通体作方形者。

（乙）圜而大腹，颈短，径与口同，口微侈，下有圈足，间有盖，亦有通体作椭形者。

（丙）象鸟兽形之器，如牺象虎鸡鸟之类。

（丁）上敛而下巨，下有圈足，或椭或圜，形与壶罍相似。

（戊）其他类器而与甲乙及丁相近似者。

此所谓尊，如为狭义之尊，则其所代表之形制，不应如是之复杂。如谓广义之尊，则此五类之尊，既不能包罗所有盛酒之器，而此五类之中又有非盛酒器而阑入者。故此五类之尊，于广狭二义两俱无当，其名称亟当重行厘订。吾友容希白先生于《殷周礼乐器考略》（见《燕京学报》第一期）中首先对此名称加以拟议云：

> 自宋以来，名称之混淆者莫尊若也。有觯焉，有觚焉，有壶焉，有罍焉，大概以大小定之。余所见古器铭辞，无专著尊名之一类。则尊乃共名而非专名。《匋斋吉金录》所图之柉禁，有卣二、尊二、盉一、觚一、斝一、爵一、角一、觯三，其尊二乃一觚一觯。为之改定，则与《特牲馈食礼》之实二爵、二觚、四觯、一角、一散之数合，而缺一爵耳。尊之为觯、觚、壶、罍形者，归之觯、觚、壶、罍。专名之尊，则以牺象诸尊当之。

此说废弃尊名则是（虽存牺尊之名，加牺字则已别为一类），而以尊为觚、觯则非。尊为觚、觯,形制虽似,而大小迥异。前者为盛酒之器,后者为实酒之器。此在《仪礼》中曾有详细之记载可据。宋人凡关于铜器之名称,大率皆取之于《仪礼》,故此必以《仪礼》为准。《仪礼》记盛酒之器如:

尊于房户之间,两甒,有禁,玄酒在西,加勺,南枋。——《士冠礼》

尊于室中北牖下,有禁,玄酒在西,绤幂加勺,皆南枋。尊于房户之东,无玄酒。——《士昏礼》

司宫尊于东楹之西,两方壶,左玄酒,南上。公尊瓦大两,有丰,幂用绤若锡,在尊南,南上。尊士旅食于门西,两圜壶。——《燕礼》

司宫尊于东楹之西,两方壶。膳尊两甒在南,有丰,幂用锡若絺,缀诸箭,盖幂如勺,又反之,皆玄尊酒在北。尊士旅食于西镈之南北面,两圜壶。又尊于大侯之乏东北,两壶献酒。——《大射仪》

尊于宾席之东,两壶,斯禁左玄酒,皆加勺。——《乡射仪》

尊两壶于房户间,斯禁,有玄酒在西,设篚于禁南东肆,加二勺于两壶。——《乡饮酒礼》

尊于室中北牖下当户,两甒醴酒,酒在东,无禁,幂用絺布,加勺,南枋。——《士虞礼》

尊两甒于庙门外之右少南,水尊在酒西,勺北枋。——《士虞礼》

尊两壶于阼阶东,加勺,南枋,西方亦如之。——《特牲馈食礼》

尊两壶于房中，西墉下，南上。——《特牲馈食礼》

司宫尊两甒于房户之间，同棜，皆有幂，甒有玄酒。……司宫取二勺于篚，洗之，兼执以升，乃启二尊之盖幂，奠于棜上，加二勺于二尊，覆之，南柄。——《少牢馈食礼》

此所记诸尊有甒、壶、方壶、瓦大、圜壶，即凌氏《礼经释例》所本，皆盛酒所用。有禁有棜有丰者，古人席地，有此所以便于奠置。若斟酒实酒之器则实于篚，以待取用。（古有反坫以为反爵之用，《论语·八佾》皇《疏》云“坫筑土为之，形如土堆”，似较平地为高，此似不用篚，但仍不能径置于地上。）故《少牢馈食礼》云：“勺、爵、觚、觯实于篚。”又《特牲馈食礼》云：“篚在洗西南，顺实二爵、二觚、四觯、一角、一散。”凡此在《仪礼》中分别甚明。今《匋斋吉金录》卷一所图禁上罗列诸酒器，除二壶二尊及盉之外，如勺、爵、觚、觯、角、散（即斝）皆为实篚之物，不应陈之禁上。此其所绘，断非出土时原状。且此上所陈两壶（旧皆称卣），其一器较小，下有方座，此方座即以代禁之用，不应更置于禁上。容氏此说以与《特牲馈食礼》实篚之数相拟，实有未合。

《匋斋吉金录》所图禁上诸器，二壶之外尚有二尊。其一即前述甲类之尊，其一即前述乙类之尊（惟此器过小，似非盛酒之器）。此诸器如确为当时同出之物，则此实与《仪礼·燕礼》所记两圜壶、两瓦大或《大射仪》两圜壶、两甒之数相当。案《仪礼》甒（或瓦大）与壶并举之文甚多，而用幂之文，皆系于甒（或瓦大）之下，出土之壶无不有盖（《说文》，壶从大象有盖之形，其无盖者，或出土后遗失），有盖则无须有幂，有幂似为无盖之器（《少牢馈食礼》云启二尊之盖幂，此文承两甒而言，盖幂连文，或仍指幂言，或指乙类尊言,乙类间亦有盖)。此其证一。又《礼记·礼器》云:"五献之尊,门外缶,门内壶,君尊瓦甒,此以小为贵也。"郑《注》:"壶大一石,瓦甒五斗,缶大小未闻也。"《疏》云:"按《礼图》瓦大受五斗,口径尺,颈高二寸,径尺,大中,身锐,下平,瓦甒与瓦大同。"据《记》文及《注》文言之,甒当最小,故最贵,壶次之,缶又次之。(《注》云缶大小未闻者,案《武英殿彝器图录》"内者缶"实较寻常之壶为大,惟此类器似无法定大小,故云大小未闻。)今此甲、乙两类尊,均小于壶。而《礼图》所云甒之形制,颈高仅二寸,而颈与口又皆径尺,此与乙类尊口颈之形实同。又《礼图》之甒大中,身锐,下平,亦与乙类尊之腹足相当。此其证二。据此言之,则宋人所谓甲、乙两类之尊,实当为甒。

《方言五》云:"甒罂也。"下文续云:"周、魏之间谓之甒,秦之旧都谓之甗。"此谓甒与甗同物。甗金文作䰞,一见于《伯戋䰞》,再见于《晋公䰞》(旧释盦误)。其形颇与出土战国期之瓦釜相当。铜器《陈猷釜》、《子禾子釜》亦作此形。案釜从父声,甒从无声,古同为帮系鱼部字,故得相通。甒或即以其形似釜得名。

《伯戋䰞》铭云"作餴䰞",餴即《诗·泂酌》餴饎之餴。《毛传》云:"馏也。"《尔雅·释言》云:"饙馏,稔也。"稔即饪之借字,饪大熟也。䰞曰餴䰞,当是饲器。然其器既以䰞为名,从奠,象酒尊在几上之形,知其初必出于酒器。殷虚出土有类似甲乙两类尊之瓦器两种,惟皆无圈足。其一侈口,身长底锐,圜而直上,其一大腹,短颈,底圆而口微敛,当即甲、乙两类尊最原始之形制。盖器之有圈足者,为其可以徙置不倾,古有坫以为庋物之用(如前一器高约三尺余,当累土为高堆而瘗其半于土中),如金文醜作,召作,其所从之,正象酒器在坫上之形(武梁祠有一图,所绘正作此

形)。是知原始之尊,必无圈足。再以甲骨文中象酉形之字证之,案甲骨文酉及从酉之字原有两种作风,其一作,正与前一瓦器相似,其一作,正与后一瓦器相似。𤮾从奠以奠为名,而其形又与后一瓦器相似(惟底平不圆稍异,盖随坫之存废而变迁,无坫则须平底,以便奠置)。据此数端言之,可证𤮾之为物,其初实由酒器之尊演化而来。《方言》甄甒同物,是又为尊应名为甒之证。

据《仪礼》,广义之尊有方圜壶,有甒,有瓦大,既如上述。至如狭义之尊究为何物?就尊之字形言之,则惟甒(即甲乙两类尊)足以当之。《说文》尊从酋从収(金文之尊,又多一偏旁𨸏,其酋或作酉,古酋、酉多不别),象双手捧酒尊(即酉)之形。依上述甲骨文,酉既兼象原始的甲、乙两类之尊形,则此甲、乙两类尊,似仍当以尊名之。且甒仅为春秋以来或周、魏间之名称,而尊则无此种古今方俗之别,且又为宋以来习用之称。故此甲、乙两类之尊,除解释礼经之外,与其谓之为甒,不如仍保留其尊之名称,而更以甲类尊、乙类尊别之。

其余丙、丁、戊三种,除丙应别为一类外,其丁、戊两类,当就其形用之属于壶、罍或他器者而重行分别之,使各有所隶,不当复以为尊。

二、牺尊象尊

尊以牺象为名,自与寻常之尊有别。旧说于此有三种不同之解释。其一为毛、郑之说,如:

(一)《诗鲁·颂·閟宫》"牺尊将将",《毛传》云:"牺尊有沙饰也。”

(二)《周礼·司尊彝》“有献尊象尊”,郑司农《注》:“献读为牺,牺尊饰以翡翠,象尊以象凤皇,或曰以象骨饰尊。”

(三)《礼记·明堂位》云“尊用牺象”,郑《注》:“牺尊,以沙羽为画饰。象,象尊,骨饰之。”孔《疏》引《郑志》云:“张逸问曰:‘《明堂》注牺尊以沙羽为画饰,前问曰牺读如沙,沙凤皇也,不解凤皇何以为沙?’答曰:‘刻画凤皇之象于尊上,其形婆娑然,或有作献字者,齐人之声误耳。’(案《周礼·释文》献尊本或作戏,《尚书·释文》引张揖《字诂》云:‘羲古字,戏今字。’伏羲又作庖羲,又作伏戏,是古羲、牺、戏多通用,献、戏形近而误,云齐人声误者,非。)”

毛、郑读牺为沙,谓牺尊乃尊上刻画凤皇沙羽之饰(《隶续·司空残碑》云“婆娑尊俎”,高注《淮南·俶真》云“牺读曰希,犹疏镂之尊”,似汉人皆以牺为沙羽刻画之饰)。先郑于象尊云,以象凤皇,仍与毛、郑释牺尊之意同。其谓牺尊饰以翡翠,又与郑从或说释象尊“象骨饰之”之意同。此先后郑之说,不但互相歧异,即其各人之说,亦自不一致。如先郑于牺尊既云饰以翡翠,则象尊正当云以象骨饰。如后郑于牺尊既云以沙羽为画饰,则象尊正当云以象形饰尊。盖此二名,于旧籍中既同时并见,如为刻画之饰,则应皆为刻画之饰;如为镶嵌之饰,则应皆为镶嵌之饰。何得一彼一此,自相牴牾?

其二为王、刘之说,如:

(一)《礼记·明堂位》“尊用牺象”,孔《疏》引王肃《礼器注》云："为牺牛及象之形，凿其背以为尊，故谓之牺尊。"又阮谌《礼图》引王肃云："大和中鲁郡于地中得齐大夫子尾送女器，皆牺尊，以牺牛为尊，然则象尊为象形也。"

（二）《梁书·刘杳传》云："（杳）尝于（沈）约坐语及宗庙牺樽，约云：'郑玄答张逸谓为画凤皇尾娑娑然，今无复此器，则不依古。'杳曰：'此言未必可。按古者樽彝皆刻木为鸟兽，凿顶及背以出内酒。顷魏世鲁郡地中得齐大夫子尾送女器，有牺尊，作牺牛形。晋永嘉贼曹嶷于青州发齐景公冢，又得此二樽，形亦为牛象。二处皆古之遗器，知非虚也。'"

王、刘据当时地下所发现之新材料，以订正毛、郑之说，谓牺象即象牺牛与象之形，姑不论其说之当否，其说牺、象同为象形之尊，则已较二郑为一致。

其三为韦、阮之说：如：

（一）《国语·周语中》"奉其牺象"，韦昭《注》云："牺尊饰以牺牛，象尊以象骨为饰也。"（按《庄子·马蹄篇》释文引司马彪《注》云"牺尊画牺牛象以饰尊也"，与韦说牺尊同。）

（二）阮谌《礼图》云："牺尊饰以牛，象尊饰以象，于尊腹之上，画为牛、象之形。"

韦说牺象亦不一致，其象尊之说似本郑《注》，牺尊则不知所本。阮氏之说似折衷于前两说之间。其谓画于尊腹之上，则本于毛、郑，其谓为牛、象之形，则本于王、刘。

以上三说，以阮说见于图象，故宋人言礼器制度多从之。如聂崇义《三礼图》，不但牺、象均画于尊腹之上，即鸡、鸟、虎、蜼诸彝，亦作此形。朱子《诗集传》释《閟宫》之牺尊，亦以阮说为主，而别著王、刘之说于后，无复以牺尊为象沙羽之饰矣。及乾、嘉之际，汉学独盛，于是王念孙乃特伸毛、郑而驳斥其余诸说。其《广雅疏证·释器》"泰罍著罇也"之下《疏》云：

案《庄子·天地篇》云"百年之木破为牺尊，青黄而文之"；《淮南子·俶真训》云"百围之木，斩而为牺尊，镂之以剞劂，杂之以青黄，华藻镈鲜，龙蛇虎豹，曲成文章"；高诱《注》云："牺尊犹疏镂之尊，牺古读娑，娑与疏声相近。"《明堂位》周献豆，郑《注》亦云，献疏刻之。然则牺尊者，刻而画之为众物之形，在六尊之中，最为华美，故古人言文饰之盛者，独举牺尊也。《鲁颂》言"牺尊将将"，亦是盛美之貌。《管子·形势解》云"将将，鸿鹄貌之美者"，是也。《毛传》云"牺尊有沙饰"者，郑司农云"饰以翡翠"，后郑云"刻画凤皇之象于尊，其为形婆娑然"；说既不同，而同是雕文刻镂之义，则亦不甚相远也。至阮谌谓牺尊以牛为饰，只因牺字从牛，遂望文生义而创为此说。案《说文》牺，宗庙之牲也，《诗》曰"以我齐明，与我牺羊"。《传》曰"雄鸡自惮其牺"，然则牺者牲之总名，而六畜之所公共。尊名谓之牺，何以知其必为牛也？《记》曰："天子以牺牛，诸侯以肥牛，大夫以索牛。"若牺牛可称为牺，则肥牛亦可称为肥，索牛亦可称为索乎？然谌之说犹谓尊以牛为饰，至王肃则谓形如牛，而背上负尊，且引齐大夫子尾送女器为证，于是后人皆信其言，而斥毛、郑诸儒为臆说，此尤不可不辩。《周官》六尊、六彝之名，多取诸鸟兽，鸡彝、鸟彝、虎彝、蜼彝，皆谓画其形以饰尊。若牺尊为牛形,则与鸡、鸟诸彝之制不合。其不可信一也。《郊特牲》云:“宗庙之器可用也,而不可便其利也,所以交于神明者,不可同于所安乐之义也。”故孔子曰:“牺象不出门,嘉乐不野合。”齐大夫子尾送女,安得用宗庙之祭器?其不可信二也。且牺尊果为子尾送女之器,则其铭内必有子尾之名,然后可以辨识,既有子尾之名,则是子尾家用之尊而非宗庙献尸之尊。其不可信三也。据《庄子》、《淮南子》所云,则牺尊皆以木为之,今鲁郡所得牺尊在地中七百余年,而完好可以辨识,则是金器而非木器。其不可信四也。然则子尾送女之器本与牺尊无涉,特王肃以牺尊为牛尊,故见有器为牛形者即援以为证耳。宋《宣和博古图》所载周牺尊二皆为牛形,则又袭王肃之说而伪为之者,不足深辩也。若象尊之制,司农谓以象骨饰尊,阮谌谓画象以为饰,经传既无明文,不敢臆断。王肃谓尊为象形,而背上负尊,亦与鸡、鸟诸彝之制不合,不可从也。

王氏父子训诂之学,在有清一代号称绝诣,但其于古物方面,所得实疏。此论罗列诸证,似若可信,但以历来地下所发现之遗物论之,其说实不足据。兹为分别辩析如次:

第一,王氏据《周礼》司尊彝郑《注》,谓牺尊若为牛形,则与鸡、鸟诸彝之制不合,按出土象鸟兽形之器,如牛、羊、象、虎、鸡、鸟诸形见于著录者不下二三十器,此虽不能径指为即《诗》、《礼》所称之牺、象诸尊或鸡、鸟诸彝,但至少可以作以下之证明,即鸡、鸟诸彝如为象鸡、鸟之形,则牺象亦当为象牛、羊及象之形。

第二,王氏以牺尊为宗庙之祭器,子尾不得以媵其女,或自以为家用之尊。按《礼记·祭义》云“文王之祭也，事死者如生”，事死者如生则祭器所用必与生人无殊，即明器亦必仿效生人所用之物。《祭义》又云：“齐之日思其居处，思其笑语，思其志意，思其所乐，思其所嗜。”齐、斋同，为祭祀前之斋戒，当斋戒之时，孝子既如此追维死者之意志，则凡死者平生玩好之物，安得不以祭之。盖象鸟兽形之器，其初皆当为人类玩好之具，其在铜器，如太原出土之鸟彝名曰“作弄鸟”，弄有玩弄、玩好之意，曰弄即所以别于寻常之烹饪器与饮器，即其他雕镂精美之物，虽不必象鸟兽形，如《杕氏壶》铭云作弄壶，《大尹钟》铭云作元弄，亦可以弄名之。明于此义，则吾人于祭器之来源，可以作如下之推测：即第一代为生人用具或玩好之具，第二代即有变为祭器之可能，第三、四代以后如此展转增益，至礼经写定时，遂成为历代相沿之定制。同时生人用具或玩好之具，其形制之演变自较祭器为急遽，以致两者之间日益悬殊，几若另是一物。虽然，在社会习惯尚未急遽改变以前，此生人用具或玩好之具，与祭器之间，其形制亦不能相差过远。然则子尾媵女或家用之尊而有宗庙之器，又奚为不可？

第三，王氏据《庄子》、《淮南子》所述，以为牺尊皆木制，不当有冶铸之器。按王氏此说尤不值一辩。盖现存之古铜器，其形制皆为仿效更古代之陶器、木器而作。木器今虽无存，但陶器犹可资以比较，即鸟兽形之器，亦有陶制者。吾人岂能因其不见记载，遂谓古无此物？再以关于古器物之文字论之，如盘或作槃（柈）、鎜（见《白侯父盘》），盂或作杅、錳（见《郜公鼎》），罍或作櫑、鑘，其偏旁或从皿，或从缶，或从木，或从金。依形声之条例言之，皿为通称，从皿之器物，自不含有何物制成之意；但从缶为陶制，木为木制，金为金制，则甚显然。此诸器不论其以何物制成，其为盘为盂为罍则一。又《说文》于豆云“古食肉器也”;于梪云“木豆谓之梪”;于笾云“竹豆也”;于登云“瓦豆谓之登”。又《诗·大雅·生民》云“于豆于登”,《毛传》云:“木曰豆,瓦曰登;豆荐菹醢也,登大羹也。”此虽因其物之质地及所荐之不同而异其名称,但其象豆之形则一。由此言之,古有铜制鸟兽形器,有何不可?

第四,王氏谓牺为六畜之总称,其说虽是;但此牺、象与鸡、鸟并称,则牺之为牛,亦无可訾议。且旧籍称牺为牛者亦不少见,如《左传》僖二十九年云:“介葛卢闻牛鸣曰:‘是生三牺,皆用之矣。’”又如《晋语九》云:“夫范、中行氏不恤庶难,欲擅晋国,今其子孙将耕于齐,宗庙之牺,为畎亩之勤。”凡此所谓牺,非牛而何?

据此,王氏所列诸证既不足信,则牺象之说自以王、刘所释为长。但吾人如遽以此说为是而否认其余两说,则似又有未可。盖现存遗物中,不但有象鸟兽诸形之器,即刻画凤皇牛象诸形,及以象牙松绿石为饰者,亦不少见。如以地下遗物为依据,则此三说似皆有同样可信之理由。故此非别有其他佐证,则吾人实无从断定其说之孰当孰否。

按器物之以雕镂绘饰为名者,如琱戈、琱戟、画转、画韬(见于金文)、敦弓、镂簋,初不必缕举其雕镂绘饰之物。其以雕镂绘饰之物为名者,如旗帜有鸟、隼,龟、蛇、龙、象及狼头纛等,货币有龙币、马币、龙洋、鹰洋之类,皆必须资其雕镂绘饰以为识别之物。至普通用具如龙勺、虎符、鱼钥、龙舟、龟钮、兽环,大致皆就其所象之形而言。故此尊彝中牺、象、鸡、鸟诸名,皆应释为象牺、象、鸡、鸟诸形之物。

又按殷、周古文,彝象双手捧鸡或鸟形之器(说见后),《周礼》六彝,鸡彝、鸟彝之称亦即此物。彝以鸡、鸟为名,即象鸡或鸟形之器，可为牺尊象尊象牺或象形作一有力之旁证。据此论之，牺尊之说，仍当以王、刘所释为是。

三、彝

彝见于卜辞及金文者，象双手捧鸡或鸟形。其鸟或鸡，有冠、喙、翼、尾、足、距（金文彝尾旁缀糸，从糸仍是尾形之讹，其讹变之次第如）。吴大澂《说文古籀补》彝下载杨沂孙说云：

> 古彝字从鸡从廾，象冠翼尾距形。手执鸡者，守时而动，有常道也，故宗庙常器谓之彝。《礼》“夏后氏以鸡彝”，郑司农说“宗伯主鸡”。

此说彝从鸡从廾，象手执鸡，指示彝所从之形体，极为明确可信。惟其说解，谓鸡守时而动为有常道，以释彝之训常，则未免迂曲。按彝之所以象双手捧鸡或鸟形者，以宗庙常器中实有象鸡或鸟形之物。

现存铜器中，有全体作鸡或鸟形者，日本住友氏及英国猷氏各藏有数器（见《泉屋清赏》及《猷氏铜器集》），本所在殷代陵墓中发掘所得，亦有一鸟形之器，其纹样极似住、猷两氏所藏者，惟失盖。以此论之，此类器大部分皆当为殷代之物，即至迟亦当为周初所作。据上所述铜器本为木制或陶制之仿造品，则此类形制之器，当有更悠远之历史。以最近出土殷代遗物言，其雕镂之精美，实非任何时代所能企及。彼时既具有如此雕镂之技能，而现存铜器中具有鸡鸟形之器，又大部分皆为此期之物，则彼时木制陶制此类之器，必当更为普遍。盖必有更为普遍之器，而后始可构成此彝字之形与义。彝之象手捧鸡或鸟，彝之训常，必典此为不可分之事实。

再就礼经中关于彝之名称论之，《周礼·春官·司尊彝》云：

> 春祠夏禴，祼用鸡彝鸟彝，皆有舟，其朝践用两献尊，其再献用两象尊，皆有罍，诸臣之所昨（同酢）也。秋尝冬烝，祼用斝彝黄彝，皆有舟，其朝献用两著尊，其馈献用两壶尊，皆有罍，诸臣之所昨也。凡四时之间祀追享朝享，祼用虎彝蜼彝，皆有舟，其朝践用两大尊，其再献用两山尊，皆有罍，诸臣之所昨也。

此六彝郑《注》云：“鸡彝、鸟彝，谓刻而画之，为鸡、凤皇之形。”司农云：“斝读为稼，稼彝，画禾稼也，黄彝，黄目尊也。……蜼读为蛇虺之虺，或读为公用射隼之隼。”玄谓：“黄目以黄金为目……蜼禺属，卬鼻而长尾。”案此所释，与现存铜器多不合。盖刻画诸形之饰如鸡凤皇形，旧图中多称为夔凤纹，虺形旧多称为蟠虺纹或夔龙纹；此说黄目，似为黄金涂兽面形饰之两目（说见拙著《古代狩猎图象考》），皆为铜器中最普遍之绘饰，并非祼用之彝所独有。故就铜器言之，除黄彝斝彝外，与其以为象刻之饰，不如谓象全体之形。象鸡鸟形器既如前述，即象虎形蜼形者，现存遗物中亦有之。住友氏藏一虎形器，旧称乳虎卣（按当称虎彝），蜼，俞樾《群经平议》云：“疑此字实当为隼，翨氏掌攻猛鸟，《注》曰‘猛鸟鹰隼之属’，然则虎彝隼彝皆取其猛，司常掌九旗之物，熊虎为旗，鸟隼为旟，彝之有取于虎隼，犹之乎旗旟矣。”蜼如读隼，则仍为鸟形之器。旧称鸡彝鸟彝，或曰鹍尊，鹍亦鸷鸟。总之，此诸彝以文字言，彝象手捧鸡或鸟之形，以记载言，《周礼》六彝有鸡鸟虎蜼之名。以遗物言，铜器中有鸡鸟虎蜼诸形之器。此三方面既如是相一致，此即鸡、鸟、虎、蜼诸彝，象此诸物之形的最可依据之佐证。

斝彝即斝，或称为散，与爵、角、觚、觶同为实篚之物。黄彝之黄，疑为觵省。《说文》："觵，兕牛角可以饮者也。"俗作觥，其器即象兕牛角形。本所在殷墓中发掘所得，有其物，但系铜制。甲骨文有象角形酒器者，其文作，形与目字形似，故礼经又谓之黄目。此两彝皆酒器，亦为郁鬯之用（说见《郁鬯诸器考》）。

彝在旧文献中有广狭二义。广义之彝如《说文》云"彝，宗庙常器也"，《皋陶谟》云"宗彝"，《书序》云"班宗彝"，铜器铭云"作宗彝"，此皆为宗庙之共名。又如《左氏》襄十九年《传》云"取其所得以作彝器"，昭十年《传》云"抚之以彝器"，又云"彝器之来嘉功之由"，《周语下》云"火焚其彝器"，铜饮饲器铭尤其殷器或周初器，除鼎、壶、盘、盂较大之器以外，其他各器，皆称彝而不别，即鼎、壶盘、盂诸器，大部分仍称为彝，曰尊彝，曰宝彝，曰宝尊彝等（言其可尊可宝，旧以尊彝并为器名者非是，卜辞及金文有尊俎尊鼎尊史连文，尊皆作尊崇尊敬解），凡此皆为一切贵重饮饲器之大共名（宗庙器当然亦包括在内）。

狭义之彝，依旧注则为祼用郁鬯之器。《周礼·司尊彝》之六彝，皆祼鬯所用，同书《春官·郁人》云"凡祭祀宾客之祼事，和郁鬯以实彝而陈之"，彝以盛郁鬯，故《司尊彝·序官》郑《注》云"郁鬯曰彝"，又《书益稷》之宗彝，郑《注》云"谓宗庙之郁鬯尊也"，又《书序》班宗彝《疏》云："盛鬯者彝。"

鬯者香草之称，煮鬯为郁，酿秬为酒以和之，亦称郁鬯，又省称鬯。此为古代制香之法。祼用郁鬯，取其芳香条畅以降神。祼、灌同，又与盥通。《易·观》云“观盥而不荐”，马融《注》云：“进爵灌地以降神也。”盖古不焚香，故以此事神。

郁鬯用器，自制作以至盛用，可别为四类：一曰捣鬯之器，二曰煮鬯之器，三曰和鬯之器，四曰盛鬯之器（说详《郁鬯诸器考》）。旧注郁鬯曰彝者，仅据《周礼》六彝而言。其实此六彝中仅有煮、盛之器。即煮、盛之器，亦不尽此。如煮鬯之器斝之外，尚有爵、瓒、鐎、盉。

盛鬯之器鸡鸟等五彝之外，尚有壶、卣、觚、罍。凡此诸器既不能包举在内；而捣、和之器，如杵、臼、盉、匜，此又无有。且斝为饮器，亦不尽为郁鬯之用。故旧注郁鬯曰彝之说，实不足以代表彝之意义。

至于宋以来所称之彝，其中实无一郁鬯之器。盖当其命名之初，因其器尚无别名可称，乃姑以大共名之彝名之。沿用既久，莫知其非。直至清末陈介祺始谓凡彝皆𣪘（见《簠斋尺牍》卷五）。按陈氏仍以簋𣪘为二，其所谓簋即盨，所谓𣪘即敦，今此三物之别皆已明显（说见拙著《陈侯四器考》），以此检定历来著录家所称为彝者，其大部分皆为𣪘，但其中仍不免杂有甚多别类之器，如俎（旧称此为方彝）如盂（与𣪘极似，有两耳）。甚者著录家有不知其形之器，而仅就其铭文有作尊彝字样而名之者（如《周公盘》见于《猷氏铜器集》，而《贞松堂集古遗文》则以为彝）。据此，可见往时著录家所称为彝者，皆当为之重行厘订，不当仍以彝名名之。

据上所述郁鬯之器既不皆为彝，而著录家所谓彝者又无一郁鬯之器，然则此狭义之彝，究当指何物言？

按殷、周古文，彝象手捧鸡或鸟形，《周礼》六彝之称，鸡鸟隼又居其半，故狭义之彝，自应指象鸡鸟形器而言。旧称鸟形器曰尊者，今当改称曰鸡彝、鸟彝。其虎形器据《周礼·司尊彝》虽当为彝，但《礼记·明堂位》又统称此类器曰灌尊，其文云："灌尊：夏后氏以鸡夷（彝），殷以斝，周以黄目。"是灌器亦得称尊。此虎彝既与牺象同为兽形之器，称之曰尊，似较一致。

四、结论

尊彝各有广狭二义。

广义之尊，为盛酒器之共名，其别有瓶有壶。

狭义之尊为瓶，有甲、乙两种形制，曰甲类尊、乙类尊。象兽类形制之器亦称曰尊，但须各以所象别之，曰牺尊、象尊、虎尊。

广义之彝，为宗庙器之共名，或一切贵重饮饲器之大共名。

狭义之彝，为象鸡或鸟形之器之称。

1936年5月28日脱稿于南京北极山下

（原载《国立中央研究院历史语言研究所集刊》
第七本第一分，1936年12月）

论古铜器之鉴别

如果要把古铜器当作一门学问看待，那末，我们第一件当做的事就无过于真伪的鉴别了。

现在著录铜器之书最重要的不下二三十种，在这里面所收的铜器图形和铭文，大约都经过一番选择的——除去《梦坡获古编》之外。不过选择也有精与不精之别。据我的意见，很少全部里没有伪器、伪铭的书，尤其是荟萃许多器铭而成的庞大的书，如《积古斋款识》、《筠清馆金文》、《攈古录》、《窸斋集古录》、《周金文存》、《贞松堂集古遗文》等。

赵宋一代铜器的收藏，刚刚成了风气，那时爱好古董的还没有养成习惯，古董的市价大致也不高，作伪既无必要，而且也寻不出多少蓝本来。就是这样吧，在《博古图》和薛尚功的书里，仍然还著录几件假古董。不过那时作伪的本领还不高，而且连器都要作假，自然容易现出马脚来。

元、明两代关于铜器的出土和伪作，虽然没有什么记载；但我想这些东西的出现总是少不了的。大概清宫里的收藏，大部分都应是这两代的兵燹后的遗存。乾隆时编录的《西清古鉴》《续鉴》和《宁寿鉴》古几部书，就是清理《博古图》和薛书以后一笔总账。在这六七百年间，古董的价值越抬越高，又因为宋、明两代帝室的仿铸，当然无形中养成了一班作伪的技术。所以这几部书里，很有些比较精致的伪品。不过这些伪品都是铸的，无论怎样好，和古代的比较起来，总不能那么逼似。所以这几部书虽然摹写得不好，但那些伪品，还是可以很容易辨认的。

嘉、道以后，阮元的《积古斋款识》问世了，一般学士大夫们对于铜器的观念，跟着也就推进一点。他们要利用这些器铭来解释文字，证明经子。他们买一件古董，总要注意它有字没字；这中间价钱当然差得很远，因此无形的就奖励了一般作伪的人。这一般人他们现在聪明得多了，他们晓得仿铸一件古董是不容易成功的，就是成功了也容易辨认得出的。他们现在只在出土的没有字的器上加刻几个字，就多卖好几倍的价钱，而且又容易脱手。他们又何必不作伪呢？因为这样不断的奖励一直到现在，他们作伪的本领也就一天精致似一天，真有些不大能分辨得出了。

在这个时代能够当得起一个鉴别家的，除了潍县陈介祺以外还没有第二个人。他自己收藏了很不少的铜器，他有一部藏器目，已印行；民国初年邓实曾得了他的藏器墨本，又印了一部《簠斋吉金录》。同时他的亲戚朋友、如吴式芬、吴大澂、潘祖荫、吴云、叶东卿、王懿荣等，都收藏了不少的铜器。他又收藏了许多拓本。他发现当时作伪的风气的转变，他给吴云的信里说：

> 伪器旧系铸字，近来陕中始以无字古器伪刻。南中则顾湘舟所伪者不少。今都门伪刻又变一种，以拓本字摹成，转折圆融，均失之弱。（《簠斋尺牍》第十一册）

他发现从前的作伪是铸，现在的只刻。因此他就发明了几条很实用而具体的鉴别方法：

(1)伪刻必有斧凿之痕,以铜丝刷去之,又有刷痕,而字锋又失。

(2)旧物手摸即可知(铜、玉等皆然,古物皆然),伪者必不浑融。

(3)伪者斑下无字,斑中更不能见字。古器过朽,铜质无存,则字不可剔而可见。

(4)真者字底有铜汗积灰,必不能伪。(又致潘祖荫书说:"古器朽则生丝,字中绿下有铜汗黑灰,伪者无之。")

(5)铸字、刻字必可辨:铸字佳者皆上狭而下宽。

(6)书自有时代,相较可知;书亦有工拙;书亦有王朝各国之不同。文亦有定例。多见类推,自可知也。(以上致王懿荣书见《簠斋尺牍》第四册)

(7)毕姬鬲似亦未真,然不见器不敢定,鬲为伪则伪真矣。(《簠斋尺牍》第一册致潘祖荫书。又第九册致潘书副笺说:"前所谓见器乃定者,疑者过半,即真亦非古人佳者,审器自定之。")

(8)同一三代之器,文与质皆可别其先后,多见自能知之,相形自别。(《簠斋尺牍》第九册复潘笔记)

他发现这许多好例子,在那时真是不容易。他对于他的鉴别的方法也运用得很纯熟,所以凡经过他的鉴定,虽不能说怎样确当,但十有八九总是可信的。我友商锡永先生颇爱好收集一点古董,他最佩服陈氏了。他做了一篇《古代彝器伪字研究》(见《金陵学报》第三卷第二期);他在这篇文里列举许多伪刻,无一不可信。他在这文的发端,就大大的恭维了陈氏一顿。他说他一生收藏的铜器不下几千件,没有一件是假的。我想这恐怕不免恭维过分一点。其实他所认为伪的也不必就伪,而所认为真的,就他的藏器说,也有好些是假的。这且留到后面再说。总之,他确是那时唯一的一位铜器的鉴别家,就是现在恐怕还没有人能比得上他的。

现在说到鉴别，我们当然要利用他的经验做我们的标准。不过他这些经验还是带了很浓厚的玩古董的色彩。我们要把铜器当作一门学问看待，已著录的铜器的真伪，这一笔账我们不能不管。我们现在既不能把许多已著录的铜器，一件一件的拿到面前来仔细的鉴别。因为这里面有些都在海内外公私收藏家手里，不怎样能公开的；有些根本已经丧失佚，再也无处寻觅了。那末，自第一至五的各项，我们也就无从实施了。现在我们所能做的只有六、七、八三项。不过他在这里所说的既没有前几项那样具体，而且七八项又与器形有关，似乎仍非我们所能办得到的。所以我们现在怎样鉴别铜器，势非另觅途径不可。

商氏《古代彝器伪字的研究》本为鉴别铜器伪刻而作。他于陈氏所举顾湘舟之外又访得了许多刻伪的人。他从许多伪刻中，归纳几条比较更具体更有用的条例：

（1）字体受宋人书本的影响　仿照宋人所模刻的《博和图》及薛尚功的《历代钟鼎彝器款识》的字体而刻的伪器，错误拙劣，一望可知。盖宋人书，写刻既已失真，再加临摹，谬种流传，自然更不堪问了。

（2）拼凑字句　将几个器铭上的字参杂拼凑，并杜撰些字加入，联缀成篇。字体虽较前进步，文理仍多不通。这些都比较容易辨别。（案此类伪刻有极难辨别者，如公伐徐鼎，钟，中彝父甗等，文理亦琅琅可诵，说见后。）

（3）删截文字　照原器铭文摹刻，而偶尔删节其中几个字，以示与原器互有异同，藉此以见重于人。刻得比以前两种都比较进步些，但仍不难辨别。

（4）临写铭语　因器有大小，于是不得因器之大小而将原文放大或缩小摹刻之。

(5)摹刻文字　照原器铭文一一摹刻之,其佳者可以乱真。但自神韵及器形花纹各方面观之,仍不难看出作伪之痕迹。

以上五条都是商氏原文,下面说明是我从商氏原文里摘录出来的。他指出这五条很显明的例子,给后来研究铜器铭文的开辟一条很好的坦途。不过我认为他所说的还有未尽,我不妨再加凑些,使这一条坦途更加开阔平直些。但因为时间及印刷方面,我不能像他那样详细的说明和举例,这还要请读者原谅。以下让我叙写我所增加的吧。

(一)铜器著录的年代(即两书出版的年月)相差过远,其后见著录者,伪者居多。

凡同一人所作之器,大率必出于同一之墓,其发现也大都在同一时期。这个原因本来很容易明白的。即一墓被盗,其中殉葬物品,自必同时出土。而这些殉葬物品,大概也可这样说,如果不是死者本人生平所用的,也当然是他儿孙为他所作的,似此均可认为同一人所作。既经出土之后,虽经展转贩运,而贩运的范围在清季同光以前又不出国内,同光而后原器虽时有流出海外的,但国内总还可以见到几张拓本。因此凡同一墓中出土之物,其见于著录的年代,必不能相差过远。以上所说虽有不少的例外,但这总可认为是一种普遍的现象。举例说,如:录旁中驹父数器,曾见于宋人著录,而《西清古鉴》诸书又屡见此人之物,其器之形制、纹样、铭文,又与宋人著录诸器异范异制,则此诸器之为伪作,可以无疑。又如《贞松堂集古遗文兮中》钟《跋》云:

《攈古录》著录兮中钟四,又编钟一,而不及此。

又揸编钟《跋》云：

> 揸钟凡二器，一卅五言，文与此同，一廿五言，《攈古录》称厘伯钟者是也。二钟今已至海东，其存我国者仅此一器，十年前见之都市。

据此所云，此两钟既均不见于《攈古录》，《攈古》之成书去今虽不过四十年，然即此已属可疑（案此两器实伪）应用此法虽不能全是，但此实为鉴别之初步，也是大量鉴别伪器的最简便的方法（至少可以提供问题）。

应用此法须注意者：（1）墓葬太大非一时所能盗发净尽者，如近今中央研究院历史语言研究所所掘之殷代陵墓是，自汉以前此诸墓即经盗掘，至今仍未完全掘完。（2）仓卒国亡，重器散入他国，或贿赂赠贻迁徙他处者，如吴王夫差鉴出于山西，王子婴次炭炉出于新郑，楚惠王剑出于寿春等是。（3）同时出土之器，或因著录家偶尔遗漏，或因收藏家秘不示人者，故此必须参合他证而后始可下断语。

（二）非同一人一时或同一地域之器，而其作风相似者（尤其特殊之作风），则此类器除一二器或可视为原本（即他器照此仿制者）外，其余大率皆可视为伪作。

凡非同一人同一时或同一地域所作之器，它的作风、文体、气韵、行款、结构等，无论如何必不能全似。如公伐徐钟和鼎，最初我很疑惑这中间必有一件是真的。但自从《贞松堂集古遗文》出版以后，我就在这里发现两件器铭和这鼎、钟的作风很相似。这两件，一是伯矩簠，一是中龏父甗。它们既不是一人所作，也不能视为同一时代同一地域的作品，为什么这样相似？例如宝字所从之贝，在公伐徐钟鼎和中甗父甗都作的。这在《金文编》二百五十多个宝当中，仅仅剌艮肇鼎如此，而且还没有它这样相似。所以这几件器除了认为同是某一人所作伪器外，实无别的妥当的解释了。

我又在金文中找出两个最常见的字做标准。这两个中间的一个就是鼎字。常见的鼎字上边有两耳作形，下边有两足（有一足隐在彼方未见）作形（案此形由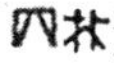形演化而来，见甲骨及早期铜器）。在许多铭文中，比较可靠的重要的器，如毛公鼎、盂鼎、无惠鼎、剌鼎、寏鼎、来兽毁等等，它们这里面鼎或从鼎的字，耳多向内如，或直立如，绝不向外分张如。又鼎足之两直画下端或微向外倾侧，如如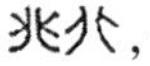，但绝不再踠曲而成形。于是我就以这耳与足为标准，检查已著录的许多器铭，如伯旅鼎、贞鼎、訴鼎、散姬鼎、非鼎、小子句鼎、杏伯肆鼎、揸鼎、戈叔鼎（其二）、徐王糧鼎（以上均见《贞松堂集古遗文》卷二三）、鼎甗（见《续殷文存》上），这些铭文不是耳向外分张，就是足向外踠曲。这许多器既非一人所作，也不能认为同一时代或同一地域的东西，为什么这样相似呢？我很疑心这也是受了宋人摹写的影响。我于是翻检薛尚功的书，在这里果然有一种作风，如齐兵史鼎、圆宝鼎、中鼎等。像这样的真凭实据，还有什么可疑的吗？

再说这第二个常见的萬字，其所从之内金文多作，象虫足及其尾，这尾的踠曲，与足老是成了一个相背的姿态。这不但可靠的铭文如此，就是宋人所摹，也无不如此。就是有些比较别致一点的如郘公錳、王孙钟，其尾形虽先环绕足形而向同一方踠曲，但其尾之末端，仍引长至其相反之一方如。乃作伪者不明此义，竟省去其末端引长之笔，如广毁、毕鲜毁、伯其父簠、鲁伯大父毁、茉同

毁、匽公毁匜、庚午盂、䢅伯鼎、䢅中无龙鬲、内白大子壶、克钟都犯了这同一的毛病。大概这些铭文也不免是属于伪作的了。又如万字所从之内,其横画之末端向下踠曲如小篆势者,在铭文中仅见于秦公毁及钟、邾公轻钟等,皆春秋时物。而公伐徐钟及鼎,从文句上说很像西周的文字,但其萬字,竟亦作此形。从这一点看,也可证明其伪了。

(三)凡器铭在器上的地位,各种器都有一定的所在,其不合者,大概都是伪作。

凡铭文刻在器的什么地方,并不是各种器都一样,因为各种器的形用既殊,所以铭文所在的地方就有许多的不同。现在我可以举出几个最显明的例子。如鬲,大概可以分为两种,甲种鬲有两耳,与鼎相似;乙种鬲无耳而口有甚宽之边缘。在这两种鬲上刻字的地位,就有显然的差异。《博古图》著录之甲种鬲,铭皆在内,亦与鼎同;乙种鬲,铭皆在口缘上,或口外的带圈上。大概鬲是烹饪器,不比尊鼎那些重器,要用于祭飨,所以铭只有几个简单的字做个记号,尤其乙种鬲刻在器的外面,更便于洗涤。我想这个例子假使没有例外,则永宫鬲、白上父鬲(均见《善斋》二)必为伪作。又如古器铭文除鬲以外,大概是没有刻在器外很显明的地方的。花纹上更无刻字之理。如尊鼎觯壶皆刻在器内,觚在圈足内,爵斝在柱之外侧或鋬内。(战国秦汉间的铜器业已衰退,此例已不通用,如汉器无不刻在器外者,寿县出土铜器花纹上亦刻字,但此后来刻者,铸文仍无例外。)据此论之,则在隹壶、角阳君大保爵(均见《善斋》六),大概也不可靠了。又如戈斧近刃处或柄内,当然不能刻字的。而作伪者竟连这一点也顾不着,这样作伪,真是幼稚极了!不料陈氏(簠斋)所藏的戈,除梁伯戈刻文在近柄之处,去胡援之处尚远，其余近于胡援处的刻文也还不少。大概也都是伪作了。最后我要举出一个与上面似相同而实不同的例子。如钟或编钟，它的刻文除去数钟互相衔接者外（这一类的器不多，可以不论），大约可分为三个样式：（甲）自钲间起首的，如虢叔钟、兮仲钟、井人钟、宗周钟、王孙钟、沇儿钟、仆儿钟等。（乙）自右鼓起首的，如邾公牼、邾公华、邾公钫三钟，子仲姜镈等。（丙）自左鼓起首的，如郘钟。以上三式，无论自何处起，它们都是左行的。如从钲间起者，必须先接左鼓，由左鼓再转至背面的右鼓，钲间，左鼓，最后再转至正面的右鼓。这样的次第在所有的器铭中，都没有紊乱过。现在再列一表如下，看起来可以更明白些。

钲间二	右鼓一 左鼓三	正面
钲间五	右鼓四 左鼓六	背面

甲式：

（1）二、三。如兮钟、虢叔钟、井人钟。

（2）二、三、四。如宗周钟。

（3）二、三、四、五、六、一。如王孙钟、沇儿钟、仆儿钟。

乙式：一、二、三。如邾公三钟、子仲姜镈。

丙式：三、四。如郘钟。

依据这个表我们再看《贞松堂集古遗文》所著录的子璋钟一，它的衔接的次第是这样：（1）钲间二，（2）右鼓三，（3）左鼓一。这样排列与上列诸式无一相合，也和所有其余的子璋钟不合（其余的子璋钟都属于甲式之第三种），这岂不是很显明的伪作吗？

（四）器铭形制与花纹三者，每一时代都应有其不同的作风，这三者中时代早晚皆须一致，即早则俱早，晚则俱晚，其早晚相参错者，如非全伪，则铭文必伪。

器铭、形制与花纹三者的变迁，系于时间的多，而系于地域的少。所以凡同一时期的铜器，其时代的作风必属一致。即早则俱早，晚则俱晚。其早晚相互参错者，如《古代彝器伪字研究》摹刻文字项下所举父癸匜一例，其铭系摹刻商器，而器之形制、花纹则为春秋以后之物。又如《续殷文存》著录一锜，其铭作羊及重屋形（卷下七八叶），也是商器中所有的铭文，而其器之形制、花纹见于北平图书馆所藏之拓片，则为汉器样式。似此如非全伪，其铭文必为伪作无疑。此为鉴别古铜器最重要之方法，也就是前面举的陈氏鉴别法的第七项。不过像这一类的鉴别，现在还不能怎么充分的利用：（1）我们不能搜集许多铜器来做标本，而且有些铜器现在是已经无法再得了。（2）从前摹绘之图，如《博古图》、《西清古鉴》诸书不大可靠，现在影印的，有时也觉过于模糊。（3）铜器形制纹样之学，现在还没有建立一个确当的标准。所以这一类的鉴别，我们现在还只能应用到时间距离太远的器物上，若是时间距离很近的东西，我们还是不能怎样准确区别它。

总之，现在的伪刻，数量的激增和技术的进步，着实可以惊人。我们看近年出土的器物，如宝鸡、如新郑、如浑源、如寿县各地陆续所出，以及中央研究院历史语言研究所在河南发掘所得，使我们晓得无字的铜器，要比有字的多上好几十倍。这些没有字的铜器，一经到了古董商手里，他们立刻就会使它变成有字的器。他们会和那些刻伪的名家合作。《古代彝器伪字研究》里曾有过这样一个叙述：

> 有一天碰着一个卖古董的朋友张恒……无意中我谈到这笔（见原文二七一面图），问他知道谁刻的，他听了哈哈大笑说："字是我写，刻是王海刻。我早年买了一管铜笔，因为上面没字，不好卖，于是随便在古器铭里挑了四个字，更改一下，王海刻出后，立刻卖了一百多块钱。"又说："我当日打的底子，记得还没有丢掉，日后找到，定然请你看看。"

我们看了这一段记载，我们可以晓得他们作伪的本领了。铜器出土愈多，价值愈高，他们的本领也愈益进步。这里面有很精致的作品，真正可以鱼目混珠，连气韵和笔力都不大能分辨得出。就是连陈簠斋那样的经验，也被他们骗着了。前面曾说陈氏所藏的兵器，那只有几个字，还不算什么，我要举出一件长篇大作很值得惊讶的伪器，就是他所藏的颂𣪘。（见《愙斋集古录》卷十第十九叶）。

这𣪘模刻得真好，但终不免要漏出马脚来。第一行甲戌之戌误作成，而第六行成，它又误作戌，造别器多从舟，而它则从彳，还有它用笔太纤细了，转折的地方都不很自然，这与永宫鬲似乎都出于同一人的手笔。

《愙斋集古录》所著录的颂𣪘，于此器及他两器之外，又著录一盖（卷十第二十五叶）。其铭之用笔及错误处，如戌如造与此同，吴氏于铭后又加上短短的一跋说：

> 右颂𣪘盖，拓本得之西安苏亿年，不知器归何处？第五行虢作𧾷，第四呼作平，与它器不同。

大概这个盖又多错了两个字，据吴氏说，这个铭是从西安苏亿年那里得来的，而苏亿年恰好就是陕西作伪的名手。《古彝器伪字研究》里曾说到苏亿年、兆年兄弟两人，他说：

> 《簠斋尺牍》中常常见到苏六苏七的称谓，就是指他两人。

再看《簠斋尺牍》说到他和苏氏弟兄的关系，有这么几段话：

> 苏七所寄精伪者二，屏去后久无音问，所售与清卿亦多不佳，似不及乃兄之念旧也。（第九册）
>
> 苏七二伪不收，存银亦不寄物，必目中皆不及乃兄耶？（第九册）
>
> 昔苏六以古归叶（东卿），几无一真，云有真则伪自败，可谓诡识。（第六册）

从这里我们晓得陈氏也是苏氏兄弟的老主顾。他有存银在苏七手里，那有不买假古董的道理？大概苏六的作品没有苏七的精，只能卖给叶东卿。苏七可以做精伪，当然他的好主顾就是陈氏了。

陈氏所收的伪器，据我的观察还不止此。如靡生㫚父𣪘、丰兮夷𣪘（《愙斋集古录》卷十二第十二至十四叶）、虢叔簠（《愙》卷十五第六叶）、郳伯鬲（《愙》卷十七第十四叶），大概都不可靠。其余可疑的似乎还不少。以那样自负的人，而且居然也被骗了。可见铜器的鉴别，并不是一件怎样容易的事了。

我们现在所要鉴别的不单是劣制的伪品，我们是要辨别那些精伪，所以我们的方法不得不严密，不得不精详。我们宁可过疑其伪，我们不可过信其真。《簠斋尺牍》里有几句话说得好：

> 陕中似又有一识字作伪新手……今日为有力者之利，造就出人才不少。

近来作伪的本领又进步不少了，爱好古董的朋友们，不要再“为有力者之利”造就出这样青出蓝的作伪的人才了！

廿五，五，十一，在南京之北极山下

（原载《考古社刊》第4期）

关于铜器之艺术

一、名称及范围

铜器之应用，不仅限于古代，即现代用具中应用亦广，特不如古代之普遍精美，足以代表其时代，故此所谓铜器，乃限于殷周以来迄两汉以前之遗物而言。又考古学上所谓铜器时代，与石器铁器并称者，则又仅指其时代所用之兵器言，故此所谓铜器，与考古学上所谓铜器时代之范围，又有广狭不同。

铜器制作须经过造模、制范、冶铸种种手续，冶铸虽为制铜器之重要阶段，但此仅为金锡之配合与火候之增减等等技术问题，乃工匠之事，实与艺术无关。铜器艺术之表现，惟在形体。铜器形体出于铜范，铜范制作依于模型，模型之设计斯为艺术，故铜器之精美与否，全视模型而定。模之制造，非雕即塑，而器上之款识与纹饰，又与篆刻绘画有关，故此虽仅论铜器艺术，而实即综论雕塑、篆刻与绘画之艺术。虽然，铜器研究，向来仅偏于其形制纹饰之蜕变与文字之记载，余对此治之虽久，然对于艺术实无所得；惟以现存精美作品，为国内外公私所藏者，知之较稔，今略加选择排比，举例说明，俾世之爱好古代艺术者，藉此可得直接欣赏之，此则余之所以敢于率尔操觚之微意，读者谅之。

二、铜器之分期及其重要作品

中国之有铜器，据现今所知，实始于公元前十四世纪即盘庚迁殷以后。殷以前有无铜器，今尚不明，故铜器之启蒙期实无从质言。

殷代铜器，据中央研究院历史语言研究所在今河南安阳之殷墟发掘所得，极为丰富。今其精者，陈列于此次美展会第三陈列室中。其中铜器种类繁多，制作精美。即同出最有名之人物鸟兽等石刻，亦不能超越其上。所以知为殷代遗物者，殷墟名称见于《史记·项羽本纪》；又其同出之甲骨文字，记载商代帝王世系及游田征伐之事多至数万片，经学者数十年来之考定，其年代已确定无疑。我国三千多年前即有如是之精美作品，实使吾人为之叹赏不置。

殷墟遗物自宋以来即已见于著录。吕与叔《考古图》所谓洹河旁河亶甲城出土之铜器，皆可视为殷代所遗。沿及清季，土人从事盗掘，代有发现。顾以商贩展转贩鬻，其出土之地秘不告人，以故学者对于此类铜器之年代，迄不能定。又相传洛阳、宝鸡出土之物，多与殷墟遗物相似，大至皆周初之物。盖周人迁殷顽民，此等冶铸工人亦当随周人俱西，故周初铜器一切皆承袭商代之旧。

今以殷墟遗物为主，凡见于著录与此类遗物相类似及有文字可据者，均可视为商或周初之物。此虽不能作精密之断定，然就所可断定者约略计之，则此期铜器数量既多，且极精美。故此期实为铜器鼎盛时期。其可述者：

乐器有铃铎（或称铙）、钟、鼓、鸾和等。铃铎殷墟发掘品中有之。钟旧皆以为晚出，其实不然。《宣和博古图》[①]《欧米古铜菁华》[②]均著录有极早期之钟，均此期物。又伯希和《中国古铜器》[③]中所录一钟，两舞上所立之鸟形，与日人住友氏[④]所藏一斝极相似，均当为商物。铜鼓南方发现甚多，皆汉、唐以后南方少数民族遗物。殷墟有皮鼓已朽，惟存遗痕，今已在展览中。《史记·秦本纪》谓周贺缪公以金鼓[⑤]，是鼓有以金属制者。住友氏藏有铜鼓[⑥]，中饰人面，上两鸟形透雕，两旁仿龟皮，制作极精。鸾和为车马上铃饰，有甚佳者。

容器有饪器、饲器、饮器、盛水器之别。饪器为烹调之具，有鼎、镬（即大鼎）、鬲、甗等。饲器有盨、簋等。饮器最多，有爵、觚、觯、斝、盉、卣、斗、勺、尊、彝等。盛水器有盘、匜、缶、盂、壶、罍等。此类器形制既多，制作亦精：有的全体刻镂纹饰者，有提耳柄喙处饰以透雕之鸟兽形者，有全体作透雕之鸟兽形者。故此类铜器又可认为彼时铜器之中心作品。

兵器有斧、斤、戈、矛、刀等，殷墟遗物中有制作甚佳者。

服御物有镜、印鉨、镫、刀、削等。镜鉴往日只知为汉代物，今殷墟发掘物中有一小形虺龙文镜。商代印鉨亦著录于《邺中片

---

① 见23卷4叶、42叶，又25卷13叶（《泉屋清赏》图版一二三形制与此极相似），又26卷36、37、39、41、42、44、45、46叶。案26卷中之钟，旧谓之钲，当是铎与钟蜕嬗中之形制。

② 图版158、159、161。

③ 见 *Bronzes antiques de la Chine* 图版七。

④ 见《泉屋清赏》图版88，删订本107，《海外吉金录》94。

⑤ 《史记·秦本纪》云："秦用由余谋伐戎王，益国十二，开地千里，遂霸西戎：天子使召公过贺缪公以金鼓。"

⑥ 见《泉屋清赏》图版130，删订本160，《海外吉金录》图版143。

羽》中①。镫则殷墟遗物有盂形铜器，中有四龙形相连旋转之物，当即燃火之镫心处。刀削亦见殷墟遗物中。

装饰物有车马饰及其他木器上诸饰。今殷墟遗物中多有其物，其精美亦不亚于其他完整之器。

西周之世以迄春秋以前，承袭开国期之旧规，一切形制纹饰，皆凝成定型而绝少变化。即略有演变，其变迁亦微。又其制器多叙功伐，故重铭文而略于纹饰。故此期铜器之多，虽不让于商、周之际之鼎盛期，但其制作已无前此之精美。其器物中乐器则钟、镈之制渐多，容器则饮器之类如爵、觚、斝及鸟兽形器已渐少，或竟销歇。其他亦不过为鼎盛期之延续，故此实为铜器之中衰期。其遗物除《盂鼎》、《毛公鼎》、《舀鼎》、《虢季子白盘》、《矢人盘》、《宗周钟》等以器形巨大及铭文繁多见称以外，实不足与鼎盛期相提并论。

春秋战国之世以征伐会盟之故，交通频繁，其前时集中王室之文化，因此得与各地之固有文化相结合。加以此期承西周覆没之后，四夷交侵，邢、卫沦亡，其后燕、赵、秦、魏各筑长城以御南下之外族，故此亦不免受有外来文化之影响。其在制作方面，前此器皆厚重，刻纹深入，而此期则一变而为圆整光泽之薄制，及细密轻浅之纹饰。前此鸟兽纹之图案，此期则一变而为简单之几何形图案，及车马狩猎凫鱼形具有动作之绘饰。前此之镶嵌饰，此期则一变而为鎏与金银错。故此期铜器与前此两期，已大有不同。当为铜器之蜕变期。其可述者：

乐器仅有钟、镈可述，铃铎、鸾和之冶铸，则已不足称道。

---

① 卷上34、35叶。

容器中之饪器惟鼎较多,鬲、甗皆不多见。饲器有簠、簋、敦、豆而无盨。饮器爵、觚、觯、斝迄未一见,其他亦不多有。盛水器则有盘、鉴、匜、缶、瓶、盂、壶、罍等,而形制亦多与前此不同。壶、盂及鸟兽形器,有极精者。至《杕氏壶》镌狩猎图象以鋈饰之,铭云:"以为弄壶。"①又太原出土之《鸟彝》铭云:"作弄鸟。"②弄为玩好之物,其时以铜器为玩好,知其时铜器实据当时艺术之最高点。

兵器斧、斤渐少,戈、矛与剑则盛行。其上多有错金纹饰与篆刻,皆极精。

服御物有带钩与镜,制作精美,最为此期之特色。带钩形制极多,其钩作各种鸟兽形之透雕,各具姿态,甚少相同者。《淮南子·说林篇》云:"满堂之坐,视钩各异。"则此等艺术至汉犹盛。镜鉴往时惟知汉代有此物,今则战国之物已常见,甚至殷墟亦有发见,惟西周及春秋之世,今尚无有。战国期之镜,背面有极繁复之浮雕,有一镜闻与《羼钟》同时出土,镌龙虎及骑马击剑之状,金银错饰,极精③。此等作品,持与商、周之际之遗物相较,实别有胜处。

装饰物仍以车马饰为多,亦有金银错者。

战国之末漆器业已盛行,今寿县出土楚末铜器中,盛有漆皮甚厚一层,其棺椁上亦有髹漆之饰。

据《韩非子·外储说左上》云:

> 客有为周君画筴者,三年而成。君观之与髹筴者同状。

① 见 *Chinesische Bronzen*,伯林东方协会出版。

② 见《艺术类征》金类。

③ 日本细川护立藏,见《支那工艺图鉴金工篇》。

> 周君大怒。画筴者曰:"筑十版之墙,凿八尺之牖,而以日始出时加之其上而观。"周君为之,望见其状尽成龙蛇、禽兽、车马,万物之状备具。周君大悦。

此龙蛇、禽兽、车马、万物之状,即前时用以饰弄器者①,盖周末漆器渐盛,遂据有昔日铜器之位置,故此即以昔日饰弄器者饰之。吾人如以春秋时之新郑铜器与寿县铜器相较,则知战国末年之寿县铜器,实无足观。秦、汉以来蜀郡漆器益为精美,如日人在乐浪发掘所得,叹为绝诣②,以此铜器尤为衰退,偶有一二精品,如日人细川护立藏有一盘③,住友氏藏有一鼞④,其金银错饰及刻纹乃为漆器之摹拟品。即镜鉴及带钩亦远逊战国时物,故此当为铜器之衰微期。

三、铜器中所见之雕塑

铜器形制由于范铸,制范必先有模,模之制作,非雕即塑(陶器类),故铜器之制作如今之制石膏模型同,即雕塑之再现。故铜器之艺术,即雕塑之艺术。

古代冶铸,每范仅能铸一器,故现存铜器无一同范者。以此铜器形制遂得不至于陈陈相因。即同一时代同一人所作,亦备各种

① 见拙著《古代狩猎图象考》。
② 见《乐浪》及《彩箧冢报告》。
③ 见《周汉遗宝》图版49,《海外吉金录》图版151。
④ 见《泉屋清赏》图版115,删订本35,《海外吉金录》图版147。

形态，其时代殊异者变化尤多，不但形制有方圆椭曲及象人物鸟兽形种种不同。即颈耳口鼻柄喙腹足盖座各处，亦有种种不同之雕饰。

殷代造形之雕刻最为发达。今殷墟遗物中，有石质人形鸟兽龟形之透雕，同时木雕亦当不少，惟以木质易朽，故遗物中不见木雕之器。就文字言之，古称一切贵重饮食器及宗庙用器曰彝器，彝象手捧鸡或鸟形，盖以鸡鸟形器为常见常用之物，故彝之义训又得为常。周礼六彝有鸡鸟虎蜼诸称；以此知此类鸟兽形器，古代木制者当为最多。故《庄子·天地篇》云："百年之木破为牺尊，青黄而文之。"又《淮南子·俶真篇》云："百围之木，斩而为牺尊，镂之以剞劂，杂之以青黄，华藻镈鲜，龙蛇虎豹，曲成文章。"此虽战国、秦、汉人所记，实即由古代沿袭而来。今铜器中此类遗物，皆当为摹仿木制者而作。如住友氏所藏鸟形器①，与商代石刻逼似，殷墟遗物亦有一器，惟失盖；又住友氏藏一乳虎卣②，像人虎相拥抱之形；《欧米古铜菁华》载一象形之尊③；其他如双羊形器、牺形器、鸟兽形盖之器，多不胜举。就其纹饰言之，要以此期物为居多。春秋、战国期亦有其物：如太原出土之鸟彝；《梁书·刘杳传》称魏世鲁郡地中得齐大夫子尾送女器有牺尊，作牺牛形；又鲁僖公时所作《鲁颂·閟宫》诗，亦称"牺尊将将"；皆其证。

因雕刻之发达，故铜器各部位，多有浮雕或透雕之人物鸟兽形饰。如尊、壶、鼎之鼻多作兽首形之浮雕，簋耳及爵、斝、盉、匜之鋬，多作兽形蹲伏之透雕，鼎足多作鸟兽形之浮雕或透雕，尊、壶之

① 见《泉屋清赏》图版33，删订本53，《海外吉金录》图版103。

② 见《泉屋清赏》图版73，删订本88，《海外吉金录》图版55。

③ 图版36。

颈旁多作鸟兽形之浮雕或透雕，卣提之系处亦有兽首形透雕，其他若器盖上之柄或足，亦多饰以人物鸟兽之形。此等浮雕或透雕之装饰，以殷及周初为最盛。西周惟簋耳、鼎足及匜盉之鋬尚有此饰。春秋、战国时有极繁复之透雕装饰，如新郑之方壶[①]，其耳及足皆有蹲伏之虎形，盖上有峙立之鹤形。住友氏又藏一金银错饰之盉[②]，其提为一长身耸立之狸，喙足并作鸟形，喙之鸟首上更雕一鼠，作窜伏状，与狸相对，为狸捕鼠形。又鸟兽形之带钩及铜鼎之盖上有三牺形透雕者，亦为此期屡见之物。至秦、汉以来之铜器，除器之足、耳、盖或有兽首形浮雕装饰外，惟带钩或为此期仅有之透雕。

据上所述铜器中之浮雕透雕，惟鼎盛期与蜕变期为最盛。如以此两期作品相较，则前者仅静止形，且拘泥于一定之型范（即动物形之图案）；后者数量虽不及前者之多，但已能作动作形，且形态亦渐近自然。

再铜器形制如方圆椭曲诸形，亦当属于雕塑。鼎盛期之器，形制最多。其制模用辘轳或轮制者似尚不多，如匜之制作，既椭且曲，则全属手工之技巧。至于蜕变期则多用轮制，且形制亦不多，故自形制言，则鼎盛期又较蜕变期为盛。

四、铜器刻纹镶嵌与绘画之关系

先秦之绘画，迄今尚无发见。但以汉代铜漆器之所见，以与当

① 见《新郑图录》图39。
② 见《泉屋清赏》图版103，删订本122，《海外吉金录》图版150。

时铜器相较，则知铜器面上刻划鸟兽形车马狩猎图及其他各种图案之勒纹，皆可认为绘画之拟作。其商、周物有松绿石及牙角形之镶嵌，春秋、战国之后有白色物质之鋈及金银错，亦可视为拟多彩或单彩之绘画。盖古代绘画与平面上之雕刻，其距离当不甚远。故此铜器上刻纹与镶嵌之艺术，亦可视为古代之绘画艺术。

铜器面饰之刻纹，亦以殷及周初为最盛。有全体刻划者，有作带纹者，皆配置匀整，极为绚美。其刻划多作鸟兽虫鱼等形之图案，及不连续回文，自宋以来有饕餮、蟠龙、蟠螭、蟠凤、蟠夔、云雷纹等称。

所谓饕餮纹者，乃刻划兽面形，或兽面形之浮雕。有时并刻划其全体，像纵剖一兽而分置于左右两旁。其首部乃合两剖面之首而成一兽面形。其排列形式，大致相似，亦为最常见之纹饰。

所谓蟠龙、蟠螭纹者，旧解谓龙有角，螭为龙子无角，或又以螭为雌龙，雌龙亦无角。案此所谓蟠龙、蟠螭实误。古画鸟兽形皆作委蜿之状，铜器上之耳饰透雕，无不如此。其有角者，实为牺形。有时鸟著冠，兽著鬣，亦与角形相似。昔人见其委蜿之状，故遂以为螭，其兼有角形者，遂以为龙。又案商器有两种有角形之龙纹①，或即螭龙之类，但宋人则未见及此。

所谓蟠凤蟠夔纹者，铜器鸟兽形之图案，有时竟不能别其为鸟为兽，旧解夔为一足兽，古代刻绘鸟兽，皆作侧视之投影，两足者绘一足，四足者绘两足，所谓一足兽者，似即绘画中鸟之投影，古未必有一足之夔。故此所谓夔凤，皆当为鸟形图案。

所谓云雷纹者，乃不连续之方圆回旋之勒纹，用为刻划鸟兽形

① 一种角端尖锐，一种角端钝平。

之地饰。

此外尚有龟、鱼、蝉等纹饰，及由鸟兽纹演变而成为简单之井纹、涡纹、巴纹等几何形图案。

殷及周初铜器上刻纹及镶嵌之题材，大致不过上述数种，盖此期艺人之观察，似不越于人与鸟兽等实物之范围。即对此有限实物之题材，亦不能观察精细，尚须以意匠补充之，故此期之刻绘，实具图案之意义为多。

西周之世，铜器面饰之刻划，已不若前此之繁缛，全体刻划之器，似不多见。其题材仍不越上述范围，惟鸟兽纹渐变简单，更富于图案之意味。

春秋、战国以来，刻划之作风多有改变。其图案纹渐臻细密，其鸟兽形渐近自然。兽之刻绘有飞跃与蜷伏之姿致，惟仍作侧视之投影。间亦有刻划车马、狩猎、采桑、神怪等图象，则尤与绘画为近，吾人对于此等刻绘，亦不能估价过高。盖其对于群体之观察，尚极幼稚，仅能作个别的表出，而不能作相对的投影。如四马或两马之车，其马足皆分向上下作骈列对称之形。① 观东汉以来之刻石，如孝堂山、武梁祠所刻车马，则知此期对于群体之绘画，尚在启蒙之时。

此期刻绘人物形外，又作神怪形，有羽人、飞兽及鸟首人身之物。② 其后汉代镜饰，大致即出于此。

又采桑猎壶及钫③，于人物神怪之外，又刻有屋宇树木形，此为

① 一见于四耳盂，一见于采桑猎钫，可参阅《古代狩猎图象考》。

② 见杕氏壶、羽人猎壶，可参阅《古代狩猎图象考》。

③ 参阅《古代狩猎图象考》。

刻绘之题材，涉及广大复杂的静物之始，惟其作风犹甚幼稚。但汉代在此方面亦无多进展，如武梁祠及陶壶上所显示者。

五、篆刻

中国文字之书写，向来均认为艺术之一种。此铜器上之篆刻，多古代象形文字，尤与绘画为近。其每一字之结构，均可构成个别之姿致，如印鑈仅一二字，而分行布白，颇具美观。

中国文字以线条组成，而繁简各殊；故善书与不善书者，所作优劣迥异。铜器文字整秩匀称，虽刻意仿作，亦不能及，为铜器鉴别上最主要标准。昔人有仅凭文字以论定其器之真伪而丝毫不爽者。

春秋、战国之时，有鸟虫书，更将篆文加以美化。许慎《说文序》云：

> 自尔秦书有八体：一曰大篆，二曰小篆，三曰刻符，四曰虫书，五曰摹印，六曰署书，七曰殳书，八曰隶书。……及亡新居摄，使大司空甄丰等校文书之部，自以为应制作，颇改定古文，时有六书：一曰古文，孔子壁中书也；二曰奇字，即古文而异者也；三曰篆书，即小篆；……四曰左书，即秦隶书；五曰缪篆，所以摹印也；六曰鸟虫书，所以书幡信也。

此八体六书，乃秦、汉时所存古代相沿及当时施用不同之书体，其中虫书即鸟虫书，今铜器中之戈、矛、带钩、印鑈及钟上有其体,多楚、越物。庾肩吾《书品》论云:“蛟脚旁舒,鹄首仰立”,正像其形。盖此实以文字为图案,尤与图绘为近。

六、结论

现存铜器仅能溯及殷代中叶为止,而殷代铜器既已臻于鼎盛之期,则此等铜器如非骤由外来,则必有长期之演进。惟此在现今遗物方面,绝无材料可寻,故此铜器之启蒙期全属不明。

殷及周初铜器最多,形制亦繁。其象鸟兽人物形器及透雕、浮雕、刻纹、镶嵌诸饰,各方面均极为发达。惟刻绘鸟兽人物之状,其题材既属有限,且多为图案形而缺少生动自然之姿致,此则实为时代所限。现存已著录铜器,虽无统计可据(有许多年代仍不能定),但至少有三分之一器属于此期之物,故此实为铜器之鼎盛期。

西周及春秋以前之铜器,大致即为鼎盛期之延续,惟形制及纹饰,已不及前此之盛,浮雕透雕之饰尤不多见,惟巨大之制及篇幅长大之铭文,则大为盛行。此其铜器数量亦当不少,惟就制作言则当为中衰期。

春秋、战国之世,以地方文化之发达及受有外来影响,铜器之制作与前此大有不同:其形制,由厚重趋于薄制;其纹饰,由深刻疏朗趋于浅划细密;其人物鸟兽之透雕与刻纹,由图案趋于自然,其刻绘之题材,由人物之实体,而广及车马、狩猎、神怪、树木、屋宇。故此期铜器在数量方面虽不及前两期之多,但就其制作而言,实不在鼎盛时期之下,故此当为蜕变期。

秦、汉以来漆器盛行,铜器形制纹饰均极衰落,偶有一二精者,转为摹仿漆器而作，故此期铜器实为衰微期。

中国文字繁简各殊，形体异致，在铜器中已有不可仿作性。其象形字、印鑈、鸟虫书等，尤与图绘为近。

再简言之，殷及西周之铜器所表现者，以雕刻为最发达，其浮雕透雕线条，已达到精细匀称之地位，但缺少生动。春秋、战国以及秦、汉之铜器，面饰上之刻划，已渐自然，但表现之方法仍属幼稚。又中国绘画与文字，俱以线条组成，阴影向不发达，故铜器之勒纹镶嵌，亦无阴影之表现，故此东方艺术之基础，铜器实已充分表现之矣。

1937 年 4 月 1 日在南京北极阁下

（原载《中国艺术论丛》，商务印书馆 1938 年版）

蜀　锦

——缎为蜀中原产六朝时由蜀输入江南

我国旧工业在四川皆有甚大成就，如盐井，如蜀锦，皆利用最繁复之机械；如笮桥，如栈道，皆为较艰巨之工程。余前草《古代四川之文化》一文，载于《史学季刊》第一期（1940年3月成都出版），于此皆有所阐述。自江南丝织盛行以来，蜀锦已渐匿迹，不甚见重于世。前文所述，亦有未尽，兹特再就前文而详为阐述之，大雅博闻，幸指正焉！

明末宋应星著《天工开物》，其《乃服篇》载蚕丝织作次第，至为繁复。而织纱、罗、绫、绢、龙袍等，有所谓花机，机上更架花楼，有图并说。在旧工业中，亦可谓极技巧之能事矣。然今成都机房织锦被面及花绸所用花机，仍与此无异。盖旧时工业既发达后，即长久在停滞不进之中。吾人倘知今蜀中之锦被面即古之蜀锦，而今成都机房所用花机，亦即中古时代蜀中固有之物，而不必由外方输入，则吾人尤当为之惊异不置矣。

锦者织彩为文，《禹贡》兖州厥篚织文，扬州厥篚织贝，《诗·巷伯》云："萋兮斐兮，成是贝锦"；《毛传》："萋斐，文章相错也；贝锦，锦文也。"是知织文织贝，皆谓锦也。六朝之时，其制益繁。陆翙《邺中记》曰：

> 织锦署在中尚方锦有大登高、小登高，大明光、小明光，大

博山、小博山，大茱萸、小茱萸，大交龙、小交龙，蒲桃文锦，斑文锦，凤凰锦，朱雀锦，韬文锦，核桃文锦，或青绨，或白绨，或黄绨，或绿绨，或紫绨，或蜀绨，工巧百数，不可尽名也。

凡此诸锦，皆以厚缯（即绨）为地，而以彩丝织之成文，汉、魏之世，其制以襄邑为最著。《说文》于锦下云："襄邑织文也。"段玉裁《注》曰：

《汉地理志》、《郡国志》：陈留郡属县有襄邑，今河南归德府睢州治，即故县地。《地理志》云："县有服官。"李善引《陈留记》云："襄邑涣水出其南，睢水经其北。《传》云：睢、涣之间出文章，故其黼黻绨绣日月华蟲，以奉宗庙御服焉。"司马彪《舆服志》云："襄邑岁献织成虎文。"

又左思《魏都赋》云："锦绣襄邑"，亦称其地产锦。《汉书·地理志》云："县有服官。汉之服官，犹明、清之织造，皆以供帝室之服用焉。"《汉志》齐有"三服官"，襄邑有"服官"，明、清于扬州、苏州、杭州并设织造，皆其时丝织极盛之地。《汉志》蜀、广汉郡皆有工官，而无服官，则其时蜀锦犹未盛行，又可知也。

蜀锦之盛，当在蜀汉之世。《三国志·蜀志·张飞传》载刘备取益州后，赐诸葛亮、法正、张飞、关羽金各五百斤，银千斤，钱五千万，锦千匹。此锦必为蜀锦；是知蜀之有锦，必在蜀汉以前，故刘氏因其盛设锦官焉。任豫《益州记》：

锦城在益州南、笮桥东、流江南岸，蜀时故锦官也。其处

号锦里，城墉犹在。——《初学记》卷二十七锦下引

任豫事迹虽不详，其称蜀时故锦官，当去蜀汉亡时不远，所记锦官为蜀时故官，当可信。左思《蜀都赋》曰：

阛阓之里，伎巧之家，百室离房，机杼相和，贝锦斐成，濯色江波。

《蜀都》所赋正为蜀汉时事。则其时锦里之盛，犹可想见焉。

锦以织彩为文，较之纱、罗、绫、绢等仅具单色者，尤为繁复，故尤为贵重，比之于金。刘熙《释名》曰：

锦、金也，作之用功重，其价如金，故制字帛与金也。

蜀锦既盛之后，中原固有之锦，为之无色。故山谦之《丹阳记》曰：

门场锦署，平关右迁其百工也。江东历代尚未有锦，而成都独称妙。故三国时魏则市于蜀而吴亦资西道，《初学记》引作蜀，至是始乃有之。——《太平御览》卷八一五布帛部二锦绣下

山氏刘宋时人，丹阳郡刘宋时郡治建业，故城在今南京东南，此所谓锦，明谓蜀锦，为中原历代所无，故三国时魏、吴皆取给于蜀；而六朝之时，乃由蜀输入于江南，则其为时所重，更可知矣。

蜀锦非中原旧有之锦，山氏虽未明言，然其言历代未有，则蜀

锦有异于锦，故极为显然。魏文帝诏云："每得蜀锦，殊不相比。"此谓蜀锦种类甚多，互不相似，而锦缎是其中最特著之一种。吾人如以其同称为锦，即谓其实同为一物，则大误矣。

问者曰：蜀锦非锦，既以山书魏诏而明之矣，然则蜀锦果为何物乎？曰：蜀锦虽非锦，但既以锦名，亦不应与锦绝不相似，盖为似锦之段（今作缎）。张衡《四愁诗》所谓锦绣段者是也。此其征有二：

一征之于今日之蜀锦。今蜀锦概用为被面，成都、重庆有售此店铺，而自号为"被面大王"，则今蜀中犹盛有蜀锦可知。其制与今江、浙之花缎极相似，唯有条文及彩色为异。此盖即古蜀锦之遗制，而为今江、浙花缎所自出，即《丹阳记》所称自蜀输入之后而渐次改制者也。

古蜀锦虽无遗物足据，然就现存之记载观之，亦可略资论证，如谯周《益州记》曰：

> 成都织锦既成，濯于江水，其文分明，胜于初成，他水濯之不如江水也。——《文选·蜀都赋》注引

又《华阳国志·蜀志》曰：

> 郡更于夷里桥南岸道东边起文学，有女墙，其道西城故锦官也。锦工织锦濯其中，则鲜明，濯他江则不好，故命曰锦里也。

此以蜀锦其文分明或鲜明，为濯于江水之故，其说固不足信；然吾人由此知蜀锦与锦异者，在其文分明或鲜明。吾人如取今蜀中锦

被面与裱褙装轴所用之锦相较,则见蜀中锦被面更为分明或鲜明矣。盖今蜀中锦被面即古蜀锦之遗,以缎面光泽胜;而裱褙装轴所用之锦,仍有原绨为地,即古锦之遗,其文多碎细,或竟有贝文虎文焉。

据此言之,则今蜀锦中被面与古蜀锦,宜无多殊。《后汉书·西南夷传》谓哀牢夷宜五谷蚕桑,知染采,文绣罽毲帛叠兰干细布,织成文章如绫锦,有梧桐木华,绩以为布,幅五尺。此哀牢夷在永昌郡,即今云南澜沧江畔大理近地。其人为僰属,今为白族,其初或由蜀南迁,是汉时蜀边境少数族,且能有此,则蜀锦及其织机之不待外来,又可知矣。

又今蜀中锦被面皆有条文。按《说文》絣下云:"氐人殊缕布也。"段玉裁《注》曰:

> 汉武都郡,应劭曰:故白马氐羌。《华阳国志》:武都郡有氐傻;殊缕布者,盖殊其缕色而相间织之,絣之言併也。

汉武都郡为今甘肃武都及陕西宁羌(现作宁强)等县地,皆西蜀北出之门户。殊缕布当即今之条纹布。则今蜀中锦被面之有此制,其由来之久亦可知矣。

二征之于唐时之土贡。《新唐书·地理志》载各地土贡甚详。其泗州临淮郡、锦州巴西郡之贡,皆有锦。而贡段者,则仅有剑南道之彭州蒙阳郡、汉州德阳郡而已。则段为彼时蜀中特产,更为显然矣。

张衡《四愁诗》所称之锦绣段,历来注家皆无达诂。余意其物本当名段,而其文采则如锦如绣。盖锦绣皆段之形容词,故又得省称为绣段。杜甫诗:"绣段装簷额,金花帖鼓腰"是也。然锦绣段固非绣也，因而又有织成之称。元稹诗："炎州布火浣，蜀地锦织成"是也。因而凡毛织物之有彩文者，皆得称织成焉。如《异物志》曰：

> 大秦国以野茧丝织成氍毹，以群兽五色毛杂之为鸟兽人物草木云气，千奇万变，唯意所依。

而杜甫又有《太子张舍人遗织成褥段》之诗，诗曰：

> 客从西北来，遗我翠织成。开缄风涛涌，中有掉尾鲸。逶迤罗水放，琐细不足名。客云充君褥，承君终宴荣。

曰褥，曰西北来，知为毛织之氍毹；曰织成，则以其异于绣；曰段，则以其文彩有似于段。由此吾人于唐时蜀锦，亦可得其仿佛矣。

至蜀锦谓之段者，《诗·公刘》："取万取段"，毛《传》："锻石也。"《说文》石部碫下云："段石也。"《春秋传》：郑公孙段字子石。盖段、厉并为斫砻之石，石就斫砻之后，则平滑有光，故此命之曰段者，亦蜀锦与锦殊异之征也。

据此二征言之，则蜀锦宜为蜀中原产，而不必由于外方之输入，其名应称曰段。今日蜀中之锦被面，及江、浙盛产之花缎皆其遗制，观于此，则汉、魏以来蜀中工业之盛，较之中原各地，实有过之，无不及也。

1942 年 7 月 7 日于峨眉

（原载《说文月刊》第三卷第七期，1942 年）

结绳遗俗考

我国古代之有结绳之俗，其说首载于《易·系辞》。其辞云：

> 上古结绳而治，后世圣人易之以书契；百官以治，万民以察。

旧籍所称结绳，大致皆本于此，亦不能有所增益。如许慎《说文序》云：

> 神农氏结绳为治，而统其事，庶业其繁，饰伪萌生。黄帝之史苍颉，见鸟兽蹄迒之迹，知分理之可相别异也，初造书契；百工以乂，万品以察。

神农、黄帝之世，原无信史足征，许氏盖就当时传说而整齐之，自不足信。《系辞》相传为孔子作，其成书年代或尚在孔子之后。其时距文字创制之初，固属辽远。其论结绳与文字递相代兴，显示古代社会进化次第，盖必有所见。孔子谓礼失求之于野，必其时边邑荒陬尚存此俗，故得据以为说也。此观于宋、明之记载，更可证此说之不谬：

> （鞑靼）无文字，每调发兵马，即结草为约，使人传达，急于

星火。或刻木为契,上刻数划,各收其半,遇发军以木契合同为验。——[宋]李心传《建炎以来朝野杂记》

白罗罗……不通文字,结绳刻木为信。——[明]田汝成《炎徼纪闻》

苗民不知文字……性善记。懼有忘,则结于绳,为契券刻木以为信,太古之意犹存。——[清]严如煜《苗疆风俗考》

夫我国周遭民族既皆行之,则《系辞》所云,必非虚语也。

且文字虽代结绳而兴,但既有文字之后,结绳遗俗亦不至遽然泯绝。故我国文字中必尚保存其遗迹。此犹考古学虽有石器、铜器、铁器三期之划分,但铜器、铁器既兴之后,石器亦未必遽尔废弃不用也。

往者治文字学者皆本《说文》,以篆籀古文为主,别无参考比较资料;形体既讹,本义遂晦。郢书燕说,往往而是。今本金文(即铜器铭文),以正《说文》形体之讹;再以旧训雅言,参互钩稽,创通义例,使千年坠绪,复得粲若列眉,倘亦博雅君子所乐闻欤?

一、取象形于绳之文字

文字有取象于绳形者,或为屈曲之形,或为分股纠合之形,或为结绳之形,凡此数形,在商、周铜器铭文中,或取象一节,或兼具数体。如汇观之,并有义例可寻。至殷虚甲骨文字,刻画每涉简省。《说文》古籀小篆,传写易滋讹误,然可供旁证者,亦复不少,兹分述如次:

申：甲骨文及金文作、，象绳屈曲及两端分股之形。疑即绅之本字。绅为大带，古或以绳为之；故绅有约束之意，而申亦得训束。又偏旁从申之伸，有屈伸意。电之闪动，有似于绳，故亦从申。

屯：金文作，象绳分股屈曲加结之形。于分股纠合之中而加结，故屯有难意。从屯之钝与顿有迟钝、停顿之意。又屯取象于绳，故从屯之纯，有捆束之意。

终：《说文》古文终作，金文作，象绳两端有结之形；凡绳纠合既竟，则于两端加结，使不再分歧。故终有终极、穷竟之意，引申为冬。冬者，四时竟也。（春从屯，亦取象于绳。）德之偏旁直，金文作，甲文作，象目视绳形。目视绳为直者，绳为绳墨之绳，故《离骚》一则云“背绳墨以随曲”；再则云“循绳墨而不颇”。绳墨，木工所用，盖治木循绳墨则不颇（邪也），背绳墨则随曲也。古则径称为绳。故《诗·绵》云：“其绳则直。”《荀子·劝学篇》云：“木直中绳。”又云：“木受绳则直。”又《礼论》云：“绳者直之至也。”《易·说卦》：“巽为绳直。”凡此皆谓绳墨之绳。甲文作直绳形，与竖画不分，故金文作加结以别之。

关：金文作開，象两户下各系以绳，示可联结关闭之意。贾谊《过秦论》“陈涉瓮牖绳枢之子”，门下系绳即绳枢也。又联，《说文》从耳从丝；但今隶之联则从䜌，与关所从之偏旁同。疑关联同意，从耳当为从户之讹。

以上皆取象于绳形之文字。此外金文仍有作形而不必即象绳形者，如土作，甲骨文作，像地上土封之形。而封、执作、，并从土，象手持树木植于土封之形。又如午作，甲文作、，象杵两端突出一团便于杵筑之形。此类甚多，并当分别观之。

二、结绳以计数

古代结绳，大概以计数为主，间有记他事者，亦多与计数有关。盖数字最不易记忆，且最易致误，故必借助于结绳以计之。如：

计：《说文》会也、筭也，从言十。案《说文》以计从言十会意，然会计筭数之事，固不限于十数，故十当如金文作丨，盖取象于结绳以计数也。如今日广西瑶民尚有以结绳计佣值者；即每佣一工则作一结，及年终则总计其数以偿其值。此即计之本义也。

十：金文作丨，晚期金文乃作十，易圆点为短横画，丧失结绳之意。篆文更引长短画作十，而结绳之义无矣。甲骨文十作丨，省不作圆点者，以刀笔不便刻画也。

廿：金文作∪，甲骨文作∪。

卅：金文作⋓，《石鼓文》作⋓，甲骨文作⋓。

卌：金文作ш，或作ш，与甲骨文同。金文计数之字，仅见十至卌四字，至五十以上则以笔繁作丅矣。

结绳计数，其事极单纯易于识别，此独以十进示意者，举一隅可以三隅反也。

三、结绳以记事

结绳记事，以有关于双方交涉之事为多，如买卖、献遗、贯贷之类，皆以结绳示之。如：

卖：金文作賣从⋓，象卖物者结绳以示人。今四川鬻物于市，仍结草或结篾片插物上，其俗盖相传极古云。又从卖之续，有连续、继续之意，亦当因绳得义。

贵：金文之偏旁从，象双手持绳示其价值之数。故《说文》训云："贵物不贱也。"

送、媵：送、媵所从之偏旁关，金文作，象双手持结绳形；或作，增八者，象作绳索纫麻之形，与索小篆同意。，小篆讹从火作，训为火种，失其谊矣。盖送有送予、送致之意，媵为媵妾之称，谓其从嫡以送为名也(《诗·江有汜》疏语)。金文谓嫁女所送妆奁为媵器，盖凡有所送予或媵遗，其不可持执者，皆当结绳以将命。观于《礼记·曲礼》及《少仪篇》所载：凡献遗之物皆置其重者多者，而持其轻者少者以将命。而《曲礼上》于献粟者则云"执右契"，于献田宅者则云"操书致"，盖物之不可持执者，即以书契先之；持绳亦此意也。持绳以献遗，故如贵之馈遗，有馈遗、赠遗之意。而从朕之縢，亦得训为索、为绳、为束。

共：金文作、，象双手持两绳形。盖下之供上，所供养或供献者，非一端也。又共为供献，故又得引伸为恭敬之恭。

叶、旪、汁：三字古并与协通。金文作、、，甲骨文或省作。从丰者，契字所从，象竹木上契刻符券之形。象结绳形，、，则藏契之器也。今隶作叶者，即、之变体。作旪、汁者，即、之省变。盖结绳所记，所涉不能过繁，有时必合契刻用之。观周去非《岭外代答》记瑶人之木契云："瑶人无文字，其要约以木契合二板而刻之，人执其一，守之甚信。若其投牒于州县，亦用木契。余尝摄晋江府灵川县，有瑶人私争，赴县投木契，乃一片木板，长尺。左边刻一大痕及数十小痕于其下，又刻一大痕于其上，而于右边刻一大痕牵一线道合于右大痕；又于正面刻为箭形及以火烧为

痕，而钻板为十余小窍，各穿以短稻穰而对结绉焉，殊不晓所谓。译者曰：‘左下一大痕及数十小痕，指所论仇人将带徒党数十人以攻我也。右上一大痕，词主也。右一大痕，县官也。牵一线道者，词主遂投县官也。刻为箭形，言仇人以箭射我也。火烧为痕，乞官司火急施行也。板十余窍而穿草结绉，欲仇人以牛十余头偿我也。结绉以喻牛角云。’”此所云，于契刻之外又复穿草结绉，即并用木契与结绳也。至穿草结绉以示牛之头数，仍记数之意。叶、叶、汁并与协通。协，合也，言木契与结绳所记相合也。

贯、贷：贯从世，世象结绳于止形，说详后。贷、金文作，亦象结绳形，盖有所贯贷赊借，亦以结绳记之。

以上结绳所示，仍与记数有关。林胜邦《涉史余录》记琉球所行之结绳，即以记物品交换、租税赋纳之数为指事类；以示使役人夫防护田园之意者为会意类。前者仍与我国古代所行者相去不远。

四、结绳以记世系

祀祖观念在我国之发达，古今无殊。故祖孙世系先后，在文字肇兴以前即以结绳记之。如：

古：金文作。又金文姑字之偏旁古，有作者。结绳作、形者，似即郑玄所云“事大大结其绳，事小小结其绳”之意。结绳所记，故为古也。《说文》“十口相传为古”之说，过于玄想，非造字之朔义矣。又从古之沽、酤，并训为卖，亦当由结绳得义。

世：《说文》“三十年为一世”，从卉而曳长之。按金文世，从止不从卉，《说文》据后出字形为说，不可信。金文世作、，从止结绳，止者足趾。《诗·下武》“绳其祖武”，《传》云：“武，迹也。”谓足止迹也。此即世字确解。意者古代祖先祭坛上，必高悬多少绳结以记其世系。故《诗·抑》云“子孙绳绳”，《螽斯》云“宜尔子孙绳绳兮”，并此事之实录。孙之从系，系亦象绳形。盖父子相继为世，子之世即系于父之足趾之下，故今人犹云“踩到祖先足迹”，仍古俗之遗也。又先、後字亦分从止与绳形。先，金文作，，从止在人上。後，金文作，偏旁之，从倒止系绳下。又蒸尝之烝，金文作，象双手捧豆于两止之前。《仪礼·聘礼》注云：“凡馔以豆为本。”贾《疏》云：“凡设馔者，皆先设豆，乃设余馔。”故捧豆于两止之前，即示祭先祖之意也。又世既象，故继得训为索，为长绳。

胤：子孙相承续也，从肉示血统之意。从，与孙、后同意。

神：神从申者，申象绳形，其初当为祖先祭坛所悬以记世次者，其后即引申为百神之称。

已：已亦象绳形，屈曲与申形同，惟两端不分歧为异。世次相继，古以绳记之，故已之世次亦必以绳示之。又纪，记也，记识也。凡年代世次有所记识，必以绳结之。故十二年为一纪，世次相承曰本纪，曰世系，曰继统，曰绍绪，皆此意也。

五、余论

结绳遗俗存于古文字学中者，今所见仅此。即有未尽，亦不过数字，如氏、生、民等字，在金文中皆有似于结绳，尤以生字为无可疑。如前述之省字，金文且假以为生字；或古人姓氏及贵族平民之分，皆以结绳别之。但吾人今日于此，尚不能多所论列，故从阙。

综上所述,我国结绳遗俗,固不必即尽于此,然亦大略致备矣。盖我国古代于结绳与文字递嬗之时,其间尚有过渡之契刻时期。契刻者,木契刻符之类,即文字之先驱也。我国文字当肇造之初,即受契刻影响,如殷虚甲骨文即由契刻而成。其文如日、如果、如车轮、如羊角,皆易圆而为方;下至今日通行之楷、隶,更舍婉转之篆势而效契刻之方体,其影响之大,盖可知矣。因契刻之遽兴,遂使结绳制度不得充分之发展。但如今日秘鲁土人之克普(Quipus)之过于完备,则反为文字发生发展之障碍,此又论结绳者所不可不知也。

1944年3月2日在成都川大之留青院

(原载《说文月刊》第四卷合订本,1944年6月)

谈古玉

如果要以古代遗物代表中国文化的悠久，那末，最合乎此选的莫过于古玉了。玉的制作，仅后于旧石器时代一些时；人们能够制造打磨的石器时，即新石器时代，玉的制作当然也就开始出现了。这是东方独有的工艺，从新石器时代一直到现代，还保存了原始制作的工具和方法，除了很少的改革之外。

铜器和铁器开始以后，切玉的轮转盘，当然是首先采用铜和铁来改制。但是琢磨一直是用比玉还硬的金刚沙，《诗经》上说："他山之石，可以攻玉"；玉的打磨，总是以石为主要的工具的。玉的硬度远在铜铁之上，早期的玉的制作，是不必借助于铜铁的。

玉的历史虽然那样久，但是关于玉的研究，一直到现在，似乎还没有寻出一个系统来，也没有分划年代的尺度。不但不及历史较新的甲骨和铜器那样发达，就是六朝以来的零星出土的砖瓦，也有所不及。这因为玉器的制作，终为工具所限，不便于作文字的雕刻，利用金刚钻来刻玉或者是汉以后的事，在这时前后才看到玉上的刻文，如汉刚卯，及这次王建墓里的玉带，但这也终不及金石砖瓦刻字的普遍，文字究竟还是考古上的最好尺度。

通常对于玉的年代的看法，以汉前为一期，称之曰汉玉或旧玉；汉以后为一期，为新玉。以玉器制作进步之迟缓，这种分类，也不无相当的理由；汉前的玉，无论是装饰也好，祭祀也好，都是有一定用途的。所以它的题材限于工具、猛兽、家畜、殉葬的木偶和作含玉的蝉等等。花纹以几何纹为主，有时也摹写自然的鸟兽，但仍旧以板滞的几何纹饰。汉后的玉大部分都属于玩好品，除了女人的首饰之外，取材过于广泛，不仅仅限于鸟兽，有时也雕琢植物的形态，但都很生动逼肖，毫无前期那样板滞的样子。总之，汉前的玉朴质大方，汉后的玉精丽纤巧；这或许是受了社会习惯及制玉的工具的影响。

玉的应用以周代为最普遍，从朝聘祭享以至佩身饰物，养生送死，无所不有。只要打开《说文解字》玉部一看，就可看到那时应用之广。朝聘之礼，祭享之仪，诸侯执圭，天子执瑁，瑒圭以祠宗庙，瓘斝以禳火灾，珑以祷旱，琥以发兵，瑞以为信，玺以为节，珩玦为佩，琫珌为饰，圭璋可以特达，璧琮皆有庭实；瑱以充耳，琀以饭玉。像这一类的记载，我们不必逐一去数了。周朝人好像要以玉装饰成一种丰缛多仪的太平社会，要以玉培养成一种造次合礼的全德君子。他们把玉完全道德化了。他们认为玉有五德："润泽以温，仁之方也；䚡理自外，可以知中，义之方也；其声舒扬，专以远闻，智之方也，不挠而折，勇之方也；锐廉而不忮，洁之方也。"（见《说文》）

殷商末期为金石并用时代，周朝一开始就转入全青铜时代，而石器退居于无足轻重的地位。于是昔日日常必需的石器工具，转变为仪仗，为饰具，也是最自然的演化。但这仪仗这饰具的应用，在周朝有时且超过工具的应用，那时人简直离不开佩玉，只要一举足，身上的佩玉就锵锵的响起来了。

玉的应用在周朝这样发达，其产地也不限于和阗一隅，《尔雅》说有医无闾的珣玗琪，有昆仑虚的璆琳琅玕。种类也极其繁复：《说文》玉部有"美玉"，有"石之次玉"，有"石之似玉"，有"石之美”种种差别。在颜色方面,也有赤、白、青、碧、黑、采许多殊异,要以通体若一或彩色整秩为贵,而以斑驳不纯为瑕。

中国人因为欣赏玉,所以就发明瓷器,西方人发明了玻璃,后来才看到金刚石。玉和瓷器总是温润,不分明,没有强烈的光;而玻璃和金刚石总是透澈分明,不容许有一丝的渣泽,而同时射出强烈的光芒。这也许是东西文化所表现的分歧点之一罢。

(原载成都《中央日报》1945 年 5 月 13 日四版,
四川博物馆·华西大学博物馆主办的《古玉展览特刊》)

黄河流域穴居遗俗考

——兼论地上建筑的由来

《世本·作篇》说:鲧作城郭,禹作宫室,桀作瓦屋。这些传说,究有多少信史价值?

往时学者信而好古,总以为我们历史上,只须有几个首出庶物的圣人,凭他的创作智慧,就可以使一般人民的后代子孙,蒙受福利了。但是近五十年来,地下新发见的资料,聚集渐多。如殷商旧都的小屯,并无片瓦痕迹。秦皇阿房,可供我们凭吊的,仅是骊山版筑的基址。所谓秦砖汉瓦也者,恐怕秦代还没有像砖这一类的东西。秦皇万里长城,只是堑山湮谷的土墙。近人所习见的居庸关,乃是明代的边墙,和秦皇长城并无关系。瓦当的出现,最早可追溯到战国时代的燕下都。而瓦屋的地名,则见于《春秋》的隐公八年(公元前715年)。瓦的出现,倒是提早了五百多年,而砖的大量用于建筑,还是唐、宋以后的事。明代南北二京的经营,这是中国历史空前的工程。所谓汉砖也者,仅在墓葬中发现,数量并不多。像这一类的事物陆陆续续地提供出来,对于往昔创制传说,也就不攻自破!

社会发展是有一定的规律的,像《世本》或《事物纪原》那一系的传说,应当都是我们祖先经历绵长的年代陆续积累而成的共业。在其发展过程中,绝不是以孤立的事件突然出现。

从殷墟发掘所得，黄河流域，至少是殷墟一带，当盘庚未迁殷以前（公元前十四世纪前），那些地方还只有地下的大批竖穴和窦窖。地面上建筑用的铜柱础和版筑基址，还要等到盘庚迁殷以后，或者还要迟到殷商灭亡不久以前（公元前十二世纪）才出现呢！

因为这一串史实，可以断言夏代已有宫室或瓦屋之说，委实不能令人相信！

殷墟的地下情形怎样？兹摘录石璋如《小屯的文化层》[1]，关于竖穴与窦窖一节如下：

大而浅者为竖穴，小而浅者为窦窖，都是当时挖入地面下的建筑遗存。这遗存每次每区均有获得。方方圆圆的形状，深深浅浅的样式，普遍了整个的遗址。数量占各种现象的首位。从十七年到二十六年止，小屯先后十二次发掘所得，竖穴、窦窖残整共六百一十七处。就形状来分，以长方形的为最多，几乎要占全数二分之一，其次为圆形，其次为不规则形，其次为椭圆形，其次为方形，其次为长条形，以葫芦形为最少。大的竖穴有长至二十余公尺，宽至十余公尺的。……有长八公尺五，宽三公尺的。……窦的口径，普通以一公尺余的为多。窖则以长二公尺余、宽一公尺余为多。也有较大或较小的。竖穴的深度，多半由地面下五公寸至四公尺以内。也有少数较深的。窦窖的深度，则由一公尺至九公尺不等，甚至有深入水内尚未到底的。

至于它们的建造，大都是挖成功的。又可分为修饰与不修

① 见历史语言研究所出版的《六同别录》及《集刊》。

> 饰两类。不修饰的壁甚粗糙，并有建造时的铲镢印痕。修饰的又有泥涂、拍打两种，泥涂是另用一种细土和水及草而成泥糊，涂在壁的表面，使其光滑，有的多至二三层的，每层厚约半公分，很容易成层向下脱落。拍打的比较简单，在窖挖成后，用一种木棒，在壁上用力拍打，使其平匀光滑；或在挖的工作进行中，且挖且打。……因为它们体积和性质不同，所以窦窖有脚窝可以上下，有的竖穴有台阶可以出入。
>
> 据我们的观察和推测，这些竖穴和窦窖的用途，大概有一部分是起土的坑坎，有一部分是储物的仓库，还有一小部分可能是人的住处或工作的厂所。……不过我们在小屯所获得的遗迹，都是改造废弃后的状态，而不是居住使用时的本来面目了。

因为殷墟末期已有铜柱础和版筑的基址，这大批的竖穴和窦窖，虽已改造废弃；但从那些有脚窝可以上下的窦窖，和有台阶可以出入的竖穴，以及那些泥涂和拍打的穴壁来看，这不是人类曾经住过的遗迹是什么？

殷墟末期这些窦窖和竖穴，虽因地上建筑代兴而任其改造或废弃，但同时西北边区周人所居的豳地，还不仍然留在穴居阶段里吗？

《易经·需卦》有出自穴，及人于穴二语；《大雅·绵》之诗云“古公亶父，陶复陶穴，未有室家”，这都是周人穴居见于载籍的。《诗》称“陶复陶穴”者：古曰陶，今曰窑，今称穴居曰寒窑，曰窑洞；寒指秋冬入居言；洞指穴言；窑指穴成以火烧土令坚，使穴旁之水不至渗入，其事有似于窑，今人营墓葬时，既掘地为坎，复于坎中烧火，称为暖圹，当本于穴居经验而来。《说文》复从穴复云“地室

也”,又于穴下云“土室也”。土室地室其别何在?段玉裁注云:

> 毛传云:“陶其土而复之,陶其壤而穴之。”土谓坚者,坚则不患崩压,故旁穿之,使上有覆盖,陶其土,旁穿之也;壤谓柔者,柔则恐崩,故正凿之,陶其壤谓正凿之,直穴之中为中霤也。

段氏以旁穿为复,正凿为穴,说本不误;但以土坚壤柔,崩压不崩压为说,则是想当然耳,于复穴之分,实有未审。我们如从殷墟的窦窖和竖穴的差异处,参证穴复二字的字形,则于复穴之别就很清楚了。穴,甲骨作,篆作,象开一孔于上之形。开一孔于穴上,则出入必以梯上下,即从穴正中一孔出入,这就和殷墟窦窖有脚窝上下的相似。复,甲骨作,金文作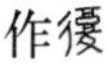,其偏旁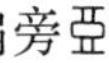正象穴之两侧有台阶形,穴有台阶则出入必在穴侧而不在穴上,这又和殷墟竖穴有台阶的相似。据此言之,开一孔于上者为穴,开两孔于侧者为复。

周人居豳为穴居,故其所居又得称京。《大雅·思齐》之诗云“文王之母……京室之妇”;《大明》之诗云“挚仲氏任,自彼殷商,来嫁于周,曰嫔于京”;又云“有命自天,命此文王,于周于京”;皆周与京并举。《说文》“京人所为绝高丘也”,为丘即营建穴居之事。《论语·子罕篇》有譬如为山之喻,为山也应作此解。

豳地穴居,不仅殷末周初如此,现在陕、甘、豫西一带,还有许多人民仍旧居在窑洞里。穴居遗俗,在这里的劳苦大众就一直没有改变过。孔子说“礼失求之于野”,边区文化,总是古代典制的保存者。

不仅如此。我们晓得更辽远的边区,北狄或黑龙江一带的女真,也曾盛行穴居。《礼记·王制篇》云“北方曰狄,衣羽毛,穴居”;《后汉书·东夷传》说“挹娄土气极寒,常为穴居,以深为贵,大家至接九梯”;《北史 · 勿吉传》说“其地下湿,筑城穴居,屋形似冢”;《旧唐书 · 北狄传》说“靺鞨……无屋宇,并依山水掘地为穴,架木其上,以土覆之,状如中国之冢墓,相聚而居”;《金史 · 世纪一》说:“黑水旧俗无室庐,负山水坎地,梁木其上,覆之以土。”我们晓得古代的肃慎,后汉的挹娄,北魏的勿吉,隋、唐的靺鞨,辽、金以后的女真、女直,都是一名的异译。他们的住处大约在内、外兴安岭,以迄苏联东海滨省一带,在中国史书上或以为东夷,或以为北狄。他们有许多习俗,如打牲,城郭,居父母丧三年,器用笾豆,以及近代盛行东北的萨满教,和我们古今风尚,都有许多共同点,决非偶然相袭。所以东北民俗穴居之风,也是我们古代遗俗留存于边区的一环。

从殷墟甲骨文字发现以后,我们晓得:我们现在使用的文字,就是从那时起,一脉流传下来的。殷、周之际既然没有完全脱离穴居生活,所以从那时流传下来的文字,也保存了许多穴居的资料。这都是当时的直接记录,在研究古代穴居遗俗时,尤为珍贵。兹依次分述于后。

郑逢原《丘虚通征》[①]搜集古代称丘虚京陵的地方,约近二百,但他没有说明其命名之故。后来胡厚宣根据这些资料,益以卜辞所得,作《卜辞地名与古人居丘说》[②]云:

卜辞地名……由其命名可以看出一种意义者……凡言山泉麓鹿京自丘阜土单者,皆有京丘坛阜之义,则古人之建邑聚

① 见北京大学《治史杂志》第2期。

② 见《甲骨学商史论丛初集》。

> 居,必选高亢之地可知也。

古人为什么要选择高亢之地居住？后来为什么又要降丘宅土？这问题绝不能用古代洪水为灾及禹平水土的神话作解答。《禹贡》所称导山导水,这不是人力所能做得到的;而在短短的几千年历史中,古代的洪水,又未必比后来的水患要厉害得多。我们要知道古人为什么要选择高亢之地居住,只有明了古代黄河流域穴居状况,才能说明这一现象。

古代所以有丘虚陵阜之称,在下面这些记载里就可以找出答案来:

> 子华子曰:"丘陵成而穴者安也。"——《吕氏春秋·先己》
>
> 积壤而丘处。——《淮南子·本经》
>
> 古之民未知为宫室,时就陵阜而居,穴而处;下润湿伤民,故圣王作为宫室。——《墨子·辞过》

《说文》于丘下云"土之高也,非人所为也";于京下云"人所为绝高丘也";《尔雅·释丘》云"绝高为之京,非人为之丘";皆以京丘相对为训,而后义足;其实京、丘皆人为的穴居。丘金文作,篆作,正象穴居两侧有孔之形,其制与复同。京,甲骨金文并作,偏旁从这一系的字,有(以上并见甲骨,金文同)。篆作(就之籀文偏旁,京作此形),今隶通作享高京亳四形。与复之偏旁之形极相似,象穴之两侧有台阶上出之形,为免雨水下注,则其台阶之上出入孔道,必有覆盖,初时作平顶形为,继则改为两侧倾斜的屋脊形,如。甲骨复或作,金文复或作

，其偏旁或作，正显示此种穴居形构筑的蜕变。此说如不误，则京上所从之，正象穴上正出之阶梯及屋顶形。其下从冂，与高同意，象丘上累土之高，冂下高从口，象丘下之穴，京从丨，象有立木为楮柱，亳于立木之上，更增横梁。《后汉书》谓“挹娄穴居，以深为贵，大家至接九梯”，当为京、亳、高三字最适当的注释。

二形，象穴之两侧有台阶上出之形，更可以良字为征。良甲骨作，金文作，也象穴之两侧有孔或台阶上出之形，当为廊之本字。廊为堂下周屋，今称堂边屋檐下四周为走廊，其地位恰与穴居侧出的孔道（岩廊）相当。《说文》于丘下别著又一说云“四方高中央下为丘”，丘篆作，正象穴居两侧出入处特高之形。谓四方高者，殷墟陵墓，其墓穴皆为方形，有深达三公尺者，穴的四面，或南北两面，都有台阶，其四面有台阶的，如为穴居，则在地面上必作形（甲骨有此字），其两面有台阶的，如为穴居，则在地面上必作形，这是可以推想得到的。古人事死如生，墓穴的构筑也当模仿生人的穴居。据此言之，良为穴居四周的岩廊，也是穴居最高处，故从良之字，有明朗高朗之义。

文字中的亚字，就象墓穴四面有台阶之形。《说文》“亚，丑也”，丑恶义近，恶从亚者，墓穴令人心恶。垩亦从亚，《尔雅·释宫》云“墙谓之垩”，《释名·释宫室》云“垩，亚也，次也，先泥之，次以白灰饰之也”，墙用白灰涂饰为垩。殷墟窦窖和竖穴的墙壁，有泥涂和拍打两种，亚有四面台阶，为贵族所居，其墙壁不能即以拍打为足，必须有白灰的涂饰，故从亚之垩有白涂之义。

丘或谓之虚。《说文》：“虚大丘也，昆仑丘谓之昆仑虚；古者九夫为井，四井为邑，四邑为丘，丘谓之虚。”古代帝王之居曰丘，亦曰虚。如黄帝之居曰轩辕之丘,帝尧之后封于蓟,为蓟丘,帝舜之后封于陈,为宛丘,太公封于齐,为营丘,齐桓封卫于楚丘,鲁为少昊之虚,卫为颛顼之虚,陈为太昊之虚,郑为祝融之虚,夏人所居为夏虚,殷人所居为殷虚。

虚从虍从丘,从虍与卢同意。狩猎时代,人以采捕为生,捕得兽皮,就用作穴居的屋顶:《说文》“虍,虎文也,象形”,象虎文即谓象猛兽之皮;挹娄、勿吉,隋、唐以后又称室韦,《旧唐书·北狄传》称:“室韦,或为小室,以皮覆上,相聚而居,至数十百家。”室韦当即由以皮覆室得名;金代有皮室军,仍即此意。穴居时代,生活简陋,一室之内,中置炉火,昼则围炉而食,夜则围炉而卧,故卢从虍,象兽皮屋顶,从由皿,由皿并陶器,供炊爨用;故从卢之字,有室庐及炉灶之义。又卢有黑义,当由炉灶烟炱熏蒸引申而来。

穴居又称陵阜者,陵亦从阜。《说文》于阜下云“大陆也”;甲骨金文作、,摩些象形文画独木梯作,正与阜字形近。偏旁从阜的字,如阶、除、陛、隥、陔、阼,都有阶级之义,如陟、降、陞、隮、陵、阤、陨、坠、堕、陊、隫、隤,都有上升下降或颠陨之义;如阽、陲、陖、陼、陇、阪、陉、险、陷、阱、隹、隗、阢、隉、阬、陀,都有高峻阽危或不安之义。综此诸义言之,阶梯正是阜字本义。

《说文》又有𨺅部,从两阜,则正象殷墟窦窖脚窝两相对之形。《小屯的文化层》说窦窖有脚窝上下,后加附注云:

按圆的为窦(椭亦为窦),方的为窖。小屯的窦窖,较深的往往有脚窝。体积较小的脚窝在两对侧,伸开两臂及两腿,恰巧合适可以自由上下,不论窦窖皆然。体积较大的窖,脚窝在一角的两旁,面对角上下也很方便。体积较大的窦,则脚窝并行的两行在一壁上，但两相错综，徒手上下也可，若在地面垂下一绳用以引手，则更为便利而安全。

窦窖凿孔直上，如非梯以出入，即须有此两相比对的脚窝，以便上下，《说文》此部共收三字：一为隘之重文，隘为狭隘，正与窦窖脚窝所在，仅容两臂两腿上下之义相合；又一为燧重文，燧为塞上烽燧，其地即边境阸塞处；又一字从夬，段注谓两阜空阙处，又与穿穴之义相应。又窦窖的脚窝形或在一角的两旁，或在一壁两行，故从阜的字，如隅、陬，都有墙角之义；如障、隖、陴、陝，都有墙壁之义。

古代黄河流域既遍营穴居，故阜有大陆之义；因而大陆之陆，大地之隆，丘陵之陵，陶复陶穴之陶，并从阜，而从阜之阱，也得从穴作穽，从阜之𨻶、陒、陑、隩、隄、防、隥、陂诸字，也得从土作墟、垝、垔、墺、堤、坊、墱、坡诸形，从阜之陎、陖、陓、陮、隗诸字，也得从山作崩、峻、岖、崔、嵬诸形。从阜之字与从土从山互用，则古代穴居的普遍，亦可概见。

《说文》于土部垣、城、堵三字下的籀文，其偏旁土并作𩫏形，又于墉下云𩫏古文墉，而在𩫏部又以𩫏为城郭之郭。𩫏，甲骨作𩫏，金文作𩫏，本象复穴两侧旁出，上有覆盖之形。《说文》既以为城郭之郭，又以为垣墉之墉，垣、墉、城、郭、堵五字，皆由墙壁得义。盖古代营穴居于黄河下游广大平原之间，穴上四周，例有垣墉以避外水侵入。《北史·勿吉传》谓："其地卑湿，筑土如堤，凿穴以居，开口向上，以梯出入。"筑土如堤，即穴上四周的垣墉。《说文》谓四方高中央下为丘，亦是此意。又厚金文作㫗，从厂从𩫏省，正会垣墉之厚意。

亯篆作𠅘，隶作享，吴大澂《字说》及《说文古籀补》，并说亯象宗庙形。其说一再称引于《金文编》、《甲骨文编》诸书。石璋如也说享、高、京、亳……这些字都象房屋建筑形。以上述诸字论之,此说实误。享有享祀或宴享之义(字或作飨),又有烹煮之义,隶变作亨(或作烹),又从亯之𦎧有孰(熟)义,自烹煮煮熟以至享祀或宴享,虽事有先后,而义实相承。由字形观之,亯虽为𩫖形之省,但由穴居营建而言,亯象穴上一孔正出,上有覆盖之形,与穴、京、高、亳、亭诸字为一系;𩫖象穴有两孔侧出上有覆盖之形,与丘、虚、复、良诸字为一系。亯象穴居开口向上,更加覆盖,为中霤,《释名·释宫室》云:"中央曰中霤,古者寝穴,后室之,霤当今之栋下,直室之中,古者霤下之处也。"中霤之下为室中置炉火处,昼夜生火不息,昼则围炉而食,夜则围炉而卧(因无卧具,故必围炉取暖),自穴外观之,中霤之上恒有炊烟,因炊烟而烹煮、煮熟、宴祀、宴享诸义,也就很容易联想起来了。

甲骨金文又有⿱亯京,从亯从京,复合两形以示一义,当为霤之本字。《说文》就字的偏旁京,籀文作⿱亼京,即⿱亯京形之省。就、霤古音同在幽部,稾当读如霤,而复从尤者,乃后起的复声字。《说文》:"就,高也。"从京故有高义,就又有成就之义,霤成即穴居之事一切成就。

穴居自穴、复两种营建逐渐演进而有京、亳的栋梁,有穴内的白涂,有穴上的中霤、垣墉和岩廊,实已具有地上建筑的规模。但地上建筑,仍有待于南方民族的启发。

南方卑湿,不宜穴居,从来就居在地面上。周去非《岭外代答》说:

> 深广之民,结栅以居,上设茅屋,下豢牛豕。栅上编竹为栈,不施椅棹床榻,寝食于斯,牛豕之秽升闻于栈罅之间,不可

向迩，彼皆习惯，莫之闻也，无乃上古巢居之意欤？

田汝成《行边纪闻》载僮瑶风俗说[①]：

居室茅缉而不涂，衡板为阁，上以栖止，下畜牛羊猪犬，谓之麻栏。

南方民族所居大概都分两层，如今车里的摆彝仍多如此，有似于楼居。从穴居的人来看楼居，或与巢居无异。此说如不误，则史称汤放桀于南巢，其地当即以楼居得名，因其在南，故谓南巢。秦、汉之时又称其地为居巢县，居巢即人所居。古今地名由建筑得名的，其例甚多。《金史·世纪一》称金代之先居黑水，尚为穴居，及徙居海古水，始筑室为栋宇之制，人呼其地为“纳葛里”，即汉语居室之义。顾炎武《天下郡国利病书》也说畲民所以得名之故云：

粤人以山林中结竹木障覆居息为畲，故称所居为畲蛮。

据此言之，春秋时代居于淮水南北的徐及群舒，以及居于商丘（今归德）的亳与宋，也当是因其所居而得名的。

徐，金文作𨛬从邑，今从彳，乃邑字形讹。《周礼·薙氏》注云：“伯禽以王师征徐戎。”刘本徐作郐，音徐，古书徐字不误者极少，《说文》谓郐读若涂，又别为二字，实误。又舒、豫并从予，予亦邑字形讹。古地名偏旁从邑者，多属后起的形声字，如郑、鄫、邢、郱，春

① 见国立北平图书馆善本丛书本，叶九十五。

秋时金文但作奠、曾、井、鼄，尚不从邑，至春秋末期晚出之金文，即不从邑的楚字，也增邑旁作鄰，故徐、舒二字，在较早期的文字中，就当只作余、舍。

余，甲骨作□，金文作□□□；舍，金文作□，或从余作□，舍与余不同处，仅有凵与无口为异。《说文》“舍，市居也”，舍为市居，为人所止宿处，以舍之义训，定余所象为屋顶及梁柱形，当无大误。舍复从口者，《说文》云“象筑也”，当谓筑地为基址。余之与舍，有屋顶梁柱基址，而无四周的墙壁，是仅能适合于淮水流域。若在黄河流域，为避冬日的烈风，其地上建筑必作宀形。《说文》：“宀交覆深屋也，象形。”这种交覆深屋的建造，在周初即已有记载，《周书·梓材》云：

> 若作室家，既勤垣墉，惟其涂塈茨。

《说文》“茨茅盖屋也”，“塈仰涂也”，段玉裁注云：

> 涂塈茨者，涂其茨之下也，故必仰涂。

我们看现在华北茅屋顶上盖草之后，仍以泥涂草上，当为殷、周以来相沿之旧俗。若在南方，则仍葺而不涂。此种营建方法，当以从前穴居的梁柱垣墉为基础，而参以淮水流域茅葺的屋顶而成，这样复合的建筑，是有长期演进的历史，如果古代地名能说明这类演进的过程，则亳、宋二字，即为其最好的例证。

亳，殷商所都，地在商丘，或云在偃师。亳为穴居发展的最后阶段，由亳进而为地上建筑，则为宅。亳、宅并从乇，象梁柱形。再进则为宋，《说文》“宋，居也，从木”，其梁柱较之从乇者更加繁复。

地上建筑至是,其形式已完备得多了。

综而言之,黄河流域建筑的发展,实以殷人为之关键。殷人出自东北,其后涉河南迁,而居于亳,因与淮水流域的民族相接触,因而受其建筑上的启发,易穴居之亳而为地上之宅。迄至周初,商丘一带栋宇制作,更臻完备,于是世人就以宋的名称,来代替从前商或亳了。

殷、周之际,降丘宅土,由穴居进而为宫室,在生活上不能不算是一大改革。但穴居时的旧俗,在这样大的改革中,仍不能改革净尽。所以古代宫室的营建,仍保存了不少的穴居遗俗。《尔雅·释宫》说:

> 西南隅谓之奥,西北隅谓之屋漏,东北隅谓之宧,东南隅谓之窔。

一室的四隅而有四个名称,这个问题我们只有在穴居旧俗里寻出答案来。《释名·释宫室》解释这四个名称说:

> 室中西南隅曰奥,不见户明,所在秘奥也;西北隅曰屋漏,礼每有亲死者,辄彻屋之西北隅薪以爨灶,煮沐,供诸丧用,时若直雨,则漏,遂以名之也;必取是隅者,礼既祭改设馔于西北隅,今彻毁之,示不复用也;东南隅曰窔,窔幽也,亦取幽冥也;东北隅曰宧,宧养也,东北阳气始出,布养万物也。

穴居时代或近日边区,如羌、戎、彝、苗诸族,每一家族聚居一室之中,中央置炉称为火塘,蒙古、西藏营帐幕游牧生活的民族,也是如此,全家之人食息于此,终日离不开这一间屋子,所以这一间屋子必有很好的安排。如从火炉中分之,那末北边一半就是前室,又称为堂,南边一半就是后室,又称为室,开孔于屋顶的中间为中霤,既以取明,兼使炉火烟气上撤,中霤的孔必南出,这是为要避免北方大陆寒风的侵袭。这里要补充说明的:古代春夏居庐,庐在田中,秋冬人保城郭,当即穴居。《诗经·七月》篇说,十月以后就要"塞向墐户"准备着度岁,向是北出牖,既顺闭塞,则中霤之孔也不应北向,这是可以推想得到的。中霤的孔既不向北而向南出,那末反映在室中的明处必在北边一半,即前室或堂,其幽暗处必在南边一半,即后室,所以后室的两隅,一曰窔一曰奥,窔奥都是幽暗的意思,这里只能作为夜间寝息之处;剩下白天里可用的,只有向明的前室了。东北隅曰宧者,《释名》说宧为养,这是白天里进食的所在,西北隅曰屋漏者,陈奂《毛诗传疏》在解释《大雅·抑》篇里屋漏,征引《仪礼》及《公》、《穀》二传注疏,说明这是古代设祭及安藏庙主的所在(文繁不备引);《释名》所说,也正与此意合。我们从这四种名称来看,就可以深切地了解古代穴居生活,自物质生活以至精神生活,都包罗无遗了。

1948年3月初稿,1950年4月29日重写定

(原载《中国文化研究汇刊》第9卷,1950年)

论东亚大陆牛耕的起原

一、叙言

牛耕在东亚大陆是怎样发展的？这不是一个易于解决的问题。

牛耕又称犁耕，是从耦耕（用耒耜为工具的耦耕）一步一步地发展起来的，我们如果不懂得耒耜是用什么质料作成的，为什么要两人并力耦耕，以及东亚大陆对于牛的驯牧的情形，我们是不会了解牛耕起原的。

从西周到战国时代，可以说都是耦耕时期。西周初期的诗说"十千维耦"（《噫嘻》），又说"千耦其耘"（《载芟》，并见《周颂》），孔子时代有"长沮、桀溺耦而耘"（见《论语》）；战国时期的《月令》有：季冬月"命农计耦耕事，修耒耜具田器"的记载（见《吕氏春秋》和《礼记》两书，《吕氏春秋》是战国末年著作，《礼记》是汉人集录的书）。耦耕都是指两人并力耕作的。用的工具是耒耜，大概都是木制。耜的前端或嵌有锐利的燧石或骨蚌，所以《诗》有"覃耜"和"有略其耜"之词，覃、略都是形容耜的锐利。春秋、战国之际，也可以说是牛耕的孕育时期，纵有牛耕，也不是普遍的事。

牛耕的工具是犁，犁的前端犁镭就是由耜逐渐演化而成，犁就是耒耜的合音,犁镵又作犁冠,嵌在犁的前端,像人有冠一样,现在又称作铧头。铧镵是铁做的,铁器出现以前,是不会有犁的,也不会有牛耕的。

用牛拖拉有铁铧头的犁来耕作,大大地改进了耦耕的生产力。从前用人力开辟的田亩,现在利用牛来开辟,从前一夫只能耕十亩地的,现在改用二牛三人,就可以耕五百亩地了(说见后)。生产力增加到十六倍有余。这样突飞猛进的生产力,在历史上就应当有个决定性划时代的作用,这也是我们学习社会发展史所应当了解的。

二十多年以前我作了一篇《耒耜考》(载《中央研究院历史语言研究所集刊》二本一分),对于耒耜略有认识。当时对于犁耕也有了初步的讨论,认为是起原于春秋、战国之际,只是所依据的材料不完备,观察得不邃密,所以一直不敢自信。现在因为学习社会发展史,对于这一问题有了进一步的了解。几个月前我在重庆,王天木先生从北京写信来问我殷商有没有牛耕,我肯定地答复他说"没有"。现在因为《学林》要稿子,就把我的不成熟的意见写出,兼以答复天木。

二、耦耕和牛耕

古代耦耕所用的工具是耒耜。耒原是木制的,《易·系辞》说"揉木为耒",《说文》也说"手耕曲木也"。武梁祠石刻画神农手持耒,上端作曲柄形,下端作分歧形。耜《说文》以为臿,即今锹锸一类的农具,上端也作曲柄形,下端平锐,或嵌有燧石、骨蚌等物。这两种农具都是要利用人身的重量蹠之入土的。《礼记·月令》郑玄

《注》说"耜者耒之金也",《正义》说:

耒下向前曲接耜者头,而著耜,耜金铁为之,故云"耜者耒之金也"。

郑合耒耜为一,以耒为柄,以耜为嵌在耒柄前端的铁制物,这是铁制农具以后的事。古代耒耜原是两种作用不同的农具,耒利于深耕,耜利于发土,因为是木制的,就是嵌有燧石或骨蚌等物,也必须用两人的力量才可以蹠之入土,这是古代耦耕最重要的理由。程瑶田说:

一人之力能任一耜,而不能以一人胜一耜之耕何也?无佐助之者,力不得出也,故必二人并二耜而耦之,合力同奋,刺土得势,以终长亩不难也。

程说二人并二耜也是本于郑《注》的。这是铁器兴起以后的事。因为有铁制的耜,所以一人一耜也就能够胜任了。古代的耦耕完全是适应实际需要,所以《吕氏春秋·上农篇》说"量力不足,不敢渠地而耕";决不像程氏所说耦耕的"合力同奋"只是一种精神作用。《淮南子·主术训》说:

一人跖(蹠)耒而耕不过十亩。

汉代有了铁制的耜以后,所以就只须一人蹠耒而耕了。

古代耦耕两人共持耒耜各举一足,利用两人身的重量蹠之入土，入土之后，再用手抑柄使倒，让土坟起，这种动作和现在用铁锸是一样的。古代叫这种动作就手言之叫做推，就起土言之叫做发（字又作墢）。《月令》说籍田“天子三推”，《周语》说“王耕一墢”，都指这种动作说的。古代耦耕就是这样一发一发地至于终亩。这是效力很小而又是极端劳苦的事，所以《淮南子·氾论训》说：

古者剡耜而耕，磨蜃而耨……民劳而利薄。

《汉书·陈胜传》说：“胜少时尝与人佣耕，辍耕之垅上，怅然甚久曰：‘苟富贵无相忘！’”他在这样极端劳苦情况下从事生产，所以便能蕴蓄深厚的革命热情！

牛耕之初是和一车两马的原理相同，辕在当中，所以必须两牛曳引向前。《汉书·食货志》说赵过教民牛耕“二牛三人”，这个二牛三人是怎样分配的呢？贾思勰《齐民要术》说：

今辽东耕犁辕长四尺，回转相妨，既用两牛，两人牵之，一人将耕，一人下种，二人挽耧，凡用两牛六人，一日才种二十五亩。

这是后魏时代辽东边境上的情形，比起三辅（汉代的关中）“一犁共二牛，一人将之，日种一顷（百亩）”的，真是相差太远了（《齐民要术》作“其法三犁共一牛，一人将之，下种挽耧皆取备焉，日种一顷”。三犁共一牛，应作一犁共二牛，说详下）。不过这里两牛两人牵之，一人将耕，还是完全沿用赵过的成规。至于两牛一人的耕作，现存宋代敦煌壁画里的牛耕图，在两牛的角上共缚一横木，所以前面牵牛的两人就可以省去了，这是牛耕的一大进步。现在西藏和栗粟的牛耕，都是继承了这个方式。至于现在国内通行的一牛一犁的牛耕，大概是最适用于江南的稻田耕作，牛皆穿鼻，因为牛穿了鼻子以后，就更容易驱使了。我们看《吕氏春秋·重己篇》说：

> 使乌获疾引牛尾，尾绝力殚而牛不可行，逆也；使五尺竖子引其棬，而牛恣所以之，顺也。

《吕氏春秋》所谓棬就是穿牛鼻的圆木圈，牛穿鼻以后五尺竖子就可以指挥自如，因此一牛一犁就可以耕作了。

穿牛鼻的事，至迟在春秋、战国时代就已经盛行起来了。铜器《国差𦉜》（国差即春秋时的国佐，见于宣十年，至成十八年被杀，即公元前599—前573年）有穿牛鼻的兽环，战国时铜器穿牛鼻兽环更是屡见，《庄子·秋水篇》也说：

> 牛马四足是谓天，落（络）马首，穿牛鼻，是谓人。

这是春秋、战国时穿牛鼻的事实，但这不必就是一牛一犁的开始。《周礼·地官·里宰》“以岁时合耦于锄”，郑玄《注》说：

> 《月令》：“命农师计耦耕事，修耒耜具田器。”

是其岁时与人合耦，则牛耦亦可知也。

郑玄后汉末时人，其时有牛耦，则是牛耕仍用二牛，但是秦、汉以后的牛既已普遍穿鼻，汉以后又都用一牛一马拉车（东汉石刻画车马的甚多），《淮南子·氾论训》也说：

今夫僦载者，救一车之任，极一牛之力。

因此一牛一犁也就不至于过晚罢！

三、牛耕开始的时间和地域

牛耕最早的记载见于《国语·晋语九》：

夫范、中行氏不恤庶难，欲擅晋国，今其子孙将耕于齐，宗庙之牺为畎亩之勤！

《国语》成书最早也应当在战国时期（公元前五世纪——前三世纪），这是赵简子的大夫窦犨所说的话，简子是赵鞅的谥，他是春秋末年人（公元前五世纪），所以牛耕的开始也不能早过公元前五世纪——前三世纪。这虽是出于三晋的事，但战国时代牛耕在三晋并不普遍。《汉书·食货志》说："李悝为魏文侯作尽地力之教……治田勤谨，则亩益三升。"治田勤谨的尽地力，明是指人耕言。又如《吕氏春秋》卷二十六所载的农家书四篇，也没有牛耕的资料，例如《任地篇》说：

六尺之耜所以成亩也，其博八寸所以成甽也，耨柄尺，此其度也，其耨六寸所以间稼也。

所举的耟和耨，都是人耕的农具。又如《审时篇》说：

是以人稼之容足，耨之容耨，据之容手，此之谓耕道。

这里的人稼和容足、容手，都是人耕的迹象。《吕氏春秋》虽成于秦之咸阳，而实出于吕不韦门客三晋人士之手。从以上这些记载里我们可以说，战国时代三晋虽有牛耕，可是在民间，的确没有推行。

牛耕的普遍推行是战国时代秦国的事，《战国策·赵策》载赵豹说：

秦以牛田水通粮，其死士皆列之于上地，令严政行，不可与战。

秦国优待死士列之上地，令严政行，固然是战胜六国的条件，但是如果没有牛耕，秦国也就不能抽出更多的壮丁和积聚更多的粮食来作长期的战争。如果没有水通粮（即后来漕运）也就不能把它所能积聚的粮食，输送到远方去征服其他的国家。赵豹说秦国不可与战，毋宁说是侧重在牛田这一方面。赵豹的话是在长平之战前一年说的（公元前261年），牛耕这时在秦国，当然是已经普遍推行了。

春秋、战国之际，秦、晋开始有了牛耕，而且秦国在战国时代能够普遍推行，这也有原因的。

第一，是铁器兴起建立了犁耕的基础。《左传》昭公二十九年

（公元前513年）载赵鞅（赵简子）、荀寅赋晋国一鼓铁以铸刑鼎。《孟子·许行章》说许子以铁耕（指耒耜言）。春秋、战国之际铁是出现了，但是这时的铁还只能铸作农具，而不能代替青铜作兵器用。所以《国语·齐语》说：

> 美金以铸剑、戟，试诸狗马；恶金以铸鉏夷斤劚，试诸壤土。

美金是青铜，恶金是铁，恶字从亚，亚是次一等的意思，铁器一出现就铸作农具试于壤土，那末，由此发展为耕犁，也就极其自然了。

第二，春秋、战国之际，秦、晋和西方的巴、蜀已经有了文化的交流。《竹书纪年》载魏惠成王时有瑕阳人自秦道岷山导青衣水来归。又《史记·秦本纪》和《六国年表》载秦灭蜀以前，秦、蜀两国也有信使的往还，这是秦、蜀和三晋的文化交流见于记载的。我们再以成都白马寺和新津出土的铜器看，中原铜器铸作的技术和形制，也已经由秦、楚两方面传入巴、蜀了（因为这些铜器形制一方面与秦相近，一方面又和楚相近）。牛耕从埃及传到巴比伦、波斯、印度，既都比中国早；我们晓得西汉时代蜀布、邛竹杖可以从印度传入中亚的大夏；那末，中亚和印度的牛耕由巴、蜀以输入秦、晋，自然也就很有可能了。巴、蜀本土原有很高的农业，《史记·西南夷传》在巴、蜀边徼有许多兄弟民族都是耕田有邑聚的，古代中国只和西北的游牧民族北狄和西戎接触，我们当然不能从这些民族输入牛耕的方法。《战国策·秦策》说秦灭蜀后就更加富厚轻视诸侯，这说明秦的国力，从灭蜀后有很大的增进，牛耕可能就是其中重要因素。

第三，秦、晋是古代通行爰田的区域（说详拙著《井田制度探原》,见成都华西大学《中国文化研究所汇刊》四期),爰田有上中下之分,三年一换土易居以均劳逸;爰田换土易居的制度,到汉代就变为自爰(换)其处的代田了。爰田代田都有休种的田,又叫莱田,长了草是可以多蓄牛马的,这是适宜于推行牛耕的条件之一。又代田"一亩三甽",亩作长条形,正便于耕犁的回转,这又是适宜于推行牛耕的条件之一(《齐民要术》说辽东耕牵辕长四尺,回转相妨)。若东方井田区域,八家共井,九百亩均属不易上田,对于初期辕长四尺回转相妨的耕犁,那自然是不易推行的了。

总之,牛耕开始于春秋、战国之际,是紧接着铁器兴起之后的,牛耕开始于秦、晋两地,因为这两地都是爰田区域,至于先从秦国普遍推行,又因为秦兼并了巴、蜀,巴、蜀恰是西方牛耕传入东亚大陆必由的途径,这些客观的条件都是相互联系而不可分割的。

四、春秋以前牛耕说的不可信

宋以来的学者对于牛耕有种种的推断,不是所据的材料不可靠和不完全,就是根据了许多错误的见解作推论,这里我只能举几个例子。如王应麟《困学纪闻·合耦为人耦牛耦条》说:

> 人耦牛耦,郑氏《注》合耦并言之,《疏》谓:"周时未有牛耦耕,至汉赵过始教民牛耕。"今考《山海经》,后稷之孙叔均始作牛耕,周益公(必大)云:孔子有犁牛之言,冉耕亦字伯牛,《贾谊书》、《新序》载邹穆公曰:"百姓饱牛而耕",《月令》季冬月出土牛示农耕早晚,何待赵过?过特教人耦犁,费

省而功倍尔。

按王说实为清代学者论牛耕者所本,如齐召南《汉书·殿本考证》云:

> 叶少蕴问曰:"古耕而不犁,后世变为犁法,耦用人,犁用牛,过特为增损其数耳,非用牛自过始也。"周必大曰:"疑耕犁起于春秋之世……"按叶、周二氏说是,但谓古耕而不犁,耕犁起于春秋,亦恐未确,古藉田之礼曰三推,不用犁安用推乎?

又如赵翼《陔馀丛考·牛耕不始于赵过》实全本王说,兹从略。

王说《山海经》后稷之孙叔均始作牛耕之说,见于《海内经》,《山海经》多杂汉代地名,只能认为汉人之作,不能认为是西周以前的史实。《礼记·乐记》说周武王胜殷以后"济河而西,马散之华山之阳而弗复乘,牛散之桃林之野而弗复服"。这一段记载又见于《史记·周本纪》和《吕氏春秋·慎大览》,是古代有名的故事,如果西周以前就有了牛耕,为什么这些牛马不用来耕田,而要放之于华山之阳和桃林之野呢?

又王引周说贾谊《新书·春秋篇》及《新序·刺奢篇》载邹穆公曰"百姓饱牛而耕",《新书》、《新序》都是汉人的著作,饱牛而耕也只能看作汉代的事,不能认为是邹穆公时史料。

又王引周说孔子有犁牛之言,按《论语·雍也篇》说:

> 犁牛之子骍且角,虽欲勿用,山川其舍诸!

犁牛是杂色牛,不当作犁耕解,古代祭祀的牺牲是不用杂色牛的,但杂色牛养了纯色的骍牛（骍是纯色牛）而且有角，山川的神是不能放过它的。《淮南子·说山训》说：

> 髡屯犁牛，既犐（无角）以犙（无尾），决鼻而羁（指穿鼻，祭祀的牲不穿鼻），生子而牺，尸祝斋戒，以沉诸河。

又《齐俗训》说：

> 牺牛粹毛（粹是纯色），宜于庙牲。

《淮南子》此文可作《论语》注解，皇侃《疏》说犁牛为耕犁，这才是错误的解释。

又王引周说冉耕字伯牛，按《史记·仲尼弟子列传》有司马耕字子牛，冉耕字伯牛，名耕字牛只见于汉人的著作中，《论语》只称司马牛和冉伯牛，王引之《春秋名字解诂》，对于这个问题有很好的解释。他说：

> 古者耕以人耦不用牛力，作耕非本义也。耕当读为牼，《说文》牼、牛厀下骨也，引《春秋传》曰宋司马牼字牛，即司马耕也。昭二十年《传》有华牼，《孟子·告子篇》有宋牼，是古人多以牼为名，司马牼亦是也。再冉耕亦当为冉牼，古字假借耳。

《说文》引《春秋传》宋司马牼字牛，牼当是《春秋传》原文，同例冉耕亦当作冉牼，汉人习见牛耕，遂改写为耕，其说当可信。

又王引周说《月令》出土牛，《月令》原文是“出土牛以送寒气”，土牛为送寒气而设，本与牛耕无关，《后汉书·礼仪志》也是在季冬月“立土牛六头于国都郡县城外丑地，以送大寒”，可以参看。

至于齐说三推为用犁，这是不知古代耒耜的推发，说已见上。

从上面所举事例来看，春秋以前的牛耕说都不可信，不但如此，东亚大陆汉以后还有许多地方是不知牛耕的。《史记·货殖列传》说汉代江南还是火耕水耨，这是不用牛耕的。《后汉书·王景传》《任延传》说，庐江、九真两郡都不知牛耕。至于东北方面的马韩，在后汉、三国时代不但不知牛耕，就是乘骑牛马也不知道，牛马只为贵族祭祀之用（见《三国志·东夷传》），东夷耽罗到唐代还以铁齿耙土，不知用牛（见《新唐书·东夷传》），西南的僰夷原是精耕的民族，明时所修的《云南通志·僰夷风俗》说：

> 民勤于务本（本指农业），牛不穿鼻，故不服耕。

原始的牛耕是用两牛共辕，本不系于穿鼻与否，作者习见汉人牛皆穿鼻，故有此说。从这些记载来看，东亚大陆除了黄河流域以外，江南和西南，在汉代、唐代甚至明代都还没有牛耕的迹象呢！

五、汉代牛耕的推广

牛耕的普遍推行，是从西汉时代赵过开始的，《汉书·食货志》说：

> 武帝末年，悔征伐之事，乃封丞相为富民侯，下诏曰“方今

之务，在于力农”，以赵过为搜粟都尉。过能为代田……其耕耘下种、田器皆有便巧，率十二夫为田一井一屋，故亩五顷，用耦犁，二牛三人，一岁之收，常过缦田亩一斛以上，善者倍之。过使教田太常、三辅，大农置工巧奴与从事，为作田器，二千石遣令、长、三老、力田，及里父老善田者，受田器，学耕种、养苗状。民或苦少牛，亡以趋泽（不能及雨泽时耕种）。故平都令光，教过以人挽犁，过奏光以为丞，教民相与庸挽犁，率多人者田日三十亩，少者十三亩，以故田多垦辟，过试以离宫卒田其宫壖地，课得谷皆多其旁田亩一斛以上，令命家田三辅公田，又教边郡及居延城。是后边城、河东、弘农、三辅、太常民，皆便代田，用力少得谷多。至昭帝时流民稍还，田野益辟，颇有畜积。

汉代以前既有牛耕，为什么要等到赵过才能推广呢？这有三个原因：

第一，赵过教民牛耕，亩五顷（五百亩地）用二牛三人，这不是周代一夫受田百亩的农人所能采用，这必须要等到秦、汉以后，授田制破坏了，人民可以自由兼并的名田时代（即西汉时）才便于推行。

第二，马牛羊原来不是东亚大陆上所驯牧的牲畜。我们看《晋书·肃慎传》、《魏书·失韦传》都说其地无牛羊，或无羊少马；又《后汉书·东夷传》说倭（日本）无牛马虎豹羊鹊，《隋书·流求传》说流求（今台湾）多猪鸡，无牛羊驴马，为什么东亚大陆这许多地方在汉、隋以后还没有马牛羊呢？我们晓得日本与台湾在上新纪的末期还是和大陆相连的，当其未与大陆断绝以前，大陆上如果有马牛羊等家畜，这两个岛上也应当有；汉、隋时代大陆边区和这两个岛上既是都没有马牛羊，这就是史前东亚大陆不畜马牛羊的明证。我们晓得有史以后马还是不断地从西北输入，中国牛在殷代以后和牛耕兴起以前，也只是贵族或商贾为祭祀之牺及挽车而驯牧的，一般农民是不能多畜的。我们看赵过推行牛耕，当时农民就因少牛不能赶在雨泽时耕种，所以平都令光才教赵过以人挽犁，来克服少牛的困难。为什么当时农民不能多有牛呢？我们只要看《左传》宣十一年记载所说就可以了解了。《左传》说：

> 抑人亦有言曰“牵牛以蹊人之田而夺之牛”；牵牛以蹊者信有罪矣，而夺之牛罚已重矣。

这是当时流行的口语，在没有牛耕的社会中，牛只是践踏禾稼有害农作物的牲口，所以当时的人认为牵牛以蹊人田就信为有罪了，这也就是当时农业社会不能多畜牛的原因。再原始的牛耕需两牛，而当时农民则少牛，贵族为供给祭祀的牺牲虽然养了许多牛，但他们又不耕种（除非他们降为平民时，宗庙之牺才转变为畎亩之勤），所以牛耕在秦、汉以前是不易推行的。

第三，在铁器未兴以前，铜是美金，是贵重金属，是不能用作农具的，那时的耕作不是刀耕火种，便是木石骨蚌制的耒耜，这种农具入土不易，当然是无须使用牛耕的，铁器是农业发展的最重要因素，《盐铁论·禁耕篇》说：

> 铁器者，农夫之死生也，死生用则仇雠灭，仇雠灭则田野辟。

因为春秋以前没有铁器，所以也就没有牛耕了。

六、结论

牛耕是秦始皇统一六国的经济基础，我在《论秦与匈奴的统一及其经济因素》（见《学林》十二期）中已经指出了，中国如果没有牛耕，统一的封建王朝是不会那么早出现的，原因是很清楚的：没有牛耕，就不能抽出更多的壮丁，和集聚更多的粮食，来支持继续不断的兼并的战争。秦代封建的统一王朝，既经实现之后，如果牛耕还只限于关中一隅，那个封建王朝也是崩溃的，秦代未曾推行牛耕，也未始不是秦代国祚短促的一个原因。

汉武以前牛耕虽然已经开始，在关中地区也还有相当的基础，但实际上是不普遍的，所以汉初的粮食问题就非常的严重。《汉书·食货志》载贾谊《论积贮疏》说：

> 汉之为汉几四十年矣，公私之积，犹（尤）可哀痛，失时不雨，民且狼顾，岁恶不入，请卖爵子（国家卖爵，人民卖子女），既闻耳矣；安有为天下阽危者若是，而上不惊者。

在汉代极盛的时候，为什么还有这个现象呢？这只能说是当时的生产力不能供应统一的封建王朝下滋生不已的人口，一遇到饥荒的年岁，就更加惶然了，所以当时著名的学者如贾谊、晁错，对于积贮贵粟，都极端的重视。我们再从《礼记·王制篇》论蓄积来看，就知道当时粮食问题是不易解决的。《王制篇》说：

> 国无九年之蓄曰不足，无六年之蓄曰急，无三年之蓄曰国

非其国也;三年耕必有一年之食,九年耕必有三年之食。以三十年之通,虽有凶旱水溢,民无菜色!

《王制篇》是汉文帝时博士所作,当时不能积极地增加生产,所以只能作长期蓄积的打算,国家要经常地贮积到九年的粮食,这是多么可惊的一个计划。节用和积蓄在《墨子》和《荀子》书中虽也曾讨论过,但总没有这样忧深虑远的设计,《管子》也有类似这样的议论,如《山权数》说:

王者岁守十分之参(三),三年与少半成(即不足十分之一),岁三十一年而藏十一年与少半,藏参之一不足以伤民,而农夫敬事力作,故天毁地凶旱水泆,民无入于沟壑乞请者也。

《管子》书杂有汉人著作,所以也有这一类的计划。我们看汉兴七十年后的“太仓之粟,陈陈相因,充溢露积于外,至腐败不可食”(见《史记·平准书》),就是受了这个理论支配的具体表现,这决不足以显示当时粮食的有余,而实是粮食恐慌的征象;这个严重的粮食恐慌问题,必须等到赵过推广牛耕以后才得到完全解决,赵过教民牛耕的成效,在《汉书·食货志》有明白的记载,就是:“至昭帝时流民稍还,田野益辟,颇有畜积。”《后汉书》还有两段记载很可以帮助我们了解这个问题,《王景传》说:

(景)明年迁庐江太守,先是百姓不知牛耕,致地力有余而食常不足。……景乃……教用犁耕,由是垦辟倍多,境内丰给。

这是牛耕解决了庐江百姓“力有余而食常不足”的一个例证；又《任延传》说：

> 九真俗以射猎为业，不知牛耕，民常告籴交阯，每致困乏，延乃令铸作田器，教之垦辟，田畴岁岁开广，百姓充给。

这是牛耕解决了九真百姓困乏的又一个例证。从这些事例来看，牛耕在秦汉时代的历史上曾经起了一个具有决定意义的划时代的作用，那是无可否认的，从此以后历史上长期蓄积的问题，也就没有人再提了！

1951年12月18日在成都

（原载成都《工商导报·学林》副刊第24期，
1951年12月23日）

巴蜀文化初论

一、古代四川经济文化的基本情况

四川是古代中国的一个经济文化区，但是它并不是孤立的；也不是与其他地区，尤其是与中原地区没有联系的。四川的地形，山高水急，唐代诗人形容它说："蜀道之难，难于上青天。"这样过分的夸大，既不是事实，实际上这样艰险的环境，也不能限制我们勇敢勤劳的祖先的足迹。我们只要看古中国西部人民为适应高山峻岭与横断山脉的环境而创制了栈道和索桥（古代人称为笮，稍后又称为绳）。这些东西决不是中原文物的复制，而是在战国时代秦并巴、蜀以前，早已就在四川建设成功的工程。古代四川人民就不甘心局限于这一个小经济文化区内，而决心开辟道路，向外发展。

著名的四川盐井，它的起源也应当是很早的。西汉时代成都罗裒就以盐井致富。而且在四川西部的盐井，都是五十丈左右的深井（《梦溪笔谈》称陵州盐井的深度如此），所以东汉王充说"西州盐井泉源深也"；这样的深井，不是短期所能发展成功的。我们晓得就是现代新式凿井工程，还是总结四川盐井丰富的凿井经验而加以发展的。

著名的蜀锦，在三国时代就已成为蜀汉对外贸易的专利品。山谦之《丹阳记》说：

> 历代尚未有锦，而成都独称妙，故三国时魏则市于蜀，吴亦资西蜀，至是乃有之。

锦常见于先秦典籍中，如《诗·卫风·硕人》说："衣锦䌹衣，裳锦䌹裳。"为什么山谦之说历代尚未有锦？可见蜀锦非古代中原所有。蜀锦古代称为锦段，《华阳国志·蜀先主志》说先主取蜀后，赐诸葛亮、法正、关羽、张飞"锦段万匹"（《蜀志》仅称锦）；张衡《四愁诗》所说的"锦绣段"，也应指蜀锦言。这种锦段与中原固有的锦截然不同。中原的锦以厚缯为地，锦面粗糙而不平滑。锦段今省称缎，有花及彩色者称花缎，缎是平滑有光的织物。江、浙原无缎，六朝时代乃传入蜀锦技术，所以山谦之说"至是乃有之"。锦段的段作缎，这是后起的字，唐人诗仍作段。《诗·大雅·公刘》有"取厉取锻"语，厉是砺石，锻，《毛传》说"石也"，字应作碫。郑玄《笺》说："碫石所以为锻质也"；椎物令平，其下必有木、或石、或铁垫以为质。《史记·范雎传》说："今臣之胸不足以当椹质。"是质用木者为椹，用石者为碪，用铁者为锧，析言则各有所属（如碪则为捣衣石），混言则皆为锻质。《说文》："段，椎也。"椎即今槌字。凡椎段之物皆令平滑，所以平滑有光泽的锦，也就称为锦段了。蜀锦延至六朝时代，才流传到江南的丹阳，可见这种锦段绝不是短期所能发展成功的。这样高等的纺织技术，在西南应有它的悠远的历史。《后汉书·西南夷传》记载当时四川边区的哀牢夷说："宜五谷、蚕桑，知染采文绣、罽毲（毛织品）、帛叠（棉布）、阑干（纻）、细布，织成文章如绫锦。”又如现在成都出产的锦缎，除有五彩文饰外，它还具有条文，而条文布也是汉代氐人的特产。《说文》：“絣，氐人殊缕布也。”殊缕布是殊其缕色，而相间织之，当即今之条纹布。絣即谓条文并行之意。哀牢和氐，都属巴族（牢僚同，说见后），古代与蜀同在西南。这些技术，可能就是他们共同创造的果实。因此蜀锦就应当是古代四川的特产，而不是受中原的技术影响才发展起来的。

古代四川的交通有栈道和索桥，并不如想象的困难，而且长江由三峡顺流东下，更不能限制习惯于水居民族的来往。《太平寰宇记》论徼内南蛮说：“其在硖中（今长江三峡）巴、梁间，则为廪君之后。”《后汉书》以廪君后为巴郡、南郡蛮，是廪君蛮所在，并不以梁州为限。从地理和民族的分布来看，古代四川和中原的联系，肯定是存在的。至于《史记·五帝本纪》说黄帝的儿子昌意，降居若水，娶蜀山氏，后来《华阳国志》和《十三州志》，以为这就是蜀的先代。严格的说，这些传说并出西汉以后，除牵合若水、蜀山地名人名一二字外，并无其他史迹可据，其可信的条件并不具备，这里姑置不论。解放以后，在四川基本建设及农业的开发中，地下遗物出土渐多，且有出土记录可据，对于古代四川的历史，提供了许多坚强可信的资料，使我们更清楚的看出它与中原地区的联系。

最近在四川新繁水观音寺及忠县㽏井沟遗址和墓葬里出土的陶器和铜兵器，这已经是金石并用的时代了，至迟在殷商的末期，四川与中原地区就已经有紧密的联系了。《诗·商颂·殷武》说：“昔有成汤，自彼氐、羌，莫敢不来享，莫敢不来王。”《商颂》是春秋时代宋人歌颂其祖德之诗，氐、羌服属于商，当为其世代相传的旧说。当时氐、羌所在，可能已西达巴、蜀。新繁出土的陶鬶、陶豆，和湖北、河南、安徽、江苏出土的后期黑陶，即已受彩陶影响的黑陶，从形制上观察,可以说是一系的宗支。铜兵器的戈和瞿也和殷代相同。虽然从殷墟流传到西蜀,时间上应有一定的距离,但也不能相距过远。《尚书·牧誓》说武王伐纣时,有“庸、蜀、羌、髳、微、卢、彭、濮人”,《华阳国志·巴志》也说:“周武王伐纣,实得巴、蜀之师。”殷、周之际,巴、蜀和中原地区的关系,现在是已经得到地下资料证明了。

周继殷后,巴、蜀在政治上接受了周人的统治,但在文化方面,周人还是一个新兴的部族,他们自己的文化,还是需要殷商文化的灌溉。及西周灭亡以后,关中文化也陷于停滞萎缩之中。后来秦人东向发展,秦人文化也要等到公元前四世纪中叶秦孝公时代,才获得显著进步。在这样漫长的时期中,秦、蜀的文化交流,可能是存在的。如四川发见的铜兵器,其形制在戈、瞿之间,和宝鸡出土的就极为相似(见苏秉琦《斗鸡台东区墓葬》七九墓及八墓)。解放前在四川出土的铜兵器,卫聚贤在《说文月刊》“巴蜀文化专号”中都有著录。解放后在成都武侯祠旁出土的墓葬,铜器外还有陶器;青羊宫出土的陶器,也与此同(并由四川省博物馆发掘清理),都有四川特有的尖底陶器。其时代约在春秋、战国时代,即秦灭巴、蜀以前。青羊宫遗物中有燋用的龟甲,卜用龟甲而不用骨,这已是西周以后的现象,殷代还是骨、甲并用的。又《汉书·礼乐志》载西汉时代犍为郡于水滨得古磬十六枚。《周礼·小胥》说:“凡乐县(悬)钟磬,半为堵,全为肆。”据郑玄《注》,八枚为堵,二堵为肆,这已是春秋、战国以来盛行的编悬制度。若殷墟出土的编铎,则只有四个或三个为一组。所以这一发见,也就说明了春秋、战国以来蜀与中原地区在文化上的联系。

如上所述,从黑陶遗物陶鬶、陶豆出土地址的分布,可以清楚的看出古代四川与中原地区的联系,其主要道路应是沿江西上的。

如忠县的黑陶与湖北宜昌、京山、天门等处出土的黑陶，在地域上就是紧密联系的。从《蜀王本纪》和《华阳国志·蜀志》关于蜀王的传说看，如荆人鳖灵的治水，以及乐曰荆、酒曰醴等（《蜀王本纪》说蜀左言，当与汉语有别，以此知醴原非蜀言）也可以看出它是受了荆楚的影响。

广汉出土的石器、陶器，从前有人以为是石器铜器过渡时期的遗物（说见郑德坤《四川古代文化史》第四章“广汉文化”），现在从成都羊子山的发掘中，发见广汉石壁作场就在这里，这正是战国时代秦灭蜀后的遗物。

古代巴、蜀虽然同属一个经济文化区，但在经济方面，蜀的农业，“沃野千里，号为陆海”（《蜀志》语），而巴则水居射猎，虽有农桑，也是受了蜀的影响，所以《华阳国志·蜀志》说：“杜宇教民务农……巴亦化其教而力务农。”《世本》称廪君乘土船，土船就是陶制的小口壶，可以作为渡水的工具。巴有陶器也是巴有农业之证。在意识形态方面，《蜀王本纪》说：“蜀左言，无文字。”《世本》又说：“蜀无姓。”这虽寥寥的两句话，它已充分说明蜀的语言文字以及社会组织，和中原地区都大不相同。巴、楚接壤，巴所受中原影响较多；秦、蜀接壤，蜀所受中原影响较少。这也是六国摈秦，秦与六国文化距离较远的原故。蜀与中原文化联系，既由秦、巴间接而来，因此蜀文化的发展，就受到很大的限制。在这样绵长的时期中，即由殷、周之际以至战国时代，它的经济和文化的发展，还是要落在中原地区的后面。

二、蜀的历史

战国以前，除《尚书·牧誓》外，就没有有关蜀的记载。其时秦、楚国力未充，也没有力量向这方面发展。及至战国之世，蜀渐强大，北取南郑（今陕西汉中），东伐兹方（今湖北松滋县），竟与秦、楚搆兵。其史迹载于《史记·秦本纪》《楚世家》《六国年表》中，皆有年代可稽。《华阳国志·蜀志》所载，间有出入于《史记》之外者，都是研究蜀国历史最基本的资料，兹列表如下：

公元前	《史记·秦本纪》	《史记·六国年表》（附《楚世家》）	《华阳国志》
475	蜀人来赂	蜀人来赂（秦）。	
451		（秦）左庶长城南郑。	
441		南郑反（秦）。	
387	伐蜀取南郑。（此当在蜀取我南郑之后，盖同一年事。）	蜀取我（秦）南郑。	周显王之世，蜀王有褒汉之地，因猎谷中，与秦惠王遇。
377		蜀伐我（楚）兹方。	
337		《楚世家》：“蜀伐楚，取兹方，于是楚为扞关以拒之。”蜀人来（秦）。	周显王二十二年（当作三十二年），蜀侯使朝于秦。
316	司马错伐蜀灭之。	（秦）击蜀灭之。	秋，秦大夫张仪、司马错、都尉墨等从石牛道伐蜀。蜀王自于葭萌拒之，败绩，王遁走，在武阳为秦军所害。冬十月，蜀平，司马错等因取苴与巴。

续表

公元前	《史记·秦本纪》	《史记·六国年表》（附《楚世家》）	《华阳国志》
314	公子通封于蜀。		秦惠王封子通国为蜀侯，以陈壮为相。
313		（秦）公子繇通封蜀。	置巴郡，以张若为蜀国守。
311	丹、犁臣蜀，相壮杀蜀侯来降。（《正义》：丹、犁二戎号也，臣服于蜀。蜀相杀蜀侯，并丹、犁二国降秦。）		戎伯尚强，乃移秦民万家实之。（丹、犁在蜀西南，本西南夷，此云戎伯尚强。似即指丹、犁等言。）
310	诛蜀相壮，伐丹、犁。	（秦）诛蜀相壮。	
308			封子辉为蜀侯。司马错率巴、蜀众十万，大舶船万艘，米六百万斛，浮江伐楚，取商于之地为黔中郡。（《史记》：秦伐楚巫、黔中，在公元前280及277年。）
301	蜀侯辉反，司马错定蜀。	蜀反，司马错往诛蜀侯辉，（秦）定蜀。	
300	（昭襄王）封其子绾为蜀侯。		
285	疑蜀侯绾反，王复诛之，但置蜀守，张若因取笮及其江南地。		

续表

公元前	《史记·秦本纪》	《史记·六国年表》（附《楚世家》）	《华阳国志》
280	又使司马错发陇西，因蜀攻楚黔中，拔之。		
277	蜀守若伐取巫郡及江南黔中郡。	秦拔我(楚)巫、黔中。《楚世家》："秦复拔我(楚)巫黔中。"	
250			周灭后，秦孝文王以李冰为蜀守。

此表自公元前475至前316年，160年之间，蜀有使臣来秦两次，蜀对秦作战两次，看不出两国之间有何隶属关系。《华阳国志·蜀志》说周显王二十二年，蜀侯使朝于秦，更非事实。《华阳国志·蜀志》说："周失纲纪，蜀先称王。"又说："七国称王，杜宇称帝，号曰望帝。"这就与蜀朝秦之说，自相抵触。战国时代蜀已经具备国家的规模。所以杜宇"自以功德高诸王，乃以褒、斜为前门，熊耳、灵观为后户，玉垒、峨眉为城廓，江、潜、绵、洛为池泽，以汶山为畜牧，南中为园苑"(《华阳国志·蜀志》)。《史记·秦本纪》及《六国年表》称"蜀人来赂"和"蜀人来"，"来赂"与"来"，并不就是朝贡。诸侯聘问，互相酬赠，皆可称赂。《晋语》："骊姬赂二五。"韦昭《注》："赂，遗也。"遗就是赠遗。常璩《华阳国志》以"来赂"或"来"为朝秦，既非史家本意，也不符合秦、蜀当时实际。

古代巴、蜀虽然同在梁州，壤地相接，但是它们的经济文化，还有很大的差别。

蜀地从有记载以来，就是一个农业发达的区域。史称秦灭蜀后"富厚轻诸侯"，这说明秦灭蜀前，蜀地农业就已有良好基础。

《华阳国志·蜀志》说:“后有王曰杜宇,教民务农,一号杜主。”又说:“巴亦化其教而力务农,迄今(东晋)巴、蜀民农时,先祀杜主。”《蜀志》载“七国称王,杜宇称帝”,是杜宇帝蜀已在战国时代。其后杜宇禅位于其相开明,开明十二世而亡于秦,自战国以至东晋,巴、蜀民对蜀主历代崇祀不绝,这与周人崇祀后稷,又有什么差别?可见蜀的农业,就是它自身发展的结果,而巴则是受了蜀的影响,而后才有较高等的农业。

因为蜀地农业的发达,至迟在战国时,蜀就已经具备了国家的形式。首先,它已经有了统一的水利建设事业。《华阳国志·蜀志》说:“杜宇称帝:会有水灾,其相开明,决玉垒山以除水害,帝遂委以政事,法尧、舜禅受之义,遂禅位于开明。”后来李冰在蜀兴修水利,“凿离碓辟(避)沫水之害,穿二江成都之中”(见《史记·河渠书》),也是在这个基础上发展起来的。这一种规模较大的水利的兴修,不必就是创始于蜀。如治水的开明氏,《蜀王本纪》就以为是鳖灵所化(见《太平御览》八八八卷引),或者就是受了荆楚的影响。又如《竹书纪年》说梁惠成王十年(公元前361年),“瑕阳人自秦道岷山青衣水来归”,瑕,晋地,战国时属魏,道应读如《禹贡》导山导水之导,此瑕阳人为蜀导岷山青衣水,至此自秦来归,这说明蜀在当时已具备国家机构,所以能够从楚、魏物色治水技术人材,进行水利建设。这如战国时秦用韩国水工为秦开郑国渠,是一样的。其次是秦灭蜀后,秦在蜀建侯置相,继之开设蜀郡,统治蜀的广大人民,这完全是继承了蜀王的权力。假若蜀的时代,还没有完成国家机构,秦的统治也不能这样顺利。我们只要看到汉代对于西南夷的开发,以及元、明以来的土司制度,封建王朝对于这些部落组织的社会,就必须假手于部落酋长,实行间接的统治。《史记·西南夷传》说:“秦时常頞略通五尺道,诸此国(指滇)颇置吏焉。十余岁,秦灭,及汉兴,皆弃此国而开蜀故徼。”秦统一以后,虽然开通五尺道,将巴、蜀西南外蛮夷,置于秦吏统治之下,但不旋踵皆弃此国,仍然恢复了旧日巴、蜀的边界。这就说明了巴、蜀西南边界上的部族,还是没有具备国家的形式,仅仅依靠秦国的兵力,它是不能维持多久的。

《水经·叶榆水注》引《交州外域记》说:

> 交趾昔未有郡县之时,土地有雒田。其田从潮水上下,民垦食其田,因名为雒民。设雒王、雒侯,主诸郡县,郡县多为雒将,铜印青绶。后蜀王子将兵三万来讨雒王、雒侯,服诸雒将。蜀王子因称安阳王。

雒即《后汉书·马援传》所称骆越之骆,亦即后来所称的僚。雒、骆、僚,并声近相通。因为蜀在战国时已经是一个大国,所以它在亡国之后,蜀王子还能统率三万人远征交趾的雒族,这也不是一个部落或部落联盟所能实现的事。

《世本》说“蜀无姓”,而巴郡、南郡蛮有五姓,巴氏之子务相为廪君,樊氏、瞫氏、相氏、郑氏皆臣事巴氏。又板楯蛮有罗、朴、昝、鄂、度、夕、龚七姓,板楯也是廪君之后。这就是巴、蜀上层建筑的差异所在。巴族的姓是大姓的姓,是一种部落组织。每一个大姓,就是一个部落。巴氏统治其余四姓,也不过是一种部落联盟的形式。巴还没有完成国家机构,这也是它的经济基础的反映。蜀所以无姓者,它已经超过了部落组织而进入国家形式了。中国历史上汉族以外的少数民族,他们都没有像汉族这样的姓。他们就是没有像周代以后的，百世不通婚姻的，父系外婚制的姓。蜀的无姓，也不例外。六朝时又有称蜀为叟者，《华阳国志·南中志》说："夷人大种曰昆，小种曰叟。"叟原来就不是蜀的特称，而只是一个共名。因为蜀无大姓，所以蜀灭亡后，它的遗民，原来就没有血缘关系的，当然就不能成为一个庞大的部落的大种了。

巴、蜀的经济基础，既然不同，反映在意识形态方面，当然也有很大的差别。这样的差别，沿袭到东汉以后还是继续存在的。永兴二年（公元154年）巴郡太守但望建议分巴为二郡说："江州（今巴县）以东，滨江山险，其人半楚，姿态敦重，垫江（今合川）以西，土地平敞，精敏轻疾。"江州以东保存了巴、楚旧俗较多，人民是强悍的；垫江以西，接近蜀境，人民是精敏的。所以《华阳国志·巴志》于巴西郡下引用当时的成语说："巴有将，蜀有相也。"这和汉代"关东出相，关西出将"的话，都是以文化的高低，作为区别人民性质的标准。

秦的灭蜀，在秦惠王后元九年（公元前316年），太史公所据的《秦纪》，当时还是存在的，不当有误。《禹贡》杂志载马培棠《巴蜀归秦考》及钟凤年《论秦举巴蜀之年代》，并以为应在秦惠王未改元之九年（公元前329年）。苏秦、张仪以合纵连衡之说说六国之君都不可靠（说见我和何孝达写的《战国初期魏齐争霸及列国间合纵连衡的开始》，载于《四川大学学报》1956年第二期）。据《六国年表》秦表，公元前318年"五国（魏、韩、赵、楚、燕）共击秦不胜而还"；次年为公元前317年，"张仪复相"；再次年为公元前316年"击蜀灭之"。这三件事是相为因果的。这三年中的第一年，五国合纵击秦虽然不胜，但这对于秦，还是一种严重的警告。次年张仪复相，张仪是主张连衡、向中原发展的，这一年韩、赵、魏还是继续合纵击秦，秦国在这一次战役中虽然"斩首八万"，取得了很大的胜利,秦国已经是强大起来了;但是这一年去梁惠王的死仅二年,梁惠王就是因为强大而连受韩、赵、齐、楚并力的袭击而趋于失败的。这一情势,正与司马错、张仪辩论伐蜀的理论完合符合。若将伐蜀移于前十三年,在这十三年中,秦是不断向东方发展的,也是张仪连衡最活跃的时间,司马错的话又怎能说服秦惠王呢?

秦灭蜀前,蜀的历史,现在保存于《华阳国志·蜀志》及《蜀王本纪》中。《华阳国志》所据史料,据本书《序志篇》说:

> 司马相如、严君平、扬雄、阳成子元、郑伯邑、尹彭城、谯常侍、任给事等,各集传说以作本纪,略举其隅。

蜀亡后,蜀的历史由蜀人口头传说,经过汉、晋时代的文学家加以撰述,其中当然有许多是信史,其中属于辗转传述增益附会之词,也是不能免的。《华阳国志》所称汉、晋八家所集传记,今皆亡佚。其见于他书征引的有扬雄《蜀王本纪》《蜀记》《扬雄记》、谯周《蜀本纪》。此外《华阳国志·益梁宁三州之先汉以来士女目录》载:"汉中太守郑廑字伯邑,临邛人,作《耆旧传》。"是此八家著作,今可考者,仅扬雄、谯周、郑伯邑三人而已。《华阳国志·蜀志》说:"周失纪纲,蜀先称王。"这是说蜀称王是在周室东迁以后。又说:"蜀侯蚕丛始称王。"是《华阳国志》作者认为蚕丛的年代,必与周室东迁春秋的时代相当,所以他在下文又说:"七国称王,杜宇称帝。"但是《蜀王本纪》所说蚕丛年代,则与此悬殊太远。《蜀王本纪》说:"从开明上到蚕丛三万四千岁。"这是东汉以后阴阳术数之家,把古代帝王年代,向远古愈推愈远的结果。所以唐代司马贞才能根据这些资料写成《三皇本纪》。他依据《河图》及《三五历记》

说，天皇兄弟十二人，立，各一万八千岁；地皇十一人，亦各万八千岁；人皇兄弟九人，分长九洲，各立城邑，凡一百五十世，合四万五千六百年。《蜀王本纪》说“从开明上到蚕丛三万四千岁”，当即包括于人皇一百五十世、四万五千六百年之中。西汉末扬雄时代，应当还没有这样的历谱。《汉书·扬雄传》及《艺文志》，也不载雄有此作。相传扬雄还作有《蜀都赋》。扬雄时代蜀尚非帝王之都，公孙述、刘备的称帝，都在扬雄之后。蜀都有赋，乃摹仿《两都》、《三都》而作，雄也不应有此赋。司马相如、扬雄，都是西汉时代最著名的文学家，而且都是蜀人。他们都是后代箭垛式的人物。相传他们所作的《蜀王本纪》或《纪传》，大概都是蜀人依托之作，未必可信。但是《华阳国志》既根据《蜀王本纪》诸书，所载蜀的史迹，也是历代相传旧说。如《华阳国志·蜀志》说成都有“蜀王祠”，僰道有“蜀王兵兰”；又说：开明氏“每王薨，辄立大石，长三丈、重千钧，为墓志，今石笋是也，是曰笋里”。成都的笋里，据唐杜光庭《石笋记》说：“成都子城西通衢有百二株，挺然耸峭，高丈余，围八九尺。”但明末曹学佺作《蜀中名胜记》时，就看不到这些石笋了，他说：“石笋为西门名胜，今则不复见矣。”大石文化在蜀是普遍存在的。如新繁县的飞来石，《县志》称：“新繁皆肤土，而此地巨石嶙峋，父老传自他处飞来。”1938 年冯汉骥同志曾游其地，犹见巨石成列，至 1942 年，这些巨石都为乡人毁以建桥。同例成都石笋的消失，可能是宋、明之际为人毁作建筑材料。但这一类的大石在四川还是普遍存在的。成都现存的五担山的石担、天涯石、支矶石、五块石，应当也是蜀的遗迹（说见郑德坤《四川古代文化史》第三章“大石文化遗迹”）。王应麟《通鉴地理通释》于白帝八阵图下引盛宏之《荆州记》说：“垒（当是县的城垒）西聚石为八行，行八聚，聚间相去二丈,图曰八阵。”又引《成都图经》说:“八阵凡三:在夔者六十有四,方阵法也;在弥牟者一百二十有八,当头阵法也;在棋盘市者二百五十有六,下营法也。”又引《兴元志》说:“西县亦有之。”夔即永安,即今奉节县,弥牟镇在今新都县,棋盘市在今双流县,兴元府治在今陕西南郑县,所属西县即今陕西沔县。这四个八阵图的所在,东及夔府,北至汉中,都应是蜀的疆域所在之地。《史记》载蜀东与楚界,伐楚兹方;北与秦界,取秦汉中;《华阳国志》也说“蜀王有褒、汉之地”。现在都有大石文化遗迹给以充分的证明了。

三、巴地所在及其历史

春秋、战国时代巴的历史,一点记载没有,所以我们在这一方面是一无所知的。春秋时因为它和楚国邻近的关系,在有关楚国的记载,才附带的叙及巴的叛、服。兹将《左传》中有关记录,撮录如下:

> 武王克商……巴、濮、楚、邓,吾(周)南土也。(昭九年)
>
> 初(楚)共王无冢适(嫡),有宠子五人,而无适立焉。……乃与巴姬密埋璧于太室之庭。(昭十三年)
>
> 巴子使韩服告于楚,请与邓为好;楚子使道朔将巴客以聘于邓,邓之南鄙鄾人攻而夺之币,杀道朔及巴行人。(桓九年)
>
> (楚)文王即位,与巴人伐申而惊其师,巴人叛楚,伐那处,取之,遂门于楚(攻楚郢都的城门)……楚子御之,大败于津。(庄十八年及十九年)

庸人率群蛮以叛楚……秦人、巴人从楚师,群蛮从楚子盟,遂灭庸。(文十六年)

巴人伐楚围鄾……(楚)败巴师于鄾。(哀十八年)

综合上述记录,我们仅能粗略的知道,巴为周之南土,春秋时已沦为楚国附庸。它要与邓为好,还要得到宗主国的同意和介绍,楚伐申伐庸,它都有出兵的义务。它叛楚后,对楚用兵之处:那处,在今湖北荆门县,津在江陵县,鄾在襄阳县。这些地方,都在长江北岸楚、邓的西疆,是巴之疆域必兼及长江北岸楚、邓迤西之地。如以汉代的巴郡、南郡为巴的旧壤,或不致于有很大的错误。

《华阳国志·巴志》说:"周武王伐纣,实得巴、蜀之师,著乎《尚书》。巴师勇锐,歌舞以陵殷人,前徒倒戈,故世称之曰'武王伐纣,前歌后舞'也。武王既克殷,以其宗姬封于巴。"巴,姬姓,说当本于《左传》(见昭十三年)。古代国君之女出嫁异国,就以自己的国和姓为名,如齐姜、燕姞、陈妫、江芈、邓曼、葛嬴等皆是,巴姬也不例外。周自太王迁岐以后,周之国力逐渐向江、汉流域发展(说见我的《殷周之际史迹之检讨》),当时巴的统治者,可能已属周人。《尚书·牧誓》称从武王伐纣的有"庸、蜀、羌、髳、微、卢、彭、濮人"。此八族中,虽没有巴,但注家对此八族所在,一致以为即在西南,其中即当有巴。《巴志》又说汉高祖谓"巴渝舞"是武王伐纣之歌,汉祖之言,可能就是本于渝水賨人相传旧说。常璩所据,当即出此。

秦、汉以来,相传巴为廪君之后,《后汉书·巴郡南郡蛮传》说:

巴郡、南郡蛮本有五姓:巴氏、樊氏、瞫氏、相氏、郑氏,皆

> 出于武落钟离山。其山有赤、黑二穴。巴氏之子生于赤穴，四姓之子皆生黑穴，未有君长，俱事鬼神。乃共掷剑于石穴，约能中者奉以为君。巴氏子务相乃独中之，众皆叹。又令各乘土船，约能浮者当以为君。余姓悉沉，惟务相独浮。因共立之，是为廪君。乃乘土船，从夷水至盐阳。盐水有神女谓廪君曰："此地广大，鱼盐所出，愿留共居。"廪君不许。盐神暮辄来取宿，旦即化为虫，与诸虫群飞，蔽掩日光，天地晦冥，积十余日。廪君伺其便因射杀之，天乃开明。廪君于是乎君于夷城（唐章怀太子《注》"此以上并见《世本》"），四姓皆臣之。

此说出自《世本》。《世本》最晚是秦、汉之间的人所作的书，司马迁作《史记》，多据《世本》。这应是巴族最古的传说。章怀太子《注》："今施州清江县水，一名盐水，源出清江县西都亭山。"清江水源出长江南岸，今湖北最西边的利川县，经过恩施、长杨、宜都而入长江。战国时代巴为楚所逼，退居于此，秦、汉以后，就逐渐沿着这一条路线向西发展。《水经·夷水注》说："昔廪君浮土舟于夷水，据捍关而王巴。"又《江水注》说："捍关，廪君浮夷所置也，弱关，在建平秭归界，昔巴、楚数相攻伐，借险置关，以相防捍。"捍关（《史记》作扞关）在今四川奉节县，弱关在今湖北秭归县，即瞿塘峡、巫峡所在之地。捍关原为巴族所置，但旋即为楚所得。《史记·楚世家》说：公元前377年"蜀伐楚取兹方，于是楚为扞关以拒之"。扞关的属楚，当去此役不远。《史记·秦本纪》说秦孝公元年（公元前361年）"楚自汉中，南有巴、黔中"。汉中及捍关在此时以前皆当属蜀，故其地有大石文化遗迹（说已见前）。扞关既已转入于楚；则远在扞关以东的弱关，转入于楚就更不待言了。巴在蜀、楚之间，这时当更为微弱。《太平寰宇记》于板楯蛮下说："其在硖中（硖又作峡，硖中即三峡）、巴、梁间，则为廪君之后。"战国时代弱关、扞关的属楚，可能只是宗主权由蜀转入于楚，其居民则仍属于巴族。这一种情况，延至唐、宋时代，即《太平寰宇记》成书时，也还没有变更。

《华阳国志·巴志》述巴的故都说：

> 巴子时虽都江州，或治垫江，或治平都，后治阆中，其先王陵墓多在枳，其畜牧在沮，今东突峡下畜沮是也。又立市于龟亭北岸，今新市里是也。其郡东枳，有明月峡，广德屿，故巴亦有三峡。

这应是战国后期巴的旧都。其最东的平都，即今丰都县。《水经·江水注》："江水东径东望峡（《巴志》误作东突峡），东历平都，峡对丰民州，旧巴子别都也。"平都为巴故都，其畜牧即在东望峡下的畜沮。枳为今涪陵县，在丰都县的上游南岸，应与畜沮相近，所以这里有巴先王陵墓。枳后来又入于楚。《史记·苏秦传》载苏代对燕王说："楚得枳而国亡。"《史记·楚世家》载公元前279年秦白起拔楚鄢、西陵，次年拔郢，烧夷陵，楚王亡走陈；苏代所指楚亡，即此。楚得枳当在此年以前，这就是战国时代楚的西界。枳为楚得以后，巴就必须西迁江州。江州今属巴县。杜佑《通典》说："江州故城在今巴县西。"《巴县志》也说："巴子故里在故县西百里。"沈仲常、王家祐两同志在《记四川巴县冬笋坝出土的古印及古货币》的文中说："江州……似指冬笋坝一带，又其附近小南海，当地人呼为龟亭子，当即巴人立市于龟亭之地。"（见《考古通讯》1955年第六期）此说江州旧在冬笋坝，冬笋坝即成渝铁路铜罐驿之所在。铜罐驿应是铜官驿之讹。驿的南岸就是綦江入江处,这是由云南运铜至重庆必经之路。这里的地形和巴在平都的条件是一致的。平都在江北,其南就是乌江入江处。巴族原来就是水居的民族。《世本》说:“廪君之先,故出巫诞。”(见《后汉书·巴郡南郡蛮注》)巫是地名,诞是族名,诞今作蜑,蜑就是水居民族。他们习惯居住在大水两岸,所以《后汉书·板楯蛮传》说:“阆中有渝水,其人多居水左右。”《宋书·夷蛮传》说:“豫州蛮,禀(同廪)君后。……西阳有巴水、蕲水、希水、赤亭水、西归水,谓之五水蛮。”东晋侨置的豫州,治邾城,在今湖北黄冈县。《水经》:“江水……又东过邾县南,鄂县北。”《注》:“举水又西南径颜城南,又西南径齐安郡,西倒水注之,举水又东南历赤亭下,谓之赤亭水,又东迳西阳郡南,江之右岸有鄂县故城……江水左则巴水注之……东会希水口。”《宋书》五水并见于《水经注》,仅西归水作西倒水,中国境内水皆东流,此水西流,谓之西归、西倒,其义则一。这里的豫州蛮,都是东汉建武二十三年(公元47年)及永元十三年(公元101年)迁来的南郡潳山蛮和巫蛮(均见《后汉书·巴郡南郡蛮传》),他们仍是滨水而居。《华阳国志·巴志》在后汉永兴二年(公元145年)巴郡太守但望上疏说:“郡治江州……地势侧险,皆重屋累居(即干栏遗规),数有火害,又不相容,结舫水居,五百余家,承二江之会,夏水涨盛,坏散颠溺,死者无数。”东汉时代,巴郡的重屋累居和结舫水居,依然保存了巴族的旧俗。《巴志》说巴的旧都,还有垫江、阆中二处。垫江在今合川县,阆中今仍为阆中县,这两处都在嘉陵江旁。嘉陵江古又称渝水,即賨民所居之地,賨民就是板楯蛮。他们都是廪君之后,六朝时又有巴氐之称。《晋书·李特载记》说:“李特……巴西宕渠人,其先廪君之苗裔也。……迁于略阳,北土复号之为巴氐。”据此言之,古代的氐,也应是水居民族。

古代巴族又有僚称。张华《博物志》说:“荆州极西南界至蜀,诸民曰僚子。”又《魏书·僚传》说:“僚者盖南蛮之别种,自汉中达于邛笮,川洞之间,所在皆有,种类甚多,散居山谷。……依树积木,以居其上,名曰干兰。干兰大小,随其家口之数。往往推一长者为王,亦不能远相统摄,父死则子继,如中国之贵族也。”《博物志》、《魏书》所称僚的居地就是巴族所在,干兰也是巴族所有。《旧唐书》称南平僚“人并楼居,登梯而上,号为干栏”。南平今为四川南川县,唐、宋并属渝州,又称渝州蛮。《宋史·蛮夷传》曰:“渝州蛮者,古板楯七姓蛮,唐南平僚也。”南川距巴郡旧治及巴先王陵墓所在的枳,都不过二百余里,又有居干栏的风尚,就是僚为巴族的坚强论证。桓谭《新论·辨惑篇》说:“荆州有鼻饮之蛮,南城有飞头之夷。”鼻饮飞头,皆属僚族传说。西汉末年这个部族还在荆州南城(南城即南郡城之省称),这也是说明后来的僚族,就是出于巴郡、南郡蛮的。

《华阳国志·李势志》说:“蜀土无僚,至是始从山出。”《太平寰宇记》于巴州下引《四夷县道记》说:“至李特孙寿时,有郡(群)僚十余万,从南越入蜀、汉间,散居山谷。”《华阳国志》蜀土无僚之说,本来是一个错误的结论,而《四夷县道记》又坐实其说,以为是李寿时从南越入蜀、汉(汉中)的。唐、宋时南越有僚族,本来是事实,而蜀土原来就有僚族,即未汉化的巴族,也不容否认。《晋书·李寿载记》说:李寿“以郊甸未实,都邑空虚,工匠械器,事未充盈,乃徙傍郡户三丁已上实成都”。李寿要充实氐族统治的力量,所徙傍郡户丁,以充实成都,必然就是他的本族。氐族李氏在四川建立成汉帝国,自公元311年李雄称帝,至347年桓温灭汉,前后共三十七年，对于僚族确是一次很大的鼓舞。而且当氐族入蜀之时，蜀人受了这个强悍部族的压迫，“三蜀（蜀郡、广汉、犍为称为三蜀）流民，迸南入东下，城邑皆空，野无烟火”（《华阳国志·大同志》语）。其入荆、湘者十余万户，这就是后来在荆、湘起义的杜弢的基本部众。其流移在越巂、牂柯诸地，还不在这十余万户中。同时“涪陵民千余家，在江西（岷江以西）依青城山处士范贤自守”（亦见《大同志》），这里的涪陵民，就是延熙十三年（公元250年）为邓芝自涪陵迁移于蜀的巴族五千家的后裔，范就是其中大姓之一（见《巴志》涪陵郡）。范贤就是道教所尊的范长生，他在当时一度观望之后，旋即得到平西参军涪陵徐舆的劝说，供给李雄军粮，雄就因此复振（见《大同志》）。徐舆是涪陵人，徐也是涪陵巴族大姓之一，所以他就首先降雄。而雄称王时，也就以范贤为丞相，尊他为“天地太师，封西山侯，复其部曲，租税皆入贤家”（见《大同志》）。从这里也可以看出在青城山的涪陵民，还是处在部落大姓统治之下，所以范贤的部曲“军征不预，租税皆入贤家”。氐族建国，必然要依靠他的本族部众，这也是其中最显明的例证。《太平寰宇记》于僚下说：“蜀人东流，山险之地多空，僚遂挟山傍谷，与夏人（汉族）参居。”这也是巴氐部族统治四川三十余年的必然结果。若谓蜀本无僚，桓温入蜀以后，僚人布在山谷，完全是从南越来，那就未免把问题看得太简单了。

四、船棺葬与巴族的关系

1954年在四川昭化县宝轮院及巴县冬笋坝发现的船棺葬，详细情况已见1958年第二期《考古学报》。从船棺葬随葬品铜器中的兵器、印玺、铜镜、两锱钱、半两钱等,都可以作为推断墓葬年代的标准。戈铤(即早期之剑无璏无把)、印玺和铜镜的形制,都应出西汉以前,即战国时代之物,而两锱钱及半两钱,应为秦惠文王行钱以后至秦统一前后之物,沈仲常、王家祐在《记四川巴县冬笋坝出土的古印及古货币》(见《考古通讯》1955年第六期)已有详细的论证。船棺葬随葬品中的铜兵器及印玺上的文字,其中间杂汉字,仅一"王"字屡见,余皆不可识(其他有汉字印玺,皆西汉时期之物),其中有虎形、手形与花蒂形(旧说心形),与《说文月刊》"巴蜀文化专号"所载成都出土铜兵器的铭识,都是相同的。卫聚贤以为凡具有这一类文字者,都应属于巴、蜀文化。他仅从出土地址论证,凡出于四川的铜器,其文字系统异于中原的,就应当是巴、蜀文化,这一论断未免把问题看得过于简单化了。据《蜀王本纪》说:"蜀之先代,人椎髻,左语,不晓文字。"如果这些兵器上不可识别的绘画,就是文字,那也应与蜀无关。秦灭蜀后,在成都郊区出土的战国时期的铜鼎、铜罍、铜炉、铜兵器,及镶嵌的狩猎纹壶等,都与中原形制相同,这是可以理解的。因为,这时巴、蜀已在秦人统治之下,它是可以由秦输入,或者就是秦器的模制。但在成都出土的铜器铭识中,仍有既不合于中原系统,又非蜀人自有的文字,那又怎样解释呢?

我们要理解这个问题,必须要从秦并巴、蜀以后,怎样镇抚这样一个广大而交通不便的地区着手。

秦并巴、蜀,对于巴和蜀显然是采取了两种不同的政策。对于蜀是采取了直接统治的政策,自公元前316年至285年,三十年之间,秦王先后封了三个儿子为蜀侯,都不能安定下来。一个儿子为蜀相所杀，两个儿子谋叛被诛。主要的原因，就是蜀去秦远，秦人留驻巴、蜀的兵力显然是非常薄弱的。《华阳国志·蜀志》说，秦灭蜀后，“移秦民万家实之”；仅仅靠了这一点力量，要维持这样一个广大区域的秩序，那是很困难的。蜀相蜀侯相继谋反，当然也是由于这一形势造成。

再看秦灭蜀后对于巴的政策是怎样呢？《史记·秦本纪》和《六国年表》都没有记载灭巴和置巴郡的年代。如果公元前316年秦灭巴、蜀后即置巴郡，去公元前277年蜀取楚巫、黔中郡，已四十年，秦人对楚用兵，就应当从最近的巴郡出兵。但是《秦本纪》还是说：“秦守若伐取巫郡及江南为黔中郡。”《华阳国志·蜀志》于秦灭蜀后说：“秦惠王封子通国为蜀侯，以陈壮为相，置巴郡，以张若为蜀国守。”秦、汉郡国制度，国置相、郡置守，张若为蜀郡守，应在公元前285年蜀侯绾谋反被诛罢国置郡之后，不应封国置相，同时又有蜀国守。且在秦设南郡、黔中郡以前，秦又怎能越蜀、越南郡而直接统治巴？据此论之，在蜀未设郡置守以前，巴亦不能有郡。常璩“置巴郡，以张若为蜀国守”的记载，显然是错误的。可能的是秦灭蜀后，巴亦举国降秦。《后汉书·巴郡南郡蛮传》说：“秦惠王并巴中，以巴氏为蛮夷君长，世尚秦女，其民爵比不更，有罪得以爵除。”此传出自《世本》，《世本》就是秦、汉间人作，是当时人的记载，其可信远在《华阳国志》之上。据此知秦灭蜀后，对于巴的统治阶级和部族，都采取了羁縻政策，“君长世尚秦女，人民爵比不更”，不更为秦爵第四级，不服更卒之役，即战国、秦、汉间“复其身”、“免其租赋”之意。同书《板楯蛮传》又载：秦对板楯蛮“十妻不算，顷田不租”；“秦犯夷，输黄龙一双（罚重，疑是玉制）；夷犯秦，输清酒一钟（罚轻）”。板楯蛮又称“白虎复夷”，复即免其徭役，他们也属于巴族,他们都是廪君的后裔(见《晋书·李特载记》)。秦对于巴族的怀柔政策,总是一样的。

秦对巴、蜀所以要采取两种不同的政策者,必然是要依靠巴族的地方武力,以补自己兵力的不足。用巴制蜀,就是秦人统治巴、蜀的一种政策。而这一种政策,汉以后的统治者,还要继续遵行。《华阳国志·巴志》载后汉光和二年(公元179年)益州计曹掾程包说:

> 板楯七姓以射白虎为业,立功先汉,本为义民。复除徭役,但出賨钱,口岁四十。其人勇敢能战。昔羌数入汉中,郡县破坏,不绝若线。后得板楯,来虏弥(殄)尽,号为神兵。羌人畏忌,传语种辈,勿复南行。后建宁二年(公元169年)羌复入汉,牧守遑遑,赖板楯破之。若微板楯,则蜀、汉之民为左衽矣!前车骑将军冯绲南征,虽授丹阳精兵,亦倚板楯。近益州之乱,朱龟以并、凉劲卒讨之,无功;太守李颙以板楯平之。

《华阳国志·巴志》涪陵郡下载:

> 汉时赤甲军常取其民。蜀丞相亮亦发其劲卒三千人为连弩士,遂移家汉中。延熙十三年(公元250年)大姓徐巨反,车骑将军邓芝讨平之。……乃移其豪徐、蔺、谢、范五千家于蜀,为射猎官;分羸弱配督将韩蒋,名为助郡军。遂世掌部曲,为大姓。晋初移弩士于冯翊莲勺。其人性质直,虽徙他所,风俗不变。

蜀汉时代涪陵郡仍是巴族居地,他们还保存了部族组织,在大姓的统率下，为封建统治王朝服役。因为他们还停留在部族组织阶段中，所以“虽徙他所，风俗不变”。

《后汉书》称巴郡、南郡蛮有：巴、樊、瞫、相、郑五姓，板楯蛮有罗、朴、督（昝）、鄂、度、夕、龚七姓，这些大姓就是部族的酋长。他们一方面虽然服属于封建统治王朝，一方面还是自擅山川，在自己的部族间，称王称侯。鱼豢《魏略》说：“氐人有王，所从来久矣。”又说：“今虽都统于郡国，然故自有王侯在其虚落间。”这就是秦、汉以来的大姓与封建王朝的关系最好的说明。《华阳国志·汉中志》说：“魏武以‘巴夷王’杜濩、朴胡、袁约为三巴太守。”杜、朴都是板楯大姓，这就是巴族大姓称王之证。洪适《隶续》载《东汉繁长张禅等题名碑》，列名的有夷侯九人，夷民六人；又有“白虎夷王资伟”、“白虎夷王谢节”两人，《汉书·地理志》蜀郡有繁县，故城在今新繁东北，张禅是繁县长，而其属下有白虎夷王、夷侯和夷民。这两个白虎夷王和九个夷侯，就是巴族大姓在蜀称王称侯的实例。

船棺葬出现于今巴县冬笋坝和昭化，从地域上看，这些地方在秦灭蜀前，就是巴族居地，或与巴族有密切关系的苴侯封地。秦灭蜀后，巴族或留成故地，或为秦镇压苴人。《华阳国志·汉中志》晋寿县下载：“大姓葬此者多”，晋寿今昭化县，古为葭萌，即苴封地。由秦至晋，这里的大姓依然存在，可能还是板楯的后裔。船棺葬随葬铜器上的虎纹和王字，完全可以说明这个问题。《后汉书》说：“廪君死，魂魄世为白虎。”《华阳国志》称板楯曰“弜头虎子”，又曰“弜头白虎复夷”，白虎就是板楯的族徽，王就是酋长的称号。至于成都郊区以及四川境内其他地区出土的、具有虎纹及手和花蒂纹的铜器，也就是巴族戍守的所在。这就是部族统治“虽徙他所，风俗不变”的特征。

五、巴族与錞于铜鼓的关系

四川大学博物馆及重庆博物馆所藏有文字的錞于各一，其中有虎形、手形及花蒂形，与船棺葬中随葬品铜器文字完全相同。四川大学所藏錞于，已载于1936年《华西学报》第五期；据说原存万县某乡寺中，当即万县出土之物。重庆博物馆所藏錞于，系解放后在成都的购品，可能就是四川出土的。闻湖南在收购废铜中亦得一錞于，其文字即与此同，其出土地址，可能也与川东相近。

錞于是乐器，錞读与淳同。《说文》："鑮大钟，淳于之属。"字即作淳。春秋时州国又名淳于，故城在今山东安丘县，战国时齐有淳于髡，又以淳于为姓。春秋、战国时代以淳于为国名、为姓，可能即因铸作淳于，使用淳于之故。錞于应是复合的名称，谓即具有錞与盂两种器形。铜器以上下皆圜（立体圜形）之器为敦（音对），铜器《陈侯午敦》《陈侯因資敦》皆作錞；盂为盛水大口圜形器（小圜为盌，大圜为盂；从夗从于之字，如婉转与迂曲，也有大小之别）。因为它是复合的名称，所以又省称为錞。《周礼·鼓人》"以金錞和鼓"，郑《注》："錞，錞于也，圆如碓头，大上小下，乐作鸣之，与鼓相和。"郑玄东汉末人，他所见的錞于，还是"碓头大上小下"的乐器，而不是较晚出的具有虎钮的錞于。《西清古鉴》（卷三十七）载有素錞二，近代出土有陶制錞于（见梅原末治《支那考古学论考·支那古明器之一新资料》第87图），都作"碓头大上小下"之形，上加素钮，以便悬系。这应是早期錞于的形制，而铜制錞于，可能就是模仿陶制而成。

中国古代有金、石、丝、竹、匏、土、革、木八种物质制成的乐器，称为八音，其中石、土制的乐器，可能就是新石器时代流传下来的。磬，石制，《尚书·禹贡》有“泗滨浮磬”之说，殷墟出土有石磬，它应是盛行于黑陶文化区的乐器。缶，陶制，又称土鼓，周人东封于鲁，太庙中奏豳乐，还要用土鼓（见《礼记·明堂位》）。《陈风》有“坎其击缶”之诗，缶是西土常用乐器，陈也是周人的姻族。秦、汉以来击缶，还是关中主要的乐器，西土击缶之风，可能就是彩陶文化区相沿的旧俗。据此言之，錞于的起源应在黄河流域。春秋时代山东土地以淳于为名，可能就是受了鲁人的影响。春秋时代的錞于，主要的是用于战阵。《国语·晋语》说：“战以錞于、丁宁（丁宁，钲也），儆其民也。”同书《吴语》说：“吴王夫差乃秉枹、亲就、鸣钟鼓、丁宁、錞于、振铎。”据此，当时黄河流域的晋国和长江流域的吴国都有了錞于。南北朝时代，北朝承五胡乱后，錞于在黄河流域就已经绝迹了，所以《周书·斛斯征传》说：“自魏孝武西迁，雅乐废缺，乐有錞于者，近代绝无此器。”但在南朝，情形就不相同。沈约《宋书·乐志》说：“錞，錞于也，圜如碓头，大上小下，今民间犹时有其器。”是刘宋时代，江南民间还有大上小下的錞于存在。

錞于出土之地，有记载可考者，多在长江流域及四川诸地。《南齐书·始兴王鉴传》说：“广汉、什邡民段祚，以錞于献鉴，古礼器也，高三尺六寸六分，围二尺四寸，圜如筩，铜色黑如漆，甚薄，上有铜马，以绳系焉。”《周书·斛斯征传》说：“乐有錞于者，近代绝无此器。或有自蜀得之，皆莫之识。”这两个錞于不论是出土的，还是古代遗存的，都说明四川是錞于盛行的地区。宋代錞于出土的，据洪迈《容斋续笔·古錞于》条说，他所藏的三个錞于，一出于澧州慈利县，二出于硖州长杨县，钮皆作虎形。澧州和硖州长杨县都属汉代南郡，地与川东为近，这些地方就是廪君传说的发源地，也是秦、汉以来巴族所在之地。此外吕大临《考古图》载秘阁二錞，说得于豫章，其地也在长江流域。这些錞于，其钮除间作马形外，大多数都是虎钮。以具有虎形、手形、花蒂形文字的虎钮錞于论之，这些錞于，可能都是巴族大姓的遗物。

刘体智《小校经阁金文拓本》，著录錞于共十六器，皆有汉文数字，自三、四，以至十八、十九字不等，字在隶楷之间，似为晋以前物，其中三己錞于，甲己錞于（甲己乃十九二字的误释）并铸有船纹、鱼纹，与《两罍轩彝器图释》（卷九）著录的汉錞于极为相似，可以认为是同一时期的作品，而此錞于在船鱼纹之间还铸有外圜内方的“货泉”范。同时吴骞也得有一虎錞，“右一鱼，左一弓、一戈，上十字一，下宜字一，宜下剥落，疑有阙文”（见《图释·释文》引）。此所谓“一弓一戈”即船纹之误；十乃纪数之字，与《小校经阁拓本》同。综此数事论之，“货泉”为新莽时代铸币，宜作㝣，乃汉隶，故其最早年代，必不能超过东汉。这里的船鱼纹，也和巴文为近，可见也是巴族较后期的遗物。

东汉以来，在中国南部以及交趾支那半岛盛行的铜鼓，它的形制也是由錞于逐渐发展演化而成。越南清化东山出土的小铜鼓（高仅六公分，见《博古学院院报》二十九号，又见《古铜鼓图录》图六十二），下面完全像铜鼓，上面碓头形，虎钮，又像錞于的形制，它应是由錞于向铜鼓过渡的中间型。

使用铜鼓的民族，见于记载的有骆越。《后汉书·马援传》说：援“于交趾得骆越铜鼓”，骆或作雒，骆、雒、僚声近，当为僚之古称。《隋书·地理志》说：

> 自岭南二十余郡……其人俚僚……并铸铜为大鼓。初

> 成，悬于庭中，置酒以招同类。来者有富豪子女，则以金银为大钗，执以叩鼓，竟，乃留遗主人，名为铜鼓钗。俗好相杀，多搆仇怨，欲相攻则鸣此鼓，到者如云。有鼓者号为都老，群情推服。

隋、唐以前，岭南二十余郡，凡俚僚所在之处，皆属铜鼓流行的区域，其盛可知。巴族后裔，亦有僚称。《宋史·蛮夷传》曰："渝州蛮者，古板楯七姓蛮，唐南平僚也。"《太平寰宇记》渝州风俗条："边蛮界乡村有僚户……俗构屋高树，谓之阁阑（即干栏，干、阁双声），不解丝竹（无弦乐及芦笙），唯吹（疑坎之误）铜鼓。"唐代渝州边蛮界乡村僚户，又称南平僚，他们是板楯七姓蛮后裔，明是巴族之后，他们在唐代也使用铜鼓。日人鸟居龙藏《苗族调查报告》说，贵州只仲家用铜鼓，苗与倮倮不用。仲家也属于古代的僚族，古代的记录和近代的调查，结果都是一致的。这也可以说明錞于和铜鼓是同一部族先后使用的乐器。因此也就可以证明铜鼓是由錞于发展演化而成。

古代錞于用于战阵。铜鼓也是作战时号召部众的军乐，《南史·欧阳頠传》说："梁左卫将军蔺钦，少与頠善，故常随钦征讨，钦南征夷僚，擒陈文彻，所获不可胜计，献大铜鼓，累代所无。"又说："頠合门显贵，威镇南土，又多致铜鼓、生口。"欧阳頠所致铜鼓，也是从征讨夷僚中得来。又《明史·刘显传》说："四川巡抚曾省吾议征都掌蛮，令显移镇其地……调诸土兵，合官军凡十四万人……得诸葛铜鼓九十三……阿大泣曰：'鼓声宏者为上，可易千牛，次者七八百，得鼓二、三，便可僭号称王；鼓山巅，群蛮毕集。'"《刘显传》称都掌蛮为古泸贼，其地界于高、珙、筠连、长宁、江安、纳溪六县间。《元史·地理志》说："戎州本夜郎国，西南蛮，号大坝、都掌，分族十有九……至元十三年以昝顺为蛮夷部宣抚司。"（昝是古代板楯七姓之一)《太平寰宇记》泸州风俗条:“其夷僚……好淫祠,巢居(即干栏)岩谷,因险凭高,着斑布,击铜鼓……夫亡妇不归家,葬之崖穴。”是都掌蛮也是使用铜鼓的僚族之后。今珙县存在的悬棺葬,崖旁的文字也与巴文相近,可能就是他们先代的遗迹。

唐以来又有由铜鼓简化的铜锣。屈大均《广东新语》说:“琼州有黎金(即锣),似铜鼓而扁小,上三耳,黎人击之以为号。”中山大学文物馆藏有海南岛黎族铜锣,锣的边缘有三个虾蟆。这和铜鼓鼓侧有耳,鼓面有虾蟆,是一致的。铜锣是今日汉族普遍使用的乐器,但其最初出现,还是在中国的南方。《宋史·西南溪峒诸蛮上篇》说:“雍熙元年(公元984年)黔南言:溪峒夷僚疾病,击铜鼓、沙锣,以祀神鬼。诏,释其铜禁。”铜锣又称沙锣,疑由翻沙制成,古代铸铜器,其范用细陶土(或云用腊模)制成,每范仅铸一器,故传世铜器铭文相同者甚多,但无同范者。殷墟出土铜范,即用细陶土制成,花纹极为精美,其拼合处皆有斗榫。铜鼓一般皆较古铜器大,其花纹之纤细,不在古铜器下,制范之工,当甚复杂;唯铜锣无纹识,铸作简易,其范即可翻沙为之。沙锣名称,当由于此。沙锣出于南方,其制即由铜鼓简化而成。因为它制作简易,旋即为汉族所采用。宋马端临《文献通考·乐考七》,于铜锣下云:

> 后魏宣武以后,始好胡音,洎于迁都,屈茨(龟兹)琵琶、五弦、箜篌、胡篁、胡鼓、铜钹、打沙锣,其声大抵初颇纤缓,而转躁急,其音源出西域。

马端临此说,以沙锣非中原固有乐器,是对的,但以沙锣与其他乐器并称为胡音,并以为源出西域,那是错的。《隋书·乐志》及《旧唐书·音乐志》记载苻秦之末及魏太武以来，流入中国的胡乐，有西凉乐、龟兹乐、天竺乐、康国乐、安国乐、扶南乐等，并详载这些胡乐所用的乐器，其中皆有铜钹，而没有铜锣，来源不同，不能并为一谈。《通典·乐部四》于铜钹下云："铜钹亦谓之铜盘，出西戎及南蛮。其圆数寸，隐起如浮沤，贯之以韦，相击以和乐也。南蛮大者圆数尺。"铜钹也是我们今天民间通行的乐器。杜佑说"其圆数寸，隐起如浮沤"，就是铜钹中间突出的半圆部分，贯之以韦（今多以帛），两手各持其一，相击成声。据《隋书》及《旧唐书》记载，其初当出天竺（即印度），后来由天竺传入西域及印度支那半岛。中国之有铜钹，就是受了这些胡乐的影响。铜锣是铜鼓的简化，即截取铜鼓的面部而成。它们都是在平面上打击成声，音量都很宏阔，适于战阵之用；这和铜钹仅在音乐中使用，是不同的。锣的名称，也应出于南方。其传入中原，当在唐代中叶。杜佑《通典·乐部四》镯下云：

近代有如大铜叠，县（悬）而击之以节鼓，呼曰钲。

古代的镯和钲，都是像钟一类的乐器。段玉裁《说文解字注》于钲下注："镯、铃、钲、铙四者相似。"又说："镯、铃似钟。"春秋时代的铜器中，有器名钲鑮者，钲、鑮叠韵字，即钲长言之音，其形似钟而有长柄。这说明古代的钲和锣，在形制方面是有很大的差别的。杜佑说"近代有如大铜叠"的钲，铜叠的叠，今作碟，盘之小者为碟，大铜碟当然就是像铜锣了。杜佑是中唐时人，而这样大铜叠的钲，也只距杜佑不远的近代才有，所以锣的传入中原，也应是上距中唐不远的年代了。《通考》以打沙锣列入魏宣武以后所传入的胡乐中，这是不足置信的。锣的铸作较钲简易，而作为节鼓之用则同。

因此，锣传入中原后，即取钲之地位而代之，因即以钲名名之。《文献通考·乐考七》于金属乐器中列有鼓吹钲、警严钲，说云：

> 鼓吹钲，以蛟龙为簴，下有趺，中县钲，钲形圆如铜锣（注：《周礼》鼓人所掌金钲，形如钟，与此异）。
>
> 警严钲（注：形如鼓吹钲）。

又《元史·礼乐志二》武舞器有"金钲二，制如铜槃，县而击之以节乐"。据此，知自唐及元，宫廷或官府所用的锣，仍冒用钲的名称，但在民间，情形就不同了。宋代以来锣在民间使用渐广，锣的本名，也就跟着传入中原，为一般人民所熟知。我们看《文献通考》于铜乐器中即列有铜锣一项，而在鼓吹钲下，也就以"圆如铜锣"之说解释钲形，而《元史·礼乐志三》也说"云璈以铜为小锣十三"，即以锣解释云璈。可见锣在当时已成为家喻户晓之物。以上，我们仅从錞于、铜鼓、铜锣形制的演化，就可以重行追溯中原汉族与南方民族已被人遗忘的这一段绵长的历史关系。

六、巴文与么些象形文字的关系

具有巴文的铜器，我们现在所已知者有下列四类：

（一）船棺葬中的随葬品，有铜戈、矛、鋋及印玺。

（二）成都郊区出土的铜戈、矛、鋋。

（三）现存四川大学和重庆博物馆的錞于各一。

（四）四川省博物馆所藏四编钟（其口形近于正圆，渐与汉钟同，三钟有文字）。

上述铜器仅兵器较多，而每器铭刻又不过寥寥数字，四川大学所藏錞于是文字最多的器，也不过十一字。我们要依据这样很少的资料研究巴文，当然是有许多不能克服的困难。不过我们可以肯定的说，这是一种文字而不是图画，不但有独体象形文字，如虎、豹、鱼、鸟、人头、干栏等，而且有合体字，即合两个象形文为一个字，如手和花蒂（旧说以为象心形），在所有铜器中，几乎都是并列在一起，仅重庆博物馆所藏錞于分列为二字。这些象形文字的笔画繁简虽然还不能固定，但是同具四足的虎、豹也有一定的表达方式，如虎身就作条纹，豹身就作斑点纹，固定了这些特点，这就符合于象形文字的条例。至于象动物以外的字，如树木作，象两树并生地上之形，干拦作，象依树构屋以居之形（《太平寰宇记》僚土俗说“依树积木，以居其上，名曰干栏”）。篮作，象编物作篮之形；星作，象三星相连之形；船作，象舟船形。这些象形文字的笔画都比较简单了。此外还有几个单独的或复合的几何纹（并见两錞于）如：

可能也代表一定的意义。

古代文字是由巫师创造的，也由巫师世代相承，加以发展的。如古代甲骨文和现存的么些文字就是如此。具有巴文的铜器，在同一时期之内分布在四川境内：成都、巴县、昭化、新津、万县等地，还是相当广阔的。当时巴族中的巫师，必然有一定的数目，才能够分配在这样广阔的地区，为他们的统治阶级服务。因此，巴文在西南地区也不致于骤然绝迹。我以为如贵州的红崖古刻及珙县悬棺葬崖旁的文字，都应与巴文有关。又《华阳国志·南中志》说：“夷中有桀黠，能言议、屈服种人者，谓之耆老，便为主论议，好譬谕物，谓之‘夷经’。今南人言论，虽学者亦半引‘夷经’。”据此，晋代云南西部夷中不但有文字，而且还有“夷经”。《南中志》又说：“诸葛亮乃为夷作图谱，先画天、地、日、月、君长、城府，次画神龙，龙生夷及牛、马、羊；后画部主、吏、乘马、幡盖、巡行安邺；又画牵牛负酒，赍金宝诣之之象，以赐夷。夷甚重之。”这个图谱当然是夷中巫师为他们的统治者所作。我们只要看到么些象形文字的经典，就可以知道这是一种文字叙述，而不仅是连环图画，而且这也不是诸葛亮作的。诸葛亮是汉族和南方少数民族的箭垛式的人物，晋代去诸葛亮时代还不太远，他们就已经把他当作箭垛了。现存的么些象形文字（么些又称纳西），可能就是晋代南中“夷经”一脉相传的文字。它和巴文，也应有一定的亲属关系。现在我们就用么些象形文字与巴文作一比较，就可以发现其中有许多共同之点（么些文据李霖灿《么些象形文字典》，图中所注号数即为字典原有号数），如下图所示：

巴文　　么些文

鸟

镎于（川大）镎于（重博）

692

豹

编钟（川大） 矛（冬笋坝）

765

虎

錞于(川大)　錞于(重博)

761

花蒂手

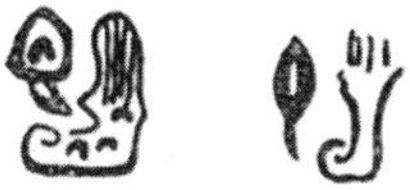

矛(冬笋坝)　錞于(川大)

618　2993

人

矛(冬笋坝)

557

头面

錞于(川大)　矛(冬笋坝)

571　572

鱼

錞于(川大)　钺(冬笋坝)

927

星

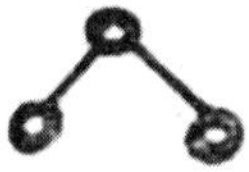

编钟(川博)

58　60

篮

戈(冬笋坝)

1124　1345

舟

錞于(川大)錞于(小校经阁)

1221

草或树木 

剑(冬笋坝)　　剑(宝轮院)　　133　　2930

综观以上两种象形文字,尤其是象动物形体的字,还不能用简单明确的笔画,使人易写易认,而必须具体模拟才能够识别。因此,它的笔画繁省和部位反正,都没有固定的作法。这一类的象形文字,还是停留在较为原始的阶段,即文字与绘画还不能有显著的区别。所以《华阳国志》就把宁州巫师有关历史故事的写作,认为是"先画天、地、日、月、君长、城府,次画神龙,龙生夷及牛、马、羊"的图谱。

六书是构成汉字的条例。其实六书中只有象形、指事、会意、形声是造字的根本原则,其余如转注、假借是属于文字训诂的范围,不应与造字条例并列。如以六书条例衡量巴文和么些文,则么些文又较巴文为进步。

最初的象形文字,应是象个别的物体;继个别物体之后,才有复合的象形字,即合体字。合体字又必须配合人的动作以达到指事、会意的目的。因此,象形文字中有关人体的象形,必须简单明确,易于识别,然后才能够迅速表达所指之事,所会之意。么些文中,凡有关人体形,正视作、、,侧视作,已与汉字的、、及、相接近,所以么些文中从人形的指事、会意的字,也很发达。象形文字在么些文中,也得到了进一步的发展;但在巴文中,人形仍作繁复的立体形,如。因此,指事、会意在巴文中就非常缺乏了。这说明巴文还是停留在象形文字的最初阶段中。至于形声字,是象形兼具声符的文字,这是象形文字最后、最进步的发展阶

段。在汉字中几乎百分之九十以上都属于这一类的文字。最初的形声字，形与声的方位也不很固定，有上形下声，下形上声，内形外声，外形内声，左形右声，右形左声，种种不同，最后才衍为右文的字，即左形右声的字。在形声字中左形右声的字，又几乎占了百分之八十以上。象形文字也必须发展至此，才能够完成文字的功能。么些文也有在形旁注音的字，但还没有发展到最完备的阶段。巴文虽已有合体字，如手和花蒂形，可能这还是会意字的开始。它有没有形声字，我们现在还不能肯定的作答。

据巴文和么些文中象动物形体的文字言，它们应具有一定的亲属关系。么些文可能就是在巴文的基础上发展起来的。至于巴文、么些文和汉字，在文字构成的条例上，它们也是具有一定的共同基础，最初还可能是同出一源的；但是它们的分枝，应当是远在殷商以前。因为，现存的甲骨文，它就已经具备了完整的六书条例，这应是甲骨文在分枝以后单独发展的结果，就是现存的么些象形文字，也还没达到这个阶段。

(原载《四川大学学报》〔哲学社会科学版〕1959 年第 2 期)

古井杂谈

人类社会到达定居的农耕阶段,必然要开始凿井以适应其生活上的需要,所谓"凿井而饮,耕田而食",就是这个时代的标帜。

这里所谈的古井,上起殷商,下迄战国,前后一千年间的古井,还是非常原始的,发展是极其缓慢的。即使有所改进,也必须经过漫长的岁月,甚至还要经历几个世纪之久。

对于井的文献除《易经·井卦》和《庄子》一点零星记录以外,我们只能利用古文字及地下发掘的资料加以补充,牵涉范围极广,不全不备,只能说是杂谈。此外,有关十八世纪西伯利亚的方木井,也在这里谈一谈。

一、古井的井上形制

关于古井的形制,在我国象形文字中还有一些迹象可寻。象形文字是古代直接遗存的文献,反映了当时存在的事物,我们必须加以充分利用。

甲骨文、金文的井字,沿用至今,和我们现在通用的井字,并没有什么不同。西周中期的井字,有时也写作丼字,在井字中间增加了一点,现在《说文》里只收了这个丼字。《说文》解释这个字形说:"丼,象构韩(同榦,树榦)形。·,瓮之象也。"井干四面横直相交为构,这是一种四方形的井栏,其形制是先立四根木柱,每方再各用两根横木相交为栏,井字就象井栏两根直木两根横木相交之形。瓮是汲水用的陶器,·就象征瓮形。古代文字在创造中,或繁或简,本无定形,总期易于识别,增·者示其为汲水所用之器,藉以别于捕兽用的陷井之井。

甲骨文"井方"、"帚(妇)井"之词屡见,井方是一个部族的名称,妇井是武丁之妇,可能出于井方这个部族。具有井栏形的井,在殷商时代就早已存在了。甲骨文又有一词曰"只(获)井"(《后》下,六·一三),象无角的牝麑,从匕(妣)表示其为雌性,这个麑是在陷井中捕获的,这个井就是陷井而不是水井。甲骨文又有一词曰"百"(《林》一,八·一三),所从之,象水形,也象陷井之井,《说文》穽(也是阱字的异文)古代作,从水,与此形同。甲骨文多记田猎之事,多至于百,可能还是属于陷井之井。

古井不仅有井栏,井栏上有时还要安置一个汲水用的辘轳,这个辘轳仅是一个有轴的圆木(没有摇柄,相当于一个定滑轮)。甲骨文有一个录字作,金文作,这个录字上面的形,很象一个有轴的圆木,下面的形就象圆木下所系的陶瓮及水自陶瓮渗漏而下之形。古人称为录,后人称为辘轳,录、辘古同音字(同是来母[1]入声屋部字),辘轳又是来母双声,录和辘轳都是摹拟辘轳连续不断的转动之声。甲骨文有井、录二字,说明殷商时代井有井栏,并且已用辘轳汲水了(1957年成都金牛公社洞槽二队进行改土时,发现东汉晚期墓葬两座,其一号墓后室有一幅井灶图刻石,井栏上有辘轳和汲水的陶瓮,其圆木已易为一个定滑轮)。

用桔槔汲水,始见于战国时代的记载。《庄子·天地》:"凿井为机，后重前轻，挈（取也）水若抽，数（疾速也）如泆汤（一本作佚荡，佚音迭，迭荡双声，流动貌），其名曰槔。”同书《天运》：“夫桔槔……引之则俯，舍之则仰。”《庄子》对于桔槔不惮反复加以说明，可见桔槔还是当时新出现的事物，是一般人所不熟悉的东西。桔槔见母[k]双声，省称为槔，字又作桥（见《说苑·文质》），桥群母[g]字，见母群母都是舌根音，只是发音清浊不同。槔、桥古音又同宵部，桥即桔槔二字的合音。曰桥曰槔都是指其“舍之则仰”时的上举之意。

桔槔虽是一种简单机械，也是劳动人民在生产实践中已能运用符合于物理学上杠杆原理的成果。东汉时代武梁祠画像中有两幅桔槔汲井图（见《金石索·石索》卷三及卷四），两图大致相同。其俯臂上面捆了一块大石，大石的重量以能举起另一端的汲桶为度；另一端的仰臂，用绳子系了一个汲桶，汲桶的容量已数倍于古代的陶瓮，需要有一个省力的工具提起来，桔槔就是为适应这个需要而产生的。辘轳的支点在圆周的中心，两臂相等，只能改变用力的方向，并不省力；桔槔不但改变了用力的方向，还能用较少的力，举较重的水，是比辘轳较为进步的汲水工具，由辘轳发展到桔槔与由天平发展到秤都是属于物理学上同一杠杆原理的应用。天平的两臂相等，就必须用若干轻重不等的砝码以衡量若干轻重不等的物体，使用是不方便的；秤则利用秤杆两臂不等，

只用一个轻重不变的权（即秤砣）以衡量各种轻重不等的物体，使用秤就比使用天平方便得多，这也是一个发展。出土的秦权，刻有秦始皇统一度量衡的《诏书》，说明秦以前已经有秤，战国时人就知道用权衡量物体的轻重（《孟子·梁惠王》："权然后知轻重"）。据此言之，桔槔与秤都是战国时代的产物。

由天平发展到秤与由辘轳发展到桔槔，都是劳动人民在生产实践中对杠杆原理认识的提高。平是天平之平的象形字，金文作平，从八象天平两边轻重相等之形。秤从平而读为称，称举也，秤是举起来使用的。秤是会意字，称是形声字，辘轳和天平发生在前，就有录和平两个象形字；桔槔和秤发生在后，就只有后起的形声字或会意字，在文字中也展示了辘轳和桔槔发生的先后次第。

二、古井的井下状况

从井和录两个象形字和有关桔槔的记述，使我们认识了古代井上的结构，除井栏外还有辘轳和桔槔。井下的状况又是怎样呢？现在我们也可以从地下发掘中加以了解。

《沣西发掘报告》概括了张家坡居住遗址中共发现西周早期和晚期水井八处，其情况是：

> 有长方形和椭圆形两种：长方形的发现五座，井口长1.06—2.4米，宽0.5—0.7米；椭圆形的有三座，长径1.95—2.1米，短径1.3—1.4米；……井的壁上都有对称的脚窝。

《沣西发掘报告》又在客省庄居住遗址中发现战国水井二十六座：

> 所有的井没有例外都是长方形的：长度大都在1.6—1.8米之间，2米以上的只有九座；宽度只在1米左右。……所有的井在长边的两壁上都有对称的脚窝，脚窝处的土质很坚硬，当是践踏的结果。上下脚窝的距离，在0.5米左右。

关于脚窝，郑州二里冈记述商代窖穴灰坑的脚窝时有详细的描写，并举其中灰坑九为例：

> 灰坑为一长方竖井形的坑，坑口作南北长方形，坑口南北长2.29，东西宽1.1，底深5.95，长2.14，宽0.9米。坑的四壁微倾斜，在东西两壁的中部存一行可供上下的脚窝五对，每对相距约0.3—0.4，脚窝长0.2—0.3，宽0.25—0.4，深0.15—0.4米。

这里还附有一个脚窝形的断面图如下：。我们如果在这个断面图的两侧各引一直线作为两壁的纵切面，其形当如𨺅，《说文》中有一个𨺅部，就是摹拟这个脚窝的象形字。《说文》𨺅部共收了三个字：

第一个字从夬，篆文夬作叏，甲骨文作，从凵象环有缺的玦形，从𠂇、又，象左右手持玦之形，篆文叏讹凵为，讹又为十，两相对比，知夬即从甲骨文字衍变而来，或释为争，实误。这个字说明𨺅之

所在就是大地的缺陷处。第二个字从[illegible],[illegible]字是籀文的嗌字,这个字就是籀文隘字,这个字也说明𨺅之所在就是古代狭隘的隧道。第三个字从𨺅、从火,遂声,是烽燧之燧的本字。古代边亭上的烽燧就是在隧道中堆积柴薪燃烧后滚烟直上作为日间军情报警之用。

除上列三字外,金文中还有一个陆字作[illegible],从𨺅[illegible]声,古代窖穴或水井,既不在高山之上,也不在江河水滨低下的地方,凡是𨺅之所在,也就是大陆所在的高平广大的原野。

从𨺅之字后来都省从𨸏,如隘、如隧、如陆,其偏旁𨺅皆省为𨸏。𨸏音步,两步之间,其距离仅一米左右,恰是一个人两足分张踏在脚窝上跨度所及之处,一升一降就是一步。𨸏古读重唇音为步,后来转为轻唇音读为阜。古称码头为步(如瓜步、步头),今则通称为埠。古代穴居或半穴居,出入上下只利用脚窝,并没有梯子,后来有了独木梯,独木梯也是摹仿脚窝形制成的,现在羌族还有这样的独木梯。文字中凡从𨸏之字楷书皆省作阝(指偏旁在左的,如陟、降、陈、陶等字皆是;其偏旁在右的,如都、鄙、郑、邢等字则是邑的省形)。寿县出土的春秋晚期蔡侯铜器铭文中凡从𨸏的偏旁皆作阜,这就是楷书阜形所从出。

𨸏象脚窝,象独木梯,所以从𨸏之字如阶、除、陔、陛、阼等字都有阶级之义,陟、降、陞、隮、陨、坠、陨、堕等字都有升降、上下、倾、跌之意。

古井作长方形或椭圆形,这是按照掘隧道的方式掘成的。《庄子·天地》:"子贡南游于楚,反于晋,过汉阴,见一丈人方将为圃畦,凿隧而入井,抱瓮而出灌。"古井实际上就是隧道的一段。"凿隧入井,抱瓮出灌",只能是一种浅井,没有井栏,没有辘轳,也没有桔槔。战国时代这样原始的井还普遍存在,可见古代黄河和江、汉流域经济文化的发展就是这样的不平衡。

古井是长方形或椭圆形,其长度宽度大约是二与一米之比,古代人民要在这样长度井上的正中,安置一个四方形的井栏,长的两边与宽的两边就不能相等,长的两边必须向立柱左右两方延伸半米左右,才可以阻拦人畜堕入井中,其形当如井;短的两边其作用只是连接两长边的井栏,就不必向外延伸,其形当如日,据此知丼、日都是象井栏的象形字。

丼象井而借为丹,《说文》:"丹,象采丹井。"丹是丹砂,古代采取丹砂也是用掘隧道的方式向地下矿井中采掘的,因此,就借用长方形井的两端日形的井栏,为丹井之井。丹象井栏形,又可以从丹之"青"字加以说明。青是空青,有铜矿处则产空青,空青也是从地下矿井中采掘的。青字所从之丹,也就是采青之井。金文静字偏旁"青"或从丼作𢍏(《免盘》),或从井作𢍏(《静卣》),这就是日象井栏形又一佐证。

三、《易经》的《井卦》

《易经·井卦》:䷯,上坎(☵)下艮(☴),坎为水,艮为木,《井卦》就是取象于木上有水之形,说明古井一般都有木制的井栏。《易经》的《井卦》是有关周代井的重要文献,但是《井卦》除讲水井之外,还涉及井田之井和陷井之井。过去注疏家把这三种不同的井都说成是水井之井,所以就有许多牵强附会之谈,越讲越糊涂了。

《易经》中的《卦辞》、《爻辞》应是春秋以前的文献,《论语·子路》已引用了《恒卦》的《爻辞》"不恒其德,或承之羞"。西晋出土汲冢书,其中《易》上下《经》与今本《易经》的卦、爻辞完全相同。汲冢是魏襄王的坟墓(公元前318—前296年),说明《易经》卦、爻辞远在魏襄王以前就已经流传于鲁、魏各地了。兹将《井卦》卦、爻辞分别说明如次:

《井卦·卦辞》说:"改邑不改井,无丧无得。往来井井。汔至,亦未繘(音掘)井,羸其瓶,凶。"这里所说的井包括了两个不同的内容。"改邑不改井"乃井田之井。井田是比较进步的田制,当时农民已经离开了共耕或换耕(换耕相当于古代的"爰田"和古代德意志的"马尔克")的时代而进入一夫百亩、分田而耕的小农经济了。其田界的划分,八家或九家共一井,恰如井栏的井字之形,所以称为井田。古代邑的编制是以八家或九家为井作为一个单位,"四井为邑"(见《周礼》及《司马法》)是用四个井编成一个邑。"改邑不改井"是说此井的八家或九家可以改隶彼邑,彼井的八家或九家可以改隶此邑,而井的编制不变,所以说"无丧无得"。"往来井井"广大农村都按井田划分疆界,人民往来其间,就觉得这里的田界整齐划一,有条不紊,"井井"就是由井田引申的形容词。"汔至",汔是水干涸。"繘井"之繘从矞,《说文》"矞以锥有所穿也",释矞为穿,其义实与掘同,繘、掘古音同在物部,"繘井"就是掘井,旧注以繘为绠,绠是绳子,"绠井"就讲不通了。"羸其瓶,凶",羸与累同,系也,井干涸了,又不加深掘而系其瓶于井,其中既无水可汲,瓶可能还要碰破,这就是凶兆。

以上是《卦辞》,下面再讲六爻的《爻辞》。

"初六,井泥不食,旧井无禽。"井水为泥污浊就不能食用;旧时已废的陷井就不能捕获走兽，古称禽也包括走兽在内。这里水井和陷井都是徒具空名而无实用。

“九二，井谷射鲋，瓮敝漏。”井谷指陷井言，《说文》“泉出通川为谷”，陷井与山间流出的泉水相通，其中有鲋可射，这是说陷井已失其捕兽的作用，与瓮之敝漏不能汲水相同。

“九三，井渫不食，为我心恻，可用汲。”渫是除去水中污浊，井中污浊已除，其水清洁可以汲用，弃而不食，这就为我心恻了。

“六四，井甃，无咎。”《释文》：“甃如澜，以砖为之，著井底阑也。”这是说以砖著井底作为井壁以拦土壁泥土的下坠。《释文》的作者陆德明是唐代人，他只见后人用砖砌井，以为古代“甃井”也是用砖，这是不对的。据现代考古学知识言，我们知道古代房屋建筑，墙用板筑，盖用茅茨，并无砖瓦，春秋时代有一个地名称为“瓦屋”，这应是用瓦之始，战国时代的燕下都才有陶瓦出现，东汉时代的坟墓才开始用砖，城墙和房屋普遍用砖还是明代以后的事，砖的应用还是随时代演进而逐渐推广的。“井甃”之甃，《象辞》谓为“修井”，古代古井易于污浊，易于崩塌，必须时常修治，甃从瓦，就是以陶片著井底，加固井壁以免污浊泥水的上泛。《庄子·秋水》说：埳（同坎）井之蛙“出、跳梁乎井干之上，入、休乎缺甃之崖”，因为修井用陶片瓦，所以称为“缺甃”。“无咎”，是无祸之兆。

“九五，井洌寒泉，食。”井水清洁，虽寒可食，洌洁也。

“上六，井收，勿幕；有孚，元吉。”幕覆盖也，“井收勿幕”言陷井已收拾不用，上面不必再用草覆盖了。“有孚”言诚信发于中而见以外之义，陷井而不再覆盖，则中外如一，不为人兽之害，这就是大吉之兆。

以上根据《易经·井卦》所提供的资料，使我们知道战国以前的井都是浅井，也就是《庄子》所称的“埳井”；因为是浅井，所以蛙还能生息于其中。当然，这样的浅井必然易于干涸和污浊，因此，也就必然要时加深掘，时加甃治，它与后来用砖砌的深井是不能相提并论的。

四、西伯利亚的方木井

我国古代只有土井，“井甃”也只是用破陶片砌的井底。东汉以后砖的使用渐广，用砖砌井，圆井出现了，井的形制就发生了一个显著的变化。武梁祠画像两幅桔槔汲井图，井上作形，可以分为上下两层：下层的形显示用砖砌井之后，井口逐渐缩小之象；上层形，则是在井口上安置的井圈，这个井圈是圆形或方形，在这样简单的图像里还辨别不出来。解放前后，成都近郊四川大学和华西大学（即今四川医学院）在掘土中都发现有一层一层地累积而上的陶制绳纹圆井圈，每个井圈大约直径一米，高三米左右。当时仅有一个井发掘到底，去地面不及两米。井旁还有汉砖和五铢钱出土，知其为东汉时代遗物。这种陶井就是在原来土井中累积若干陶井圈而成，仍然是一种浅井。这恰是由方井向圆井，由土井向砖井发展的过渡形制。传世东汉明器中，井上的陶井圈仍多作方形或长方形，圆井圈还是少见的。

东汉以后方形或长方形的井既已逐渐为圆井所代替，方木井在中国也就逐渐绝迹；但在一千六七百年之后西伯利亚流行的方木井还保存中国古代方木井的形制。

十八世纪初，图理琛奉清帝玄晔之命，颁发皇帝谕旨于当时驻牧于俄属里海一带的土尔扈特部阿玉奇汗处。他于康熙五十一年五月自北京出发，至康熙五十四年四月返京复命，前后共历三年（公元1712—1715年），来回均假道于俄属西伯利亚。他写了一部《异域录》记述道途经历的见闻。他在西伯利亚贝加尔湖西北五十里厄尔口城（今译作伊尔库斯克）和喀山地区都看到那里人民食方木井水。他又在喀山以西的索里克穆斯科（即今斯维尔德洛夫斯克）看到那里的盐场。他说："场内有方木井四十余处，咸取井水煎盐，其邻近之小柏兴（相当于县）亦皆煎盐，穆斯科、洼城等处俱食此地盐。"可见十八世纪初西伯利亚的方木井还是普遍存在的，就是盐井也保存了这个形制。

十八世纪初在西伯利亚流行的方木井，图理琛并未加以说明。根据中国古井发展的情况言，由方井栏演变为方形或圆形的井圈，必然要经过相当漫长的岁月。古代井栏形象高大，立柱上出部分并无实用价值，为便于凭栏汲水就必须改用较矮的井栏，这种矮井栏在文字中也有反映。如刑罚之刑，典型之型，金文只用一个井字就表达了这两个不同的意义。这两个字在《说文》中也仍然从井作荆、作型，但在隶书、楷书则改从矮井栏形作刑、作型。同例，丹，篆书作，丼，隶书、楷书也改作丹了。从井字之隶、楷变为开形，在许慎作《说文》时已不能尽识，如形，如荆，他以为这两个字都从开而不从井。荆刑本是一个字，而他则以为是两个不同的字，一隶井部，从井，一隶刀部，从幵，错误是明显的。幵是古代笄的象形字，古人簪发用笄，其形如幵，象两笄并列之形。开幵形近，易致混淆，又笄，古支部字，井，古耕部字，支、耕对转，音又相近，《说文》误开为幵，其故在此。金文荆作[illegible]，从井不从幵，长沙马王堆帛书形皆作荆，从井，说明汉初形字还未从荆字分化出来，更足证明许慎混淆开幵之误。

其次，由方井栏演变为方形或圆形的井圈，也必然要与井下的情况相适应。井上如果是方井圈则井下也必然是方井，而不是长方形的井。由长方形的井演变而为方井，也应是由井底的“甃井”从两端向上累砖石或杂以破陶片砌筑而成。至于圆井圈的井，井下也必然是圆形。圆井用砖砌成，圆形的井增强了井壁的强度，这就必须从根本上改变古代用隧道凿井的方式，这是向深井发展的一次飞跃。

砖的使用，在中国也是随时代的演进而逐渐推广的。我们知道，战国时代秦咸阳宫已有多种形式的砖（《秦都咸阳第一号宫殿建筑遗址简报》，《文物》1976 年第十一期）。东汉以后，封建地主阶级开始用砖造坟，同时也可能用砖砌井，大量用砖筑城还是从明初相继建筑南京、北京两城开始的。明代中叶朝鲜还要派人到中国来学习烧砖的技术（见《朝鲜实录》），十八世纪初西伯利亚不能用砖砌井，也是可以肯定的。

十八世纪初西伯利亚索里克穆斯科及其邻近小县用方木井井水煎盐，供应莫斯科城等处人民食用，这种方井有些类似秦、汉时期我国四川的一些原始小盐井。应当看到汉代川西已经有较深的盐井（《论衡·别通》），唐、宋时代的陵井（陵州在今仁寿）已经深达五十丈至八十丈（见《元和郡县志》及《梦溪笔谈》）。这样的深井要排除地泉的渗入，在古代技术条件下还是一个难于解决的课题。“人民，只有人民，才是创造世界历史的动力。”中国人民有志气，有能力，在长期生产实践中，终于在宋代创造了一种新型的“卓筒井”。卓筒井连接数十丈长的大竹筒，打通其中的竹节作为井壁，再以“竹之差小者”作为汲筒取卤，就可以避免地泉外水的渗入。卓筒井其后更有改进,其汲筒即用最大的楠竹,而以“木竹”为其外壁。“木竹”是用一节一节的方木,凿其中为大圆孔有似于竹,故称“木竹”。“木竹”凿成以后,就一节一节地打入井下,直至井下岩层为止,作为井壁,“木竹”圆孔的大小以能容纳汲筒自由上下为度。卓筒井经过这样改进之后,不但能汲更多的卤水,井壁也更为牢固。这样的卓筒井就是近代新式凿井术的创始,而中国早在一千年以前就已经完成了。我国劳动人民在二千年前就能凿深井,一千年前又开凿能避地泉渗入的更深的卓筒井,这是我国劳动人民继造纸、印刷、指南针、火药四大发明之后,对人类文明的又一卓越贡献。

1977 年 1 月 20 日脱稿于川大铮园

补　记

此文脱稿后,又得见有关北京外城东周晚期陶井、砖井以及河北藁城县台西村商代古井及井下木井壁的报道,这些地下新资料,都足以补充前文的不足。兹分别说明于后:

1. 北京外城东周晚期陶井群　《无产阶级文化大革命期间出土文物简介》(《文物》1972 年第一期)中有“北京外城东周晚期陶井群”一节,对陶井和砖井出现的年代,有较详的介绍,兹节录原文如次:

> 文化大革命中由于各种工作的进行,北京市文物管理处在宣武门外东西一线、广安门内外、法源寺东北清理了大批陶

井……陶井的结构是先挖一直径大于井圈的土井,先后将井圈在土井中套叠起来,砌成筒状,土井与井圈外壁之间,用土或碎陶片填塞。当土井及流沙层,挖除流沙效果不大时,即放下井圈,在井圈内部挖沙,使井圈逐步下降以达水层,这种做法是古代劳动人民在不断克服自然和改造自然方面的创造之一,近代修建桥墩使用的沉井,就是根据这个造井的原理来的。……从陶井的叠压关系和各种遗迹遗物的分析,可以推知,大约在战国中期的陶井,使用的井圈径小圈高,西汉初期则径大圈低。和这同时又出现一种用三块三分之一圆的陶壁板拼合的新式陶井圈,使用这种陶井圈,井径更加增大了。再后,井圈组成的陶井就让位给砖井。这个地区也发现了东汉迄辽、金时代的砖井。

根据以上论述,使我们知道中国陶井起于战国中期,延及西汉还在不断的改进中,川西陶井出于东汉,也是中原文化逐渐向西南传播的结果。陶井是方木井与砖井中间的过渡型式,及砖井出现于东汉,在这里也得到了实物的证明。

2. 河北藁城县台西村商代两座古井　1973 年台西村发现商代两座古井(《文物》1974 年第八期《河北藁城县台西村商代遗址》及《地理知识》1977 年第一期《河北省藁城县台西村发掘出商代古井》),其一号井,井口圆形,直径 2.95 米,深 5.9 米,井下由四层圆木树干,层累而上构成一个井字形的方木井壁,其高约当全井三分之一。像这样深的井,其井下三分之二的土井壁,在井水长期侵蚀之下,总不免要坍塌下去的。现在这口井,在井下四米深处向内收缩,呈一个二层台形的井底,这就是井上土壁坍塌以后所形成的现象。井与池塘不同，池塘近岸之处水浅，人在岸边即可伸手舀取，井水深在井下，人必须站在井上双手引绳汲水，全身重力都压在井口上，井口就不能大至二米以上。邯郸涧沟曾发现一座新石器时代古井，深至七米而井口直径则约二米(《新中国的考古收获》二十七页)，这样大的井口，也属于土井坍塌以后所形成的现象。

台西村二号井略呈长方形，井口边长为1.38—1.58米，井下边长为1.06—1.48米，井深3.7米。这口井既比一号井浅2.2米，井壁又向上倾斜，井下还有一个木井壁，其结构：井底垫以有逗榫的长木栏，木栏上累积五层圆木，横直相间构成一个长方形的木井壁，其最下两层，在长边方面，每边都用两根圆木并列，而在这两根横木之间又夹以逗榫的木柱，使之固定不至移动(其图象曾承北京文物出版社寄示)。像这样木井壁比一号井复杂得多，尤其是对于井底特别加固，这必然是土井建成以后，在使用中发现井下土质松散，然后再采取一种加固井底的措施，所以这个木井壁只保护浸在水位以下的土层，其水位以上的土层既然完好，因此，这个木井壁也就以此水位为限，而不再继续向上增高了。

西伯利亚方木井的结构，图理琛虽未加以说明，现在有了这两座商代古井，就为我们提供了一个极有价值的参考资料。

西伯利亚在匈奴兴起以前，与我国北方交通，中间并无阻隔。由我国北迁的部族，如汉代居于东北的夫余和北夫余，他们就是周初由山东半岛北迁的蒲姑氏；夫余、蒲姑都是鱼部的叠韵字，夫余就是蒲姑的还译之音。其由西伯利亚南下的部族，在商、周两代则为有莘氏，在汉以后则为鲜卑，莘与鲜卑都是古代西伯利亚(Sibre)的译音。春秋以后，居于我国北边的白狄、赤狄，他们也是从西伯利亚南下的部族。狄字字头古当读为复辅音的tl、dl或tr、dr，这个字在《史记·匈奴传》《李牧传》《冯唐传》则用两个单音缀字译为丁令、丁灵、襜褴(音蓝)或澹林;他们都是居于森林中的人,澹林既译其音,兼译其义,所以中国史书中又称之为林胡。

北魏时代丁令服属于中国,因此,北魏时人对于这个部族就比较有一个系统的认识。《北史·高车传》:"高车盖古赤狄之余种也,初号为狄历,北方以为敕勒,诸夏以为高车、丁令。"赤狄、狄历是古译名,敕勒是当时鲜卑人的读音,丁令是汉人的读音,高车则是汉人见其所乘两轮大车轮辐高大而给予他们的汉名。高车这个名称,远在北魏以前就已存在,西汉时代西域的"康居",就是高车还译之音(洪钧《元史译文证补》已有此说),康居也是丁令族类,魏、晋时代也称之为翟(狄同)。

根据以上推论,西伯利亚是古代原始森林地带,盛产木材,其地严寒,井下全用木材作为井壁,也可以经久不坏;因此,方木井在西伯利亚就可以绵延至三千年之久而不必有所改变。"礼失求诸野",西伯利亚的自然条件,就为我们保存了一个古代方木井的雏型。

1977年5月25日补记

(原载《四川大学学报》〔哲学社会科学版〕1977年第3期)

錞于与铜鼓

远古时代的原始人群，在生产劳动和日常生活中，逐渐创造发明了一系列乐器，其中特别突出的，就是打击乐器中的鼓。根据民族学者的调查材料，鼓到如今还是大部分狩猎民族的唯一乐器；许多部落，除鼓而外，就不知道还有别的乐器。至于吹奏的乐器，一般用口，还有用鼻子的，最初用一空管器物，后来陆续在管上作孔，或用兽皮作成喇叭状乐器，似乎较打击乐器稍晚一点。现在常见的弦乐器，那是远古的人们在实用器具——弓箭的基础上，逐渐发展起来的东西。恩格斯根据著名的民族学家摩尔根的调查材料，在他的《家庭、私有制和国家的起源》中提到：弓、弦及矢，是一种较为复杂的工具；这类工具的发明，要有长期蓄积的经验和敏锐的智力，以及对其他许多发明的熟悉，作为前提条件。因此，恩格斯把它出现的时期，定在"蒙昧时代"的最高阶段。看来，弦乐器可能是各类乐器中较为晚出的东西。

达尔文在观察了大量的动物后，认为音乐的才能，是由人类的动物祖先，当初用为引诱异性的手段而获得的，后来才发展为有效的表达多种感情的手段。达尔文的这一论断，有其一定根据，但还应当提出一个事实，即在劳动生产的过程中，生理上的有节奏的动作，以及伴随劳动出现的有节奏的音响，对于我们祖先在最早的音乐中所出现的一些节奏和拍律，有着极为密切的关系。因而，有许多乐器是从日常生活用品或生产工具演化而来，也就成为很自然的合乎情理的事了。

我国的先民，在人类文化发生发展的共性基础上，早在商周时代，不仅已经发明和使用了上述三种类型的乐器，而且就世界范围考察，还是相当先进和第一流的。考古学上发掘的许多商周遗址和墓葬，出土了不少的乐器，完全可以说明这一问题。文献上亦有所记载。《说苑·反质》引墨子语：殷纣王时，“钟、鼓、管、弦，流漫不禁”。殷商时期，在王宫中，打击乐器为钟、鼓，吹奏的管乐器和弦乐器，已经流行和泛滥。周王朝的器乐，更是在殷商的基础上，向前发展了。《诗经》中的许多诗篇，对于这点，是有所反映的，我们就不再一一列举了。

錞于和铜鼓，都是打击乐器。使用錞于的时间较早，周代已经形成为一种“礼器”。现在地下发掘出的早期的铜鼓，有炭十四测定的数据，可供参考。如云南楚雄万家坝古墓群 M^1、M^{23}，据北京大学历史系考古专业实验室对该两墓棺木的测定，M^1 距今 2640±90 年（纪元前 690±90 年），M^{23} 距今 2350±85 年（纪元前 400±85 年）；又如云南祥云大波那木橔铜棺墓所出铜鼓，据中国科学院考古研究所实验室对该墓木橔铜残木的测定，距今 2350±75 年（纪元前 400±75 年）。因此，就现有铜鼓而言，最早的约在春秋中叶。如果根据不完全的资料统计，当前我国铜鼓的总数已在千件以上。至于历代所铸铜鼓，其数量当远远超过这个数字。錞于和铜鼓，文献记述有同时使用的情况，但由土、石、木、革的乐器，演进成为铜制乐器，錞于确较铜鼓为早，形制上和使用上的一定的因革关系，是不难窥见的。如果将安徽宿县出土的圈足象覆盂形的錞于、越南东山小铜鼓、《三才图会》上的古缶对比观察，其因革之迹，历历在目。历史上的乐器，亦在运动变化中，有时面目全非，给研究其形制源流，带来一定困难。

周代的錞于，既作为乐器使用，同时又用在战阵上。《周礼·鼓人》上说："以金錞和鼓。"郑《注》："錞，錞于也；圆如碓头，大上小下，乐作鸣之，与鼓相和。"这是说在举行礼仪时，錞于和鼓同时并用，进行协奏。原生的器物和由此衍生的器物，二者共存的现象，历史上屡见不鲜；二者之间并不存在排他性。说錞于是錞，是就其原材料而言，周代所说的金，并非黄金，指的是铜，指明其为铜制的錞于，以便和上一阶段的早期的陶土制作的錞于，加以区分。《国语·晋语》："战以錞于、丁宁（丁宁，钲也），儆做其民也。"这是说在战阵上需要使用錞于。吴王夫差在黄池大会上，还曾亲鸣錞于。

錞于实为一个复合名称，是錞和盂的综合成品。錞即敦，铜器《陈侯午敦》、《陈侯因資敦》皆作錞，即其明证。盂同于，它的出现较早。1935年，当时的中央研究院第十二次发掘殷墟时，在侯家庄西北岗一千四百号大墓的墓道内，曾发现铜盂，并有铭文四字："寝小室盂"。足见商代已有铜制的盂了。至于西周的铜盂，据石志廉同志的调查，美国和加拿大各存有一具；国内也有。

解放后，安徽宿县出土錞于，象覆盂之形，为圈足，有对称的两方孔，当系穿绳悬系之用。和錞于同时出土的无纽俞钲，钲上有铭，据铭文及书体，可断为春秋时物。又寿县出土的錞于有环纽，应为春秋晚期时蔡国的遗物（见《考古学专刊》乙种五号，《寿县蔡侯墓出土遗物》）。这些无纽或悬纽的錞于，和那些虎纽、马纽等錞于进行比较，时代显然较早一些。

錞于一经出现，即在不断地演进中。梅原末治的《支那考古学论考·支那古明器之一新资料》第八十七图，即为近代出土的陶制錞于,作"碓头大上小下"之形。《西清古鉴》卷三十七载有素錞二,亦作此形,上加素纽,以便悬系,这应是早期錞于的形制。而铜制錞于,可能就是模仿陶制者而成。

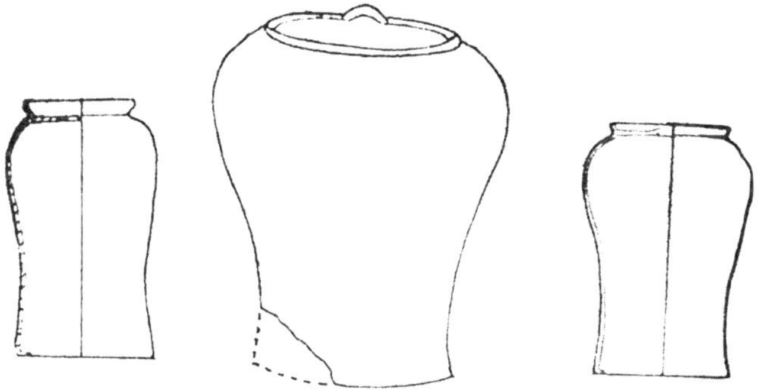

錞于形制(一)

錞于形制(二)

《南史·齐始兴王鉴传》:“时有广汉什邡人段祖以錞于献鉴,古礼器也,高三尺六寸六分,围三尺四寸,圆如筩,铜色黑如漆,甚薄,上有铜马。以绳悬马,令去尺余,灌之以水;又以器盛水于下,以芒茎当心,跪注錞于,以手捊茎,则声如雷,清响良久乃绝。古所以节乐也。”《文献通考》上的“水盏”,郭道源的“击瓯”,均利用缶中置水或加减水的份量以扣击,在原理上应与此盛水与灌水有关。传世錞于作虎纽者较多,《宣和博古图》卷二十六著录錞于十九器,虎纽即占十五,似此马纽者并不多见。至于它的使用法,用盛器置水于錞于之下,乃一改进,它和《古铜鼓图录》所记的贵州铲山苗族击鼓时,在鼓身后面晃动木桶,具有同样的原理,利用声学上的振动共鸣,增大音响,以便发出宏亮的悦耳的声音。《北史·斛斯征传》记述自蜀地所得錞于,仍“以芒筒捋之,其声极清”,这和始兴主鉴所得錞于的使用法,有类似之处。《太平御览·乐部》引《乐书》:“錞于者以铜为之,其筩象钟,顶大后擦,口弇上,以伏兽为鼻,内悬子铜铃舌,凡作乐,振而鸣之,与鼓相似。”这种与鼓相似,并具有铃舌的錞于,显然是经过改进的产物,虎纽或马纽等的錞于,同样木是属于早期的。《三才图会》上的錞于图,亦作“大上小下”之形,纽作单纯曲绳形,系于口之对称点上,无兽形饰物,悬于木架上扣击,和上述的錞于,不仅外形上有区异之处,使用法上亦各具特点。

錞于原为中原地区的乐器,春秋时州国都城名錞于,大概是由于他们擅长制作錞于而得名。其后齐人即以淳于(同錞于)地名作姓,如淳于髡。山东半岛一些地区似为錞于的重要原生地,其主人可能即为东夷。从北中国的黄河流域逐渐推衍,錞于传播到了南中国的长江流域,四川、湖北,湖南、贵州、安徽、江浙等地区均曾有錞于使用,并有部分出土。

综上所述,在漫长的历史时期中,錞于综合殷周的盂和敦从陶制演进而为铜制,使用方法和形制上,也在发生变化改进。

《古铜鼓图录》图六十二和《博古学院院报》二十九号,记有越南清化东山出土的小铜鼓,高仅六公分,下部完全类似鼓,上部作碓头形,虎纽,又类似錞于,它很有可能,是由錞于向铜鼓过渡的中间类型,或者说是铜鼓的一种早期类型。

铜鼓的形制,和錞于一样,并非千篇一律的;除基本点外,在历史上,有其演变的过程,可以区分出几种不同的类型。

作为物质的文化现象,像錞于和铜鼓这类事物,大概不会是仅仅根据一种原型形成,应为一种复合的文化,其用途和社会功能,也不是单一的简单的。如像刁斗,《前汉书·李广传》:“不击刁斗。”《注》引孟康曰:“以铜作鐎,受一斗;昼炊饮食,夕击夜行。”这是一物多用,并和日常生活或生活用品是分不开的。錞于由盂和敦合成,还是一物多用,铜鼓仍然如此。楚雄万家坝出土的铜鼓,器多有烟炱,为坎煮遗迹,而同墓出土的铜釜,又有用铜鼓改制而成的。贵州赫章可乐发掘战国至西汉的墓葬中,出土鼓形铜釜,鼓改装的铜釜,均可说明这个问题。作为贮器或陈列品的,也有所发现。

铜鼓出现以前,作为最古老的打击乐器的鼓,是多种多样的,与日常生活密切相关的。在最低阶段上,鼓多半只用来标记拍子。从对许多浅演民族的调查材料来看,是颇有意义的。澳洲一些部落,或者是紧绷着鼲鼠皮,或者是团卷着鼲鼠皮,不作为乐器时,还可把这些鼲鼠皮披在肩上,当作外套使用。昆斯兰德人的响杖(Sounding—stick),仅仅是一根硬木制成的楔形粗棍,扣击时可发出一种特别强大的声音。明科彼人的响板(Sounding—board)与响棒类似,不过由木板作成。布须曼人的鼓,是用皮绷在开口的土制或木制的容器上,用指头敲打。十九世纪末,德国学者卡尔·布赫尔认为乐器本身导源于工具,鼓导源于粮食加工的舂臼。现在没有直接佐证说明这个问题;但舂臼和鼓的关系确很密切,常常代替鼓。《太平寰宇记》记岭南风俗,高州"相侵则鸣舂塘",新州"召众则鸣舂塘",舂塘即臼。《蛮司合志》记贵州尾洒家,"人死以杵叩椎塘而歌"。西南许多部落均有此俗。我国古代寺庙中的木鱼(梆),用一长约五尺的大木,外表作鱼形,以棒击其腰部,即远古或浅演民族响棒变种的遗制。殷墟出土的石磬,不过与响板为同一类型的事物。我国古代和边区所用的凿空木材的木鼓,也许是对响棒的改进。在古代,金、石、丝、竹、匏、土、革、木八种常见的生活物质,均可作成乐器,古称"八音"。土制的鼓,或称土鼓,即缶。周人封于鲁,太庙中奏豳乐,还要用土鼓(见《礼记·明堂位》)。春秋时楚国武城大夫黑向子常说:"吴用木也,我用革也,不可久也,不如速战。"(《左传》定公四年)可见当时作战的战鼓,还是不拘一格,或用木制,或用皮制。而用皮革作的鼓,反不如木鼓的经久耐用,皮鼓长时间使用后,音响效果逐渐降弱;这可能是铜鼓铸造和流行的一个原因。

缶作为土鼓,当乐器使用,一直延续了很长一段时期,这是乐器与日常生活用品分不开的一个很好例证。《易经》上已有鼓缶而歌的记述;《诗经·陈风》:"坎其击缶",郭璞《疏》:"缶,乐器,可以节乐,若今之击瓯。"庄周鼓盆而歌,此即覆缶。《新序》齐景公"自鼓缶"。李斯说:"击瓮扣缶,真秦之声。"《北史·四裔传》:党项人"击缶为节"。用缶作乐器比较普遍。王圻《三才图会》古缶图,有圈足,和一些錞于颇为相似,此古缶亦似盂。錞于和铜鼓的关系,于此亦可概见。当其没有适当的较高级的乐器使用时，用饭碗和面盆敲击起来，一样的可以作为伴奏的乐器。

铜鼓的大量出现于南中国，和长江流域以南的土地卑湿，气候阴晦，以及山高谷深等等自然条件，是有着密切的关系。中原常用的皮鼓，在如此地理环境的情况下，往往对音响发生不利的变化。皮革受潮后，音响必然很差。所以，不得不改铸铜鼓，以达到山鸣谷应的最佳效果。如在战阵上，自然声震山谷，有威可畏。錞于的音响效果，较诸铜鼓，要差一些，铜鼓逐渐在南方盛行，錞于便日益衰微和少于使用。铜鼓的出现是合乎情理的浅近而切于日用的必然，如果把它神秘化了，反而不好理解。

鼓声越大越好，人们对增大鼓的音量和音色，进行了不少的改革，上面已有所论述。宋代以前，广西"融州蛮"用金属作的叉形物扣击铜鼓，我国东北、西南地区的一些"萨满"(Shaman)用一带叉木棍打"羊皮鼓"，都是为了改善音响效果而采取的同样的措施。现在仍在使用的音叉，应即渊源于此。《太平御览》卷七八五引晋人裴渊《广州记》："俚僚贵铜鼓，惟高大为贵，面阔丈余，方以为奇，有是鼓者，极为豪强。"鼓腔越大，容纳的空气越多，鼓音就越强大，因而铜鼓就以既高且大为贵了。《明史·刘显传》记载："……阿大泣曰：鼓声宏者为上，可易千牛，次者七八百，得鼓二三，便可僭号称王，鼓山巅，群蛮毕集。"像这样价值高昂的铜鼓，只有那些豪酋大姓才能取得，一般平民终日遑遑于衣食，何暇及此？

《隋书·地理志》记述岭南二十余郡，皆铸铜为大鼓，"有鼓者号为都老，群情推服"，在相互攻战时，"则鸣此鼓，到者如云"。这些铜鼓，不仅成了部落首领权力和财富的象征，而且渐具有神化性质。錞于也和铜鼓一样，人们逐渐把它神化了。《南齐书·祥瑞志》记建元元年(公元479年),涪陵郡蜑民田健所住岩洞侧“获古钟一枚,又有一器名錞于,蜑民以为神物,奉祀之”。

我国南部出土铜鼓上的纹饰及其内容,虽然其中有一些各地区各族落的自己的特色,但有许多都是向中原地区仿摩,接受中原地区的影响而来。这些都是实物上反映出来的。《博古图》上列有“周代錞于”,其中数只下部的纹饰,与今见铜鼓上的纹饰,其基本图形极为一致。常见的羽人舞蹈和用羽装饰,在《周礼》和《山海经》中有所记述;常见的鹭鸟图象,《诗经》分上亦有明确描写;常见的竞渡风习,先秦史上亦已存在;还有许多其他纹饰,如云雷纹、蛙(蟾蜍)、龟、牛、鹿、菱形纹、圆钱……以及后期铜鼓上的十二生肖、八宝、仙鹤、吉祥语……都表出黄河中下游地区有关文化的浓烈的气氛。至于鼓面上光体放射的芒数,虽然并不太稳定,但八芒和十二芒较多,可能与古代栻盘上的八个方位和十二个方位有一定关系。总之,铜鼓上所反映的文化,确曾受到中原地区的许多影响。

我们伟大的祖国,作为一个多民族国家,有史以来,各民族都在政治、经济和文化的诸多领域,进行着长期的接触和交往,相互影响,相互渗透。我国光辉烛烂的历史,是由各个兄弟民族共同缔造的。只有在对各个民族的历史进行深入的研究之后,才能写好一部通史,这应是当前我们史学工作者、考古工作者和民族学工作者的一项共同的重要的课题。

(与唐嘉弘合著,原载《社会科学研究》1980年第5期)

古代都江堰情况探原

川西地区，西北多山，东南平坦，是一个扇形三角盆地。在都江堰水利工程未兴建以前，夏秋山洪暴涨，泥沙俱下。水至则一片泽国，水退则泥石满布。在这种情况下，下游人民是不可能安居乐业的。《华阳国志·蜀志》记载："江、潜、绵、洛为池泽，汶山为畜牧。"正说明杜宇以前的川西，还是一片泥泽，人民还是依靠牧畜为生，不知道务农。川西的水利建设，应传自楚国。春秋战国时，楚地方五千里，南卷沅湘，北绕颍泗，西包巴蜀。说明巴蜀已在楚人统治之下。楚悼王时，吴起为相。"明法审令，捐不急之官，废公族疏远者，以抚养战斗之士。"（见《史记·吴起传》）他告诉楚王说："楚所有余者地，所不足者民也，今君王以所不足者益所有余，臣不得而为也。于是令贵人往实广虚之地，皆甚苦之。"（见《吕氏春秋·贵卒》）这些"往实广虚之地"的究竟是什么人呢？《汉书·扬雄传》说："扬雄，其先晋人，晋六卿争权，扬侯逃之楚巫山，又辗转径由巴地至岷山之阳郫地定居，有田一廛，有宅一区，世以农桑为业。"又赵明诚《金石录》著录樊敏碑称："扬氏为晋叔向之后，由楚迁蜀，饮汶茹郝。"汶即汶水，郝即什邡。郫在岷山之阳，说明郫地广大，应包括灌县在内。李膺《益州记》称郫"古城在县北五十里"，这就说明郫古城是在灌县境内。现在郫县望丛祠，乃后人妄指。祠后两墓，当地人以为望帝及丛帝墓，其中一墓已发掘，实为汉墓。扬雄及樊敏的先人由楚入蜀，就是“往实广虚之地”的楚人。还有岷山庄王和夜郎庄王，也都来自荆楚，他们都是楚庄王的后裔，这些都可以证明楚人入蜀定居的事实。再就地下考古发现的材料看。1980 年，新都战国土坑木椁墓的发现，从墓葬形制直到腰坑出土的铜器，都明显地受楚国的影响。墓中有铜鼎五件，花纹形制，无一不与楚器相同。内中一件，有铭文四字曰：“邵之饲鼎”。按邵即古昭字。此字与安徽寿县蔡侯墓的铜器和湖北的一些楚墓铜器上的铭文完全相同。随县博物馆藏一铜鉴，铭文四字曰：“邵之饲鉴”。此二器俱为楚国贵族昭氏之器。他们就是楚国贵族率领其部属移居蜀土的。再就传说史历言之。《水经注》：“荆人鳖灵死，其尸随水上，荆人求之不得，鳖灵至汶山下复生，起见望帝，望帝立以为相，时巫山峡而蜀水不流，帝使令凿峡通水，蜀得陆处，望帝自以德不如，遂以国禅，号曰开明。”禅让制度，应在国家出现以前，而治水者又是荆人鳖灵。鳖，古地名，今属贵州遵义，灵、令音近，即令尹之省称。在长江流域，蓄水种稻，始于楚令尹孙叔敖，他在楚庄王时，修建芍坡，称安丰塘，以溉良田万顷。又《左传・襄公二十五年》（公元前 548 年）“楚芀掩为司马，书土田、度山林、鸠薮泽、辨京陵、表淳卤，数疆潦，规偃猪，町原防，牧隰皋，井衍沃，量入修赋，赋车籍马，赋车兵徒兵甲盾之数”。此中规偃猪、町原防，正是水利灌溉工程的建设。偃猪即堰潴；町，即不成方的小块土地。规偃猪、町原防，即在平原上修筑堤坝水门，以种水稻，其收获量远较北方旱地种植黍稷高出数倍，造成楚国富强的局面。这种水利工程技术，随楚人入蜀，蜀人师其法以治水患。公元前 316 年秦灭蜀，以牛田水通粮是农业发达的国家。他们利用丰富的水源，种植水稻，六年之间，蜀郡三名都，成都、广都、新都已同时出现，成为人烟稠密地区。我们怎样解释这个原因呢？这是秦人重视治水的结果。就成都平原的河道系统及地势情况看，治水必须从下游开始，上溯岷山之下，即古导江之地。《宋史·河渠志》说："岷江发源古导江今为永康军，夏潦洋溢，必有溃暴冲决可畏之患。自李冰凿离堆以分其势，一派南流于成都以合岷江，一派由永康到泸州以合大江，一派入东川，而后西川沫水之害减，而耕桑之利溥矣。"此三派即中江、内江、外江的三江。在未有都江堰以前，中江下游受冲击最甚，人民还是不能安居。内江即沱江，《宋史·河渠志》又说："离堆之址，旧镵石为水则，盈一尺至十而止，水及六则流始足用，过则从侍郎堰减水，河泄而入于江，岁作侍郎堰必以竹为绳自北引而南，准水则第四，以为高下之度。江道既分，水复湍暴，沙石填委，多成滩碛，岁暮水落，筑堤壅水上流，春正月则役工浚治谓之穿淘。"这说明都江堰工，每年都要修理。直到清末，岁修情况，基本不变。在每年冬季，动工截流。都江堰的截流技术，是蜀人的创造发明，首先是下榿槎，用榿木三根成三角架，直立水中，槎腰间，用竹络笼石以镇之。自腰以下，用木条纵横遮拦。这样就构成了易筑易撤的截流工程。这样就能调节两江水量。大概在李冰守蜀以前，蜀人已掌握此法，故秦人得以依其规模，迅速的把水治好，使三都能在很短的时间内兴起。李冰为蜀郡太守的年代，有两种说法。《华阳国志》："秦孝文王时以李冰为蜀守"，此一说也。《风俗通》云："秦昭王使李冰为蜀守，开成都两江，溉田万顷。"此说比较可信。盖蜀郡本守之见于史籍者，有张若及李冰二人。张若在昭王之三十年，伐取巫郡及江南为黔中郡。（见《秦本纪》）李冰为蜀守应在昭王三十年后，大约在昭王三十年至五十六年之间。秦孝文王即位，仅一年，在一年内，不可能完成这样大的工程。秦昭王三十年以后，对蜀的统治，逐渐巩固，使川西地区有一个比较长期安定的局面，因而李冰师蜀人治水旧法，整治河道，笼口垒坝。也应是从沱江中游开始，筑堤防波，节节上溯，直到宝瓶口，再设法排出内江之水，按一定比例泄入外江，二千多年来，此法沿用至今。

《元和郡县志》卷三十一彭州导江县，谓："都江堰原名楗尾堰，在县西南二十五里，李冰作之以防江决。破竹为笼，圆径三尺。"楗尾即笕尾。犍乃误字。《礼记·月令》："修键闭。"《注》"键、牡、闭、牝也。"《疏》"凡锁器入者谓之牡，受者谓之牝。"旧时民间有用木锁者，江南各省老一辈的人都看见过，朱骏声所谓"苏人谓为木锁"即此器也。楗，经典皆作键，今通作犍，从牛，乃涉牝牡字而讹。犍见《说文》新附字，乃犗牛，即去势之牛，汉武初辟疆宇，用为郡名，于理不合。汉代的金石刻文字，俱作楗为。如《车骑将军冯绲碑》（见邓少琴《益部汉隶集录》著录）及《汉印文字征》著录犍为太守章二方，俱作，可证。楗为、牂柯设郡，在汉武帝元光五年（公元前130年），汉武帝拜唐蒙为中郎将，将千人，发巴蜀、广汉卒食重万人，从巴符关入牂柯，见夜郎侯多同，蒙厚赐，喻以威德，约为置吏，使其子为令。还报武帝，乃以为犍为郡。（见《史记·西南夷传》）犍为本名应为楗尾，尾与微通，皆在古脂部，为字在古音歌部，歌支相通，支脂已通用，乃汉人通用的韵类，故楗尾即犍为。唐蒙率领蜀、广汉士卒，由沱江南下，沿途所见，无非竹笼全石的堤坝，故以"楗尾"为郡名。

四川所用竹络笼石筑堤防水，这种就地取材省工省费的方法，还传到中原及海滨地区，治理黄河水患及海塘。《汉书·沟洫志》汉武帝元光三年（公元前132年）河决瓠子，越二十余年，至元封二年（公元前109年），武帝自临决口，令群臣从官自将军以下皆负薪填决河,因薪柴少,乃下淇园之竹以为楗,于是卒塞瓠子,筑宫其上,名曰宣防。但宣防之塞,并不在夏秋洪水盛涨之时。如淳注云:"树竹塞水决之口,稍稍布插按树之,水稍弱,补令密,谓之楗。以草塞其中,以土填之。"竹可布按树,足见水势平缓。如为洪水急流,则宣防之口,不可能被塞。《汉书·沟洫志》又载:汉成帝四年(公元前29年)河决馆陶及东郡金堤,泛滥兖、豫,入平原、千乘、济南,凡灌四都三十二县水居地十五万余顷,深者三丈,败坏官亭室庐且四万所,徙民避水居丘陵九万七千余口。成帝命河堤使王延世,使塞河决口。以竹落长四丈,大九围,盛以小石,两船夹载而下之。三十六日,河堤成。上曰:"东郡河决,流漂二州,校尉延世堤防,三旬立塞。延世长于计策,功费约省,用力日寡,朕甚嘉之,其以延世为光禄大夫,秩中二千石,赐爵关内侯,黄金百斤。以明年为河平元年。"后二岁,河决平原,流入济南,大将军王凤复遣延世作治,六月乃成。复赐延世黄金百斤。《华阳国志》载:"光禄大夫关内侯王延世,字长叔,资中人。"他利用蜀人行之有效的治水方法,以竹络笼石塞决口,卒能于短期内两建奇功。及清代治海塘亦采用此法。海宁海塘,自乾隆戊寅后,潮势渐趋北亹,惟恃鱼鳞大石塘及坦水竹篓坝为之筑护。壬午、乙酉,乾隆南巡两经亲阅,随时指示大吏,添用坦水竹篓防护,并有诗纪其事。诗云:"浙海沙无常,南北屡变更,北坍危海宁,南料危绍兴……坦水篓石置,可因堤根撑。"(见孟森《海宁陈家》,《中华文史论丛》1979年第二期)坦水篓石即都江堰之竹笼填石,称为"竹络坝",以镇水势,以防沙浸,功效卓著。现在科学进步,筑堤所用的物质材料如钢筋水泥之类,防波效能,虽远过笼石,但就省工省费而言,亦未可偏废。

总之都江堰工程,创始于蜀人,他们学习楚人"规堰潴,町原防”的方法，就地取材，创造竹络笼口，筑堤坝，分水势，灌田畴，种水稻。李冰守蜀后，依其成法，守其规模，使川西平原成为沃野，蜀人至今，犹蒙其福利。而此种治水方法又由蜀人传至北方，治理黄河决口，防御海潮。这是四川古代劳动人民的伟大发明，是科学地适应物质条件的精心创造。追源溯始，不能不对前人因地制宜的天才规划和光辉成就，发生无穷的敬仰和怀念。

（原载《四川文物》1984年1期）

北狄在前殷文化上之贡献

——论殷虚青铜器与两轮大车之由来

一、序言

殷虚以前地下文化，据今日所知，有龙山与仰韶两期。此皆同属新石器时代之后期遗物。无铜器之发现，亦无车马饰具之遗存。传世所称夏后之鼎、太皞之币，以今日古器物学之知识言之，皆属战国时代之物，或更在其后。中国青铜器之肇端，尚不能超越殷虚时代以前。

殷虚青铜器之精美，为治古物学者所公认，西周铜器较之且有逊色。如殷虚铜器由中国本土独立发明，其前应有一段极悠长之孕育时期。但此孕育期之遗物，在中国本土已无发现之可能。中国铜器出土见于记载者远在周、汉之世，即自北宋以来其形制铭文之可征者，已不下五六千器。较以今日殷虚发掘所得之物，或与殷虚遗物年代相当，或更在其后。

以兵器言之。李济之先生《殷虚铜器五种及其相关之问题》（见民国二十四年出版《庆祝蔡元培先生六十五岁论文集》）就殷虚中矢镞、戈、矛、刀削、斧斤五种铜器之形制，以探求其演进之程序。其中仅戈为在中国本土发生成长之物，其胡与援之演进，皆衍殷虚之绪者(即更无较殷虚之戈为早者)。其他四种在欧洲皆有独立成长之历史,而在殷虚则为较成熟之形制,或与其晚期成品相当。如殷虚带刺有脊之矢镞,其脊、刺、茎三者,在欧洲则各有其独立演进之程序,而殷虚则为此三式之复合型。又如殷虚之矛有筩,筩旁有两环,与不列颠型式同,乃欧洲最普通之兵器,且为其最晚期之物。又殷虚之空头斤与不对称之刃,亦为欧洲青铜器晚期之型式。欧洲及小亚细亚之有青铜器约在西元前三千年以上,远较殷虚时代(西元前十二至十四世纪)为早。又西伯利亚出土之铜器,皆有与殷虚相似或相同之型式。惟西伯利亚铜器之年代不能确定,故此三方面铜器关系尚难断定。

以彝器言之。李济之先生《殷商陶器初论》(见《安阳发掘报告》第一期)及《记小屯出土之青铜器》(见《中国考古学报》第三册)就殷虚出土之陶器及铜器之型式,详加比较,知殷虚铜器实仿自陶器,而殷虚陶器,又衍仰韶、龙山之坠绪也。殷虚铜器之型式,不能较殷虚陶器为早,此亦殷虚以前无铜器之明证。

最近李济之先生在本所讲演会上,谓殷虚铜器必非自中国本土孕育而成,其冶铜技术可能由外而来。李先生战前主持殷虚发掘及调查河南、山东及安徽寿县新石器时代遗址,不下十余处,几经审慎而后有此结论。

再以两轮大车言之。当殷周之际,已能征集民间所有之车辆用为主要攻战之具,黄河流域封建大帝国之形成,实有赖于此。夫两轮大车,极四马之力,致千里之远,其轮毂辔衔接续连缀之处,实赖铜为之固结,两轮大车之发生在铜器使用之前容或有之,但其普遍使用必在既有铜器之后矣。

中国古代,两轮大车其型式实与巴比伦遗物上之图绘无殊。而巴比伦之有两轮大车,则为西元前三千年之事,其时代较殷虚为早。

龙山、仰韶遗物中既无铜与车马饰具之发现,由龙山进于殷虚其间不过短短数百年。如青铜器与两轮大车,为东西两土各自独立之发明,在此短短数百年间实无可能。故冶铜与两轮大车之由西方输入,当已无可致疑。

本文则继此就古文字及边裔史料,以探求其输入之部族,与其所经由之路途。夫中国文字之创造容在既有铜器与两轮大车之后,但其命名之故,在文字构成其形、音、义时,不啻即已为之说明其原起矣。而边裔民族之生活习惯,往往经过数千年之后,仍能保存其原始状态而不变。孔子曰"礼失求之于野",即此意也。本文所论虽不足遽为定论,但当古代史料与遗物缺乏之今日,舍此则几无所措手。近代古生物学家、人类学家、考古学家往往利用残缺不全之资料,或由一骨一齿一破片而恢复其全貌者,往往而有。凡兹所论其所得据依者,尚远为过之。而西伯利亚之铜器,至今尚不能断定其年代者,得此或亦不无裨助也。

至于铜器与两轮大车非我国所固有,在笃爱我国文化之人士言之,宁非憾事。但吾人尚论古史,当以史实为依归。吾人由此知中国文化在远古并非孤立,此亦非无益之事。吾人观殷虚文物之盛,即在能撷取他人之长而迅即融会为己有,且发扬而光大之。吾人今日之耻辱,不在仿效他人,而在他人发明与日俱增,而我即追摹仿效,犹不能仿佛其什一也。

二、古代北狄及其生活习惯

秦汉以来,中国称四方之外族,东方曰夷、西方曰戎、南方曰蛮、北方曰狄。此种整齐划一之名称，最初见于《礼记·王制》及《明堂位》，其后东汉经师所著书如《白虎通德论》、《说文》、郑玄、何休等经注，均沿用不改。在先秦著述中，本无此类严格之分别。如《周礼·职方氏》以四夷、八蛮、七闽、九貉、五戎、六狄并称，而不别其属于何方。《诗·大雅·韩奕》称王锡韩侯以北国之追貊，而总之曰“因时（是）百蛮”，《虢季子白盘》记伐玁狁之功，而称“用政蛮方”。《梁伯戈》称鬼方曰“鬼方蛮”，是蛮并指北族而言。春秋之山戎、北戎、无终戎乃在齐鲁之北境。《尚书》有徐戎，铜器有南淮夷、南夷。《史记》、《汉书》有《西南夷传》。则先秦之称蛮、夷、戎，实为外族之通称。独狄为专名，从不以称东、西、南三方之外族。铜器《曾伯簠》“克狄淮夷”，《鲁颂·泮水》“狄彼东南”，则假狄为远，实为由狄引伸之意，而非称东南之淮夷为狄。盖狄居中国北方，种繁族钜，自来即不与他族混，故其名独著。

狄之见于记载始于《春秋》鲁庄公三十二年（公元前662）“狄伐邢”、闵公二年（公元前660）“狄入卫”。其时适当齐桓霸业初盛之时，故其史迹较为彰著。《左传》闵公元年载其事云：

> 狄人伐邢，管敬仲言于齐侯曰：“戎狄豺狼，不可厌也；诸夏亲昵，不可弃也。……请救邢以从简书。”

管仲谓戎狄为豺狼，谓诸夏为亲昵；戎狄异类，诸夏同族。异类而谓之豺狼者，北族多自谓其祖为狼。如《北史·高车传》（《魏书》卷一百《高车传》目注“阙”，今殿本及百衲本乃录自《北史》者）、《唐书·突厥传》及《元秘史》所载皆是。故《说文》于狄下云：

狄赤狄也，本犬种，狄之为言淫辟也，从犬，亦省声。

狄为犬种，即本其自称之词而名之。犬与狼同类，故狼字亦从犬。狄从亦省声者，古狄属支部，亦属鱼部，支鱼类远，故段云“非其韵”，但狄、亦并为入声字，同收 k 音，仅发音吐气不吐气为异。《论语·述而》“假我数年，五十以学《易》，可以无大过矣。”郑《注》云“《鲁论》读《易》为亦”，此即鱼支通用之证。

狄之见于记载虽始于公元前 660 年顷，但狄之活动于中国北境，实远在此期以前。《周易》卦爻辞及西周以前所流传之故事中，实称此族为易。

狄与易古同为支部入声开口字，故殷周之世称狄或作易。《史记·殷本纪》称契之母曰简狄，《索隐》引旧本作易，又作逷，《汉书·古今人表》作逷。《山海经·大荒东经》载王亥与有易之故事云：

王亥托于有易河伯仆牛，有易杀王亥，取仆牛。

郭璞《注》引《竹书纪年》曰：

殷王子亥宾于有易而淫焉，有易之君绵臣杀而放之，是故殷主（当作上）甲微假师于河伯以伐有易，克之，遂杀其君绵臣也。

此《山海经》及《竹书》之有易，在《楚辞·天问》中则作有狄：“该（即王亥）秉季德……恒秉季德，焉得夫朴牛？何往营班禄不但还来？昏微遵迹，有狄不宁。”此古称狄为易之证，据此《易·旅》“丧牛于易”，《大壮》“丧羊于易”之两易字，亦当指狄言。又燕之易水，齐田单所伐之狄，或即狄踪迹所及之地。而齐桓时之易牙，《大戴记·保傅篇》及《论衡·遣告篇》并作狄牙，或即狄族之同化于中国者。

春秋之世，中国与狄交接频繁，故其族类见于《左氏传》者亦较多。顾栋高《春秋大事表·四裔表序》云：

> 狄之别有三：曰赤狄、曰白狄、曰长狄。长狄兄弟三人，无种类。而赤狄之种有六：曰东山皋落氏、曰廧咎如、曰潞氏、曰甲氏、曰留吁、曰铎辰。潞为上党之潞县，处晋腹心。宣十五年晋灭赤狄潞氏，明年并灭甲氏、留吁、铎辰。留吁、甲氏俱在今之广平，铎辰在潞安境。白狄之种之有三，其先与秦同州，在陕之延安，所谓西河之地。其别种在今之真定、槀城、晋州者，曰鲜虞、曰肥、曰鼓。鲜虞最强，与晋数斗争，而肥、鼓俱为晋所灭。……狄之强莫炽于闵、僖之世，残灭邢、卫，侵犯齐、鲁，其时止称狄，未冠以赤、白之号。其后乃稍稍见于经传。

盖狄之种落不一，亦不相统属，而赤狄尤杂，故《左传》每称之曰群狄，曰众狄。长狄似以长大著称，《穀梁传》文十一年称其兄弟三人佚宕中国，及死，身横九亩，断其首而载之，眉见于轼（《鲁语》称其骨节专车，意谓骨节可专载一车）。左氏亦载其兄弟三人及其祖缘斯而不及其部属，故顾云"无种类"。至狄在赤白之分者，仅唐孔颖达《春秋正义》于宣公十五年下释之云："谓之赤白，其义未闻，盖其俗尚赤衣白衣也。"孔氏去古已远，不敢自信，虽谓俗尚赤、白衣，仍著疑辞。考京相璠《春秋土地名》于赤狄下云"今曰赤涉胡"，于白狄下云"故西河郡有白部胡"。京氏西晋人，于此赤、白二字均不释其义，当是其所见赤涉胡、白部胡，即尚赤、白衣仍与古之赤白狄无异。《三国志·魏书·夫余传》称夫余在国衣尚白，晋人称鲜卑为白虏，今朝鲜衣仍尚白。《新唐书》称黠戛斯之君阿热氏建一纛，下皆尚赤。而西藏喇嘛今尚以红教著称，此中国边裔部族尚白尚赤沿袭迄今犹未改者。据此知孔氏俗尚赤白衣，实为赤白狄之正解。

《左传》、《国语》、《世本》称狄为隗姓。隗金文作媿，古姓氏字皆从女旁，字以作媿者为是。古以国另姓，媿当是鬼方氏之后（鬼方亦称鬼国，古方国并称意同）。《易》称"高宗伐鬼方"及《小盂鼎》所载之鬼方，并即此族。此族在周代屡与中国相为婚姻：《左传》《国语》载襄王有狄后隗氏，晋文公纳狄女季隗，赵衰母曰叔隗；东西周铜器著录媿姓之器不下十余，皆其证。以此例之，《史记·殷本纪》称契母曰简狄，为有娀氏女，有娀氏又见于《商颂·长发》及《吕氏春秋·音初篇》。娀从女与姓氏字偏旁从女同，其本字当即戎。曰戎曰狄，明殷商之母系，实出北族。是中国与狄相为婚姻，更远在殷商之世矣。

狄在殷周之世虽屡与中国相为婚姻，但其风俗习尚，在经传中极少记载。即偶有记载，其词又甚简略。必须取后来史家记述边裔之土俗相与对照，庶得窥其全貌。如《礼记·王制》云：

> 北方曰狄，衣羽毛穴居，有不粒食者矣。

此言其穴居。《左传》襄公四年载魏绛和戎之言曰：

> 戎狄荐居，贵货易土，土可贾焉。

此又言其荐居。服虔释荐为草，言狄人逐水草而居，徙无常处。此两书所言北狄之俗虽若相反，而实互文见义。盖穴居为冬日之事，而逐水草居徙无常处，则夏日之俗也。《旧唐书·北狄靺鞨传》云：

> 俗……无屋宇，并依山水掘地为穴，架木于上，以土覆之，状如中国之塚墓。相聚而居，夏则出随水草，冬则入处穴中。

又《金史·世纪一》云：

> 黑水旧俗，无室庐，负山水坎地，梁木其上，覆之以土。夏则出随水草以居，冬则入处其中，迁徙不常。献祖乃徙居海古水，耕垦树艺，始筑室，有栋宇之制，人呼其地为纳葛里，纳葛里者汉语居室也。自此遂定居于安出虎水之侧矣。

盖此俗当唐、宋之时尚存于黑水（即今黑龙江）之间。其较早之记载，如《后汉书·挹娄传》称其土气极寒，常为穴居。同书《杜笃传》注"同穴挹娄之属也"，挹娄即《魏书》之勿吉，《唐书》之黑水靺鞨，即东胡之女真部族，金之先世也。盖冬日穴居，即适应北土苦寒之气候。此俗与匈奴之毡幕穹庐随畜迁移者，实异其趣。盖穴居掘地架木，其事非旦夕即可完成。《后汉书·挹娄传》称其穴以深为贵，大家至接九梯，在古代之简陋生事中，其缔构之艰难，当不在近代建筑之下。其必长养子孙，屡世居之。虽夏逐水草迁移无常，但一至冬日，则仍当入此室处。因此穴居之民，为居地所限，必不能随畜迁移，远至数日之程以外。因而亦不能保有大群牛羊。《魏书》卷一百，有勿吉、失韦、豆莫娄、地豆干、库莫奚、契丹、乌洛侯诸传，如就地理分划言之，如地豆干、库莫奚、契丹皆在大漠之边缘，近于匈奴地带，则皆沾染匈奴之风，而有牛羊群。但其北诸地，如勿吉、失韦、豆莫类、乌洛侯，则皆冬日穴居，夏逐水草，多畜猪而无羊少马，有粟、麦、穄、麻等，其生活所资实为一种田畜射猎之混合经济，《三国志·魏志·鲜卑传》裴注云：

鲜卑众日多，田畜射猎不足给食。后檀石槐乃案行乌侯秦水，广袤数百里，停不流，中有鱼而不能得。闻汗人善捕鱼，于是檀石槐东击汗国，得千余家，徙置乌侯秦水上，使捕鱼以助粮。至于今乌侯秦水上有汗人数百户。

汉魏时代鲜卑原居地在贝加尔湖附近。《魏书·乌洛侯传》云：

又西北二十日行有于巳尼大水，所谓北海也。世祖真君四年来朝，称其国西北有国家先帝旧墟石室，南北九十步，东西四十步，高七十尺，室有神灵，民多祈请。世祖遣中书侍郎李敞告祭焉，刊祝文于室之壁而还。

乌洛侯入贡事又见《魏书·世祖帝纪》。所谓北海之于巳尼大水，即贝加尔湖，亦乌侯秦之异译。乌侯喻匣母、于影母，并属喉音。巳尼为秦之合音。乌洛侯即当由乌侯秦大水之乌侯得名。此为元魏先代所居，其人即以田畜射猎为生。《魏书》称乌洛侯冬则穿地为室，夏则随原阜畜牧，多豕，有谷麦。乌洛侯有谷麦者，裴《注》：田畜之田或即指农田而言。或其谷麦即自檀石槐所掳汗人传入。《后汉书·东夷传》称韩有三种，皆有农业。汗人即三韩之人。据此言之，北狄之原始生活，必为穴居而田畜射猎之民族。其初或无农业，故《王制》称其有不粒食者矣。有之云者，谓其中有一部或若干部，非谓所有北狄皆如此也。

以裴注鲜卑田畜射猎不足给食之事例之，知凡营原始穴居生活者，其生计之艰窘盖可想见。此种部族自不得不以寇抄为生。至其生计较优裕而安定者则又必严为偷盗之禁。如《后汉书·东夷传》所载，夫余盗一责十二，涉濊有相侵犯者辄相罚责生口牛马，名之为责祸。《汉书·地理志》称东夷"无门户之闭"，《魏书·乌洛侯传》称其人尚勇，不为奸窃，故慢藏野积而无寇盗。其所以致此者，必以禁令过严之故。其为防止邻族之侵盗者，则因穴居不便迁移，又必有城郭垣墉之防，如夫余以员栅为城，而《左传》载白狄之肥、鼓亦有城。凡此皆北狄之俗所宜有，而不必拘拘于《王制》所言之数事。且此诸俗皆与中国为近，而与匈奴之游牧文化相距较远也。

三、游牧民族之兴起及其与北狄之关系

《史记·秦始皇本纪》载始皇统一六国之后，秦廷因议帝号而称颂始皇功德云：

> 昔者五帝地方千里，其外侯服夷服，诸侯或朝或否，天子不能制。今陛下兴义兵，诛残贼，平定天下，海内为郡县，法令由一统。自上古以来未尝有，五帝所不及。

秦并六国，废封建为郡县，树立此后中央集权帝国之鸿规。此秦廷

之颂辞，以今日衡之，实不为过。同时而稍后之匈奴冒顿单于统一漠北，亦为东方史上空前之伟业。此两大统一帝国，在东方史上几于同时出现，此其故何在？

考秦以农战兼并六国，盖中国高度精耕农业，如牛耕、粪田、灌溉等技术，直至战国之初期始普遍利用。因此战国时代之列国，始能利用较少之人力，耕种较多之土地，因而得聚集大量壮丁及屯贮巨额食粮，以从事于长期与大规模之战争。而秦孝公用商鞅开辕田，没收贵族之田宅，奖励三晋之移民，尤能发挥农战之功效。其后韩之水工郑国为秦凿渠，使关中益为富厚。故秦汉之世“关中之地于天下三分之一，而人众不过什三，然量其富什居其六”（《史记·货殖传》语），使秦无此种凭借，则王翦安能趋六十万众，悬军数千里外，以与楚争战于郢都之下？《战国策·赵策》称秦以牛田、水通粮（即后世漕运），为不可敌。《吕氏春秋·贵当篇》云：“霸王有不先耕而成霸王者古今无有。”此真一语破的之言。秦之所以能完成统一大业者，此实其最简单之说明也。

至匈奴之统一，则由变采捕农牧之混合经济而为单纯之游牧。往时社会学家每以渔猎游牧农耕，为人类社会演进所必由之三阶段。不知农业有精粗不同，低级之粗耕农业，实与采捕畜牧等业并营。观《汉书·匈奴传》、《三国志·乌丸鲜卑传》注及《北史》高丽诸传所载匈奴、乌丸、勿吉等族，于游牧之外，仍有麦穄之获。如今之青海、西康游牧之外复种青稞，原非单纯之游牧社会。今日蒙古、新疆及中亚吉尔吉思草原一带单纯游牧经济，乃由人类骑上马背以后之特殊环境孕育而成，原非人类社会普遍现象。夫游牧经济以牛、羊、马为主要畜产。中国史籍上记东亚滨海之岛屿，如日本、中国台湾、海南岛多无牛、羊、马。如《后汉书·东夷传》称倭无牛、马、虎、豹、羊、鹊,《隋书·流求传》称其尤多猪、鸡,无牛、羊、驴、马,《前汉书·地理志》称珠崖、儋耳郡(即今海南岛)无虎与马。夫日本、中国台湾、海南岛,皆近亚洲大陆之海岛,有史以前实与大陆相连。当其未与大陆断绝以前,大陆之牛、羊、马,如已为家畜则此诸岛上不应皆无。今此诸岛之无牛、羊、马,即为此诸岛离开大陆以前,大陆尚未驯畜牛、羊、马之明证。据地质学及古生物学家之研究,日本在上新统末期尚与大陆相连,其时已有牛、羊、马,故日本有马化石等,惟与今日之种或稍不同(见德日进 *Early Man in China*, p. 17)。且中国史籍所载不仅中国滨海之大岛无牛、羊、马,即东北海滨黑龙江流域,如《晋书·肃慎传》、《魏书·失韦传》亦无羊,或无羊少马。此即东亚大陆,尤其东部亚洲古代不畜牛、羊、马之证。由此言之,游牧社会原非亚洲东部所有,亦已明矣。至于东亚大陆骑马之历史,据今所知,或即由西元前六、七世纪自黑海滨斯克泰民族输入。洪钧《元史译文证补》卷二十七上《西域古地考·康居奄蔡》条下云:

> 希腊、罗马古史,谓里海以西黑海以北,先有辛卑尔居之(原注,距今二千六百余年;案,即西元前六、七世纪顷),盖东方种类,城郭而兼游牧者。(案,城郭游牧实营采捕农牧之混合经济,非单纯游牧,中国史上所称东北部族皆如此。原注,黑海北境有辛卑尔古城,黑海峡口初名辛卑尔峡,今俄人名乌拉岭一带曰西悉毕尔,殆由于此,中国汉后鲜卑部名,尚系后见。案,西悉毕尔,今译作西伯利亚。)厥后有粟特(案,原文作Scythe,或译塞,今或译为斯克泰。)族越里海北滨,自东而西,夺辛卑尔地。辛卑尔人四散,大半窜于今之德、法、丹、日等

地，有众入罗马，为罗马击杀无遗。东汉时有郭特（案，原文作Goths，或译作峨特。）族人，亦自东来，其王曰亥耳曼。粟特族人，败溃不复振。

此斯克泰族据黑海之北约自西元前六、七世纪顷至西元一世纪顷。希腊史家希罗多德（Herodotus）记此族生活习惯栩栩若绘。其所记与中国史中之匈奴、罗马史中之匈人丝毫无殊。十九世纪初俄人复于其地发掘其大酋之冢墓，得玺印、银币及鞍辔饰具等物，其雕镌之饰往往作胡服骑马之状。骑马之记载，西元前十四世纪巴比伦即已有之。西元前九世纪亚述军队中且有骑兵（Lowie, *An Intro-Duction to Cultural Anthropology*, p. 47）。但东方史上记胡服骑射之事，则始于西元前三世纪初，当由巴比伦经黑海滨越阿尔泰山循阴山山脉缓缓输入。其时距冒顿单于兴起，不及百年。盖自骑马技术输入东方之后，昔之营采捕农牧之混合经济者，今则因奔驰较速之故，仅射猎与游牧，已足资给而有余，遂不屑再为采耕等烦缛之劳作矣。夫游牧民族骑上马背驱牧其牛羊群以从事于长期与大规模之战争，较之高度精耕农业社会，尤富于机动性。故冒顿单于继秦皇之后，不转瞬间遂完成其空前之漠北帝国。其后继匈奴而起之柔然、突厥、蒙古，无不以游牧为其凭借之资。其高车、回纥不能采取完全游牧经济者，即不能完成统一之帝国。据此而论，游牧经济实为构成北方军事帝国之要素也。

当游牧社会在中国北境出现之后，即匈奴帝国完成以前，中国北境乃感受绝大威胁。此时燕、赵、秦之北垂，凡与此部族相接触者，皆各筑长城以为守御。《史记·匈奴传》综论此时之形势云：

> 于是秦有陇西、北地、上郡，筑长城以拒胡。而赵武灵王亦变俗胡服，习骑射，北破林胡、楼烦，筑长城，自代并阴山下，至高阙为塞。……其后燕有贤将秦开为质于胡，胡甚信之，归而袭破走东胡，东胡却千余里。……燕亦筑长城，自造阳至襄平，置上谷、渔阳、右北平、辽西、辽东郡，以拒胡。当是之时，冠带战国七，而三国边于匈奴。

中国史上有名之秦长城，即肇端于此。

自长城兴建之后，中国与北族间，遂有截然之鸿沟。此新来之游牧部族，自中国观之，实为一种极陌生之人物，故司马迁作《史记·匈奴传》乃详载其俗云：

> 匈奴……居于北蛮，随畜牧而转移。其畜之所多，则马牛羊，其奇畜则橐驼、驴、骡、駃騠、騊駼、驒騱。逐水草迁徙，毋城郭常处耕田之业，然亦各有分地。毋文书，以言语为约束。儿能骑羊，引弓射鸟鼠，少长则射狐兔，用为食。士力能弯弓，尽为甲骑。其俗，宽则随畜，因射猎禽兽为生业，急则人习战攻以侵伐，其天性也。其长兵则弓矢，短兵则刀鋋。利则进，不利则退，不羞遁走。苟利所在，不知礼义。自君王以下，咸食畜肉，衣其皮革，被旃裘。壮者食肥美，老者食其余。贵壮健，贱老弱。父死妻其后母；兄弟死皆收其妻妻之。其俗有名不讳，而无姓字。

先秦典籍所载殊方异俗亦多矣，然不闻有此。此必非前此与中国杂居通婚之群狄所宜有。秦汉之世，中国骤睹此类陌生之殊俗，故史公因得而详记之。

往日学者每以秦汉时之匈奴,即为出自前此之北狄,如高诱《吕氏春秋·审为篇》注:

狄人猃狁,今之匈奴也。

又《晋书·匈奴传》云:

匈奴之类,总谓之北狄。……夏曰薰鬻,殷曰鬼方,周曰猃狁,汉曰匈奴。

此仅就其先后所在之地相同而言,实为一种错觉。就匈奴之习俗言,如其谓之为狄,不如称之为羌,尚为有据。《史记·匈奴传》称匈奴为夏后氏之苗裔,夏后实出于羌。如西汉人多谓禹出西羌,此非数言可尽,姑从略。至猃狁之族亦当为羌。《左传》称姜戎氏为允姓之奸,又谓其出于瓜州。姜戎即羌,瓜州即羌之所在。羌为西戎牧羊人(《史记索隐》引《说文》如此),而华化之姜姓民族,乃以农业著称,如《世本》称神农为姜姓,周后稷之母为姜嫄。盖此族羌或姜,其初必农牧兼营。其居近西北草原之羌,以善于牧羊之故,则转而营单纯之游牧;其居渭水、汉水流域之姜,则进而为单纯之精耕。同原而异趋,并为可能之事。至匈奴父死妻后母,兄死妻嫂之收继婚,则尤与两汉时西羌之俗同(此俗在隋唐时之吠哒及今日之西藏,皆兄弟共妻,尚有其近似之婚俗。吠哒与西藏皆羌之后裔也)。

游牧部族在中国北境出现以后,中国即称之为胡。史称赵武灵王胡服骑射，称其服为胡服。《史记·秦始皇本纪》载燕人卢生奏录图书曰："亡秦必胡也"，于是始皇乃使蒙恬发兵三十万人，北击胡而筑长城。《考工记》言"胡无弓车"，郑司农言"胡为匈奴"。《史记·匈奴传》屡称匈奴为胡。据此而言，胡实为西元前三世纪时此族之特称，所以别于前此之北狄也。

胡既为游牧部族之特称，西汉之世又适为此族统一漠北极盛之时，于是胡遂为中国北境一切之外族之通称。其在东北之乌丸、鲜卑等，则称之曰东胡。其在西域如龟兹、乌孙、康居等，则称之曰西胡。此犹如唐时吐蕃兴盛以后，名一切外族为蕃，今日西洋各国兴盛以后，名一切外族为洋，其例正同。

匈奴称胡，其意义如何？《说文》："胡，牛颔垂也。"《汉书·郊祀志》："有龙垂胡髯下迎黄帝。"注云："胡，颈下垂肉也。"《诗·豳风·狼跋》以胡与尾对言，尾为尻下垂，则胡即颈或颔下垂也。《考工记》称戈戟有胡，即以戈首援之下垂为胡。意者此族颈或颐下垂肉，如今蒙古人种，其颔多阔大下垂，倘即其征欤？至以高鼻深目而多鬚者为胡，则又突厥兴起以后，以西胡之貌为胡之代表风范也。今俄人称西伯利亚迤东之亚洲民族为通古斯（Tungus 或 Tunguz），则实为东胡之音译，盖又出突厥兴起以后对高鼻深目多须者而言矣。

胡既由颈或颔下垂肉得名，则此本应为中国固有之称，而非由音译。盖其初本以称居邻中国北方，而与中国文化风习相异之林胡。及匈奴兴起之后，因其居地同，遂转移以为匈奴之称。

林胡在春秋时或作令狐，《左传》秦、晋有令狐之役（见文公七年及八年），又有令狐之会（见成十四年）。其地在今山西猗氏县，其初当为林胡曾经居处之地，因而即以名其地。令与林同为狄之次一辅音来母之音译。如《左传》襄公十八年季武子作林钟之林，在西周铜器中则作梵讆或鏴，并从亩音。林，亩古同属侵部来母，故此得并从其音。但此在东周铜器中则作铃钟（见《楚王领钟》），此为林、令同译狄音之证。又狐与胡古同属鱼部，故得相通。晋文公母大戎子狐姬（见《左传》庄二十八年），《晋语》称“狐氏出自唐叔，狐姬伯行之子”，韦注“狐氏重耳外家，与晋俱唐叔之后，别在犬戎者。”案狐氏为姬姓之支属，姬姓支属有在白狄者，如鲜虞、如骊戎皆例之。姬从叵，《说文》“叵，颐也，象形”；此叵即颐之本字。《汉书·东方朔传》注“颐，頜下也。”《易·颐》郑《注》“颐者口车辅之名也”，金文姬之偏旁叵作，如横视之，正象頜下，或口车辅之形。叵象頜下，实与胡为颈或颐下垂肉之意相应。又案狐之本义，与狄从犬同，本会中国视北族为犬种之意，中国或经称之为犬戎。韦昭以为狐氏为姬姓别在犬戎者（犬戎亦为中国之称，非译其音），即谓此也。又应劭《风俗通》云：“胡者，山戎之别种”、“胡者互也，言其被发左衽，言语贽币，事殊互也。”（见《御览》七九九卷引，今本已佚）此又以胡为山戎者，盖林胡居林中，自必依据山谷也。狐本为北族之称，自《诗》、《易》以狐为狐狸之名，于是西元前三世纪后遂别以胡为北族之称矣。

四、狄之分布地域及其命名之本义

自匈奴帝国崛起以后，前此居其地而与中国杂居通婚之群狄，如非同化而服属于匈奴，则必奔迸窜伏于大漠之东北西三方，而效顺称藩。此其事与汉族南下以后，原住江淮迤南及西南之蛮族，如今日之苗、徭、僮、傣、摩些、猡猡之属，或同化或迁徙之情景，正复相似。盖当匈奴鼎盛之时，史称其控弦之士三十万众，此中杂有狄之成分，当为不争之事实。因此辈每经一次战争之后，其败亡者，则妇女夷为妻孥，少壮更为武士，虽仍统以本族，实已臣伏于胜者。如京相璠所称赤涉胡，即古之赤狄，《晋书·匈奴传》称匈奴居中国者十九种，而赤涉为其一，即其明征也。至秦汉以来窜伏匈奴境外之群狄，其见于记载者，如《三国志·魏志》注所引《魏书》云：

> 乌丸者东胡也，汉初匈奴冒顿灭其国，余类保乌丸山，因以为号焉。
>
> 鲜卑亦东胡之余也，别保鲜卑山……鲜卑自为冒顿单于所破，远窜辽东塞外，不与余国争衡，未有名通于汉，而犹自与乌丸相接。

案乌丸、鲜卑族类相近，史并称之为东胡，盖即前此之群狄，以别于匈奴，故称东胡。元魏为鲜卑族，《魏书·乌洛侯传》称其国西北有魏先帝旧墟，又其国西北二十日行，有于巳尼大水，所谓北海也。北海今为贝加尔湖，鲜卑原住地，当即在其附近。《汉书·苏武传》云：

> 乃徙武北海上无人处……其冬丁令盗武牛羊。

此必匈奴北海无人处与丁令接壤。是鲜卑所居，即汉人所谓丁令也。《史记·匈奴传》云：

> 至冒顿而匈奴最强大，尽服从北夷，而南与中国为敌。

此传下文又称其“后北服浑庾、屈射、丁灵、鬲昆、薪犁之国”，是匈奴所服之北夷，即为此诸部族。此诸部族惟丁灵一名屡见，丁灵《汉书》或作丁令、丁零，其种落甚繁，无大君长，汉人即总称之曰丁令，隋唐之世又为铁勒、特勒，当匈奴势盛时即服属匈奴，当突厥势盛时，即分属东西突厥。而汉代西域三十余国中，其中行国如康居、乌孙等，皆当为其族类。《汉书·匈奴传》载汉昭帝时匈奴衰耗，于是

> 丁令乘弱攻其北，乌桓入其东，乌孙击其西。

又《三国志·魏志·鲜卑传》注引《魏书》云：

> 鲜卑亦东胡之余也……檀石槐既立，乃为庭于高柳北三百余里弹汗山啜仇水上，东西部大人皆归焉。兵马甚盛，南钞汉边，北拒丁令，东却夫余，西击乌孙，尽据匈奴故地，东西万二千余里，南北七千余里，网罗山川水泽盐池甚广。

此乌桓、鲜卑、夫余原皆居匈奴之东。匈奴衰弱之后，鲜卑檀石槐据其地。其西北之丁令、乌孙仍与匈奴时同。此皆古代群狄遗种，自与中国隔绝后，环居匈奴之三方，历汉魏之世四百余年，犹依然可考见也。

东晋之世，北匈奴远遁欧洲，南匈奴在中国所建之汉、赵诸国，相继灭亡。虽鲜卑、蠕蠕、突厥相继代兴，然其规模已远非匈奴可比。于是往昔居中国北境之群狄遗落，又复蠢然思动。其分布之广，据《隋书·铁勒传》云：

铁勒之先，匈奴之苗裔也，种类最多。自西海之东，依据山谷，往往不绝。独洛河北有仆骨、同罗、韦纥、拔也古、覆罗，并号俟斤。蒙陈、吐如纥、斯结、浑、斛薛等诸姓，胜兵可二万。伊吾以西，焉耆之北，傍白山，则有契弊、薄洛职、乙咥、苏婆、那曷、乌讙、纥骨、也咥、于尼讙等，胜兵可二万。金山西南有薛延陁、咥勒儿、十槃、达契等，一万余兵。康国北，傍阿得水，则有诃咥、曷截、拨忽、比千、具海、曷比悉、何嵯苏、拔也未、渴达等，有三万许兵。得嶷海东西，有苏路羯、三索咽、蔑促、隆忽等诸姓，八千余兵。拂菻东则有恩屈、阿兰、北褥九离、伏嗢昏等，近二万人。北海南都波等。虽姓氏各别，总谓为铁勒。并无君长，分属东西两突厥。居无恒所，随水草流移。人性凶忍，善于骑射，贪婪尤甚，以寇抄为生。近西边者，颇为艺植。多牛羊而少马。自突厥有国，东西征讨，皆资其用，以制北荒。

此传所载铁勒种落甚悉，今不暇为之详说。其居地之可考见者：独洛河可以此定今外蒙古库伦之土拉河，伊吾为今新疆哈密，焉耆为喀喇沙尔，白山即天山，金山即阿尔泰山，康国在今俄境锡尔河北，阿得水依白鸟库吉说为今俄境伏尔伽河（见王古鲁译《塞外史地论丛》315页）。得嶷海洪钧以为即今里海（见《元史译文证补》二十七下“咸海、里海、黑海”条），拂林则为东罗马帝国。凡此诸地，其位置在今地图上，适当蒙古、新疆及中亚吉尔吉思等大草原迤北之山岳森林地带。此传所谓依据山谷往往不绝者，则非草原可知矣。此诸族自西徂东，绵延至于万里以上，而总名为铁勒，非必其种类齐同，盖同居森林之中，生活同，风俗习惯亦大致无殊也。

狄之本义应为林木。丁令、铁勒皆狄之异译。《北史·高车传》云：

> 高车盖古赤狄之余种也，初号为狄历，北方以为敕勒，诸夏以为高车、丁令。其语略与匈奴同，而时有小异。……其迁徙随水草，衣皮食肉，牛羊畜产尽与蠕蠕同，惟车轮高大，辐数至多。

案元魏一代，自太祖拓跋珪迄东魏高欢之时（自公元386—547年），一百六十余年间，征伐高车之事，不绝于书。其种落之被掳及归降者，皆徙置漠南之地，"乘高车逐水草，畜牧蕃息"。盖此族频与元魏接触，而又能别为部落。故此传所载名号风习，亦远较他书为详。此族以乘高轮车得名。高车为诸夏所命，而狄、狄历、敕勒、丁令则为其本名。其译述不同者，乃古今方俗之殊。此传谓诸夏以为丁令者，乃指当时南朝及中原相传之旧说。此传谓北方以为敕勒者，乃元魏治下北朝之方音。

狄在彼土本具d（或t）与r（或l）两音，故此以狄历译之。其首一音本读d，为浊音，故狄所从"亦省声"之亦，及与狄通用之易，并为浊音。北土读敕勒又为铁勒、特勒，《新唐书·回纥传》云：

> 回纥其先匈奴也。俗多乘高轮车，元魏时亦号高车部，或曰敕勒，讹为铁勒。

又《旧唐书·回纥传》云：

> 在后魏时号铁勒部落……近谓之特勒。

铁勒仍为浊音字。此皆狄原读浊音之证。《新唐书》乃谓讹为铁勒者，则当隋唐之世，于此音之清浊，已不能为之辨析矣。近西方学者定铁勒之还原音为 Tölös，恐亦未确。

丁令、敕勒之丁与敕，并为清音。《广韵》敕，耻力切，耻彻母，钱大昕《十驾斋养新录》谓古无舌头舌上之分，则元魏时北土仍读敕为透母之清音。至读狄为清音之丁，当远在先秦之世，故《山海经》、《史记》、《汉书》有丁灵、丁令、丁零之称。又《通鉴》卷九十四《晋纪》成宗上之下载：

> 初丁零、翟斌世居康居，后徙中国，至是入朝于赵，赵以斌为句町王。

此为东晋时事。其时徙居中国之丁零，即以翟为姓。其后有翟真、翟成、翟鼠、翟猛雀、翟辽、翟遥等，并见《通鉴》。翟即狄也，古字通用。是丁令为狄，必为汉、晋以来相沿之旧称。句町王之町仍译丁零之音。

谓狄之本义为林木者，《魏书·东夷传》于奚与契丹下并云“为慕容晃所破，俱窜于松、漠之间”，《辽史·国语解》云“蹛林即松林故地”，盖大漠以北，原多松林，故即其所居而名之。《史记·匈奴传》言“晋北有林胡”，《集解》引如淳曰：“林胡即儋林，为李牧所灭也。”是林胡之林，本应读为儋林二音。仍为狄历、丁令之异译。省称曰林胡者，既译其音，兼明其义也。《史记·匈奴传》称匈奴每岁“秋，马肥，大会蹛林”，《正义》引颜师古云：

> 蹛者，绕林木而祭也。鲜卑之俗，自古相传秋祭无林木

者，尚竖柳枝，众骑驰绕三周乃止，此其遗法也。

师古所说，当为鲜卑南徙草原之后，其居已无林木，则树柳枝代之。传世汉砖有树下两马左右相对立者，似即绘此大会蹛林盛事。《北史·高车传》称其居地不洁，多致雷震，雷震之后女巫祓除，亦"群队驰马旋绕百匝，人持一束柳桋回竖之"，此皆其旧俗之可征者。蹛林为松林故地，为绕林而祭。《集解》云："蹛音带"，带有环绕之意，是此二字亦音义兼译也。至《史记·李牧传》称牧大破匈奴万骑，灭襜褴、破东胡、降林胡，此襜褴明为儋林之异译，以襜褴、林胡并称，实误。

《史记·匈奴传》称"其送死，有棺椁金银衣裘，而无封树丧服"，《集解》引张华《博物志》曰："匈奴名冢曰逗落。"（dörok）《通典》冢作种，冢或种之误。即匈奴族中包有北狄种，故称种为逗落。又案，《后汉书·夫余传》称其先为北夷索离国，注云，索或作橐，音度洛反，索当为橐之误。《魏书》称鲜卑檀石槐之父投鹿侯从匈奴军。《北史》豆莫娄国为旧北扶余。此橐离、投鹿、豆莫娄，并即狄历、丁令之异译。明人称居森林之女真为兀狄哈，蒙古称林中人为兀良哈，兀为北族之发音，哈之义为人，是狄与良各得狄历之一音，当是古北族语之遗也。

五、金与铜得名之由来

铜器之铜，古谓之金。铜器铭文每称受王锡金，或自择吉金，用以铸器，凡两周铜器，无不称金。至战国末《楚王酓忓鼎》及盘，始云"战获兵铜"。铜盖晚出之名。盖金初为铜之专名,及战国末,金渐为金属之共名,更遂制铜字为其专名。

《说文》谓金为"西方之行,生于土,从土,左右注(谓两点),象金在土中形。今声。"《说文》此说仅今声不误。其以五行之义说金,全不可据。

金在金文中早期作：形。作两点者,指铜与锡而言。《考工记》于"攻金之工"云:"金有六齐,六分其金而锡居一,谓之钟鼎之齐。五分其金而锡居一,谓之斧斤之齐。四分其金而锡居一,谓之戈戟之齐。参分其金而锡居一,谓之大刃之齐。五分其金而锡居二,谓之削杀矢之齐。金锡半,谓之鉴燧之齐。"齐即谓合成之分两,犹今言分剂。《吕氏春秋·别类篇》云:"金柔锡柔,合两柔则为刚。"据此知古青铜器皆铜锡之合金,故：即金之初文。但此所指形义俱不显豁,故稍晚出之器,必于：之外再从今从王以明著其声义。如:

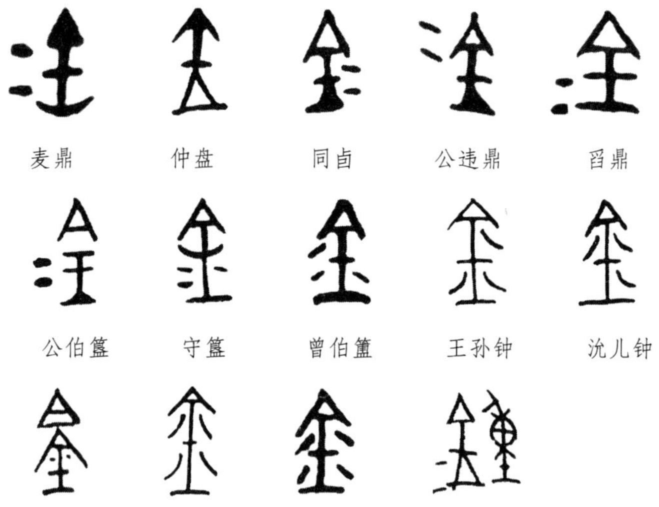

甲骨文较早期之王字均作，正与金文《仲盘》及《楚公钟》钟字偏旁形同，而《过伯簋》所从之王形尤完具。又《成周铃》（见插图）铃作亦从王，容庚《颂斋吉金图录》读为“王成周令”，误以偏旁王下属成周为文，又不知令旁之两点即金字偏旁之半，其以“王成周”三字连属为文，尤不成词。此器行款如细审之，王字亦略偏向右，与成周二字并不相承，故此铭当读为“成周铃”三字。

《说文》以金从今声，小篆金作，从今之形犹可见。至金文及今隶之金，则并省从亼。但金文中仍有从今不省者，西周及春秋时铜器，金或从三点，如《守簋》、《史颂簋》、《曾伯簋》、《王孙钟》、《沇儿钟》之类，其左或右旁之一点，即从今之不省者。春秋战国以后之铜器，有从四点者，则于形于声皆不协矣。

金从今声者，今甲骨文作，象铃有舌之形。亼象铃有钮及身，～象其舌。

《说文》“铃，令丁也”，段玉裁《注》云：“《晋语》十一注‘丁宁、令丁谓钲也，《吴语》十九‘丁宁、令丁谓钲也’，今《国语》皆夺令丁字，而存于《旧音》、《补音》。《广韵》曰‘铃似钟而小’，然则镯铃一物也，古谓之丁宁，汉谓之令丁。”（《论衡・顺鼓篇》：“事大而急者用钟鼓，小而缓者用铃荻。”孙诒让曰：“狄非铃之类，字当作篍。《说文》竹部云‘篍，吹筩也’，《急就篇》云‘箛篍起居课后先’，篍与荻形近而误。”此说非）段氏以汉时之令丁，释春秋时之丁宁。丁、宁、令古音字并属耕部，是丁宁、令丁皆叠韵字。古人于叠韵字往往倒互言之。虽令属来母，宁属泥母，但来泥古多不别，如今长江流域方音仍如此。以此言之，《说文》之令丁，仍当为丁令或丁宁。铃为丁令，犹云林内儋林、狄为狄历。此诸字古盖读端母来母之复辅音。

出土铜器有名句镏者,亦名征城,其形如铃而大,有柄中空。出土殷商器或周初器,有名铙或铎者,即此物之雏型。其制当自铃衍化而出。此谓之镏或征城者,镏从翟,翟、狄古字通用,以其为金属,故制字为镏。征城《说文》谓之钲,征城、钲古属耕部,并丁令之转音。

谓铃为丁令为镏,明其原非中国之物,其初盖由北狄输入,故中国即以称其人之名名之。

《诗·齐风·卢令》之首章云"卢令令",二章云"卢重环",三章云"卢重鋂"。毛《传》云"卢田犬",孔疏引《战国策》"韩国卢天下之骏犬也",谓古或名骏犬为卢。"令令"毛《传》云"缨环声",孔《疏》即以铃铃释之。铃为田犬所系,写其物并及其声。环、鋂则铃所系。盖古犬马项下多系以铃,今殷虚遗物中有犬马铃甚多,其出土地即在犬马骸骨之旁。《新唐书·龟兹传》云:"素叶城西四百里至千泉,地赢二百里,南雪山,三垂平陆,多泉池,因名之。突厥可汗岁避暑其中,群鹿饰铃环,可狎也。"是北族不但犬马饰铃环,即鹿亦有之矣。

家畜之马本非中国原产,战国时中国之良犬,仍自北土输入,故《荀子·王制篇》云:

> 北海则有走马吠犬焉,然而中国得而畜使之。

又《史记·赵世家》载苏厉为齐遗赵王书云:

> 代马、胡犬不东下,昆山之玉不出,此三宝者亦非王有已。

是战国时仍以代马、胡犬、昆山之玉为三宝,其在国境上之贸易,必有悠远之历史。《逸周书·王会篇》载匈奴之贡献以狡犬,《赵世家》又载赵简子梦上帝属以翟犬，中国之良犬、马既由北狄输入，则饰犬、马之铃，亦当与之俱来矣。

铃输入后，中国之人习闻其音有似于琴，故即以琴名之。此犹今人之称胡琴、钢琴、风琴、洋琴也。

琴瑟为我国最古之弦乐器。当铃输入之前，中国必已有此。其制于空木之上加弦柱为之，《淮南子·说林》云：

> 头虱与空木之瑟，名同实异也。

琴瑟以空木为共鸣器，初以桑为之，稍后易之以桐，故古代产琴瑟林木之地，即名之曰空桑、曰空桐。小篆琴瑟字同从、形，本为象形字，象弦柱之形，象空木之形。后人或以其形不易识别，故复从象铃之今声。展转取譬，此例在文字中极多。今象铃形，古音属侵部，与耕部之铃、令本不相通，盖一为中国之名，一为翻译之音，其源固自不同也。

《诗·鼓钟》毛《传》云："东夷之乐曰昧，南夷之乐曰南，西夷之乐曰朱离，北夷之乐曰禁。"此以北夷之乐为禁。《周礼·春官》鞮鞻氏掌四夷之乐，郑《注》与此同，《白虎通义》亦谓北曰禁，惟蔡邕《独断》及何休《公羊》昭二十五年注谓西曰禁，北曰昧，与此异。北夷之乐曰禁者，禁与今古同属侵部。故禁又作禁作今，此犹衣襟之襟又通作衿，又作金也。盖金属之乐由北狄输入，故北夷之乐因谓之禁。

《诗·青矜》毛《传》云"青矜，青领也"，以领释衿，或古时领衿上有缀铜铃之俗亦未可知。《礼记·玉藻》云"古之君子必佩玉"，佩玉为石器时代遗俗，缀铃则铜器时代时尚也。《旧唐书·北狄传》霫下云：

妇人贵铜钏，衣襟上下悬小铜铃，风俗略与契丹同。

此为中国或北狄旧俗之仅存于边裔者。又衾为大被，卧具称衾者，盖初民于室中设炉灶，昼则围炉饮食，夜即围炉偃卧，日间所着，即为夜眠之被，故衿与衾其字并从今也。

铃自北狄输入之后，中国即以琴名之，故今即从琴得声。铃为铜制，因即谓铜为金。古称铜为金而金从今得声，明中国之有铜器必在铃之输入之后矣。

中国有铃之后，王者及令长迅即用为宣布教令之具。《月令》仲春云："先雷三日，奋木铎以令兆民"；《礼记·明堂位》云："振木铎于朝，天子之政也"；《周礼·小宰》郑《注》云："文事奋木铎，武事奋金铎"；《夏书》曰："遒人以木铎徇于路"（《左传》襄十四年引）；此皆以铎为宣布教令之事。《诗》所谓"舍命不渝"，《令方簋》所谓"舍四方令"皆此类。《说文》"铎，大铃也"，铎古属鱼部定母字，与狄之发音收音并同，即镯或丁令之转音。今保甲以口语传令，犹先鸣锣集众以告之，即古代奋木铎、金铎遗意。《礼记·玉藻》"在车则闻鸾和之声"，鸾和为车上铃，鸾在衡，和在轼，锣即鸾和二字之合音。令从亼从卩，卩甲骨文作，象人席地端坐之形，从亼象铃形，此令字即会君长端坐发令之形，与金从今从王，示为王者所用，其意正同。《说文·序》以令长之令为假借字，观此知其不足为训矣。

今象铃有舌，而令所从之亼，则象铃无舌。古本有无舌之铃。《广雅》"钟大铃"，盖大铃不宜于振摇作声，必悬而击之。悬击则无舌。出土句镯、征城皆无舌。《说文》"钲铙也，似铃，柄中上下通。"段《注》云：

> 镯、铃、钲、铙四者相似，而有不同。钲似铃而异于铃者，镯铃似钟有柄，为之舌以有声，钲则无舌。柄中者，柄半在上半在下，稍稍宽其孔为之抵拒，执柄摇之，使与体相击为声（案此系段误，无舌者如钟为悬击，此则倒持而击之，别有持击之具，非柄与体相击。出土句鑃、征城铭文即自口起以迄于柄，可证为倒持）。《鼓人》"以金铙止鼓"，注曰"铙如铃，无舌，有柄，执而鸣之，以止击鼓"，按铙即钲，郑说铙形与许说钲形合，《诗·新田》传曰"钲以静之"，与《周礼》"止鼓"相合。

镯铃有舌，钲铙无舌，此为铃传入中国后演进之两大系。镯古属侯部入声，铎古尾鱼部入声，鱼侯部古多相通，此又同属入声，并收 k 音，故镯即铎音之转。铙与翟古同属宵部，仍为狄之转音。

《说文》"含嗛也，从口今声"，又嗛"口有所衔也"，按含从今从口，并象铃形，中有舌，正会口有所衔之意。古送死口中玉为琀，亦由此得名。

《说文》"今，是时也"，今本象铃形而用为宣布教令之具，教令宣布之日，即当发生时效，故今得引申为"是时"之今。

小篆曰作，甲骨文作，金文作、、，象倒今之形。盖振铃铎以集众，众集则发言矣。

金文有字，疑为倡（即唱）之本字。《说文》："昌，美言也，从日从曰。"从日系从爪之误，《礼器碑》争作，亦误爪为日，是其证。盖铃为乐器，从爪持铃，则歌唱作矣。

亼为无舌之铃，倒亼则为口。《说文》古文口作，尤与倒亼形相叶。小篆口之两竖上出，正象铃倒置两角上出之形。《说文》"口人所言食也，象形"，以口为象人口之形，实误。小篆口作，古文口作∀,皆与人口不类。甲骨、金文从口之字,其取象原不必一致,但取象于无舌之铃者,则似较不少。

无舌之铃以扣击为声,故叩扣之义皆为击。《吴语》"三军皆哗钔以振旅",钔亦当训击。

合象两铃相向,有会合之意,古又为对答字。《左传》宣二年"既合而来奔",注"合犹答也",金文《召伯虎簋》"琱生又使召来合事",则以合为会。《陈侯因資錞》"合扬厥德"则以合扬为对扬。

《说文》"君尊也,从尹口,口以发号",又"命使也,从口令",人君发号命使,古皆以铃为之,故从口。商周字从口,亦此意。

《说文》鲁在白部,曹在曰部,晋在日部,此三字在金文中,鲁或从口,或从甘,曹、晋则从甘,按鲁、曹、晋并周初所建之同姓诸侯,鲁、晋尤为大封,故亦从口,以发号命使。从口为无舌之大铃,从甘或曰则有舌之铃较小,以见下天子一等也。

口象铃形,更可以告字证之。《说文》"告牛触人,角著横木,所以告人也,从口从牛",案告从牛口,正象牛系铃形。《西南边疆》第十一期载方国瑜《卡瓦山闻见记》有一段记事,正可为告字作一注解。兹录之如次:

> 摆夷家之养牛,每寨轮值一二人共牧于山,数十百成群,系木铃,叮哕盈耳。余初至孟定坝,闻篷外叮哕之声,有聚蚊成雷之概,觉有异。审之,每牛一铃,无怪其然。后过摆夷地,悉如之。

此与前述犬、马、鹿系铃同。《诗·君子于役》云:"日之夕矣,羊牛下来",日夕牛羊返舍,远闻铃声,正会告人将归之意。

据此凡从口部之字，如言、如吠、如鸣、如召、如呼，其义乃由铃铎引申可知也。又今与古本相对之称，古金文作，从象结绳形，从口象铃形，发令之日曰今，结绳记之，斯为古矣。

由系于牛、马、犬、鹿之铃演进而为有柄之铎、有甬之钟，易悬系之钮而为柄为甬（铙铎有柄，殷墟遗物中已有之，形制巨大。有甬之钟，则直至西周之世始见），此完全为一新型，不能再以铃名名之。

钟形巨大，其形中空，有似于筒，因谓之同。同从冂，正象其中空无舌之形，冂亦与筒形相似，从口示为无舌之铃。因而制此器之金属亦得名之为铜。

《说文》钟或从甬作銿，甬金文作，当为全体象形字，上象有甬及耳之形，以备悬也，下象钟身，金文已误从用。甬本象钟形，《吕氏春秋·仲秋纪》"齐斗甬"，高注"甬，量器"。此又以象钟形之甬名筒形之桶矣。

至有柄有舌之铎与镯，就其形而象之则为中，从凵象铃两角向上之形，从丨象其甬及舌有所系之形。《说文》"镯似铃柄中上下通"，正可为此中字作一注释。柄及舌皆在铃之正中，故中有内中或正中之意。自中为内中或正中之意所夺，于是又另造形声字之钟或钟，自钟、钟行而人罕识中为象有柄有舌之铎、镯矣。

中象铎、镯更可以史、事两字证之。

《说文》"史，记事者也，从又持中，中正也。"此中字当解为象铎、镯之形。盖史之本义当为使令之使，从又持铎正是发号命使之事。事，小篆作，金文或从㫃作、、、，以告字例之，此正象旗下系铃之形。《说文》"旂，旗有众铃，以令众也"，《尔雅》"有铃曰旂"，《周颂》"载见辟王，曰求厥章，龙旂扬扬，和铃中央"，正谓诸侯来见,其铃在旂上之形。从又持旂,知有事也。

王静安先生《释史》以史持为筹算之中,非是。《周礼·大史》司农注“中,所以盛算也”,盛算之中当读为盅。盖以中空为喻,谓筒也。盛筹算于筒中,如今之笔筒、签筒,其事易晓,非别有所谓中也。

《书·皋陶谟》“笙镛以间”,郑《注》“西方之乐曰镛,大钟曰镛”。郑玄以镛为西方之乐者,钟镛亦自狄出,古之北狄遍于中国之西北境。《诗·鼓钟》毛《传》谓“西夷之乐曰朱离”,《周礼》鞮鞻氏掌四夷之乐,郑《注》作株离,班固《东都赋》作兜离,并为狄历、丁令之异译。朱、株、兜古并属侯部,朱、株照母,兜端母,古无舌头舌上之分,故读朱、株为端母,此犹元魏时读铁勒为敕勒也。《礼记·王制》称四方之译人,西方曰狄鞮,北方曰译,狄鞮古属支部叠韵,译与从狄之亦,古同属鱼部,谓之狄鞮,谓之译,仍为狄之异译。

狄历、丁令如可读为朱离、株离、兜离,则邾娄疑即为狄族之译名。邾娄之邾从朱,朱有赤意,亦音义兼译也。

六、两轮大车与北狄——附论独轮车之原产地

北狄以乘高轮车著名,所谓高轮车,《北史》言其“车轮高大辐数至多”,此必为牛马曳引之两轮大车。此族之乘两轮大车,据今日所知,当中国西周之世,即已有之。铜器《小盂鼎》记周康王伐鬼方而有俘车两之事,车称两,自是两轮大车。此为狄在周初曾有两轮大车之证。至殷商先世相土、王亥以服牛乘马著称,古代仅以牛马曳引大车,不以耕田。故《尚书·酒诰》云“肇牵车牛,远服贾

用。”《诗·大东》云“睆彼牵牛,不以服箱(箱指车厢)”,皆谓以牛曳引大车。是服牛即为牛服车役。《山海经·大荒东经》记王亥与有易之故事,称“王亥托于有易河伯仆牛,有易杀王亥取仆牛”,仆牛即服牛,高丽《好大王碑》,称其先出自北夫余,天帝之子,母河伯女,则北族亦有河伯传说。河伯仆牛即河伯所乘之车,王亥以河伯乘车托于有易,或于此学驾御之法,颇与申公巫臣教吴乘车之事相类。《论语》称“乘殷之辂”,殷商乘两轮大车,见于甲骨文中车字之象形文,而殷虚发掘中又得有车马饰具及车轮遗迹甚多。殷人之有两轮大车或即自北狄输入。《考工记》言“胡无弓车”,随即说之云:“胡之无弓车也,非无弓车也,夫人而能为弓车也。”郑司农注“胡今匈奴”,匈奴之车,据《盐铁论·论功篇》云:“匈奴车器,无银黄丝漆之饰,素成而务坚。”(此条承劳干先生见示)匈奴之善制车器,必受其前此先住民族北狄之影响。《考工记》之作当成于西汉以前战国之世。其所谓胡,当泛指中国北境之外族,必兼古之群狄在内。此族在先秦既以善制弓与大车著称,故元魏之世,在一次作战中即俘获其高车二十余万乘。及后唐宋之世其遗族居契丹之北者,尚以黑车子著称,而契丹亦自此族处学作车帐。胡峤《陷虏记》云:

(契丹)又北黑车子善作车帐,其人知孝义,地贫无所产云。契丹之先常役回纥,后背之,走黑车子,始学作车帐。(见《新五代史·四夷附录》引)

据此而言,北狄乘高轮车,实具有极悠远之历史。

至我国旧有之车不外两式,一为独轮车,一为两轮大车。独轮车汉人谓之鹿车，梁鸿、孟光挽鹿车是也。鹿乃辂之转音，鹿、辂同为来母字。古音鹿属侯部，辂属鱼部，侯鱼古多通用，故汉人谓辂车为鹿车。今或谓之手车，言以手推也。或谓之土车，则以别于两轮大车而言。今蜀人谓之鸡公车，似谓其轮毂辗地有似公鸡啼声也。两轮大车驾马或牛，曳之而行，古代用之战阵，用之田猎，用之驰逐，用之载重，而士大夫阶级不可徒行，出必乘此以代步，凡经典所称车，类皆指此而言。

独轮车谓之辂者，辂古亦通作路。金文路之偏旁各作，从象倒止之形，甲骨、金文止皆象足形，从○象无辐之椎轮，今蜀中之鸡公车皆椎轮无辐。足在轮上，正会乘车之意。各当为独轮车之专名，辂、路皆为后起之形声字。因其为独轮故，各有各别、各自之意。

车《说文》籀文作，即甲骨、金文之讹，象两轮两毂及辕轭之形。甲骨、金文复有于两轮外兼绘车箱形者：

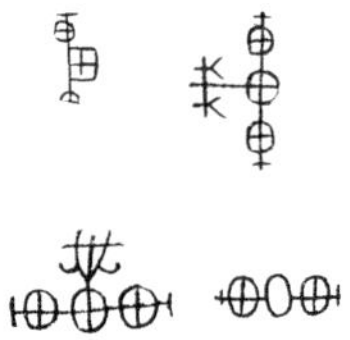

《甲骨文编》十四卷

以上《金文编》十四卷

此诸字两轮之中为车箱形，其第四字于车箱上更绘有形者，即兵车所立之旌麾也。小篆及今隶之车形，乃省其两轮而独存车箱之形，观上列第五字可证。《说文》谓车字为象形，段《注》谓象两轮一轴一舆之形，段所谓舆即此所谓车箱，段所谓两轮则以车箱上下各一横画当之，盖两轮大车中最重要者为车箱，即人所乘载之处,《诗·大东》即以箱为车之称,故制字于车箱所绘特巨。据此则车即当为两轮大车之专称。

古兵车皆立乘,故金文乘作:

(《金文编》卷五)

从从木,象人两足立于木上之形。此乃因两轮大车而制之字,与各之取象于足在轮上者全同,但立乘则知所乘为两轮大车矣。

两轮大车又谓之两,故《诗》有百两之称,《小盂鼎》有俘车两之文,后世因制字为辆。两与各适为相对称之名。

据此而言,此两种车制在中国文字中皆各有其专字,而不相袭。且其动作一推一曳,形式绝异。由手推之独轮车,其不能演进为牛马曳引之大车,则可以断言无疑也。故此两种车制,必为各自独立发明之事物。

夫两轮大车曳之以四马,其车箱、车轮与马之辔衔,在在需铜为之连缀、为之密接,必使之坚实牢固而后可以致千里之远。谓中国自仰韶或龙山之新石器时代之末期进于小屯之铜器时期,短短数百年中,即能于独轮车之外,复能创制两轮大车,其可能性实属不多。

殷商时代之两轮大车,就文字及遗物言,其形制与巴比伦遗物图绘四马或二马之车,无不相同。而巴比伦之时代,则远较殷商为早。且服牛乘马并非简易之事,即谓东西两土皆可独立发明,但亦不能相似如此。故殷商之有两轮大车,必为自西土输入之物。其为之传播者,则为居中国极北之森林地带,东自黑龙江土拉河以北,西迄黑海之滨之北狄也。

独轮车为中国本土所固有。《隋书·勿吉传》称其“车则步推，佃则耦耕”，《后汉书·东夷传》称马韩不知骑乘牛马，此即东土原有独轮车，而无两轮大车之证。古代耦耕一推一发，谓之一坺，其动作如今人之用锹锸，习之既久，则手推之车，不期然亦作此式。牛耕以牛曳犁，其动作与服牛乘马同，在中国最早不过春秋、战国之世。《晋语》云：“夫范、中行氏不恤庶难，欲擅晋国，今其子孙将耕于齐，宗庙之牺为畎亩之勤，人之化也何日之有？”此实为记牛耕最早之文献。牛耕盖远在两轮大车盛行之后，且牛马原非东土所驯畜，则两轮大车不能在东土独立发明，亦无怪其然也。

《左传》定元年称，薛之“皇祖奚仲居薛以为夏车正”，薛为今之下邳，其地实在东土邻近黄河下流大平原之丘陵地带，实为独轮车产生之理想地区。盖河流沮洳之地，或高山峻岭之区，皆不需此。史称诸葛亮以木牛流马运粮，木牛流马即本独轮车而制之运输工具，蜀本无此，诸葛盖自中原输入其制。夏如有车，即当为此独轮车。又辂之所行为路，所至为格，入室为客，皆由辂引申之义，其名必起于大车输入以前，夏之有辂，或属可能。

七、北狄与中国在文化上之关连

高车之俗有与匈奴绝异者，《北史》称高车“讳取寡妇而优怜之”，讳取寡妇则与匈奴、突厥、蒙古及西羌诸族父死妻后母、兄死妻嫂之风绝不相同矣。优怜之究作何解，史无明文。《北史》又载高车副伏罗部阿伏至罗长子蒸阿伏至罗余妻，则已渐染匈奴妻后母之俗。夫游牧民族妻后母妻嫂之俗，固为承袭父兄遗产之权利，而实亦为其义务。盖游牧民族固以战伐寇抄为业，又随畜迁徙，无藩篱城郭之固，父兄既没，后母与嫂之生存，即赖其维护也。优怜之者，或即讳取寡妇至妻后母妻嫂之中间阶段。胡峤称黑车子知孝义，中国人许其知孝义，则其俗必无妻后母妻嫂之事。《后汉书·东夷传》称其"妇人贞信"，《隋书·室韦传》称其"妇人不再嫁，以为死人之妻难以共居"，凡此可见北狄与东夷之俗，其初皆当与汉族为近，其改从游牧经济者，如乌丸、鲜卑，则鲜有不与匈奴同化矣。

《北史》又言高车部帅倍侯利"善用五十蓍筮吉凶，每中"，此法适与《周易》同。《系辞》云"大衍之数五十"，相传易即以五十蓍筮吉凶。《北史》称高车"以类粗犷不任使役，故得别为部落"，则是此族在元魏时犹未渐染华风，此种筮法，必为其部落所固有，而不必效法于华人。考殷商卜法，龟甲与牛骨并用，而骨卜在龙山黑陶遗物中已有之，实较龟卜为早。以牛羊骨卜，必为驯畜牛羊民族所创始，宜非东部大陆所先有。史称北狄以狩猎掠夺为其天性，狩猎掠夺之需要前知，必较耕渔民族为亟。殷商之卜法，或即由此族输入。至筮则为由卜法演进之简易占问术，卜必有专人司其事，吉凶须视其经验决定，筮则其辞先已编撰成书，如《周易》之上下经，及后来金钱卦、牙牌数与祠庙中之神笺，视其所占，即可检得其词，非专门学习之人，皆能为之。《洪范》称"筮短龟长"，即以此故。夫骨卜既为北族所先有，而筮法之书又称易，则所谓《周易》者，其法或即自北狄输入，亦未可知也。

此外《高车传》所载尚有两事可以与殷商故事相比拟：一为其开祖传说，一为射天之俗。传谓或云高车之先为匈奴之甥，即其母系出自匈奴。其传说如下：

匈奴单于生二女，姿容甚美，国人皆以为神。单于曰："吾有此女，安可配人，将以与天。"乃于国北无人之地，筑高台，置二女其上，曰："请天自迎之。"经三年，其母欲迎之，单于曰："不可，未彻之间耳。"复一年，乃有一老狼昼夜守台嗥呼，因穿台下为空穴，经时不去。其小女曰："吾父处我于此，欲以与天，而今狼来，或是神物，天使之然。"将下就之。其姊大惊曰："此是畜生，无乃辱父母也！"妹不从，下为狼妻而产子，后遂滋繁成国，故其人好引声长歌，又似狼嗥。

此高车族开祖传说，与《吕氏春秋·音初篇》所载者颇相似：

有娀氏有二佚女，为之九成之台，饮食必以鼓。帝令燕往视之，鸣若谥隘。二女爱而争搏之，覆以玉筐。少选，发而视之，燕遗二卵北飞，遂不反。二女作歌一终曰："燕燕往飞"，实始作为北音。

此所载简狄之故事仅及其半，必与《商颂·玄鸟》《长发》合观之，其事始完。《商颂》为宋人歌颂其祖德之诗，《玄鸟》之诗云："天命玄鸟，降而生商。"《长发》之诗云："有娀方将，帝立子生商。"《史记·殷本纪》综而述之云：

殷契母曰简狄，有娀氏之女，为帝喾次妃。三人行浴，见玄鸟堕其卵，简狄取吞之，因孕生契。

此为殷商之开祖传说，与《高车传》说极相似，仅玄鸟与狼为异。盖

殷商父系出自东土,东土盖以鸟类为祖,高车父系出自北族,则以狼为祖也。又《高车传》称其射天之俗云:

俗不清洁,喜致震霆。每震,则叫呼射天而弃之移去。至来岁秋马肥,复相率候于震所,埋羖羊,然火拔刀,女巫祝说,似如中国袚除。而群队驰马旋绕百匝乃止。人持一束柳桋回竖之,以乳酪灌焉。

射天之俗,亦殷商所有。《史记·殷本纪》载武乙射天,其后出猎为暴雷震死,《宋世家》及《吕氏春秋·过理篇》又载宋王偃射天,宋为商后,其俗尚存于战国之世。中国自周以来敬天法祖,其环中国而居之民族,如匈奴及东夷夫余、高丽,史称其皆有祭天之俗。盖农业民族以其艺植有赖于天时,故无不敬天。游牧民族先亦有粗耕,故亦祭天。射天之俗,必出于射猎畜牧全无艺植之民族。此亦殷商与北狄接近之证。至高车"女巫祝说似中国袚除",当即今日东北与蒙古通行之萨满教也。

《高车传》之外其俗之见于《隋书·铁勒传》者:

其俗大抵与突厥同,唯丈夫婚毕便就妻家,待产乳男女然后归舍,死者埋殡之,此其异也。

此婚嫁埋殡之俗,亦存于古代东夷中。《后汉书·东夷高句丽传》云:

其婚姻皆就妇家,生子长大然后将还,便稍营送终之具,金银财币尽于厚葬,积石为封。

据此知元魏时铁勒之俗实全与汉时高句丽同。《新唐书》所载室韦之俗仍与此为近。其传云：

> 婚嫁则男先佣女家，三岁而后分以产，与妇共载，鼓舞而还。夫死不再嫁。每部共构大棚，死者置尸其上，丧期三年。

《旧唐书·北狄室韦传》

> 婚嫁之法，男先就女舍，三年役力，因得亲迎其妇。役日已满，女家分其财物，夫妇同车而载，鼓舞共归。

北狄东胡之婚姻，就妇家生子，长大然后将还。盖即以己身之劳力，为娶妇之代价。《室韦传》所谓先佣女家者，即说明所以就妇家之故。古代人少，劳力价值高，一妇之值，必积十余年之佣工，待生子长大后始能自由将还。及隋唐之世，人口增殖，劳力之需要当已渐减，故男子仅须佣工三岁即可将还。又室韦之俗附载于《隋书·契丹传》者：

> 婚嫁之法，二家相许，婿辄盗妇将去，然后送牛马为娉，更将归家（案即指女家）待有娠乃相随还舍（男家）。妇人不再嫁，以为死人之妻难以共居。部落共为大棚，人死则置尸其上。居丧三年，年唯四哭。

此与《新唐书》所载略异，仍可补其不足。盖佣工之年限以有娠为期，固不必待至三年。以妇女妊娠之后为生育所累，其劳力价值实已减低不少。佣工之年限既已缩短，则于聘礼方面必先有所补偿。凡此婚俗，实与当时社会经济相转移。据此言之，高句丽、铁勒之婚嫁当为较原始之方式。其在中国古代，至迟为西周之世，亦当如此。以中国亲属称谓中舅、姑、甥、侄四名，适可以此婚俗为之解说也。

舅、姑、甥、侄四名甲骨文虽未见，但《诗经》、《左传》中已为通称。至迟在西周时当已有之。《释名·释亲属》以久释舅，以故释姑，以生释甥。今即以高句丽、铁勒之婚俗为引申说明之如次。

舅有久意，当由旧居之义得名。舅旧同从臼声，故声同义近。盖丈夫挈其妻及子女自妻家返至己舍之后，其子女每忆旧居，有母之兄弟在焉，因而母之兄弟遂有舅称。

姑有故意，姑故同从古声，古者较旧为尤久远，古昔之居，犹今人言老家也。丈夫居其妻家，产乳子女之后，每谓其子女，其老家有己之姊妹在焉（因兄弟皆随妻居，老家唯姊妹在），因而父之姊妹遂有姑称。

甥与姓，本为相对之称，同从生得声，生者新也。《庄子·胠箧篇》释文引向注："新者为生"，《荀子·礼论》"饭以生稻"，生稻新获之稻也。《庄子·天地篇》"生熟不尽于前"，生者陌生之人，熟者习熟之人。后世称生女真、熟女真，生苗、熟苗，生黎、熟黎，皆此意。甥偏旁从生，即男子初居妇家之称，从生之姓即女子初居夫家之称，皆谓新人也。今人称新郎、新娘，即此语之遗。《孟子·万章下》"帝馆甥于贰室"，谓婿为甥，即谓婿为新人。女子称姓者，春秋时王姬、齐姜、戴妫、燕姞、徐嬴，江芈之类皆是。盖妇初来时谓之姓（即新人），继即以族国之名代之也。自周之贵族盛行亲迎之礼，女子于归，男子不复再居妇家，战国秦汉之世，居妇家者谓之赘婿，秦汉之世重农贱商,《史记·始皇本纪》以赘婿贾人并称《集解》引臣瓒云:"赘谓居穷有子,使就其妇家,为赘婿",《史记·淳于髡传》称其为齐赘婿,《汉书·贾谊传》称秦人"家富子壮则出分,家贫子壮则出赘",其时居妇家者,皆平民之贫贱者。贵族及富室男子既不复再居妇家,于是女子之姓,遂为族外婚之标帜,因而即以称妇之名称妇家之宗族为姬、姜、妫、姞、嬴、芈矣。春秋之世,男子称氏不称姓,如王孙、公孙、东门、司马、高、国、荀、范之类皆是。即秦汉之世金石刻辞及奏疏,亦仅称臣斯、臣去疾、臣光、臣去病,皆称名而不及姓。此皆男子古不称姓之征也。

《尔雅·释亲》"男子谓姊妹之子为出"、"女子谓昆弟之子为侄",侄与出适为相对之称。侄从至,至为来为到,盖男子居妇家,产乳子女之后,其男子同产姊妹仍居故处者,时时盼其兄弟挈其子女来至,因谓之侄。姑与侄亦为相对之称。《仪礼·丧服传》"谓吾姑者吾谓之侄",盖姑居父之故居,因得名之为姑。子女初从母居,及返至父之故居,因得名之为侄。其自妇家来归时,即出自妇之同产兄弟之家,因得名之为出。

据此而言,舅、姑、甥、侄得名之故,适与父系家族男子初从妇居,等产乳子女而后归宗之婚俗相合。是古代中国家族之组合,与北狄盖无一不同。从而诸史称东胡民族如高丽、如室韦皆居丧三年,夫死不再嫁,黑车子人知孝义,就此诸端言之,中国文化当匈奴帝国崛起以前,曾远播至大漠以北,盖可深信不疑也。

至舅、姑、甥三名,《尔雅·释亲》所指之人与此复有不同者,如:

妇称夫之父曰舅,称夫之母曰姑。

妻之父为外舅,妻之母为外姑。

姑之子为甥,舅之子为甥,妻之昆弟为甥,姊妹之夫为甥。谓我舅者,吾谓之甥也。

此诸现象冯汉骥先生《由中国亲属名词上所见中国古代婚姻制》(见《齐鲁学报》第一期)先以交表婚姻制释之。其说舅姑二名云:

如己身(女)与母之昆弟之子结婚,则母之昆弟(舅)与夫之父为一人,以舅一名词统之,固属自然。再如己身(女)与父之姊妹之子结婚,则父之姊妹(姑)与夫之母,又为一人,以姑一名词统之,亦属自然也。吾人当知在亲属关系增加之程序上,舅(母之昆弟)、姑(父之姊妹)之关系在先,舅(夫之父)、姑(夫之母)之关系在后,以先有之名词加诸后来增加之关系上,在语言上固属自然之趋势也。反之己身(男)若与母之昆弟之女结婚,则母之昆弟(舅)与妻之父为一人,又若己身(男)与父之姊妹之女结婚,则父之姊妹(姑)与妻之母则为一人,以同上之理由,舅姑之名亦可加之于妻之父母也。

其说《尔雅》之甥统括四种不同之亲属,仍以交表婚姻及姊妹交换婚释之:

若己身(男)与姑之女结婚,则姑之子与妻之昆弟同为一人,又若己身(男)与舅之女为婚,则舅之子与妻之昆弟又同为一人,在双系的交表婚姻制之下,己身若不与舅之女为婚,即与姑之女为婚,故姑之子、舅之子,妻之昆弟,实际上实属相等,故可以一名词统之也。又若在双系的交表婚姻制之下,姑之子或舅之子娶己身之姊妹为妻（彼等均系交表亲属，故可为婚，如是则为互相交换姊妹为妻矣），则己身、姊妹之夫与姑之子、舅之子、妻之昆弟，亦属相等，故皆可以甥名之也。

据此舅、姑、甥名称成立在前，而此诸亲属关系则为后来所增加。又甥之一名，实涵两种行辈不同之亲属。如姑之子、舅之子、妻之昆弟、姊妹之夫，皆平行亲属。至姊妹之子为甥，女之夫为甥，则为卑亲属。冯氏于此卑亲属之称更以周时贵族中盛行之姊妹同婚及内侄女婚释之，经传中称此婚制曰媵，《公羊》庄公十九年《传》云：

媵者何？诸侯娶一国，二国往媵之，以侄娣从。侄者何？兄之子也，娣者何？弟也。

冯氏更进而释之云：

甥之本义为舅之子、姑之子、姊妹之夫及妻之兄弟。其姊妹之子，女之夫，亦曰甥者，乃其后来之引申也。请详言之：在交表婚、交换婚及内侄女婚制之下，姊妹之子可与己之女为婚（交表婚），姊妹之夫亦可与己身之女为婚（内侄女婚），如是则姊妹之夫、姊妹之子、女之夫，在亲属关系上实属相等。又如舅之子与己身之姊妹为婚（交表婚），则亦可与己身之女为婚（内侄女婚），故舅之子、姊妹之夫、女之夫，在亲属关系上亦属相等，综合言之：则舅之子、姑之子、姊妹之夫、妇之兄弟、姊妹之子、女之夫，在亲属上均为相等之关系，故用甥一名词以统之，亦无不可也。

冯氏以近代人类学上之新知，释古代经学上之资料，立说精辟，使千载经师之积滞结轖，为之冰释，至堪钦佩。惟释卑亲属之甥，而以贵族之特殊现象为说，而双系交表婚及姊妹同婚、内侄女婚四种稠叠复合之关系，亦不易同时备于一身，故此甥之一名，仍有商榷余地。案甥之本义为新，如以古代男子先从妇居及交表婚制两重关系释之，则无不合矣。盖男子初来妇家，在妇家之人如妻之父、妻之昆弟及姊妹之夫之先来者，均当呼之为甥，意即今之新郎，固不必以行辈为限也。若系交表婚，则此新郎不为姊妹之子，即为姑之子、舅之子矣。据此而言，先从妇居之俗，在我国古代之盛行又何疑焉。

八、结论

本文虽以探求青铜器与两轮大车之由来为主，如副题所示者。但涉及中国原始文化之范围较广，兹再分条综述如次：

一、古代北狄当为构成中华民族之一支。其与中国之关系，就今日所得之史料言，当远在殷商之前期。古称狄为易，殷契之母为简狄，明殷之母系为狄，其字或作易、作逷。《商颂》及《吕氏春秋》又称其为有娀氏，娀从戎，戎狄并称，明非中国族类，而实与中国相为婚姻者也。又《山海经》、《竹书纪年》、《楚辞·天问》载王亥与有易之故事，有易《天问》正作有狄。王亥故事中有“托于有易河伯仆牛”之言，《世本》又称“相土作乘马”，相土、王亥皆成汤以前之先公，殷人之有两轮大车，或即与此族有关。

二、古狄与易互通，故易牙或作狄牙，易水或作狄水，《周易》称

“丧牛于易”、“丧羊于易”即丧牛于狄、丧羊于狄。而《周易》之称易，或即由北狄输入。盖骨卜较龟卜早，而骨卜当为北方射猎掠夺而畜牧牛羊之民族所创始，其以五十蓍筮法，则为由骨卜演进之简易占问术。

三、狄之异文为翟，其异译有丁宁、丁灵、丁令、丁零、狄历、敕勒、铁勒、特勒及林胡、儋林、襜褴、投鹿、橐离、兜离、朱离、狄鞮诸称。铜器中之句镪，《国语》谓之丁宁，《说文》谓之令丁。东晋时自康居入居中国之狄，即以翟为姓，而称其族为丁令，此可证古之读狄正为端系与来泥母之复辅音。

四、春秋之狄有赤、白之分，其义为尚赤衣白衣，今其遗俗尚存于朝鲜、西藏民族中。唐代黠戛斯亦尚赤，疑邾娄之得名或即为朱离、兜离之异译，邾从朱或即兼译其尚赤之义。

五、狄之本义为林木，林胡之林，译其音兼译其义，而中国语中之朱、林及铃、铎等称，皆有北狄语之成分（英语中之 tree 或亦与此有关。劳幹先生谓条顿[Teuton]人本居林中，高卢人称之为日耳曼[Germany]。Teuton 当与狄鞮音近，原意亦为林中人，英、德皆北方蛮族，或亦与此族有关）。

六、匈奴帝国之兴起，实为东方史上划时期之大事。自此以前，中国与北狄居境相接，婚俗相通，中国文化自此而北，与秦汉以后中国文化自江淮而南者，其情事正复相似。

七、匈奴帝国兴起以后，中国与北狄即以匈奴为之鸿沟而长此隔离。其部族远窜于匈奴之北、东、西三方者，在东为东胡，西为乌孙、康居等行国，北为丁令，其分布之地东起蒙古北境之独洛河与西伯利亚之贝加尔湖，或更东至东海滨之黑水靺鞨、室韦、扶余，西迄黑海之滨，罗马帝国之东境，依据山谷，往往不绝。

八、传说中殷虚之前期，王亥作仆牛、相土作乘马，已有服牛乘马之事，孔子称“乘殷之辂”，殷人即以乘两轮大车著称。据甲骨文字及殷虚发掘所得，殷虚时代两轮大车已甚普遍使用，其形制自象形文字、发掘遗物及经传所载言，实与巴比伦图绘乘车之状无不同者。而巴比伦之使用两轮大车，则远在殷虚时代以前。

九、《考工记》称“胡无弓车”，先秦之世北族即以善制两轮大车著称。《小盂鼎》称伐鬼方而俘其车两，是赤狄当殷周之世已有两轮大车。元魏、隋、唐之世，敕勒、回纥仍以乘高轮车著称。唐、五代时契丹之作车帐，即学自黑车子，是北狄之有两轮大车，必有悠远之历史。如以两轮大车在东西两土出现之时代言，北狄适为此由西传播至东之中介。

十、独轮车自后步推，而两轮大车则在前曳引，此两种动作方式，绝非相续演进而成，而实为两种独立之发明。

十一、古文字中虽有象独轮车之各，与象两轮车之车，但古谓人之所行为路，所至为格，入室为客，两轮大车亦有辂称，如大路、玉路、象路，孔子称殷之辂，此当为中国先有独轮车之证。（至汉人称鹿车，以车缀于辂下为词，则又展转相袭，不足为两轮车在有独轮车之先之证。）而东北民族如勿吉即黑水靺鞨，仅有步推之车，而汉魏时之马韩，尚不知骑乘牛马，此亦为东土原无两轮大车，而仅有独轮车之旁证。

十二、青铜器为铜与锡之合金，其字在金文中初作：，（甲骨文中未见金字），即示其为铜与锡二者之合金。继以：之所指不易明了，故复从今从王以会意兼声。盖今象铃形，王者以之宣布教令，《礼记·明堂位》云：“振木铎于朝，天子之政也”，正可为金从今从王之注解。金亦从今得声。

十三、铃本名镯，以其自北狄输入，或译为丁宁、为丁令，汉人倒互言之为令丁，省称为铃，此犹林胡之林，或译为儋林、襜褴，而省作林也。铃其初自北狄输入，因即名之为镯，为丁令，及在中国传播既久且广，乃以中国之名加之，则曰今，盖其音有似中国之琴，故即以今（琴）之名譬之，此犹如今入称胡琴、风琴、钢琴、洋琴也。今象铃有舌之形，而读为琴，小篆与今隶之琴复从今声者，则又后起之孳乳字，展转相从也。

十四、铃之使用，北族初以系于犬、马、牛、鹿项下。自输入中国以后，王及令长即易其悬系之钮而为手执之柄或甬，或去其舌而叩击为声，继又仿此式而为钟，钟之形无舌，有似于筒，因即谓之为筒，而制字为镛、为铜。金铜之称起于制铃与钟之后，由其形制与名称之演变言，其为自北狄输入，实可无疑也。

十五、北狄穴居，在一年中至少在冬季必返至其原居地，故北狄必甚易转而为定居民族。人类自有定居（即土著）之后，对于盗贼之防范在部族内必加重其责罚，在部族外，即构筑城郭垣墉以为之防。

十六、定居民族以防卫为主，不事劫掠，其生活所资必营采捕农牧之混合经济。其不兼营农采者，必漠北寒苦之地，生长期短，又不适于艺植也。凡此不能兼营混合经济之定居民族，则必出行战伐掠夺以弥补其不足。

十七、牛、马、羊既非东部亚洲所驯畜，故东土原始民族绝不能仅营单纯之游牧经济。故中亚游牧民族，其先必兼营农采，其后因拥有大群牛羊（尤其是羊），又居近森林边际之草原地带，因而逐渐演进为单纯之游牧经济。夫游牧民族必有穹庐毡帐与两轮大车，且拥有大群牛羊，其非原始文化所有，盖可推知。故早期之游牧社会,如匈奴、鲜卑、乌丸、奚、契丹,今西康、青海,皆兼营有粗耕农业,如穄、麦、东墙、青稞等。

十八、定居民族与游牧民族在生活上有一绝大之分野,即土著利于防守,而游牧则利于抄掠也。利于防守者必营混合经济,家庭之中夫妇终年胼胝以维持其一家之生活,其子女习见其父母之鞠育劬劳,因而有敬老孝养报本之思,因而有三年丧、女子贞及夫死不再嫁之风。利于抄掠者,其单纯经济之所得,往往不足以给食,因而养成其杀伐之天性,遂至贱老贵壮,而妇女转徙草原之中,如夫死无人维护,则必为人抄掠而去,故父死妻后母、兄死妻嫂,其为适应此种环境,亦可推知也。

十九、殷周之世北狄屡与中国通婚,其生活习惯如穴居、乘高轮车、夫死不再嫁、人知孝义、婚嫁初从妇居、生子长大而后返舍,凡此诸俗,皆与中国相同。

二十、殷商开祖之传说,颇与高车相似,而其射天之俗,亦与殷商相同。

综此诸端言之,殷虚之青铜器与两轮大车,由北狄自西方输入,已不为无据也。

三十七,三,二四 脱稿于中央大学之教习房

徐中舒先生学术年表*

1898年(光绪二十四年)

10月15日(农历戊戌年九月初一),出生于安徽省怀宁县(今安庆市)徐家坂一个赤贫之农家。

1902年(光绪二十八年)

1月1日(农历辛丑年十一月廿二),父家文公在大通建房时从房上摔下去世。

经人介绍,随母亲进入设在怀宁县城内的清节堂。

1906年(光绪三十二年)

入清节堂附设之育正高初两等小学堂启蒙。先生学习勤奋,品德端正,深得育正小学校长江雨村的喜爱,乃以侄女江聪相许。

1911年(宣统三年)

10月,因武昌起义育正小学短期停办,转入尚志小学六年级学习。

1912年

7月,毕业于尚志小学,考入皖省中学。因年岁已长不适于再于清节堂中居住,从清节堂中搬至二姨宋家开在墨子巷的成衣铺中借住。同年,江聪以童养媳的身份入清节堂与先生母亲同居劳作,以资助先生学业。

---

* 本年表由徐亮工撰写。

1913 年

2 月,因皖省中学收费较重无力支付,退学回到二姨家自学。

1914 年

2 月,考入安徽省立第一师范学校,该校全公费待遇。因已在皖省中学学习过一期并又自学一年,入学考试成绩优秀,故直接插入该校三年级。

1917 年

1 月,从安徽第一师范学校毕业。师范三年,师从胡远浚。胡远浚擅长桐城派古文,在学术上致力于老庄哲学研究,以老庄之学为宗,融儒、佛、老三家。又有志同道合的同学李则纲、章道衡等同处一自修室日日切磋,互相砥砺,用《康熙字典》为工具,熟读《古文辞类纂》和《经史百家杂钞》,逐步奠定了扎实的国学基础。

2 月,任安庆第一师范学校附属小学教员。

暑期,与师范同学李则纲、章道衡一同报考武昌高等师范学校,因数学成绩较好竟被录取在第二志愿的数理系。

9 月,赴武昌入学。在武昌高师结识了来自桐城的朱光潜先生。

1918 年

1 月,寒假回家,因对学校及对所学专业的不满,决意退学。

2 月,在安徽省庐江县裴家岗小学任教。

1919 年

8 月,考入南京河海工程学校在安徽省教育厅所设两名官费名额。入学不到一月,母染伤寒,请假回家侍奉汤药。因功课有所耽误且所学非兴趣所在,故未回校复学。

1920 年

春天,经师范学校老师胡远浚介绍,到桐城方守敦(常季)家任家庭教师，讲授《左传》。在这里任教至旧历本年年末。

1921 年

年初，经安徽省教育厅厅长董嘉会介绍，到上海李国松（木公）家任家庭教师。在此也是讲授《左传》。李家藏书甚多，还刻印书籍。大量阅读李家的藏书及当时在上海出版的新书籍，开始接触新学术。在此住馆至 1925 年秋入清华国学研究院方结束。

1922 年

年初，从上海回家省亲，在怀宁县城内租房将母亲从清节堂中接出，并与江聪结婚。

1925 年

2 月，经朱光潜介绍加入匡互生、夏丏尊等发起的立达学会，并在上海立达中学任教。

6 月，《立达》季刊创刊号出版，处女作《古诗十九首考》发表于该创刊号上。

7 月 6—9 日三天，在上海参加了清华国学研究院入学考试，以第四名的成绩被录取。

7 月，《木兰歌再考》一文发表于《东方杂志》第 22 卷第 14 号。

9 月 20 日，入清华国学研究院，从王国维、梁启超、赵元任、李济学习。

1926 年

6 月 25 日，以第八名的成绩和《殷周民族考》、《徐安淮夷群舒考》两篇论文从清华国学研究院毕业。《殷周民族考》由王国维先生指导，《徐安淮夷群舒考》系初拟定的题目，写成后改为《蒲姑、徐奄、淮夷、群舒考》，由梁启超先生指导。

6 月，《“木兰歌再考”补篇》发表于《东方杂志》第23 卷第11 号。

9 月，受聘于合肥安徽第六师范学校任教，仅两月该校因教育经费支绌，不能维持。

年末，重返上海，受聘于上海立达学园。

1927 年

本年初，受聘于复旦大学中文系任教职。

3 月，撰《评〈中国文字变迁考〉》，发表在《一般》（上海）第 2 卷第 3 期。

6 月 2 日，王国维自沉于颐和园昆明湖。先后撰《追忆王静安先生》、《静安先生与古文字学》、《王静安先生传》三文，分别发表于《文学周报》（上海）第 5 卷第 1、2 期合刊及《东方杂志》第 24 卷第 14 号。

6 月，毕业论文之一《殷周民族考》经修改后以《从古书中推测之殷周民族》为题发表在清华学校研究院季刊《国学论丛》第 1 卷第 1 号。

9 月，国立暨南大学在上海复校，受聘为该校中文系教授。《五言诗发生时期的讨论》一文发表在《东方杂志》第 24 卷第 18 号。

1928 年

1 月，《六朝恋歌》发表在《一般》第 3 卷第 1 期。

暑期，与中央研究院历史语言研究所代所长傅斯年先生相识于上海，允诺加入刚成立的史语所。

秋，暨南大学新设历史社会系，由中文系转入该系任教。

1929 年

1 月，受聘于中央研究院历史语言研究所为专任编辑员，遂辞去上海立达学园、暨南大学和复旦大学教职。

3 月，由上海抵北平，就职于史语所。协助陈寅恪先生为史语所选址及联系清代内阁大库明清档案事。

6月5日,史语所由广州迁入北平北海静心斋。

8月,教育部将北平历史博物馆拨交中央研究院接管,院拨交史语所管理。9月改组为“国立中央研究院历史博物馆筹备处”,筹备委员会由朱希祖任委员长,傅斯年、陈寅恪、李济、裘善元、董作宾和先生任委员。

8、9两月,明清档案由天津运来北平,存于故宫午门楼上,并于9月下旬开始试行整理。负责内阁大库明清档案的整理和编辑出版工作。史语所成立“明清史料编刊委员会”,由陈寅恪、朱希祖、陈垣、傅斯年和先生组成,负责审定编印史料任务。

1930年

《剥字解》发表于《史语所集刊》第一本第四分。

《耒耜考》和《殷人服象及象之南迁》两文发表于《史语所集刊》第二本第一分。

《宋拓石本〈历代钟鼎彝器款识法帖〉残叶跋》发表于《史语所集刊》第二本第二分。

《再论仰韶与小屯》发表在《安阳发掘报告》第三期。

12月6日,在史语所本年度第一次所务会议上,通过了陈寅恪先生建议中央研究院院长聘先生为专任研究员之提案,并公推先生为本所秘书。

1931年

4月,《明清史料》甲编出版,共10册。撰《内阁档案之由来及其整理》一文于甲编第一册。

8月,与容庚、商承祚赴沪访刘体智于善斋,遍观善斋所藏之铜器,得见善斋新得之“屭氏编钟”,经照相制版后由史语所出版。

《殷周文化之蠡测》发表在《史语所集刊》第二本第三分。

“九一八事变”后，由傅斯年发起，方壮猷、蒋廷黻、萧一山和先生五人共同编写《东北史纲》一书，先生负责“明清之东北”部分。

1932 年

2 月，《厵氏编钟考释》一文写成，附于上年付印之厵氏编钟图版后以《厵氏编钟图释》书名出版。

《宋拓石本〈历代钟鼎彝器款识法帖〉残叶再跋》刊于《史语所集刊》第二本第四分。

《遹敦考释》发表于《史语所集刊》第三本第二分。

《当涂出土晋代文物考》刊于《史语所集刊》第三本第三分。

秋，兼任北京大学历史系讲师，讲授“殷周史料考订”课程，周课时二，课程为一学年。

1933 年

4 月，接中央研究院员字第五十六号函，院务会议决定，先生担负史语所在北平之一切事务责任。

5 月，负责将明清档案南运至南京新的所址。

7 月，向胡适推荐朱光潜到北京大学任教。

在北京大学历史系继续讲授“殷周史料考订”课程。

《陈侯四器考释》、《再述内阁大库档案之由来及其整理》刊于《史语所集刊》第三本第四分。

《古代狩猎图象考》刊于《庆祝蔡元培先生六十五岁论文集》。

《月氏为虞后及“氏”和“氐”的问题》发表于《燕京学报》第 13 期。

1934 年

6 月，与容庚等 12 人在北平发起“金石学会”，并创办《考古》社刊。

6月16日,《寿州出土楚铜器补述》发表在《大公报·图书周刊》第31期上。

8月14日,为丁山发表在《史语所集刊》第三本第四分上之《由陈侯因资敦铭黄帝论五帝》一文作“附记”。

10月,南京鸡鸣寺路中央研究院大厦建成,史语所由北平迁往南京。先生与第一组及第二工作室仍留在北平处理该所所存内阁大库档案及其他事宜。

《弋射与弩之渊源及关于此类名物之考释》、《士王皇三字之起源》两文发表于《史语所集刊》第四本第四分。

1935年

1月,史语所第一组在北平成立“明清史料复刊会”,由傅斯年、陈寅恪及先生任委员,以陈寅恪为主席,于本年刊行《明清史料》乙编,共10册。

4月4日,与董作宾先生同赴安阳史语所考古发掘工地,参与准备殷墟第十一次考古发掘事。

7月6日,《福氏所藏中国古铜器》,刊于《大公报·艺术周刊》第40期。

《古代灌溉工程原起考》,刊于《史语所集刊》第五本二分册。

《殷代铜器足征说兼论〈邺中片羽〉》,发表于《考古社刊》第2期。

1936年

春,随历史语言研究所第一组第二工作室由北平迁至南京北极阁鸡鸣寺路一号所本部。

9月18日,在史语所讲论会上做“关于《诗经》的几个问题”的学术报告。

10月30日至12月初,受史语所和历史博物馆筹备处指派,赴沪与善斋刘体智洽谈购买其所藏铜、陶器等古物。经多方努力，以较廉之价格将善斋所藏大批珍贵文物收回国家。这批铜器后运至台湾，成为台湾“故宫博物院”收藏品中极重要之一部分。

《金文嘏辞释例》，刊于《史语所集刊》第六本一分册。

《明初建州女真居地迁徙考》，刊于《史语所集刊》第六本二分册。

《豳风说——兼论〈诗经〉为鲁国师工歌诗之底本》，刊于《史语所集刊》第六本四分册。

《说尊彝》，刊于《史语所集刊》第七本一分册。

《殷周之际史迹之检讨》，刊于《史语所集刊》第七本二分册。

《论古铜器之鉴别》，刊于《考古社刊》第 4 期。

1937 年

3 月 16 日起，参加第二届全国美术展览会审查工作。

8 月，中央研究院开始南迁。

10 月，押运明清内阁档案由南京沿长江经安庆至长沙。

1938 年

2 月初，接受四川大学和中英庚款委员会的聘任，任四川大学历史系教授。

3 月，为川大历史系四年级（第七届）同学开设“殷周史料”课程。

6 月，川大成立“川军抗战史料搜集整理委员会”，先生任委员。

7 月，受四川省教育厅厅长郭有守聘请，在该厅举办的暑期中等学校教师讲习会上任史地科主任。

10 月，四川大学成立“出版品编审委员会”，先生任委员；川大成立“博物馆筹备委员会”，先生任委员。

《跋苗族的洪水故事及伏羲女娲的传说》，刊于史语所《人类学集刊》第 1 卷 1 期。

《关于铜器之艺术》,收入滕固编《中国艺术论丛》,由商务印书馆出版。

1939 年

7 月下旬至 8 月初,继续在四川省教育厅举办的暑期中等学校教师讲习会任史地科主任。

本年暑期,川大为避日机轰炸,迁校至峨眉山下。

1940 年

6 月 1 日至 2 日,与冯汉骥先生同行,率四川大学史地研究会考古班学生 10 余人,赴夹江千佛岩、飨堂坝二杨墓石阙考察实习。

《古代四川之文化》,发表于《史学季刊》(成都)第 1 卷第 1 期。

《关于骷髅作酒器的通讯》,刊于《责善》半月刊第 1 卷第 2 期。

1942 年

9 月,在嘉定(乐山)武汉大学历史系兼任教授。

《蜀锦》,发表在《说文月刊》(重庆出版)第 3 卷第 7 期。

《中国史上的民族主义与抗战前途》,刊于《三人行》(成都)第一期。

1943 年

2—3 月,川大由峨眉迁返成都。

9 月,在华西协和大学文学院哲史系任兼职教授。

1944 年

1 月,受四川省教育厅厅长郭有守之请,写一广播演讲稿《为维持我们的生活方式而战》,刊登于四川省教育厅印行的《学术演讲集》第十九辑中。

2 月,受聘为燕京大学历史系全专任教授。

9 月,为川大史地系学生讲授“明清史”和“中国近代史”,共一学年。

本年由吴廷镠介绍加入经世学社，为列名会员，未参加过该社的活动。

《结绳遗俗考》，刊于《说文月刊》第4卷合订本。

《井田制度探原》，刊于《中国文化研究汇刊》第4卷上册。

为胡厚宣著《甲骨学商史论丛》作序，载于《甲骨学商史论丛初集》，由齐鲁大学国学研究所出版。

1945 年

2月，为川大史地系学生讲授"殷周史"。

5月6日至13日，四川博物馆与华西大学博物馆联合主办古玉展览。5月13日，撰短文《说古玉》，刊于成都《中央日报》"古玉展览特刊"。

6月，《殷代兄终弟及为贵族选举制说》一文发表于《文史杂志》第5卷5、6合刊上。

10月，为川大历史系学生讲授"中国古文字学"课程。

1946 年

本年下期，接受川大教务长叶石荪的邀请，出任川大史地系系主任。

1947 年

在川大休假一年，任南京中央大学历史系兼职教授。

4月11日晚，在南京中研院史语所作学术报告，题为"十五世纪以前之火器及火药"。

11月15日，在中央研究院第二届评议会第四次大会上，被提名为第一次院士候选人，"合于院士候选人资格之根据"为"用古文字与古器物研究古代文化制度"。

1948 年

3 月 24 日，在南京中央大学教习房写成《北狄在前殷文化上之贡献——论殷虚青铜器与两轮大车之由来》一文，交《史语所集刊》，时因该所准备迁台，未能发表。

秋季，为四川大学历史系高年级学生讲授“铭刻学”课程。

8 月 12 日，朱自清先生在北平病逝。9 月 23 日夜，写成《悼佩弦》一文，发表于 9 月 26 日《西方日报》“朱自清先生追悼会特刊”上。

1949 年

11 月，成都和平解放。川大经军事接管后，先生被留用担任教学任务，未再担任系主任，由胡鉴民先生接任。

《九歌九辨考》，后收《史学论丛》，四川大学历史系编印，1956 年 10 月装订。

《〈益部汉隶集录〉序》，同上。又见邓少琴《益部汉隶集录》石印本。

1950 年

《黄河流域穴居遗俗考——兼论地上建筑的由来》，刊于《中国文化汇刊》第 9 卷。

1951 年

1 月 7 日，《论殷代社会的氏族组织》刊于《工商导报 · 学林副刊》。

2 月，接受西南军政委员会西南文教部之约，与冯汉骥、邓少琴先生受命主持西南博物院的建院筹备工作，前往重庆。

6 月 17 日，《论秦与匈奴的统一及其经济原因》刊于《工商导报 · 学林副刊》第 12 期。

10月3日，经多方筹备，西南区文物展览在重庆正式展出，至11月5日结束。至此，西南博物院筹备工作顺利完成，西南博物院亦于文物展览正式展出之机宣告成立，该院属西南军政委员会文教部领导。

11月中旬，由重庆返回成都。

12月30日，《论东亚大陆牛耕的起原》刊于《工商导报·学林副刊》第24期。

1952年

本年由郑振铎提名，中央人民政府任命先生为西南博物院院长，冯汉骥、周素园、方国瑜为副院长，邓少琴任秘书。

6月，思想改造运动在川大展开。8月12日，就思想改造运动写出六千字左右的《我的思想检查总结》。该文已提前刊登在7月14日出版的《人民川大》第65期第四版上，题目为"我的思想检查"。

1954年

本年，重新担任四川大学历史系系主任一职。

本年，中国科学院历史研究一所成立，被聘为该所学术委员和兼职研究员。

1955年

1月11日，《四川日报》发表先生参加批判胡适的资产阶级唯心主义学术思想运动写成的《我对胡适派资产阶级观点对历史学界的毒害的一点认识》一文。

4月2日，《论胡适对老子年代考证方法的错误》刊于《人民川大》第153期。

6月10日，再次发表批判胡适的文章《认清胡风反革命立场和他的罪恶活动》，刊于《人民川大》第158期。

《试论周代田制及其社会性质——并批判胡适井田辨观点和方法的错误》，刊于《四川大学学报》1955 年第 2 期。

1956 年

7 月初，赴北京参加高教部召开的综合大学中文、历史两专业 18 种教学大纲的审订会。

由教育部审定为一级教授。

接受组织安排，为大西北地区培养先秦史研究生三名。

指导川大历史系 1953 级学生何孝达学年论文《战国初期魏齐的争霸及列国间合纵连横的开始》，后经修改，以先生与何孝达两人的名义发表于本年《四川大学学报》（哲社版）第 2 期。

1957 年

2 月 16 日，参加学校举行的第二次科学讨论会，宣读了《西周是封建社会》的论文。

10 月，在《历史研究》本年第五期发表《论西周是封建社会——兼论殷代社会性质问题》一文。

本年编写《先秦史教学大纲》。

1958 年

2 月，国务院古籍整理出版规划小组成立，被聘为该小组历史组成员。

7 月 10 日，川大召开全校教育改革大辩论会，在会上做检查，被认为不能令人满意。7 月 15 日《人民川大》第 283 期在第二版用整版篇幅刊登小木等题为《人民不需要白色的专家，彻底改造才有广阔前途，徐中舒教授的资产阶级立场受到批判》的文章。川大历史系根据先生在“大鸣大放”时的表现，将先生列为全系的重点，着重批判了他的政治立场问题。教学改革时，又将先生列为全校的

“白旗”,先后在全校性教职员工大会、文科大会和全系大会上进行了多次的批判斗争,并取消了先生为学生授课的权利。

9月,为四川省文物干部培训班编写教材《巴蜀文化初论》,后经修改发表于《四川大学学报》1959年第2期上。

《论尧舜禹禅让与父系家族私有制的发生和发展》刊于《四川大学学报》1958年第3、4期合刊。

1959年

4月3日,川大历史系举行学术讨论会,就对曹操的评价问题展开辩论。在会上发言,不同意郭沫若先生关于曹操继承了黄巾运动的观点。

7月,《对〈金文编〉的几点意见》刊于《考古》1959年第7期。

9月,《禹鼎的年代及其相关的问题》刊于《考古学报》1959年第3期。

本年招收先秦史研究生一名。

1960年

《巴蜀文化续论》刊于《四川大学学报》1960年第1期。

1961年

本年初,因为川大校方同意先生按自己的学术观点授课,先生又重新开始走上讲台开展教学工作,为历史系历史专业57级学生讲授“中国封建社会领主土地所有制和地主土地所有制问题”。

4月下旬,四川省中国历史学术讨论会在成都举行。在大会上做了发言,从生产力水平和阶级关系的分析主张西周是封建社会,并提出奴隶社会不是自然经济,甚至是发展小农经济的障碍。

本年夏秋之际,国家高教部召开全国高校文科教材工作会议,成立高校文科教材办公室,主持编写高等学校文科教材。先生接受了编注供高等学校历史系学生使用的“中国史学名著选”之一的《左传选》的任务。

9 月 1 日,写成《论中国古代社会自然经济与城乡对立等有关问题》一文,生前未发表。

9 月始,为历史系历史专业 58 级学生讲授“战国时代合纵连横说的发生与发展”及“苏秦与张仪的研究”专题课。

10 月 18 日,学校甄别小组对先生作出甄别处理意见,由党委出面在适当的场合摘掉先生的“白旗”帽子。

1962 年

2 月,为历史系高年级同学讲授“古文字学”,共一学期。

上半年山东史学会和中宣部共同组织召开“孔子讨论会”,邀请先生出席会议并提交论文。将《左传选》后序中有关《春秋》问题写成《孔子与春秋》一文的提纲寄与该会,该文提纲由会议组织铅排印出并发给与会者。

7 月,历史系举行学术讨论会,在会上宣读论文《孔子的政治思想》。

9 月,招收先秦史研究生一名、古文字学研究生二名,并为研究生开设“先秦史料学”及“古文字学”。

9 月,响应学校老教授上第一线的号召,为历史系 62 级新生讲授中国通史先秦史部分,使用郭沫若的《中国史稿》第一册作为教材。

12 月 8 日,川大举行第四次科学讨论会,在会上做“论自然经济、阶级和等级”的学术报告。

《四川彭县濛阳镇出土的殷代二觶》,刊于《文物》1962 年第 6 期。

为《左传选》所做的后序以“《左传》的作者及其成书年代”为题，刊于《历史教学》1962 年第 11 期。

1963 年

1 月 31 日，在《成都晚报》上发表《孔子的政治思想》一文。

9 月，招收先秦史专业研究生一名。“中国史学名著选”之一的《左传选》，由中华书局出版。

10 月下旬至 11 月，与蒙文通先生一道赴北京参加中国科学院哲学社会科学部第四次扩大会议。

本年编写《先秦史讲义》（油印本，四川大学教材科出版科 1963 年 12 月印），这是根据为川大历史系五年级同学开设专题课讲授时记录整理而成。

1964 年

《论〈战国策〉的编写及其有关苏秦诸问题》刊于《历史研究》1964 年第 1 期。

1965 年

8 月，为川大历史系五年级编写《先秦史专题课讲义》（油印稿）。该讲义后因“文革”开始而未最后写完。

11 月 10 日，上海《文汇报》发表姚文元《评新编历史剧“海瑞罢官”》。12 月初，川大历史、中文、哲学、经济四系开展关于《海瑞罢官》的讨论。

本年冬及次年初，与方壮猷先生通信讨论关于在江陵楚墓中发现的越王勾践剑等大量珍贵文物的情况。参加这次讨论的还有郭沫若、夏鼐、苏秉琦、唐兰、陈梦家、商承祚等。此后方壮猷先生将这次讨论的信件编成《楚墓通讯集》一册，原件今存湖北省博物馆。

1966 年

本年“文革”开始，在川大及历史系受到严厉批判。

1974 年

10 月，在《文物》第 5 期上发表《四川涪陵小田溪出土的虎钮錞于》。

1975 年

1 月底，关于《战国策》研究的论文《苏秦史迹新证》脱稿并寄给《考古》杂志，未发表。

应四川大学学报约稿，撰写《论甲骨文中所见的儒》，刊于《四川大学学报》1975 年第 4 期。

1976 年

本年初，撰《孔子作春秋辨》，未发表。

5 月，写成《续论甲骨文中所见的儒》，约 6000 字，未发表。

1977 年

本年初，撰成《古井杂谈》一文，刊于《井盐史通讯》（自贡市盐业博物馆编）1977 年第 1 期，又载《四川大学学报》1977 年第 3 期，略有修改。

应《思想战线》主编马曜先生之约，撰写《试论岷山庄王与滇王庄蹻》，发表于《思想战线》1977 年第 4 期。

1978 年

年初，《论商于中、楚黔中和唐宋以后的洞——对中国古代村社共同体的初步研究》发表于《思想战线》1978 年第 2 期，又载《四川大学学报》1978 年第 1 期。

《西周墙盘铭文笺释》，刊于《考古学报》1978 年第 2 期。

5 月，开始招收“文革”后的第一批古文字学硕士研究生。7

月，接受高教部委托，在川大举办先秦史进修班，面对全国高校招收中青年教师进行为期一年的进修学习。

7月，川大文、理科学术委员会成立，先生为文科学术委员会委员。

10月，在“文革”后重新担任四川大学历史系主任。古文字学硕士研究生入学，并接受中国社会科学研究院研究生院委托，为其代培两名古文字学研究生。

11月8日上午，在川大新会议室参加会见来访的以余英时教授为团长的美中学术交流委员会“汉代研究代表团”。

11月24日，前往四川省社会科学院参加筹建“巴蜀史研究会”的工作会议，被推选为筹委小组主任。

11月，中国古文字学会成立大会暨第一届代表大会在长春举行。因工作太忙，未能出席这次会议。在该次会议上先生当选为学会理事。

参加《文物》杂志“关于利簋铭文考释的讨论”（笔谈摘要），发表于《文物》1978年第6期。

1979年

3月，招收“文革”后第一批先秦史硕士研究生四名。“先秦史进修班”开始授课。

《论〈蜀王本纪〉成书年代及其作者》一文，刊于《社会科学研究》1979年3月创刊号。《对古史分期问题的几点意见》，刊于《四川大学学报》1979年第1期。

3月23日至4月2日，中国社会科学院在成都召开中国历史学规划会，研究讨论实现1978—1985年中国史学发展规划的有关问题。先生出席会议并多次发言。

4月6日至12日，中国考古学会成立大会暨第一届年会在西安召开。先生因工作忙而未能赴会。会上，先生与王冶秋、于省吾、容庚、商承祚、陈邦怀等六先生一起被推选为名誉理事。

6月15日，四川省历史学会成立，当选为学会理事长。

《殷商史中的几个问题》，刊于《四川大学学报》1979年第2期。

8月底，兼任四川省博物馆馆长。

《夏史初曙》，刊于《中国史研究》1979年第3期。

10月，开始着手编纂《甲骨文字典》，该字典为国家级科研项目。

11月初，赴广州参加11月30日至12月6日召开的中国古文字学会第二届年会。

11月30日，担任《汉语大字典》主编。

《西周史论述》（上、下、补充）分载于《四川大学学报》1979年第3、4期及1980年第1期。

与伍仕谦合撰《中山三器释文及宫堂图说明》，刊于《中国史研究》1979年第4期。

1980年

《中国古代的父系家庭及其亲属称谓》，刊于《四川大学学报》1980年第1期。

《西周利簋铭文笺释》，刊于《四川大学学报》1980年第2期。

与常正光合撰的《论〈豳风〉应为鲁诗——兼论〈七月〉诗中所见的生产关系》，刊于《历史教学》1980年第4期。

与唐嘉弘合撰的《夜郎史迹初探》，刊于《贵州社会科学》1980年7月创刊号。

《〈交州外域记〉蜀王子安阳王史迹笺证》，刊于《四川大学学报》丛刊第5辑《四川地方史研究专集》,7月出版。

本年暑间,中华书局李侃主编来先生家约稿,开始了《徐中舒历史论文选辑》的编选工作。

为吴天墀先生《西夏史稿》作序,刊登于8月12日《光明日报·史学副刊》。

9月21至27日,作为中国古文字学会理事,在成都主持召开了由川大历史系和《汉语大字典》四川编辑组主办的"中国古文字学会第三届年会"。

10月4日,"文革"后第一届古文字学研究生学位论文答辩会在川大举行。

与唐嘉弘合撰的《錞于与铜鼓》一文,发表于《社会科学研究》1980年第5期。

《川甘边区白马人属古氐族说》,与唐嘉弘合撰,收入《白马藏人族属讨论集》(内部发行),四川民族研究所编印。

《〈汉语古文字字形表〉序》,刊于《四川大学学报》1980年第4期。

1981年

6月9日,哈佛大学人类学教授张光直先生来川大访问,先生参与会见。

6月中旬,国务院学位委员会第二次会议通过了国务院学位委员会学科评议组成员名单,先生为历史学评议组成员。7月8日,在历史系教师林向先生的陪同下离蓉,前往北京出席第一届国务院学位评定委员会会议。在这次会上,审定了全国高等院校第一批博士授予点,川大历史系获得了"中国古代史"和"西南考古学"两个博士授予点。在京期间,到中国社会科学院考古学研究所拜会夏鼐先生,商议四川大学历史系与美国哈佛大学张光直先生合作进行考古研究事宜。

8 月,主编的《汉语古文字字形表》由四川人民出版社出版。

12 月 10 日,国务院决定恢复古籍整理出版规划小组,先生被聘为小组成员。

12 月 15 日,为 79 级先秦史专业研究生举行毕业暨学位答辩会。

本年,四川省文物管理委员会建制恢复,张秀熟先生为主任,先生为副主任。

与唐嘉弘合撰之《古代楚蜀的关系》,刊于《文物》1981 年第 6 期。

1982 年

2 月,招收 82 级先秦史硕士研究生三名。

4 月,经国家教育部批准,川大学位评定委员会成立,先生任该委员会副主席。

《论巴蜀文化》集先生有关巴蜀文化的论文七篇成书,由四川人民出版社出版。

5 月 24—29 日,中国先秦史学会成立暨第一届代表大会在成都召开,与会代表推选先生为学会第一届理事会理事长。

《周原甲骨初论》,刊于《四川大学学报》丛刊第 10 辑“古文字学论文集”。

与唐嘉弘合撰的《论殷周的外服制——关于中国奴隶制与封建制分期的问题》,刊于《人文杂志》增刊“先秦史论文集”,本年第 5 期。

1983 年

3 月 5 日至 13 日,国家文物局和中国社科院考古所在成都锦江宾馆召开全国考古发掘工作汇报会。先生出席了会议的开幕式，并在会上发言。

为《羌族史稿》（后改名为《羌族史》）作序，发表于《历史研究》1983年第1期。

与唐嘉弘合撰的《宋代斗夷源于楚国令尹子文说》，刊于《西南民族研究》，四川民族出版社6月出版。

7月，《数占法与〈周易〉的八卦》，刊于《古文字研究》第10辑，中华书局出版。

8月22日，四川省古籍整理出版规划领导小组成立，被聘为顾问。

9月7日，四川大学古籍整理研究所成立，为该所的学术顾问。

9月，《怎样考释古文字》，刊于香港中文大学《古文字论集》。四川辞书出版社《词典研究丛刊》（6）及文物出版社《出土文物研究》重载。

12月10日至14日，“中国《山海经》学术讨论会”在成都举行。

本年，辞去川大历史系主任、历史所所长等职，被聘为历史系名誉主任。

12月，与唐嘉弘合撰的《河姆渡文化的历史地位》，刊于《中国古代史论丛》第8辑，福建人民出版社出版。

为清华国学研究院同学黄绶先生《两汉行政史手册》作序，题为“两汉及唐代地方行政史序”。

1984年

2月，主编并作序的《殷周金文集录》由四川人民出版社出版。

11月3日，82级先秦史研究生毕业暨硕士学位论文答辩会在川大举行。

《古代都江堰情况探原》,刊于《四川文物》1984 年第 1 期。

《成都是古代自由都市说》,刊于《成都文物》1984 年第 1 期。

《怎样研究古文字》,刊于《古文字研究》第 15 辑,中华书局出版。

《青川木牍简论》,与伍仕谦合撰,刊于《古文字研究》,中华书局出版。

1985 年

1 月 23—24 日,先生出席四川省词典领导小组于成都召开的扩大会议,研究部署了《汉语大字典》(八卷本)的最后复审、终审及发排工作。至此,《汉语大字典》的编写工作告一段落。

1 月,招收先秦史专业博士研究生一名,古文字学专业博士研究生两名。9 月,招收先秦史专业博士研究生两名,古文字学专业博士研究生一名,宋史专业博士研究生两名。

10 月 20 日,中国孔子基金会聘请先生为该会理事。

11 月 10 日,四川省哲学社会科学学会联合会第二届代表大会在成都召开,会上聘请先生继续担任第二届理事会顾问。

为李民先生《夏商史论集》作序文《关于夏商研究》,刊于《郑州大学学报》1985 年第 1 期。

《关于夏代文字问题》,与唐嘉弘合撰,收入《夏史论丛》,齐鲁书社出版。

为童恩正编《冯汉骥考古学论文集》作序。

1986 年

9 月,招收考古学专业博士研究生两名。

本年,先生被聘为四川省文物志编纂委员会顾问。

与唐嘉弘合撰《〈山海经〉和黄帝》,收入《〈山海经〉新探》,四川省社会科学院出版社出版。

1987 年

为《汉语大字典》第一卷出版撰写的《一项开拓性的工作》,刊于《辞典研究丛刊》(8),四川辞书出版社出版。

《我的学习之路》,刊于《文史知识》1987 年第 6 期。

与唐嘉弘合撰《孔子的教育思想》,发表于《教育研究》1987 年第 7 期。

与唐嘉弘合撰《论春秋时代的变法改制和霸业》,收入《先秦史研究》,云南民族出版社出版。

1988 年

4 月 5 日至 7 日,在四川省历史学会第三次会员代表大会上,先生被推选为名誉理事长。

10 月,主编的国家重点科研项目《甲骨文字典》经近十年努力完成,由四川辞书出版社出版,为之作序。

为唐嘉弘先生论文集《先秦史新探》作序。

1989 年

为马曜、缪鸾和先生《西双版纳份地制与西周井田制比较研究》一书作序。

1990 年

4 月,《经今古文问题综述》收入《纪念顾颉刚学术论文集》。

11 月,《汉语大字典》(八卷本)出版发行。

1991 年

1 月 9 日,因病逝世。

从“书”里到“书”外：徐中舒先生的治学方法

徐亮工

“一时代之学术，必有其新材料与新问题。取用此材料，以研求问题，则为此时代学术之新潮流。治学之士，得预于此潮流者，谓之预流。其未得预者，谓之不入流。此古今学术史之通义，非彼闭门造车之徒，所能同喻者也。”[①]这是陈寅恪先生令当代学人耳熟能详的名言。纵观新史学七十余年的发展历程，“预流者”似还当加上“新眼光”和“新方法”。徐先生正是躬逢其时，成为以新眼光发现新材料，继而用新材料、新方法研究新问题并努力实践的“预流者”。

一、古文字研究与史料的扩充

王国维先生的“古史二重证法”极大地扩充了徐先生的史料观。王国维先生将金石文字及新出土的甲骨文字与传世文献的互证，在上古史研究中取得了一系列重大的成果，而考古新发现又为

① 陈寅恪：《陈垣敦煌劫余录序》，《金明馆丛稿二编》，生活·读书·新知三联书店 2001 年版，第 266—268 页。

“古史二重证法”开辟了一个更为广阔的天地。

用地下出土之甲骨金文考证古代历史,王国维先生首揭此法。徐先生于此体会最深并运用于自己的古史研究中。他不仅以古文字记录的古代史事为史料,而且更发现古文字本身即为最好的古代史料。《耒耜考》是徐先生于古史研究方面发表较早的一篇长文,也是一篇以“新眼光”、“新材料”、“新方法”研究“新问题”的典范之作。由于传世文献中相关记载的不足,为了说明古代耒耜的形制、用途及演变,徐先生大量使用了甲骨金文、古代钱币、汉画像石及日本锄等资料,取“古文字中由耒耜孳乳之字”与其他资料互相参证,这无疑是将“古史二重证法”向前推进了一大步。文中考察了“耤”、“耒”、“男”、“劦”、“丽”、“加”、“静”、“勿”、“利”、“方”、“剕”、“耜”、“以”等一组字的甲骨文金文字形,追寻这些字的本义,从而证明古代耒耜的形制、分布、用途及其演变。

该文不仅论证了中国古代主要的农业生产工具——耒与耜,更重要的是通过这一过程,体现了一种新的研究方法。徐先生晚年在《怎样考释古文字》[1]一文中说:

> 古人造字,决不是孤立的一个一个的造,也不是一个人或少数人闭门创造。字与字之间,有相互的联系,每个字的形音义,都有它自己的发展历史。因此考释古文字,一个字讲清楚了,还要联系一系列相关的字,考察其相互关系。同时还要深入了解古人的生产、生活情况,根据考古资料、民俗学、社会学及历史记载的原始民族的情况,和现在一些文化落后的民族

① 徐中舒:《怎样考释古文字》,《徐中舒历史论文选辑》,中华书局1998年版,第1433—1442页。

的生活情况,来探索古代文字发生时期的社会生产力和生产关系。根据这些东西,探索每个字的字源和语源。这样考释古文字,才有根据,也才比较正确,而不是凭空悬想,望文生义。

小学本是清学最擅长的部分,清季学人章太炎、刘师培等小学基础深厚者受斯宾塞社会学著作和流行于日本的西方"文明史"启发,认识到可通过文字形义来探索文字发生时期的社会状况,藉以发现中国"文明进化之迹",[①]刘师培更写出了《小学与社会学》(即《小学发微》)等开拓性著作(刘还有《小学发微补》,两者均收入《刘申叔遗书》)。王国维先生则从反方向提出,可根据古代社会生活状况来考释古文字。他说:

文无古今,未有不文从字顺者。今日通行文字,人人能读之能解之。诗书彝器亦古之通行文字,今日所以难读者,由今人之知古代不如知现代之深故也。苟考之史事与制度文物以知其时代之情状,本之诗书以求其文之义例,考之古音以通其义之假借,参之彝器以验其文字之变化。由此而之彼,即甲以推乙,则于字之不可释义之不可通者,必间有获焉。然后阙其不可知者,以俟后之君子,则庶几其近之矣。[②]

其实两者在取向上本相通而互补,徐先生在实际研究中将两

---

① 章太炎:《致吴君遂书》,汤志钧编:《章太炎政论选集》,中华书局1977年版,第172页。

② 王国维:《毛公鼎考释序》,《观堂集林》,中华书局1959年版,第293—296页。

个取向结合起来，一方面以古文字的字形字义来了解造字时代的生产、生活状况及当时人们的思想观念的方法，反之则通过了解古人的生产、生活状况来考释古文字，《耒耜考》正是徐先生在这方面的典范之作。对于这一相互证明的关系，徐先生在《井田制度探原》①中有更进一步的说明：

> 入蜀以还，僻居峨眉数载。行箧所携，惟古文字书较备。课余之暇，因以此自遣。每欲于文字初形初义以及其引申递嬗之故，有所论究。日得数字，颇可自喜。益知我国文字蕴藏古代社会史料，至为丰赜。不但可补古史之缺佚，更可为社会学家拓一园地。……惟我国文字中所蕴藏之丰富史料，则往昔尚未能充分利用。

这亦可看作是将傅斯年先生在《历史语言研究所工作旨趣》中提出的“语言即是思想，一个民族的语言即是这一个民族精神上的富有”这一主张的进一步具体化。

《黄河流域穴居遗俗考——兼论地上建筑的由来》一文，在文献记载只有少许只字片语、考古工作者仅在殷墟发现了一批竖穴与窦穴时，徐先生认为：

> 从殷墟甲骨文字发现以后，我们晓得，我们现在使用的文字，就是从那时起，一脉流传下来的。殷、周之际既然没有完全脱离穴居生活，所以从那时流传下来的文字，也保存了许多

① 徐中舒：《井田制度探原》，《徐中舒历史论文选辑》，第713—760页。

穴居的资料。这都是当时的直接记录，在研究古代穴居遗俗时，尤为珍贵。①

通过“穴”、“亚”、“丘”、“虚”、“陵”、“阜”、“享”、“高”、“京”、“商”、“亳”、“宅”、“宋”以及一组偏旁从“阜”的甲骨金文字形字义的分析，得出了上古时代黄河流域穴居的事实以及从穴居到地面建筑的发展演变次第：“综而言之，黄河流域建筑的发展，实以殷人为之关键。殷人出自东北，其后涉河南迁，而居于亳，因与淮水流域的民族相接触，因而受其建筑上的启发，易穴居之亳而为地上之宅。迄至周初，商邱一带栋宇制作，更臻完备，于是世人就以宋的名称，来代替从前商或亳了。”正是由于穴居的需要，古人在安排室内南北东西方位时，才有了窔、奥、宧与屋漏的区分，“我们从这四种名称来看，就可以深切的了解古代穴居生活，自物质生活以至精神生活，都包罗无遗了”。

基本上是同时成稿的另一篇重要论文《北狄在前殷文化上之贡献——论殷虚青铜器与两轮大车之由来》，②所涉领域极为宽泛，

① 见本书第271页。

② 该文写成于1948年3月24日。1947年徐先生在川大休假一年，遂应聘于南京中央大学历史系短期教学。这一期间徐先生常回到史语所参加所内的学术活动，并接受了傅斯年所长邀请担任史语所的通信研究员（引自徐先生1955年9月2日的“坦白交待材料”）。该文写好后徐先生将一份抄稿交给李光涛先生，希望在史语所集刊上发表。此后该抄稿辗转于李光涛先生与高去寻先生处，高先生退休时交史语所保存；手稿徐先生带回川大，1949年美国学者艾瑞慈到川大从徐先生学习中国古代史，此稿即成为教材，故手稿上留有多处徐先生用铅笔批注的对若干专有名词的解释及对应英语单词。1997年在清理徐先生遗书时，我们找到了这一手稿，几乎在同时，王汎森先生亦在史语所档案中找出了高去寻先生移交的抄稿。所以，该文分别刊登于史语所出版之《古今论衡》第三期及四川省社科院历史所主办之《中华文化论坛》2000年第一期上。参见《古今论衡》第三期“编者的话”。

研究时使用之方法亦为多种（详后），然用文字证史则与上文一致。文中对“金”字初形及得名之由来的分析，对“各”与“车”之初形初义的解说，试以之论证青铜器与两轮大车由北狄输入的过程，别具一格，特别能体现以古文字及字形字义为史料这一特征。

在《古井杂谈》一文中，徐先生更是明确提出：“象形文字是古代直接遗存的文献，反映了当时存在的事物，我们必须加以充分利用。”其中有一段关于辘轳与桔槔、天平与秤发生过程的叙述：“由天平发展到秤与由辘轳发展到桔槔，都是劳动人民在生产实践中对杠杆原理认识的提高。平是天平之平的象形字，金文作平，从八象天平两边轻重相等之形。秤从平而读为称，称举也，秤是举起来使用的。秤是会意字，称是形声字。辘轳和天平发生在前，就有录和平两个象形字；桔槔和秤发生在后，就只有后起的形声字或会意字，在文字中也展示了辘轳和桔槔发生的先后次第。”①以文字为史料证史，开合自如，似已入随心所欲之境地。

二、考古学资料与古史研究

王国维先生在《古史新证》中提出：“吾辈生于今日，幸于纸上之材料外更得地下之新材料，由此种材料，我辈固得据以补正纸上之材料，亦得证明古书之某部分全为实录。即有百家不雅训之言，亦不无表示一面之事实。此二重证据法，惟在今日始得为之。”②然在王先生处，“地下之新材料”基本局限于古代文字，而于近代考古

① 见本书第334、337页。

② 王国维：《古史新证》，清华大学出版社1994年版，第2页。

学发现之古代遗址、遗迹、遗物等，王先生因未能见到而无法涉及。罗志田先生指出："过去的学术史研究特别注重王国维提出的'二重证据法'，其实当时仅任清华国学研究院讲师的李济恐怕对实际研究的影响还更大，特别是在地下证据由文字向实物转换这方面，李氏的划时代影响无人能及。从徐中舒等人治学的变化可以看出，从王国维到李济这一路向的发展后来基本落实在史语所。"①

如前所述，徐先生在清华国学研究院一年中，尽管对近代考古学表现出浓厚的兴趣，然对如何运用考古材料于史学研究之中，似尚缺乏清楚的认识。进入史语所以后，能与当时中国一流的现代考古学家同事，有条件见到最新的考古发现，特别是在重视实物（及其层位、类型等）这一所风的熏染下，徐先生在考古学与历史学的整合方面，取得了一系列重要的成果。这方面最早且最重要的一篇文章即《再论仰韶与小屯》，此文后来引用及评论者甚多，基本上都认为这是"首次利用田野发掘的考古资料研究夏文化"②，"第一次从田野考古资料研究传统文献所载中国传说时代的历史，首先提到了'夏文化'的问题"③。李济先生晚年评价该文"虽然关于夏朝的传说的历史根据还没像商朝的一样被证实，但忽视它的存在是草率的。……徐中舒教授和其他人在近来的研究中提出来比传统记载更多的确凿证据，他们考证仰韶文化为夏朝。证据仍然不足，但他们的推测可能有助于解决中国古代史的一些其他问题"。④

---

① 罗志田：《史料的尽量扩充与不看二十四史》，《历史研究》2000 年第 4 期。

② 郑杰祥选编：《夏文化论文选集》"前言"，中州古籍出版社 1985 年版。

③ 陈力：《徐中舒先生与夏文化研究》，台湾"中研院"史语所七十周年纪念文集《新学术之路》，第 319—329 页。

④ 李济：《安阳》，《中国现代学术经典 · 李济卷》，河北教育出版社 1996 年版，第 595 页。

用考古资料探索夏文化,这是徐先生毕生坚持的方法,在晚年写成的《夏史初曙》①中,徐先生依据"三十年来……地下新石器时代的遗址、遗物,几乎在全国范围内都被揭露出来并得到考古工作者的妥善处理"的最新考古成果,提出:"夏文化的中心地带现已查明,就是分布在河南的龙山文化和二里头文化。"②考古学与历史学的整合,最终目的就是要通过地下出土实物遗存来认识古代的社会历

① 徐中舒:《夏史初曙》,《徐中舒历史论文选辑》,第1349—1354页。

② 从"仰韶文化"到"龙山文化和二里头文化",让人感觉似乎徐先生已放弃当年以仰韶文化为夏文化的观点。吴天墀先生在《徐中舒先生对学术、教育的贡献》(载《徐中舒先生九十寿辰纪念文集》,巴蜀书社1990年版)文中便认为:"考古事业大发展,使夏文化的探索工作又有了新收获,先生尊重事实,不胶执旧说,看法又有所改变,但始创之功是不可磨灭的。"陈力先生在《徐中舒先生与夏文化研究》中亦认为:"就今日考古学知识而言,徐中舒先生所提出的仰韶文化为夏文化之说的确需要修正。……徐先生后来在《夏史初曙》、《夏代的历史与夏商之际夏民族的迁徙》等文章中已经对原来的观点作了部分修正,认为'二里头文化'才是夏文化。"类似说法尚众,基本成为研究徐先生学术思想中的一个定论,其实这是对该文的误读。在《夏史初曙》中我们仍能读到:"传说中虞、夏文化分布之区,原与仰韶文化为近,古代虞、夏两族从黄土高原逐渐发展到河西、河东以及伊、洛、汾、沁之间,乃受龙山文化影响而形成二里头文化,当时还没有文字。"类似的观点在《论尧舜禹禅让与父系家族私有制的发生和发展》(《徐中舒历史论文选辑》,第971—993页)一文中有更详尽的论述,在1950年代初期发表的《论殷代社会的氏族组织》(《徐中舒历史论文选辑》,第801—813页)一文中,徐先生就提到:"从前我说仰韶文化是虞、夏民族的遗迹,二十年来这个假说,未被证实,亦未被推翻;胡厚宣同志说我放弃了这个假说,这是不确的。"坚持虞、夏民族为西方文化系统,与仰韶文化有联系,在东向发展中与龙山文化接触并受其影响而形成二里头文化,这是根据新的考古发现充实并完善旧说,何以认为这是放弃了或修正了原来的观点呢?1980年代在与唐嘉弘先生合写的《关于夏代文字的问题》(中国先秦史学会编:《夏史论丛》,齐鲁书社1985年版)中,徐先生更明确地提出:"豫西龙山文化和它西部的仰韶文化之间的发展继承关系,颇为明显。"由此可知,徐先生将豫西龙山文化及二里头文化与仰韶文化视为同一个文化系统。其实,就上古史的研究而言,由于新的考古资料的不断发见,使古史研究更重要的意义在于一种过程,以及这一过程中所使用的方法,而具体结论则往往因新的材料出现和新的方法使用而需要不断地修正。这大约正是历史学历久弥新的魅力所在。

史。徐先生反对为考古而考古,他认为若脱离了历史研究,考古学必将重蹈宋代以来金石学家的覆辙,甚至堕入古董家的泥淖。要根据考古发现实物史料以复原古代社会历史,揭出考古材料之深刻意义。

因此,他撰写《古代狩猎图象考》,就是要辨明“古代文化之迁流”;《四川彭县濛阳镇出土的殷代二觯》①、《四川涪陵小田溪出土的虎钮錞于》②、《錞于与铜鼓》等文,则通过对考古发见的研究,探讨四川古代巴、蜀国的历史及与中原、西南民族的关系;《古井杂谈》以考古发现的古代陶井、砖井、木井壁、汉代画像石上的古井以及西伯利亚十七八世纪尚保存的方木井,结合文献记载和古文字字形,恢复“人类社会到达定居的农耕阶段,必然要开始凿井以适应其生活上的需要”这一古代生活状况,并指出中国人民古代创造的“卓筒井就是近代新式凿井术的创始,而中国早在一千年以前就已经完成了。我国劳动人民在二千年前就能凿深井,一千年前又开凿能避地泉渗入的更深的卓筒井,这是我国劳动人民继造纸、印刷、指南针、火药四大发明之后,对人类文明的又一卓越贡献”。1977年3月,在四川荥经县城旁数里发现一座战国时代的墓葬,出土铜器及木胎漆器,根据漆器上朱书“王邦”二字,结合文献,徐先生撰写了《试论岷山庄王与滇王庄跻的关系》③,指出西南的丽水地区是中国古代黄金的重要产地,岷山庄王即是楚国派往这一地区主持黄金开采及运输的主管,而这对古代西南地区的开发起到了决定性的作用。

① 徐中舒:《四川彭县濛阳镇出土的殷代二觯》,《徐中舒历史论文选辑》,第1127—1137页。

② 徐中舒:《四川涪陵小田溪出土的虎钮錞于》,《徐中舒历史论文选辑》,第1209—1215页。

③ 徐中舒:《试论岷山庄王与滇王庄跻的关系》,《徐中舒历史论文选辑》,第1233—1247页。

尽管徐先生一生中从未参加过田野考古发掘,但他却深知科学发掘的重大意义。他对以往的金石学予以严厉的批评,认为“往往同时同地出土之物,一入估人之手,遂使之各个分立,而迷失其相互之关系。因此遂使此类铜器在学术上之价值,大为贬损”,而“此后如能为系统之发掘,自为吾人最期待之事”。[①] 在为《冯汉骥考古学论文集》所作的序中,徐先生借冯先生的口,告诫学生们:“你们从事现代考古工作,必须亲自参加田野发掘,锻炼自己,切莫学过去的金石家坐在书斋的沙发上听任他人汇报古物出土的消息,并不核实,那是没有任何价值的。”[②]

三、古器物学中的古代历史

1947年11月,徐先生被提名为中央研究院第一届院士候选人,在“合于院士候选人资格之根据”一栏,徐先生作为候选人资格的理由是“用古文字与古器物研究古代文化制度”,这表明用古文字与古器物研究古代文化制度为徐先生学术之特长已成为当时学人的共识。[③] 通过古器物来研究古代文化、生产、生活状况,这在徐

① 徐中舒:《屬氏编钟图录考释》,收入《徐中舒历史论文选辑》时改名为《屬氏编钟考释》,第205—224页。

② 徐中舒:《〈冯汉骥考古学论文集〉序》,《冯汉骥考古学论文集》,文物出版社1985年版。

③ 中央研究院总办事处编:《中央研究院史初稿》,第205页,1988年6月。这一理由系胡适先生所拟,后又交夏鼐和李济先生修改而成。参见曹伯言整理:《胡适日记全编》(7),1947年10月16日条,安徽教育出版社2001年版,第684页;《夏鼐日记》(卷四),1947年10月23日条、10月24日条,华东师范大学出版社2011年版,第152页。

先生一生的研究中，占有较大的比重。在徐先生眼中，古代遗留下来的各种器物，正是古人生产、生活状况的反映，是我们研究古代历史的又一重要史料。进入史语所及其后数十年间，徐先生在古器物的研究领域撰写了一系列重要的论文，《耒耜考》、《古代狩猎图像考》、《弋射与弩之渊源及关于此类名物之考释》、《古代灌溉工程原起考》、《说尊彝》、《论古铜器之鉴别》、《关于铜器之艺术》、《关于骷髅作酒器的通讯》①、《蜀锦》、《谈古玉》、《论北狄在前殷文化上的贡献——论殷虚青铜器与两轮大车之由来》、《黄河流域穴居遗俗考》、《论东亚大陆牛耕的起原》、《古井杂谈》、《錞于与铜鼓》、《古代都江堰情况探原》等。

徐先生的古器物学研究，与古董玩家们的意趣迥然有别。他考证耒耜，为的是"我们现在且从一两件农具上面试探农业演进的消息。虽是一两件农具的演进，有时影响所及，也足以改变全社会的经济状况，解决历史上的困难问题"②；论述牛耕起源，认为这是秦始皇统一六国的经济基础，而秦国未曾推广牛耕，也未始不是秦代国祚短促的一个原因；他研究古代弋射与弩之渊源，是为了补充"中华民族当三千年前，即已能利用此种最进步之利器，实可惊异。近代学者对于东方蚕丝、瓷器、造纸、印刷、火药等物之发明，无不盛为称道；独于此则尚不详其所由来"③之空缺，所用方法则是采"商代甲骨文中已有象弓弩矰缴形文字"、"汉以后史书载南方民族未与中原文化融合以前，即已有弩"的事实，"复参以北平市上所售

① 徐中舒：《关于骷髅作酒器的通讯》，《责善》半月刊第1卷第2期，1940年。
② 见本书第1—2页。
③ 见本书第148页。

之弩”。通过研究，徐先生发现：“史前之中国，与南方民族及印度诸地，其关系或较有史以后尤为密切。……殷商以前之文化，必受有若干南方文化之影响，其消息不难于此中求之。”①

针对古器物学研究的状况，徐先生提议：“吾先民日常习用之物，如舟车屋宇兵器农具之类，其形制仍保存迄今者，所在多有，其有裨于考古如此类者，必不少。近来外货益深入内地，此类遗物日就湮灭，若不及时搜集，数十年后将无从征考。……欲设一博物馆搜集现代地面一切用具之实物或模型。”②

四、史料年代之判定

无论是传世文献还是古代器物，在作为史料使用时，其年代的判断至关紧要。“铜器年代之断定，为研究铜器最先决之问题”，③为解决这一问题，徐先生在自己长期的研究中摸索出一套行之有效的判别方法。在《驫氏编钟考释》一文中，徐先生指出：

> 中国学者对于铜器，向来重视其文字，至于器物之形制与纹样，则殊为漠然。……出土铜器见于著录者无虑数千，然其来历全屬不明。……此以往来历不明之铜器，其材料既如此丰富，吾人亦当有以利用之。今日照相印刷术又大为发达，出

① 见本书第182页。
② 同上。
③ 见本书第75页。

版铜器之书，有图象文字可资参考者，亦近二千余器，其形制、纹样、文字三者，有可以确定其年代者，至少可得十数器。如能先以此为断代之标准器，再由此标准器之形制、纹样、文字，以求其他器之年代，如此展转推求，则铜器之年代，大致可以断定矣。及年代既定，然后再求其形制、纹样、文字与时地相互演进之关系。如此于铜器之研究，或有系统可寻。此驫钟考释则期欲于此方面树一例证也。①

在该文及《古代狩猎图像考》等文中，徐先生就铜器的名称、形制、纹饰、铭文、制作工艺、器物组合、用途用法、年代、国别和所包含的历史信息，进行了细致的分析，提出了关于铜器断代的八条标准，使其成为研究古史的重要史料。②

另外，在对铜器铭文的研究中，徐先生发现，铭文凡字数在十余字或二十字以上者，大都皆缀一祈匃之辞，即祝辞、嘏辞，省曰嘏辞。“嘏辞为具有大众性之语言，一时代有一时代之风格，一地方有一地方之范式。盖此等语言，每以思想之感召，成为风气而不自觉，及时过境迁，虽以善于依仿之作者，不能追摹无失。故此等语言，在铜器研究上，亦可为粗略的划分年代或地域之一种尺度”，如

① 徐中舒：《驫氏编钟考释》，《徐中舒历史论文选辑》，第219—224页。

② 通过形制、纹式、图像、文字、时地相互演进之关系等建立标准器，以之判定铜器年代方法，郭沫若先生几乎在同时有相近似之论。徐先生在《陈侯四器考释》一文的“余论”中说：“此陈侯四器年代确定，实合于所谓断代之标准器。近见郭沫若先生《殷周青铜器铭文研究》序云……郭氏此意先我而发，顾其所说仍侧重有文字器。其《两周金文辞大系》即继此而作，于器制与花纹所得盖鲜。”参阅王宇信：《近代史学学术成果：考古学》，载张岂之主编：《中国近代史学学术史》，中国社会科学出版社1996年版，第523页。

“据金文言，万寿连文，仅春秋时器三见，足证春秋以前，尚未流行”，而《诗·七月》有“万寿无疆”语，故诗之作者年代，决不能晚于春秋之世。① 这又成为徐先生在《豳风说》一文中证明豳风诗宜为春秋时之鲁诗的论据之一。②

同样从名词发生的次第，徐先生“以殷、周时代王公名称而论，王亥、王季、公刘、公非等称呼，王或公之后系以人名是当时的尊称，是比较原始的称谓，是真实的，太王、文王、武王、成王，王之前加以分别，这是后起的：如太王原称公亶父，到文王时才追尊为太王。同例，可知黄帝、炎帝等称呼也是后起的”。③ 如果说“史学即史料学”，史料的年代自然成为历史研究中最为关键之问题，这一工作基本贯穿了徐先生的学问一生。

五、民族学史料与古史的互相补正

陈寅恪先生在总结王国维先生“学术内容及治学方法”时，曾

① 徐中舒：《金文嘏辞释例》，《徐中舒历史论文选辑》，第 502—564 页。

② 徐中舒：《豳风说》，《徐中舒历史论文选辑》，第 606—634 页。用铭文或文献中习用语、名物名称来判断其年代的方法，徐先生早已采用。在《古诗十九首考》（《徐中舒历史论文选辑》，第 1—25 页）中，徐先生即详考《明月皎夜光》诗中“促织鸣东壁”中的“促织”在两汉东晋时期的变化，认为促织不见于西汉以前之字书，后汉郑康成前后，始有此名，为幽州方言，至东晋以后，促织之名始为通称。又考《孟冬寒气至》诗中“三五明月满，四五蟾兔缺”句中之“蟾兔”，以西汉以前月中尚无兔与蟾诸并居之说，至后汉始将嫦娥与蟾诸并为一物，于是月中遂有兔与蟾诸并居之说。由多方例证，可明古诗十九首亦必出于东汉以后。

③ 徐中舒：《论尧舜禹禅让与父系家族私有制的发生和发展》，《徐中舒历史论文选辑》，第 971—993 页。

提到“取异族之故书与吾国之旧籍互相补正”之法①,后人皆以为这是陈先生的夫子自道。徐先生因条件所限,无法“取异族之故书”补正中国旧籍,但他在研治中国古代史时,大量使用中国传世文献中所保存的大量边裔民族及当代学者对少数民族的调查材料,似可看作是这一方法的活用。②

徐先生认为:“凡是社会发展阶段相同的民族,生产关系发展到一定的时候,都应当有相同的、一定的形式。”在研究中国上古传说时,“所谓不雅训的神怪之言,我们通过对民族学的研究,从这些神怪之言中找出古代的一些基本史实,就是素地”。③ 在《井田制度探原》中,针对文献记载语焉不详的古代井田制度,徐先生专设一节“边裔部族之田制与屯田”,用唐宋以来我国边裔之羁縻州府、土司藩属之田制,清代朝鲜平壤田制之遗迹,以及云南西双版纳傣族田制,说明殷周时期的井田。晚年在为马曜和缪鸾和先生著《西双版纳份地制与西周井田制比较研究》一书所作“序言”中强调:“许多历史现象说明,在人类社会历史的演进过程中,在一些民族社会当中,出现了许多带有共性的事物,历史学家从而能够在其中找出各式各样的规律,能在一些浅演或后进的民族社会里面找到人们

① 陈寅恪:《王静安先生遗书序》,《金明馆丛稿二编》,第247—248页。

② 自进化论传入中国,上古历史即由“黄金时代”变为“野蛮”,则诸子和汉代起不少讲述古代“原始”的内容便有了新的学术生命,同样“野蛮”的异族现象具参考作用的观念随之而产生,后来更普及,如柳诒徵1926年就说“侄娣从嫁之法,可以陈鼎《滇黔土司婚礼记》(诸丛书中多载之)证之。故讲古史不限于专读古书,最野蛮之社会可以考证最古之史事,学者能观其通,则古今一也。”(柳诒徵:《史学概论》,柳曾符、柳定生选编:《柳诒徵史学论文集》,上海古籍出版社1991年版,第103页)不过,一种学术研究取向从学者有此意识到实际运用于研究之中有一过程,徐先生的贡献或更多在此。

③ 《徐中舒先秦史讲义》,天津古籍出版社2008年版,第222、218页。

经历过来的社会历史影子。"①

为说明殷代兄终弟及为贵族选举制,引用契丹、蒙古、女真等相关史事,进而指出:"中国史上北族、东北族所缔构之王朝……其大统之继承,如未受汉化影响,其初皆由贵族选举……则殷商之行贵族制,在我国边裔部族中,其例证犹屡见不一也。"②

在《论尧舜禹禅让与父系家族私有制的发生和发展》一文中,徐先生指出:"在私有制和传子制局面产生以前,禅让或推选是社会发展的必经阶段。我们可以从少数民族史中得到例证。"举《三国志·夫余传》所载夫余旧俗和《新五代史·契丹传》八部聚议推举大人的记载为证,说明古代民族"易酋长的原因,都是以生产的盛衰为主要原因。原始社会只以对自然斗争为目标,所以这里不须再附以任何政治条件,这在阶级社会是不可能的事。……可见,推选制度在原始社会有浓厚的经济根源和广阔的群众基础的,是为全体人民所承认的"。接着,徐先生又以契丹阿保机在汉人影响下废除推选制,成为终身皇帝的事例,说明"原始的推选制度,在经济状况和阶级产生的剧烈变化促使之下,通过复杂的、残酷的斗争,而被父子继立的世袭制度所代替。……通过夫余、契丹的推举制度,很可以说明禅让之传说,是有它一定的历史根源的"。而"夏代的家族组织,可以由羌族的情况得到说明",《后汉书·西羌传》、《魏书》、《周书》、《北史》中关于羌人不同发展阶段的记载,填补了中国古代黄河流域夏王朝从家族到部落联盟,进而形成统一王朝

① 徐中舒:《〈西双版纳份地制与西周井田制比较研究〉序》,马曜、缪鸾和:《西双版纳份地制与西周井田制比较研究》,云南人民出版社1989年版。

② 徐中舒:《殷代兄终弟及为贵族选举制说》,《徐中舒历史论文选辑》,第761—770页。

的过程。[1]

殷代实行内外服的侯田男卫的四服制，徐先生在1940年代中期就提出来了，但因为文献上仅留下四服的名称及后人的简单注解，难以明了具体情况，在《试论周代田制及其社会性质》[2]文中，徐先生为了进一步说明殷代四服制的内容，以《辽史·营卫志》中所记录辽人宫卫、行营、部族、南面官诸制来说明殷代的卫服、田服、侯服及男服，用辽代官制中的北院、南院官说明殷代的百姓与里君，并指出："人类社会发展，在相同的阶段上，有相同的社会制度，这是科学的历史规律性又得到一次的证明。"在徐先生的书桌上，长期放置着中华书局出版的二十四史四夷传汇编，这是一本徐先生使用频率最高的文献之一。

正是因为有了新的眼光和新的方法，才能发现无数的新材料，并"利用无限的史料，考定旧记"；也正是因为有了新的眼光和新的方法，才能在前人研究汗牛充栋的情况下，另辟新径，发现新的问题并研究解决之，"所以这学问才有四方的发展，向上的增高"。以上所举，均为徐先生治学方法中荦荦大者，其他如采地质、地理、气象、物候、天文诸学科之成果为历史研究所用，不可胜道。徐先生晚年曾对自己的治学方法做过一个总结：我研究古代史，过去总以所逢遇到的新史料如甲骨、金文等作为探索殷、周史的依据，使旧文献再度得到地下资料的证明。同时，又以边裔民族史料阐发古代社会发展的实际情况。从这三方面研治古史有左右逢源之乐。

---

① 徐中舒：《论尧舜禹禅让与父系家族私有制的发生和发展》，《徐中舒历史论文选辑》，第971—993页。

② 徐中舒：《试论周代田制及其社会性质》，《徐中舒历史论文选辑》，第829—895页。